西北民族文献与文化研究丛书

才让 主编

蒙文版《察哈尔格西·罗桑楚臣传》研究

以作者、版本、文献价值为中心

董晓荣 著

上海古籍出版社

西北民族大学中央高校基本科研业务专项资金资助项目
西北民族文献研究基地资助项目

录文拉丁字母转写凡例

原文是藏式贝叶装蒙古文木刻本文献，录文采用了原文的拉丁字母转写、汉译文对照方式，首先是原文拉丁字母转写，再附上汉译文。

蒙古文拉丁字母转写采用了国内蒙古学界通用的转写方式，详见下表：

蒙文字母	ᠠ	ᠡ	ᠢ	ᠣ	ᠤ	ᠥ	ᠦ	ᠨ	ᠪ	ᠫ
拉丁字母	a	e	i	o	u	ö	ü	n (ng)	b	p
蒙文字母	ᠬ	ᠭ	ᠮ	ᠯ	ᠰ	ᠱ	ᠲ	ᠳ	ᠴ	ᠵ
拉丁字母	q (k)	γ (g)	m	l	s	š	t	d	č	ǰ
蒙文字母	ᠶ	ᠷ	ᠸ	ᠹ	ᠺ	ᠼ	ᠽ	ᠾ	ᡀ	ᡁ
拉丁字母	y	r	w	f	k	c	z	h	lh	zh
蒙文字母	ᡂ									
拉丁字母	ch									

目 录

绪 论

一、国内外的研究状况及存在的问题

《恩德无比之至尊救度圣上师罗桑楚臣总著生平事迹之传略·信莲盛开之日光胜道明解(getülgegči degedü blam-a adalidqal ügei ačitu boγda sumatai šila širi badara-yin gegn-ü yerüngkei-yin ǰokiyal namtar-i tobči-yin tedüi ügulegsen süsüg-ün lingqu-a-yi mösiyelgegči naran-u gerel degedü mör-i geyigülün üiledügči kemegdekü orušiba)》(以下简称为《察哈尔格西·罗桑楚臣传》),由察哈尔格西·罗桑楚臣弟子罗布桑桑若布尼玛于1817年用藏文撰成。1818年,作者又将该《传》译成蒙文,并在察哈尔地区的察干乌拉庙以木刻版刊印。该《传》共七章,共445叶,890面,是研究察哈尔格西·罗桑楚臣生平事迹与作品的最重要的资料之一。《传》中还记载了许多当时蒙古地区的珍贵史料,因此有极高的文献价值。传主是18—19世纪格鲁派著名高僧,著作甚丰,其中藏文文集10函,共200多篇,另外,用蒙文撰写的作品和从藏文译成蒙文的作品也不少。从内容看,他的作品涉及了历史、宗教、语言、文学等社会科学和天文、历算、医药等自然科学诸多领域,在蒙古学界和藏学界都产生了深远的影响。

该《传》内容与察哈尔格西·罗桑楚臣作品内容密切相关,目前学界对该《传》的研究处于起步阶段,研究成果较少,而对传主作品的研究取得了一定的成绩。关于传主作品的研究成果对《察哈尔格西·罗桑楚臣传》研究的展开具有重要价值。所以,为整体把握察哈尔格西·罗桑楚臣研究状况,本研究综述分为"察哈尔格西·罗桑楚臣作品的研究状况"与"《察哈尔格西·罗桑楚臣传》研究状况"两部分叙述。

1. 察哈尔格西·罗桑楚臣作品的研究状况

现代学者中较早关注并研究察哈尔格西·罗桑楚臣作品的是蒙古国著名学者策·达木丁苏荣院士。20世纪50年代,他编写《蒙古文学史》一书,在比较论述13、14世纪的翻译文学《萨迦格言》的多种译注本时，他提到察哈尔格西·罗桑楚臣的《萨迦格言注释·如意钥匙》，并给予了极高的评价。1956年，策·达木丁苏荣还用俄文撰写了《格萨尔史源》。次年，他又撰写了《〈格萨尔〉的三种特性》等文章，均提到察哈尔格西·罗桑楚臣关于格萨尔方面的研究成果，并极度推崇。虽然策·达木丁苏荣院士对察哈尔格西·罗桑楚臣作品研究不够全面，但可以说是这个研究领域的开拓者。

20世纪60年代后，蒙古国的部分学者开始关注察哈尔格西·罗桑楚臣的藏文作品，并进行翻译整理。其中代表人物有策·阿拉坦格日勒等。他于1967年出版了《蒙古族作者的藏文创作》（蒙文版）一书，整理、翻译出察哈尔格西·罗桑楚臣藏文作品的目录80多篇，并对察哈尔格西·罗桑楚臣的重要作品《字音修饰论》进行了详细探讨，还附录了察哈尔格西·罗桑楚臣的两篇作品《意义修饰论》和《火神祭礼》的蒙译文。

国内对察哈尔格西·罗桑楚臣作品的研究开展较晚，1981年，内蒙古大学教授巴·格日勒图编辑出版了《蒙古族作家文论选》一书，选录了察哈尔格西·罗桑楚臣的《意义修饰论》一文。1985年，他又出版了《蒙古文论精萃》一书，在《〈诗镜〉和蒙古人的文论研究》和《察哈尔格西·罗桑楚臣的诗歌理论》两章中皆论及察哈尔格西·罗桑楚臣在蒙古文学史、文学批评史方面的贡献，并深入评析了察哈尔格西·罗桑楚臣阐释《诗镜》的两篇文论——《意义修饰论》和《字音修饰论》。巴·格日勒图的研究可以说是内蒙古地区关于察哈尔格西·罗桑楚臣作品研究最早的较有分量的成果。接下来，拉西其仁、根东、高·扎米扬、金峰等先生开始整理研究察哈尔格西·罗桑楚臣的作品，也取得了一定的成绩。到20世纪80年代为止，学界关于察哈尔格西·罗桑楚臣作品的研究主要侧重于他的藏译蒙文作品、蒙文作品及文学理论等方面。对于察哈尔格西·罗桑楚臣藏文著述的研究还未全面展开。

20世纪90年代后，察哈尔格西·罗桑楚臣作品研究有了新的进展。1990年，中央民族大学的乌力吉先生撰写了《察哈尔格西·罗桑楚臣作品探析》一文，对察哈尔格西·罗桑楚臣的藏文作品、藏译蒙文作品、蒙文作品约40余篇进行了探讨。后来他又撰写了《蒙古族藏文著述》、《蒙古族藏文文献》等论文，介绍了察哈尔格西·罗桑楚臣在内的蒙古高僧们的藏文著述情况。1996年，乌力吉先生的专著《蒙古族藏文文学研究》一书出版，此书第三章为察哈尔格西·罗桑楚臣专章，分为“罗桑楚臣及其作品”、“罗桑楚臣的诗歌”、“罗桑楚臣的传说故事”、“罗桑楚臣的其他作品”、“罗桑楚臣的文集目录”等五节，对察哈尔格西·罗桑楚臣的藏文作品进行了分类研究，将察哈尔格西·罗桑楚臣作品研究推向新的阶段。1996年，内蒙古师范大学敖其教授的专著《察哈尔格西·罗桑楚勒特木（楚臣）》一书出版。此书是关于察哈尔格西·罗桑楚臣研究的较全面的一部专著。此书共分四章，第一章为“察哈尔格西·罗桑楚臣总论”，第二章为“察哈尔格西·罗桑楚臣作品内容结构分析”，第三章为“察哈尔格西·罗桑楚臣作品的风格特征和艺术成就”，第四章为“察哈尔格西·罗桑楚臣思想的基本倾向与贡献”。这样比较全面系统地研究了察哈尔格西·罗桑楚臣的生平事迹、著作特点、思想倾向以及对蒙古文化所做的贡献等，是察哈尔格西·罗桑楚臣研究中的较为全面的一本专著，涉及的内容丰富，研究有深度。

1996年，才让教授撰写了《藏传佛教中的关公信仰》一文，分析关公信仰在蒙古地区的传播时，对察哈尔格西·罗桑楚臣文集中的《护教大帝关老爷之祈供法·心愿普赐》一文进行了详细分析。1998年，内蒙古医学院教授罗布桑·乌仁图雅撰写了《以藏文著述闻名的蒙古族学者》一书。此书对察哈尔格西·罗桑楚臣生平、作品、在蒙古文化发展史上的贡献进行了阐述。1999年，内蒙古大学教授础鲁撰写《察哈尔格西·罗桑楚臣及其诗文初探》一文，介绍了察哈尔格西·罗桑楚臣生平后对其诗文进行了分析。

此时期，蒙古国的察哈尔格西·罗桑楚臣研究也有一定的发展。1995年，蒙古国科学院院士、藏学家勒·呼日勒巴特尔的《蒙文翻译史》一书出版。内容包括察哈尔格西·罗桑楚臣一部分作品的介绍以及对藏译蒙作品《育民甘露》与藏文版《甘露》比较研究，并高度评价察哈尔格西·罗桑楚臣的佛学、文学等方面的成就。2000年，蒙古国学者达·策仁苏德那木的《蒙古佛教文学》一书出版。书中介绍了察哈尔格西·罗桑楚臣的关于往生净土之作品。此时期的研究特点主要是：察哈尔格西·罗桑楚臣蒙文作品及翻译作品的研究涉及面更加宽广，而且研究水平也有了很大的提高。更值得一提的是，察哈尔格西·罗桑楚臣藏文作品已进入人们的研究视野。

21世纪初始，察哈尔格西·罗桑楚臣作品研究已全面展开，尤其是文学方面的研究有很大的进展。此时期的研究不只局限于文学作品的研究，其历史作品、传记、民俗作品等都开始引起人们的注意。2000年，荣苏赫等编《蒙古族文学史》（第二卷）第十二章“佛教文学（三）”第二节“察哈尔格西·罗桑楚臣”中从察哈尔格西·罗桑楚臣的生平著述和研究概况、训谕诗、传说故事、仪轨诗文、阐释《诗镜》的论著、在文学史上的地位及影响等方面进行了分析,这可以说是对察哈尔格西·罗桑楚臣作品进行研究的新成果。2008年,在察哈尔格西·罗桑楚臣的故乡——锡林郭勒盟镶白旗首次召开"察哈尔格西·罗桑楚臣研究"国际研讨会。此次会议上共收到相关论文15篇,会后将此15篇文章与80年代以来此领域的主要研究成果12篇论文合成一集出版。文集内容包括察哈尔格西·罗桑楚臣的蒙文作品、藏文作品、蒙藏文作品的比较、文学理论、佛学思想、文化史上的贡献、医学上的贡献、历史作品寺院志、察哈尔格西·罗桑楚臣传等方面的研究。这说明察哈尔格西·罗桑楚臣研究已全面展开,涉及面越来越广。近年来,研究成果不断,如:2009年,内蒙古社科院的巴苏金高娃撰写了《成吉思汗〈马奶祭文〉及察哈尔格西·罗桑楚臣〈马奶祭文〉比较研究》一文,将察哈尔格西·罗桑楚臣的藏文作品《马奶祭文》与蒙文作品成吉思汗《马奶祭文》进行了比较研究,说明此两篇文章形式相近而内容有很大的区别,前者萨满教色彩浓厚,后者藏传佛教色彩浓厚,但总的思想倾向相同。2009年,内蒙古大学的础鲁撰写了《察哈尔格西·罗桑楚臣文学观》一文,将察哈尔格西·罗桑楚臣的《意义修饰论》与印度人檀丁的《诗镜》进行比较研究,探讨了察哈尔格西·罗桑楚臣的独特文学观。2011年,拉希其仁撰写了《简论察哈尔格西·罗桑楚臣的医学成就》一文,高度评价察哈尔格西·罗桑楚臣的医学贡献,并说明了察哈尔格西·罗桑楚臣是蒙医理论的奠基人。2011年,吉格木德其仁撰写了《额尔敦陶希庙志(额尔德尼吐希庙青史)》一文,对此寺院志的四种手抄本进行比较研究。2011年,青格乐撰写了《察哈尔格西·罗桑楚臣三篇民俗文章特点分析》一文,将察哈尔格西·罗桑楚臣文集中的三篇破地仪轨文献与蒙古族后期的祭祀仪轨文献进行比较研究后认为,此仪轨文是早期的佛教仪轨文献。2011年,蒙古国学者德·其仁苏德那木撰写了《关于察哈尔格西·罗桑楚臣部分蒙古文著作》一文,对察哈尔格西·罗桑楚臣的蒙文作品《圣人宗喀巴大师传》、《往生净土论》和《额尔德尼吐希庙青史》进行研究,说明这几篇作品不仅是宣扬藏传佛教教义的作品,也有很多现实意义。

此时期的察哈尔格西·罗桑楚臣作品研究已有了新的进展,研究面愈趋广泛和深入,但是因为受语言和佛教知识的局限,对察哈尔格西·罗桑楚臣藏文著述的研究还非常薄弱。另外,对察哈尔格西·罗桑楚臣历史作品寺院志等的研究还处于初级阶段。

2.《察哈尔格西·罗桑楚臣传》的研究状况

学界对《察哈尔格西·罗桑楚臣传》的研究起步也很晚,20世纪中后期其开始受到关注,并有初步的介绍和研究。此时期的代表学者有蒙古国的策·阿拉坦格日勒等,他于1967年出版的《蒙古族作者的藏文创作》一书中介绍了《察哈尔格西·罗桑楚臣传》的主要内容。之后国内学者也开始关注该传,主要有拉西策仁等学者。他于20世纪80年代中后期先后撰写了《蒙古文化活动家——察哈尔格西·罗桑楚臣》、《著名学者察哈尔格西·罗桑楚臣传简介》两文,介绍和评述了察哈尔格西·罗桑楚臣的生平著述及其在文学、历史、文化、翻译、出版等方面的贡献。其他还有巴·吉格米德、根敦等学者也撰文介绍了《察哈尔格西·罗桑楚臣传》的内容,并对传主的生平事迹进行了评述。此时期的研究主要侧重于介绍该传的内容以及对传主的生平事迹进行评述。

20世纪90年代,学界对《察哈尔格西·罗桑楚臣传》的关注较前有所提高。1996年,敖其撰写了《察哈尔格西·罗桑楚勒特木(楚臣)》一书,第一章为"察哈尔格西·罗桑楚臣总论",在第一节中作者以《传》中记载的重要纪年为线索介绍了《察哈尔格西·罗桑楚臣传》的重要内容和察哈尔格西·罗桑楚臣研究情况,还对该《传》中所收的诗歌进行了分析。1996年,乌力吉撰写了《蒙古族藏文文学研究》一书,介绍了《察哈尔格西·罗桑楚臣传》的主要内容。1990年陶·苏和《察哈尔格西·罗桑楚臣的作品与一生的主要事迹》,罗布桑、乌仁图雅《以藏文著述闻名的蒙古族学者》,1995年蒙古国科学院院士、藏学家勒·呼日勒巴特尔《蒙文翻译史》,2000年蒙古国学者达·策仁苏德那木《蒙古佛教文学》,2000年荣苏赫《蒙古族文学史》(第2卷)等撰著均对《察哈尔格西·罗桑楚臣传》的内容进行了介绍。

21世纪初期,学界开始对该传的内容进行初步研究。2007年,宝山撰写了《清代蒙古文出版史研究》一书,运用《察哈尔格西·罗桑楚臣传》的内容说明了清代察干乌拉庙木刻版的特点与清代蒙古地区木刻版印刷技术水平。2008年,内蒙古教育出版社影印出版了《察哈尔格西·罗桑楚臣传》。此《传》的影印出版对《察哈尔格西·罗桑楚臣传》研究的开展与深入提供了方便。2008年,吉格木德编著《察哈尔史略》一书专设一章"察干乌拉庙与察哈尔格西·罗桑楚臣",阐述察干乌拉庙的历史,还通过察哈尔格西·罗桑楚臣的传记内容介绍了察哈尔格西·罗桑楚臣的生平并就

《传》的作者、撰写时间、撰写缘起等进行了初步的探讨，并从文学、文学理论、藏学、出版事业、医学、算学、星象学等方面对察哈尔格西·罗桑楚臣在蒙古文化史上的贡献进行了评价。2009年，斯琴必力格撰写了《〈察哈尔格西·罗桑楚臣传〉研究》一文，介绍了作者的基本情况，并对该《传》的内容分章介绍后分析了此《传》的研究价值，文后还附了《传》中出现的历史纪年与公元年的对照表。

总上所述，《察哈尔格西·罗桑楚臣传》的研究主要表现在察哈尔格西·罗桑楚臣生平事迹、察哈尔格西·罗桑楚臣在蒙古文化史上的贡献等方面，对该《传》的作者、版本、文献价值、文学价值等方面的研究不够深入或还未展开。例如，对作者的家世、学识、著述以及作者的家世和学识对该《传》的影响、作者撰写此《传》的缘起以及他与传主之关系等方面的研究不够深入，对此《传》的版本与编纂特点方面的研究也不多见。此《传》作为历史文献，记载了诸多珍贵的史料，对清史及蒙古史的研究有其重要价值；作为文学作品，此《传》收入了诸多优美的训谕诗、镶嵌诗、佛教故事等，对蒙古族文学研究有其重要价值。但到目前为止，学界对此《传》的历史文献价值与文学文献价值的剖析不够深入和全面。

二、选题的目的和意义

《察哈尔格西·罗桑楚臣传》在蒙藏文高僧传记中属篇幅较长、内容极丰富、语言极优美的历史与文学相结合的一部著作。此《传》真实地反映了清代雍正朝和乾隆朝时期蒙古社会的方方面面，有极高的历史文献价值与文学文献价值。通过本选题首先探讨《传》作者的生平、版本编纂问题，从而分析揭示此《传》的历史文献价值与文学文献价值。

1. 通过对《察哈尔格西·罗桑楚臣传》作者的家世、学识以及《传》的写作背景等的分析，深刻揭示出当时清廷对察哈尔蒙古地区的政治宗教统治以及察哈尔蒙古地区社会文化发展状况。

2. 通过对《察哈尔格西·罗桑楚臣传》的版本和编纂体例的研究，能够清晰地了解此《传》的版本和编纂特点，从而能揭示出此《传》的撰写深受印藏文化影响以及印藏文化在蒙古地区渗透情况。

3. 通过对《察哈尔格西·罗桑楚臣传》的历史文献价值研究，能够揭示此《传》在研究清代蒙古族宗教史、文化艺术史、社会生活史、政治史以及对传主作品研究与整理等方面的价值。

4. 通过对《察哈尔格西·罗桑楚臣传》的文学文献价值的研究，能够深入挖掘此《传》对蒙古族传记文学、蒙古族诗歌理论、蒙古族佛教故事研究等方面的价值。

三、研究方法

1. 文献学的研究方法。其研究法是最基本的研究方法，用此研究方法对传记进行翻译、释读、拉丁文转写，再对该传的版本、历史文献价值、文学文献价值等进行分析。

2. 历史学研究方法。此研究法主要揭示历史现象的异同，探求历史现象的本质和规律。用此研究方法对此《传》撰写的成书年代、历史背景、史学背景以及对此《传》的作者等进行分析。

3. 将语言学研究方法作为辅助研究法。语言学研究方法在文献研究中极为重要，其中语言学是一切之本。因为本次研究所采用的典籍是清代的蒙古文木刻版长条书，首先要将原典译为汉文。

第一章　作者研究

《察哈尔格西·罗桑楚臣传》(以下简称为《传》)的作者是察哈尔格西·罗桑楚臣的关门弟子罗布桑桑若布尼玛。罗布桑桑若布尼玛是跟随察哈尔格西·罗桑楚臣,受其佛法甘露二十余年,学识渊博的格鲁派僧人。该《传》在藏传佛教高僧传记中属篇幅较长,内容丰富,语言优美,融历史、文学、佛学为一体的巨著。此传真实地反映了清代雍正朝和乾隆朝时期蒙古社会的方方面面,有极高的文献价值与史料价值。如此巨著的产生,必定与作者的身份、学识及其和传主之关系等因素分不开,所以,我们首先从作者的生平、撰写此传的缘起、作者的身份学识与地域因素对《传》的影响等方面进行探讨。

第一节　作者生平

一、作者家世

关于罗布桑桑若布尼玛的生平事迹,除《察哈尔格西·罗桑楚臣传》和《额尔德尼吐希庙青史》中所提及的少许信息外很难找出其他确切的记载。《察哈尔格西·罗桑楚臣传》中记载:

tendeče ǰun imaγta adalidγal ügei ači–yin sang boluγsan yeke činar–tu boγda blam–a egünü ölmei–yin toγusun–i orui ber–iyen kürtegsen–u ači–ber amiduraγči üčüken bisirel–tü qarliγ šabi–yin adaγ lobsang samrub nim–a kemegdekü minu abaγa aka da blam–a lobsang danzan kemegdekü nigen baidaγ tere kiged. üčüken minu ečige ǰalan–u ǰangγi ceringdongrub kemegdekü qoyaγula ber ene bogda tan–a ǰalalγa ailadqaγsan dur ene boγda tan–ču teden–u küsegsen yosuγar ǰalaraǰu ireged da blam–a lobsang danzan aka degüü nar sitar qariyatan salta nügüd–un aqui üye–dur γadagadu dotuγadu–yin qarši nügüčel čikula künügel–ün ǰüil bügüde ülil ügei saitur amurliǰu nasun buyan küčün učaral erkesil nere aldar ači üre ed idegen terigüten ene ba qoitu–yin sain–u čiγulγan bügüde arbiddun delgerekü–yin toqai bur bom sača–yin nigen bomkhang–i šine baiγulun qairalaγsan anu edüg–e erdeni tüši–yin gid–un γool sitügen–u süm–e–yin aru bur orusin aγči ene boi.terečü tere čaγ tor ene boγda tan öber–un motur–iyer–iyen maγuraki–yin tig tataqu terigüten γaǰar–i nomudqaqu ba γaǰar–i γuyuqu ariγudqaqu–yin ǰang üile motor–un abulγa–yi qotala tegüs–iyer ǰokiyagsan–a uruγsi ene ǰüg–un olangki arad nuguud ber tere metü–yi üǰekü baituγai sonusuγsan–nu tediken–ču ügei kiritai baiqu tula ay–a ene blam–a anu eimü nigen üčüken bomkhang bariqui –dur–ču eimü olan ǰang üiles–i ailadqu ene anu üneker yeke γaiqamšiγ–tu nigen blam–a kemen inaγsi činaγsi ügüleldüküi boluγsan aǰuγu.tere čaγ–tur tere bomkhang–un qaγalga–dur tübed mongγol qadamal–iyer bičiǰu naγaγsan qoyar siluγ iruger–i sine ǰokiyan ailadugsan anu ene metu.sain amuγulang bükün–i üggügči čindamani erdeni eče ülemǰi.sibar oduγsan bükün–nu sedkil–un sitügen bom sača egün–i. sain–i küsegči bükün–nu sanγsan keregbütükü–yin siltaγan bolγaǰu.sain ǰirγalng bükün–i arbidqan ene orun–dur bütügebei.masi čaγan ene buyan–iyer bide bügüdeger. masi sain amur ǰirγalng–i ali küsegseger olqu ba. masi degedu borqan–nu qutuγ–i üdtür olǰu bürun.masi olan amitn bügüde–yi amuγulang–dur ǰokiyaku boltuγai.kemegsen bolai.minu ečige tere–ču tegünu urida ed mal–un učaral üčüken büged keüked ači ür–e–ču ügei niǰeged debsilge–yi olqu bolbao kemen γoridaǰu ǰang kiy–a keo–yi–yin yamun–nu said noyad–un γaǰar–a debsilge–yin orun–a kedün–ta odduγsan bolbaču küsegsen yosuγar olqui yaγum–a ese boluγsan terigüten ali yaγun bügüde küsegsen–nu degree ülü irekü nigen aγsan–eče. ene boγda ene bomkhang–i bosqaǰu qairalaγsan–u tere darui–dur udal ügeküy–e nigen altan ǰingsatu bičigeči–yin oron–dur dabsibai. tegünče udal ügeküy–e darui darui ulam ündür ulam yeke bolun dabsiǰuqui. ed mal–ču ulam yeke bolun arbidǰuqui.üčüken bi terigüten keoked ači ür–e–ču türüǰüqüi.ilngγuya mal idegen ed aγursun bükü kereglgdekün erke küčün nügüd sedkilčilen büridügsen–dur situǰu edüge biden–nu geid erdeni tusi–yin süm–e–yi baiγulqui boluγsan eimü boi kemen üčüken minu nügčigsen abu mün–kü tere terigüten olan mededeg ard nigen adali–ber ügülekü–yi sonusuluγa.[1]

---

〔1〕《察哈尔格西·罗桑楚臣传》(清代察干乌拉庙蒙古文木刻版文献),内蒙古教育出版社影印版,2008 年,第 188—191 页。

汉译文为：

我，罗布桑桑若布尼玛，将恩德无比之圣上师足之尘粘于头顶，受其福分，成为他最小弟子。早年时，即水龙年（1772）夏，我的叔父大喇嘛罗桑丹津和父亲参领之章京策仁东若布，他们二位邀请上师前来讲法。上师为满足他们的愿望而驾临此处。那时大喇嘛罗桑丹津的兄弟、亲戚、眷属等信众，为自己的内外障碍、祸患之全部平息以及福寿、机遇、名誉、利报、财富、食物、现在和以后的所有善德增升而建了一座寺庙（bomkhang）。此庙位于额尔德尼吐希庙护法神殿之北。上师亲手撰写了《魔睺罗加度量仪轨》、《调伏地神仪轨》、《净地仪轨》等。毋庸说亲眼目睹，就是连听说都没有听说过这些仪轨的当地信众们皆惊叹连连："建如此小庙，竟举行这么多仪式，真是神通广大的大师。"于是，此事被广泛传说开来。

上师还为庙的门额用蒙藏文书写了两首愿文：

赐善安乐已胜过如意宝之，
善逝者们心中的怙主神殿，
将此善者之所求实现之所，
建立于善安乐增长之地也。

我们在此极洁净之福田地，
速获欲想之最善安乐福德，
速能得其最上佛陀之福禄，
请赐予芸芸众生吉祥安乐吧！

之前，我父亲的财物牲畜不多，人丁也不够兴旺。他曾几次到章京衙门大臣那里谋求升官，但未能如愿。建这座庙后，我父亲便荣升为金顶珠书吏之位。之后不断晋升，而且不断地添丁增口，我也在这之后诞生。因此，他还想再建立一座寺庙。这就是后来的额尔德尼吐希庙。这些事是我父亲讲给我听的。

从上述记载得知，作者罗布桑桑若布尼玛的父亲名为策仁东若布（černgdngrüb），当时任札兰章京（ǰaln–u ǰangγi）。札兰章京是清朝八旗组织中的中层编制单位甲喇之长官。满语称甲喇额真、甲喇章京、札兰额真。顺治十七年（1660）定汉名为参领。满洲、蒙古、汉军八旗均置，位在都统、副都统之下，佐领之上，正三品。掌颁都统之政令达于佐领，并审定佐领所办之事。又护军营、前锋营、骁骑营等亦置[1]。札兰是旗的军制单位，札兰章京一般每四至六佐领设一名。分为印务参领和军务参领，印务参领在印务处管理旗务，管兵参领担任指挥监督旗的军务[2]。《额尔德尼吐希庙青史》载："我寺初建之时，当时担任札兰章京兼苏木章京的策仁东若布于乾隆五十二年的火羊年（1787）在此地建立三间房屋。"[3]说明作者的父亲不仅是管理本旗的札兰章京（参领），而且还兼任苏木章京。作者的父亲又是一位极虔诚的佛教信徒，他在任时期为当地的佛教传播与发展做了极大的贡献。他在自己的故乡建了名为额尔德尼吐希的寺庙，多次迎请察哈尔格西·罗桑楚臣讲经说法。《传》中记载：

"tegün eče minu ečige ǰalan ǰalal ailadqaγsan–u yosuγar migcim–a–yin qural–un terigün–e ǰalarbai.tere čaγ–tur boγda blam–a–yin gege–u ǰarliγ eče ǰalan či ene metü baising bariγad süsüglen takiqu sitügen bogda zongkhaba–yin gege düri–yi–ču bütügeǰü geid eče oln quwaraγ–un qural–i ǰalaǰu manǰa ǰad terigüten–nu ergül qündüdgel–i ali sain bokui–ber ergükü–yin egüdün–eče migcim–a–yi olan bom toγatan ailadqaγulǰu baiqu ene činu masi sain.edüge mun egüber–iyen gool bolγan üiledüged boγda eǰene ailadqaǰu nigen geid qural baiγulbasu neng masi yekede byasun durasiqu–yin egüden–eče ǰarliγ–i oroi dagan küliyen abuγad qusiγun–u tamaγ–a teriguten–iyer ulamǰilan mancusiri boγda eǰen–e ailadqaǰu erdeni tusi–yin süm–e qural luγa salta–yi sine baiγulqu–yin eki–yi ekilebei.tere čag–tur sine geid baigulqu tere γaǰar–tur degedü boγda blam–a tan–ber erdeni tüsi kemekü nere–yi sine qairalaγad ǰiči öber–un geid tegen ǰalaraγsan büged."[4]

汉译文为：

我父亲章京又邀请上师，上师应邀驾临后被请到弥遮玛（无缘大悲颂）法会之首席位置。上师对我父亲说："章京你如此努力建造寺庙，为供奉而塑造宗喀巴大师之像，而且举行法会次数也超过其他寺院，也极完美地举行敬献茶点膳食，念诵数万次弥遮玛（无缘大悲颂），如此等等都是极好之事。

---

〔1〕 吕宗力主编《中国历代官制大辞典》，北京出版社，1994 年，第 569 页。

〔2〕 杨强《清代蒙古族盟旗制度》，民族出版社，2004 年，第 47 页。

〔3〕 金峰搜集整理《蒙古文献史料九种》，呼和浩特市蒙古语文历史学会编印，1983 年，第 16 页（蒙文）。

〔4〕《察哈尔格西·罗桑楚臣传》，第 374 页。

如能以此为中心再建造一座寺庙,就功德圆满了。如有此想法,最好将此事禀报皇帝。”于是我父亲非常高兴地顶礼受教,并通过旗衙门禀告文殊师利皇帝,并得了许可。于是,额尔德尼吐希庙经堂之建开始动工。上师为新建寺庙的地方取名为“额尔德尼吐希”后就回自己的寺院了。

从而得知,作者的父亲在原来建的小寺基础上新建寺院,为佛教的广传而努力。据察哈尔格西·罗桑楚臣用蒙文撰写的《额尔德尼吐希庙青史》记载,当时为了作为新寺法会之永远的基金,章京献出了马一百零四匹、骆驼二十峰、牛五十头、羊九十只、白银一百两[1]。另外,他还为察哈尔格西·罗桑楚臣的作品顺利刻板等诸多事情做了重大贡献,《传》中云:

ene boγda zongkhaba–yin gegen düri anu edüge erdeni tusi–yin süm–e–yin γool situgen bolun orusiǰu aqui ene boi.tere čag–tur sine ǰokiyaγsan bogda zongkhaba–yin yeke namtar tegünu segul–i oγuγada tegüsgen ǰokiyaγsan büged tegündur ǰalan–u ǰangγi cerengdonrub–ber degedü boγda blam–a tan imaγta ene kiǰaγar orun deki amitan biden–nu tusa–dur beyeban alǰiyaqu terigüten–i qaiqural ügeküy–e.nere–yi sonusuγsan–u tedüiken–iyer–ču orčilng–un qamuγ ǰobalng–eče tonilaqu–yin ilngγui–tu kürüngge–yi maγad–iyer talbin čidaγči mancusiri itegel blam–a boγda zongkhaba–yin gegen–nu masi γaiqamsiγtu boluγad tangsuγ boluγsan ǰokiyal namtar nuγood–i medeküy–e amur–iyer todurqai üǰegülügsen uridu ügei sain nomlal–i sine ǰokiyan ailaduγsan ene anu ǰüg bükün–e ürgeǰin delgereküi nigen bolbasu bogda blam–a tan–u sedkilun tagalal anu aγuu yeke ür–e lüge tegülder bolqui–dur damǰiγ ügei bülüge kemen sine kiǰu ene yeke namtar–i keb–dur bütügekü bolbasu keb–un siltaγan tabiγlal ergüče–yi bi ergüsügei kemen ailadqaγsan–a boγda blam–a–yin gegen tan–ču bi anu olan amitan–u tusa–yin tulada egündür alǰiyal–i üiledügsen büged.ene namtar keb–tur γarbasu masi olan amitan–tur tusa bolqu tula masi sain kemen yekede bayasun soyorqaγad boγda–yin öber–un türügsen somun–u kündü yarimpil kemegdekü–dur keb–un eke bičig–i bičikü–yin ǰarliγ ailaduγsan–a tegünu bey–e–ču qataγu küčün–nu süsüg durasil–iyer ǰarliγ–i orui–dur–iyen abču keb–un eke bičig nügüd–i üsüg–un dürsü sain boluγad endegü ügei

〔1〕 金峰搜集整理《蒙古文献史料九种》,第16页。

ariγun-a öber-iyen γaγčaγar saitur bičibi.[1]

汉译文为：

圣者宗喀巴大师之镀金像，如今已成为了额尔德尼吐希庙的主要依止怙主。那时上师所作之《宗喀巴大师传易知录·善乐之源》已进入尾声。我父章京策仁东若布心想："圣者上师总是为此处之众生，不顾自己的劳累，撰写了闻名字就能使宇宙之诸苦难消失的文殊室利之化身信上师宗喀巴大师之极神奇美妙之传记——易解明示之前所未有的善教言，如果此善言能够传遍四方，那么上师之心愿具足，也成为伟大之果。"于是，他向上师禀告说："我愿出资将此巨著印刻。"上师极高兴地回答："我为众生之利乐而不顾一切地撰写此传记。如果此传记能够刻印，定于众生极有利。"于是，父亲向自己所辖苏木的坤都雅林培勒（kündü yarinpil）下令，命他书写刻版稿。于是，他以极虔诚之心接受了此任务。他将刻版稿全部书写，写得既美观又无错误。

basa uridu ǰil doluγan naγur-tur ǰalaraγsan üy-e-dur šašin-i geigülügči abaγ-a ǰanglung bandida-ber tügüwan gegen tan-nu ǰokiyaγsan boγda ǰangγiy-a lalida bazar-un gegen-nu namtar-i mongγol-un keleber orčiγulqu-yin duradγalaγ-a ailadqaγsan büged. tegünčilen basa abural boγda aγiy-a gegen tan-ču mün tere namtar-un sudur-i qairalaγad namtar teün-i mongγol-un keleber orčiγulbasu sain kemen ǰarliγ boluγsan tula ene ǰil-dur boγda lalida bazar-un gegen-nu namtar-i mongγol-un keleber orčiγulbai……ene üy-e-dur minu ečige ǰalan ekilen uduridču süsügten sira qara yeke baγa olan ard-ber keb-un tabiγlal ergüče ergügsen-iyer.ene üy-e-eče uruγsi ene boγda-yin ǰokiyaγsan nom nuγuud-i nigen ǰüg-dur čuγlaγuluγsan anu doluγan bodi kiritai boluγsan nuγuud-i keb-tur bütügeǰü baraγdasi ügei nom-un öglige-yin egüden-i negegegsen iyer.[2]

汉译文为：

去年到多伦诺尔寺时，一心皈依、虔诚弘法的叔父章隆班智达请上师蒙译土观活佛所著《圣者章嘉活佛传记》，而且不久前，圣者阿嘉活佛也将此传送给了上师，并特别希望上师能将此传译成蒙文。因此，上师今年

〔1〕《察哈尔格西·罗桑楚臣传》，第 355 页。
〔2〕《察哈尔格西·罗桑楚臣传》，第 443—444 页。

(1801)将《圣者章嘉活佛传记》译成了蒙文。此时,以我父亲为首的诸多僧俗界的信奉者们,敬献了刻版所需之布施。同时也将上师之前的著作总为七函,开始刻版,开启了无穷之法施之门。

从上述记载看出,察哈尔格西·罗桑楚臣诸多作品的顺利刻板印刷是离不开《传》作者父亲的帮助的。

作者还有一位叔父罗桑丹津,也是察哈尔格西·罗桑楚臣的众多徒弟中的一位。《传》中载:“(上师的)地位高的大徒弟有:大喇嘛罗桑达尔吉、大喇嘛罗桑丹津……”[1]说明作者的叔父罗桑丹津是地位很高的大喇嘛[2]。“上层喇嘛通常出身于世俗封建主,如台吉出家就可得到托音喇嘛的称号,平民出身的喇嘛升至高级喇嘛者极少数。”[3]这可佐证《传》作者家世之显赫。综上所述,作者出生于官宦之家,而且是虔诚的佛教信徒之家,所以从小受佛教的熏陶,为以后的佛教事业打好了坚实的基础。

二、作者生年

关于作者的出生年,《传》中也没有确切的记载。但据前引《传》文:“(水龙年,1772年,父亲)之后不断晋升,而且财物和牲畜开始增长,也开始增添了我等的子女了”可以看出作者出生于章京策仁东若布建立那座小寺庙迎请察哈尔格西·罗桑楚臣讲经说法的水龙年(1772)之后不久。《传》中载:

basa ene ǰil–dur tabun sar–a qoyar iregsen–nu terigün tabun sar–a–dur üčüken minu abaγ–a aqa blam–a abu qoyaγula ǰalal ailadqaγsan–nu yosuγar ǰalaraǰu teden–u küsegsen yosuγar ilaǰu tegüs nügčigsen biruǰana güngrig–un qota mandal–i bütügen takiqu–yi mingγan–ta ailaduγsan büged tere čaγ öčüken minu abu–ber üčüken lobsng sangrub nima kemekü namaγi degedü boγda blam–a tan–a qarliγ šabi bolγan ergügsen–dur degedü boγda blam–a tan–ču ürüsiyen bayasuγsaγar eǰelen abuγad. segül–un tabun sar–a–yin sine–yin qoyar–un edur–e bogda blam–a tan ǰiči ǰalaraqui dayan daγaγulun ǰalarču yeke saγusi geid tegen ögede bolǰu kürüged blam–a–yin bisilγal γadan lhbčim–a–yin

[1]《察哈尔格西·罗桑楚臣传》,第853页。

[2] 大喇嘛,即达喇嘛,是寺庙的总管,主要管理寺庙的行政、宗教、财务、外事等各项事务。

[3] 樊保良著《蒙藏关系史研究》,青海人民出版社,1992年,第225页。

kütülbüri-yi qairalaγsan büged. tere metu šabinar-un adaγ öčüken biber degedü boγda blam-a yin ölmei-yin lingqu-a-dur sitarčilan situǰu ǰarliγ-un rašiyan-un qobiyari qobi-yi edelekü-yin sain qobi eng terigün-e iledte boluγsan boi.[1]

汉译文为：

是年（土鸡年，即1789年）闰五月，在前五月之末，上师应鄙人之父亲和叔父之邀，前来为他们宣讲了《薄伽梵毗卢遮那普明曼荼罗供奉成就》多遍。就在这时，鄙人之父亲将我罗布桑桑若布尼玛送到上师身边，希望他收我为徒。上师以慈悲为怀欣然接受了我父亲的请求。就在这时，闰五月初二，上师回到自己的寺院宣讲了《兜率上师瑜伽引导》。从此，作为上师众多弟子之中最小的我，也能够跟随顶礼上师之足莲，分得其教言甘露。

从这段记载得知，察哈尔格西・罗桑楚臣将作者收入门下的时间是土鸡年，即1789年。《传》作者的父亲是个虔诚的佛教徒，而且与察哈尔格西・罗桑楚臣关系非同一般，所以《传》作者的父亲送儿子到寺院的年龄一定是作者较适合学法的年龄，即十岁至十五岁之间。据《传》中记载，作者出生于水龙年（1772）之后不久。因此推测出，作者的出生年大概在木羊年（1775）左右。准确而言，《传》作者出生时间是在1772至1789年之间，这点勿庸质疑。

关于作者的出生地，《传》中没有明确的记载。据上文，作者的父亲是建额尔德尼吐希庙的施主，而且《传》中云："那时我依上师之教令，在额尔德尼吐希庙旁边的自己的家中坐禅。听说上师身体不适，正月十六日到上师处向他请安。"[2]从而得知，作者的家在额尔德尼吐希庙附近。那么额尔德尼吐希庙是察哈尔地区的哪个旗哪个苏木呢？《察干乌拉庙附属第八苏木寺庙的收入和支出（额尔德尼吐希庙青史第四册）》中记载："我寺初建之时，当时担任札兰章京兼苏木章京的策仁东若布于乾隆五十二年的红羊年（1787）在此地建造三间房屋。他以自己的虔诚信仰时时迎请僧人诵读弥遮玛（无缘大悲颂）。而且乾隆五十四年（1789），他向喇嘛上师格根们许下诵读百万次弥遮玛的诺言，之后从各寺院请百次左右的法会，经几年的时间

〔1〕《察哈尔格西・罗桑楚臣传》，第349页。
〔2〕《察哈尔格西・罗桑楚臣传》，第801页。

得以完成。”[1]

前文中已述,《传》作者的父亲章京所建寺庙被察哈尔格西·罗桑楚臣命名为额尔德尼吐希庙。上面这段文字所载察干乌拉庙附属第八苏木寺院是作者的父亲札兰章京策仁东若布所建额尔德尼吐希庙,而且还是察干乌拉庙的附属寺庙。察干乌拉庙是察哈尔格西·罗桑楚臣的根本寺,《传》中载:

boγda−yin öber−un saγuri geid čaγan aγula−yin süm−e kemekü boyu tegüs bayasqulang−tu nom−i bariγči süm−e kemen aldarsigsan egünü süm−e kiged γurban sitügen qural luγ−a salta−yi maγad−iyer sine baiγulsuγai kemekü−yin ǰorilγ−a talbin ailadču. tegünü učir−iyen mün−kü cam−un dotur−a−eče qusiγun−nu noyad−tur ǰarliγ boluγad qusiγun−nu tamaγ−a terigüten−iyer ulamǰilan. boγda eǰen−e ailadqaǰu qural−un quwaraγ−ud−tur ǰafu qiged dudai kemekü temdegtü temdeg−i abubai.[2]

汉译文为:

上师想建立自己的根本寺察干乌拉庙,也称为特古斯巴雅斯胡朗图寺(tegus bayasqulangtu süm−e),寺内准备建立三个怙主法会。他在坐禅中将此想法向旗领导禀报,又通过旗衙门向皇帝禀报。最终申请到了寺院僧侣的“札付”和“度牒”。

tere metu olan mongγulčud−un aimaγ tedeger−un dotur−a−eče boγda blam−a erdeni mün−kü egü−u bodadu türügsen orun anu dotuγadu čaqar naiman qusiγun−nu doturaki kübegetü čaγan qusiγu kemekü egün−dur arban qoyar somu baidaγ−un doturaki γudaγar somun−nu nutuγ−un qariy−a−tu.mongγul−un kelen−dur saiqan kemekü naγur ǰülke čečeg terigüten üǰesgülengtaiy−a čimegsen ariγun boluγad sedgil−dur taγalamǰitai nigen−nu baraγun eteged−un oir−a kübege bolai.[3]

汉译文为:

上师诞生于察哈尔八旗之镶白旗十二苏木中之第三苏木,蒙古语称为赛汗(saiqan),是在水草丰美之湖的西岸。

传主建寺之地应属自己的故乡。从《传》中的记载得知,他的故乡是

---

〔1〕金峰搜集整理《蒙古文献史料九种》,第16页。

〔2〕《察哈尔格西·罗桑楚臣传》,第303页。

〔3〕《察哈尔格西·罗桑楚臣传》,第20—21页。

镶白旗十二苏木中之第三苏木。镶白旗建于康熙十四年（1675），是察哈尔东四旗之一。起初由十个苏木组成，后加上18世纪初由巴尔虎强行搬迁而来的第七和第九苏木，共十二苏木[1]。《察哈尔史略》载："（察哈尔镶白旗）第八苏木原在乌苏图都古楞（usutu dügüreng）、玛尼图（manitu）、呼鲁苏台（qulusutai）、依赫都营（yeke doying）、依赫诺尔（yekenaγur）、巴嘎诺尔（baγanaγur）、额尔德尼吐希庙（erdeni tüši-yin süm-e）等地居住。"[2]从而得知，察干乌拉庙的附属第八苏木应是镶白旗的第八苏木。《传》作者的藏译蒙著作《释迦牟尼佛圣迹无误妙撰如来行宝藏》刻板时作者所附的跋文曰："将此佛祖的奇妙之传，由察哈尔镶白旗第八苏木的名为额尔德尼吐希庙的普乐寺之沙弥托音罗布桑桑若布尼玛，依先贤喇嘛之作品整理译出后使自己的侄子沙弥益希丹真达尔吉刻板成册，希望为此善事而努力的僧俗施主们的障碍消除，寿福增加，安乐具足，速得其佛陀之福禄！"[3]从而更加有力地说明了《传》作者所在的额尔德尼吐希庙属察哈尔镶白旗第八苏木。《传》作者的家在额尔德尼吐希庙附近，所以推测出，《传》作者就是察哈尔镶白旗第八苏木（今锡林郭勒盟正镶白旗伊和淖尔苏木附近）之人。

三、作者求学经历及著述

1. 作者求学经历

《传》作者出生于虔诚的佛教信徒之家。《传》作者之父极敬奉察哈尔格西·罗桑楚臣，并经常迎请他到自己所建的寺院宣讲教法。后来将自己的儿子罗布桑桑若布尼玛送到察哈尔格西·罗桑楚臣身边作为他的弟子。据上文，作者出生于水龙年（1772）之后不久。到土鸡年（1789）时，《传》作者的父亲将他送到察哈尔格西·罗桑楚臣身边作为察哈尔格西·罗桑楚臣的关门弟子。可以推测出，《传》作者此时已是适合学法的少年了。《传》中载：

namur sine ǰokiyaγsan boγda-yin yeke namtar-un keb-i seilgekü terigüten olan nom tegülder-un uiles-un tulada qaγan-un yeke qarsi begeǰing-dur ǰalarbai.yeke geid yüng ke güng-un yeke qural kiged racang-ud-tur manǰa ǰad-un ergül kündülel üiledüged namagi öber qoyar nökör lüge salta-yi yüng

---

〔1〕吉格木德编著《察哈尔史略》，内蒙古人民出版社，2008年，第322页。

〔2〕吉格木德编著《察哈尔史略》，第330页。

〔3〕中国蒙古文古籍总目编委会编《中国蒙古文古籍总目》（上）北京图书馆出版社，1999年，第861页。

ke güng canid racang−un qural−dur quraγulǰu boγda öber−iyen düir−e−yin kelelčege−yin yosun terigüten−i ǰiγaǰu ailadbai.[1]

汉译文为：

是年秋（金猪年，1791），上师为新撰之《至尊宗喀巴大师传》的刻版和诸法事圆满而去了北京。到北京雍和宫为大法会和扎仓敬献了茶点膳食，将我和另两位弟子一同送入察尼特扎仓学习。上师自己为此扎仓的僧众们传授了摄类学。

此时《传》作者已跟随察哈尔格西·罗桑楚臣两年多，成为他身边的近侍徒弟，也成了察哈尔格西·罗桑楚臣外出时跟随左右的弟子。因此作者才有机会跟随上师到北京雍和宫这样的佛法圣地，并且还入该寺院的察尼特扎仓学习佛法。"察尼特"即指"显宗"，察尼特扎仓是专门学习显乘经典的学校。雍和宫的"这所学校的最高首领，也是西藏籍的'教习堪布喇嘛'。教员五名，管理员一名……学生二十名，也叫'学艺喇嘛'，是由内蒙和外蒙各旗选送来京的官费生。在清朝中叶，学生的数额只二十名，全庙喇嘛中几乎近一百人参加学习……这所学校还不只是单纯学习显乘经典的学校，又是深入研究佛教'显乘'哲学的研究院"[2]。《传》作者能进如此高级的显宗扎仓学习，足以说明察哈尔格西·罗桑楚臣对《传》作者成长的关爱，也说明《传》作者从踏入佛门起即受到良好的教育。后来《传》作者一直跟随察哈尔格西·罗桑楚臣身边得其圣法之甘露。《传》中载：

dürben sar−a−yin arban tabun−nu γurban yeke adis−tu čaγ dabqurlaγsan edür−e nadur γurban yirtinču−yin γaγčaqu ǰula boγda zungkaba−yin sian nomlal−un tuil yeke bodi mür−unǰerge−yin nomlal−i qairalaqu−yin eki−yi ekileǰü nigen čaγasun ilegüükiritai oduγsan−nu üy−e−dur γngǰur−un süm−e−yin sabrung blam−a lobsang ǰamiyang danzan−tan−ču boγda blam−a−yin dergete sitar−tan situǰu nom kürtekü−yi urida ailadqaγsan−nu yosuγar kürčü ireged boγda balm−a−yin ölmi−dur tulǰu baraγalan mürgügsen−e tegün lüge bide qoyaγula−dur qamtuta ǰiči basa yeke mür−un ǰerge−yin ekin−eče dakin ekileǰü nomlal−i niγta delgerenggüy−e qairalabai.tegünče kedün edür boltal−a edur büri niǰiged masi urtu qobi ailadču mün tegun−nu ǰalγamǰilal−i ǰalgan

[1]《察哈尔格西·罗桑楚臣传》，第358页。

[2] 魏开肇著《雍和宫漫录》，河南人民出版社，1985年，第141—142页。

ǰarliγ–un nomlal–i onisun–dur bolbasuratala qairalaγsan buged yeke mur–un ǰerge oγuγada tegüs–un nomlal–i qairalaqu–yin taγalal baiγsan bolbaču biden–nu qobi–ber ese daγaγsan–iyer edüge ene metü ǰalγamǰilal–i nomlal ülü čidaqu amoi kemen ǰarliγ boluγad qoriγad čaγasun–nu kiri–eče čigleǰü talbibai.[1]

汉译文为：

是年（水牛年，1793）四月十五日是三大加持之时重叠之日。这天上师传授我三世之唯一的明灯圣者宗喀巴大师的善言《菩提道次第广论》。刚讲解一叶多时，甘珠尔寺的喇嘛罗桑札米扬丹增前来拜访，请求聆听上师讲法，并跪拜上师之足。于是，上师让他与我一同听法。上师将《菩提道次第广论》从头开始详细讲解。之后每天都讲很长一段。使我们透彻地理解了其中的要诀。上师原本还想为我们传授《菩提道次第广论圆满次第》，但我们无缘得以聆听宣讲。他还整理好二十多页讲义搁置在那里。

nadur ilaǰu tegus nügčigsen wačir ayulγaγči–yin angqan–nu ǰerge–yin kütülburi kiged.boγda degedü ǰanggiy–a gegen–tan–nu ǰokiyaγsan wačir ayulγaγči–yin tegusgel–un ǰerge–yin kütülburi–yin bičig qoyar ǰüil–un quruγun kütülburi salta–gi qairalabai……degedü aγiy–a gegen–tan kiged sümba kanbu–yin gegen tuu güwan gegen nügüd–un ǰokiyaγsan iraγu ayalγu–yin üliger ügülel nügüd kiged bogda–yin öber–un ǰokiyaγsan daγun–nu čimeg kiged udqa–yin čimeg–un tein aγulal nuγud–i neilegülün tolγaγuluγsan–nu deger–e–eče niǰiged nomlal–i qairalabai.[2]

汉译文为：

上师传授于我《薄伽梵怖畏金刚初次第导引》和圣者章嘉活佛（二世章嘉）所作《吉祥怖畏金刚圆满次第导引》两种指引等……还讲解了圣者阿嘉活佛（二世阿嘉）、松巴堪布活佛、土观活佛等所作优美的故事和论文，还有上师自己所作的《字音修饰论》和《意义修饰论》。

tabin naiman següder ǰoγuγlaγsan ulaγčin moγai ǰil–un dürben sar–a–dur cam tailuγad arban qoyar–un edr–eče ekileǰü γool sidügen–nu süm–e–dur degü balm–a erdeni kiged bide qoyar–tur bančin erdeni–yin ǰokiyaγsan lamrim–un kütülburi amur mür kiged türgen mür qoyar–un lüng kiged bogda–yin öber–un

〔1〕《察哈尔格西·罗桑楚臣传》，第 363 页。
〔2〕《察哈尔格西·罗桑楚臣传》，第 375 页。

ǰokiyaɣsan lamrim–un obidas sidi bükün–i garɣaɣči sain nomlal–un ǰirüken–nu esi kütülburi terigüten i ündüsülel tegülder degedü blam–a nar–un motor–un ǰirum–un yosuɣar barildulaɣ–a bota segül–un qotala tegüs ɣar–un abulɣa–yin egüden–eče bolbasun delgürenggüy–e bayasuɣsaɣar qairalaɣsan.[1]

汉译文为：

火蛇年(1797)，上师五十八岁。此年四月，上师结束了坐禅。十二日起在主要怙主殿为他的弟弟和我传授了班禅大师的《菩提道次第导引》易道和速道和上师自己的作品《菩提道次第之密诀悉地普生言藏之教导》等。以根具足之上师们的手持经传授予我们。

J̌iran tabun següder ǰoɣuɣlaɣsan küke qulugan–a ǰil–un qabur cam–dur ǰalaraɣsaɣar–un aɣar–eče šabrung blam–a lobsang ǰamiyang danzan lug–a bide qoyar–tur tarni–yin yeke mür–un ǰerge oɣuɣada tegüs–un nolal–i bolbasun–a qairalaɣad.sangdui damčuɣ yamandage ɣurban terigüten–nu qota mandul–un ǰiruqu tig–i degedüs boɣda nar–un modur–un abulɣ–a yambar metu yosučilan qairalabai.[2]

汉译文为：

木鼠年(1804)，上师六十五岁。此年春，上师在坐禅期间为罗布桑札米扬丹增和我传授了《菩提道次第广论》。还将密集金刚、胜乐、阎曼德迦三者的坛城的画法和度量等按照圣者先贤们的手持经传授于我们。

ebul urida–yin ǰang–iyer cam–dur ǰalaraǰu gün narin tugtam–un bisilɣal–un ǰerge nügud degegsi arbiddun orusiqu–yin ǰabsar–a nadur boɣda–yin öber–un tailburi sides bükün ɣarqui–ber ɣool üiledčü. üye üye–dur sain nomlal altan erige tein nomlal ǰiruken–nu čimeg terigüten lüge–ču qabsurun neilegülǰü parčin–i mür–dur eblegülkü–yin nomlal–i arbaɣad qonuɣ–tur oɣuɣada tegüs–iyer qairalabai.[3]

汉译文为：

木牛年(1805)，冬季坐禅中，上师以自己的作品《现观庄严论释·悉地普生》为主，以《善语金鬘》为辅，再加上波罗蜜多(barcin)之道等传授于

〔1〕《察哈尔格西·罗桑楚臣传》，第400页。
〔2〕《察哈尔格西·罗桑楚臣传》，第466页。
〔3〕《察哈尔格西·罗桑楚臣传》，第480页。

我,前后延续十余天。

ene üy-e-dur boγda öber-un süngbüm-un naimaduγar bodi-yin keb-i sine bütügen tegüsügsen tula bi terigüten dergete aγči nigen kedün šabinar-tur mün tere naimaduγar bodi-yin lüng-i oγuγada tegüs-iyer qairalabai.[1]

汉译文为:

此时上师将自己松本(文集)的第八函刻板完毕,还为在他身边的我等几位弟子传授了他松本教言的第八函。

以上是作者在《传》中提及的自己跟随在察哈尔格西·罗桑楚臣身边受其佛法甘露之事。察哈尔格西·罗桑楚臣将格鲁派重要的经典圣者宗喀巴大师的善言《菩提道次第广论》传授于《传》作者;接着还传授于他《般若波罗蜜多经》、《善语金鬘》、《薄伽梵怖畏金刚初次第导引》和圣者章嘉活佛(二世章嘉)所作《吉祥怖畏金刚圆满次第导引》两种指引等;还传授于他圣者阿嘉活佛、松巴堪布活佛、土观活佛等所作优美的故事和论文,班禅大师的《菩提道次第导引》易道和速道和上师自己的作品《菩提道次第之密诀悉地普生言藏之教导》、《字音修饰论》、《意义修饰论》、《现观庄严论之释·悉地普生》以及自己的文集等;而且还教授作者学法之方法与技巧,如听法与坐禅相结合等。《传》作者是个对上师忠诚、对佛法极虔诚的好学之人,正如他在《传》中所云:"鄙人我也跟随信奉上师二十多年,也属于超出自己的能力受其甚深广博之圣法的恩德无比之上师最小的徒弟中的一个。"[2]说明《传》作者所学佛法知识非常全面,成为了一位基础扎实,学识渊博的僧人。

2. 作者著述

首先说明作者的作品存佚情况。作者没有留下自己的传记和文集等,所以很难知晓他有多少作品存留下来。到目前为此,能确定的作者作品有两部,一部是《察哈尔格西·罗桑楚臣传》,另一部是从藏文翻译成蒙文的著作《释迦牟尼佛圣迹无误妙撰如来行宝藏》。从这两部著作的跋文内容可知其作者是罗布桑桑若布尼玛。匈牙利的蒙古学家 Д·卡拉谈到蒙古文木刻文献的跋语时说:"除了记叙一些基本的信息,例如地名、时间、作者、译者、赞助者、刻写者和相关印章外,佛教经文的题署中还要说明赞助者所

〔1〕《察哈尔格西·罗桑楚臣传》,第486页。
〔2〕《察哈尔格西·罗桑楚臣传》,第856页。

提供的经费和出版花销。”[1]说明清代蒙古文木刻版文献结尾大都写有跋语，而且跋语中提供的信息非常重要。

作者还有一部译作是《释迦牟尼佛圣迹无误妙撰如来行宝藏》。此作刻板时作者所附的跋文中云：“将此佛祖的奇妙之传，察哈尔镶白旗第八苏木的名为额尔德尼吐希庙的普乐寺（qotala bayasqulangtu süm-e）沙弥托音罗布桑桑若布尼玛依先贤喇嘛之作品整理译出。之后使自己的侄子沙弥益希丹真达尔吉刻板成册。希望为此善事而努力的僧俗施主们的障碍消除，寿福增加，安乐具足，速得其佛陀之福禄！大清国同治十年（1871）秋季首月第十八吉日完稿刻版。之后将此刻板献给大国师章嘉额尔德尼格根（四世章嘉益希丹毕尼玛）后，交给嵩祝寺旁天清书铺存放。”[2]

据原著跋文，《释迦牟尼佛圣迹无误妙撰如来行宝藏》是藏族僧人噶桑却加措索南旺楚克撰写于木虎年（1254）。据刻版时作者所附的跋语，罗布桑桑若布尼玛将此著译成蒙文。同治十年（1871）时，此著在察干乌拉庙刻版印刷。后移存于嵩祝寺旁的天清书铺。从此可推测出《传》作者罗布桑桑若布尼玛的译著之重要性。释妙舟《蒙藏佛教史》记载：“嵩祝寺，在地安门内三眼井东口外之东，为章嘉呼图克图焚修之所。”[3]嵩祝寺不仅是章嘉国师的驻锡之寺，而且是清代著名的藏文和蒙文木刻版出版基地。所以罗布桑桑若布尼玛的译作刻版收藏于此寺的天清书铺。

从作者的这两部著作的宗教文化价值方面来讲，第一部《察哈尔格西·罗桑楚臣传》，是以编年体体例详细记载察哈尔格西·罗桑楚臣一生重要事迹的著作；是研究察哈尔格西·罗桑楚臣生平事迹的最重要的第一手资料；而且通过此《传》能够了解当时社会的历史、文化、宗教、社会生活等；也能够补充其他史料的不足，所以有很高的文献价值。第二部译作《释迦牟尼佛圣迹无误妙撰如来行宝藏》是由两卷组成，共542页。是内容极丰富的佛陀传记。当时此佛传对藏传佛教在蒙古地区的传播起到了很好的推动作用，因此也有极高的研究价值。

---

〔1〕［匈］Д·卡拉著，范丽君译，乔吉审订《蒙古人的文字与书籍》，内蒙古人民出版社，2004年，第138页。

〔2〕中国蒙古文古籍总目编委会编《中国蒙古文古籍总目》（上，蒙古文），北京图书馆出版社，1999年，第861页。

〔3〕释妙舟《蒙藏佛教史》，广陵书社，2009年，第258页。

第二节　撰写缘起

作者在《传》的结尾部分说明撰写此传的缘由时说：

süsüg–un lingqu–a–yi mösiyelgegči narn–u gerel degedü mör–i gegülügči kemegdekü egüni anu urida abural itegel boγda blam–a tegüni nirwan–dur ačiraγsan–nu segül–dur abural itegel qamuγ–i ailaduγči wačir dahr–a boγda aγiy–a gegen–tan–a namtar ǰokiyaǰu qairalaqu–yi γuyun ǰalbariǰu mün–küboγda blam–a–yin degedü kübegün qotala–yin yeke buyan–nu sadun toin blam–a lobsangmolam kiged. qotala–yin yeke buyan–nu sadun šabrung blam–a lobsang ǰamiyang danzin terigüten lüge bi–ču simdan ailadqaγsan–a wačir dahr–a boγda gegen–tan ǰöbsiyen küliyeǰü ailaduγsan bolbaču šašin amitan–nu aγuu yeke tusa–yin öberün öberün ǰüil–un kereg–uud–yier čilüge ǰabsar ese γaruγsan–iyer darui–dur ǰokiyaǰu ailadul ügeküy–e udaγaraǰu biγsan–nu aγara. šašin amitan bükün–nu qarsi saγad yeke–eče yekede taburaγsan–iyer abural itegel wačir dahr–a boγda gegen–tan–ču ariγun orun–a ǰalaragad bide nuγud–un γorilaγsan–nu üre–ču solungγ–a ariluγsan metü boluγsan–nu tula ǰiči basa mün–kü degedü boγda blam–a–yin degedü kübegün bütügel–un tuwaca–yi bariγči qotala–yin yeke buyan–nu sadun šabrung blam–a lobsang ǰamiyang danzin–tan–ber sedgil–un γool–un erkim kereg bolγan ǰidgüǰü edüge či–ber kerkibečü namtar–yi eblegülün tuγurbiqu eragtei kemen. erdeni–yin čomorliγ kiged kib–un unǰilaγ–a mönggün kürdün–nu tuγ nuγuud–yier kegeselegsen mönggün mandal kigedkiri ügei tengri–yin kib. esgeǰü oduγsan ülǰi–tu naiman temdeg nigen qoos šalta–yi qairalaǰu duradqan ailaduaγsan büged. bi öberun süsüg bisirel–yier–ču ǰabsar barilduγuluγsan–dur situǰu bürün. qariγulqu–yin kiǰaγar ügei ačitu degedü uduriduγči getülgegči blam–a mün tere–ber nigüleküi–ber dagan bariγsan šabinar–un adaγ toin–nu dürsü–tu demei aγči lobsang samrub nim–a kemegdekü–ber. minu öberün bey–e šastir ǰokiyaku–yin γurban siltaγan alin–ču büridügsen ügei büged türülki ba soduluγsan–nu erdem alin–nu qobin–eče–ču masi door–a tula ene metü ǰokiyakü–yin čidal oγta ügei bolbaču blam–a yugan namtar–i tγurbin ügülekü anu sain qobi–tai kemekü–yin süsüg durasil–iyer. degedü blam–a mün tere ariγun orun–dur ačiraγsan–eče qoisi doluγan ǰil boluγsan ……arban dürbedüger saitur γruγsan−nu erketu kemegdekü γal eme üker ǰil−un ridi qobilγan−nu sar−a−yin sin−e−yin nigen−eče eki−yi ekileged mün tere ǰilun čidr−a sara−yin arban tabun ……radn−a küdai−yin süm−e−yin dergete segül−yi oγuγada tegüsgen eblegülügsen.mün tegünü qoitu sirui er−e baras ǰil−un cidr−a sar−a−yin qaγučin−u arban−u dagina quraqu−yin ilangγui−tu sar−a edür−e ǰiči mongγol−un keleber orčiγulǰu tegüsgegsen−nu bičigeči anu tegüs süsug−tu bičigeči ǰürmaddanzin−ber üiledügsen bolai.[1]

汉译文为：

《信莲盛开之日光胜道明解》的撰写缘起为，圣上师圆寂后，上师的高徒大善知识罗桑莫伦喇嘛和大善知识沙卜隆[2]罗桑扎米扬丹津喇嘛以及我等，祈请遍知一切金刚持圣者阿嘉活佛（三世阿嘉）为上师撰写传记。于是，金刚持圣者阿嘉活佛接受了我们的请求。但他因弘扬佛法和众生之伟大利益等诸事而未能立即撰写。值此之际，因佛法和众生的障碍漫无节制地泛滥，金刚持圣者阿嘉活佛已归去了洁净之处。所以我们的愿望也成了彩虹般消失无影无踪。大善知识沙卜隆罗桑扎米扬丹津喇嘛等将此事视为主要之事，为此对我说："如今你无论如何也要开始整理撰写传记。"于是，赐予我宝花蕾、丝绸璎珞、用银轮之旗修饰的坛城、无垢之天丝、裁好的吉祥八图标一双等。我也以自己的信仰供奉着与我法相合之上师。作为恩德无比的引导者救度上师的慈悲关怀的最小弟子，具有少许僧人之相的名为罗布桑桑若布尼玛的我，未具备撰写传略之三条件，再加上天分和知识甚少，所以决无撰写此弘篇巨撰之能力，但我深知撰写自己上师的传记是功德无量之事，这也正合我的信仰和兴趣。于是开始了撰写工作。圣上师归洁净之处后的第七年……第十四绕迥火牛年（1817）正月初一到三月十五……在拉达那呼代寺（radn−a qudai−yin sum−e，额尔德尼吐希庙）写完初稿。初稿誊正者有：上师的徒弟格隆达日玛拉希、格隆罗若布道尔吉和格隆蓬楚克丹德尔等。次年土虎年（1818）三月初十完成了蒙译文，蒙文稿誊录者是具足信仰之朱日玛德丹津。

从上述文得知，察哈尔格西·罗桑楚臣圆寂之后，他的弟子大善知识者罗桑莫伦喇嘛、大善知识沙卜隆罗桑扎米扬丹津喇嘛、罗布桑桑若布尼玛等

〔1〕《察哈尔格西·罗桑楚臣传》，第 884—888 页。

〔2〕 沙卜隆：是呼毕勒干的藏语称谓。呼毕勒干，指转世者最低的称号。

祈请遍知一切金刚持圣者阿嘉活佛为自己的上师撰写传记。金刚持圣者阿嘉活佛接受了他们的请求,但他忙于宗教事务,还未来得及撰写就圆寂了。文中所提的阿嘉活佛是察哈尔格西·罗桑楚臣的最敬重的根本上师阿嘉活佛罗桑丹毕坚赞的转世罗桑札米扬札木措。察哈尔格西·罗桑楚臣与他的根本上师阿嘉活佛罗桑丹毕坚赞之间的关系极亲密。《传》中云:

tere čaγ–tur ilγuγsan bükün–nu ailadqu–yin mün činar getülgegči mancuširi luγ–a ilγal ügei mün činar–tu mergen siditen–nu erketu getülgegči qamuγ–i ailaduγči abural itegel agiy–a erdeni–yin gegen–tan–nu degedü düri lobsng danbi ǰalcan balsangbu kemegdekü mün–kü tere mancuširi eǰen–nu ǰarliγ–un ǰarulγ–a–ber tübed–tur ögede boluγsan–eče ǰiči ǰalaraǰu iregsen–dur baraγalaǰu mörgübei.erte olan türül degen ečige kübegün boluγsan–nu tangγaraγ–un barildulγ–a masi gün tula gegen čirai–yi üǰegsen–nutduiken–iyer čaγlasi ügei süsüg bisirel türüǰü bürün mün–kü tere boγda–yin ölmei–yin lingqu–a–yi orui daγan abču iǰaγur–un titam bolγan situged dergete sitardaǰu saγun. budaw–a–yin obidas küke debter–eče. obidas bügüde–yi kuriyaγsan–u eki anu.oγuγada degedu buyan–nu sadun–i ölü talbiku boi.kemen nomlaγsan–nu udq–a–yi sedkil–degen ürkülǰide aγulun ǰokiyaǰu toqai–dur ali kürügsen kündulel tabiγlal–un ǰerge–yi yosučilan bütügeküi–dur ile dalda ügeküy–e kičiyen ǰokiyaγsan büged. ilangγuy–a tere boγda–yin motor–un sudur kiged bičig–i bičikü motor–un sudur nuγod–i qamγalčaqu terigüten nom–un üiles nügüd olungki–yi ene boγda γaγčaγar bütügegsen terigüten–nu egüden–eče getülgegči degedü boγda agiy–a erdeni–yin gegen–tan tegün–i sanaγ–a barildulγ–a qoyar–iyer yosučilan sidun ǰokiyabai.tegün–nu čaγ–tur γadaγadu–yin küriy–e sigürdekü–eče degegsi dooradu yabudal bügüde–gičü ǰaliqairaqu sidaraqu ügeküy–e bütügen ǰokiyaγsan bülüge.[1]

汉译文为:

那时,与文殊室利无差别的贤智之最救度者,遍知一切阿嘉活佛罗桑丹毕坚赞贝桑布(二世阿嘉),依文殊室利之法令从藏地降临此处。这时,上师去活佛处顶礼膜拜。因为前世有极深的师徒之缘,所以见到阿嘉活佛就立刻产生无比的敬仰之心,顶礼活佛足莲,并随侍左右。上师时刻铭记博朵

〔1〕《察哈尔格西·罗桑楚臣传》,第 69—70 页。

瓦语录《小册青书》中“跟随圆满最圣之善知识者是一切密法汇集之源”之语，以最虔诚之心敬奉活佛。上师帮助活佛书写手持经册、保管书籍和抄写手稿等，大部分都是上师独自完成的。从而看出上师对阿嘉活佛之崇信与敬奉之程度。上师那时努力干活，无论轻重，从不挑选，如打扫庭院等事也身体力行。

boγda aγiy–a gegen–tan tere–ču boγda blam–a egün–dur sedkil masi bayasun gün boluγad aγuuyeke sudur tarni–yin nom nuγud–i dügüreng qomq–a–yi yegüleqü–yin yosuγar qairalaγsan mün baiqu bolbaču toγan–nu temdeg bičig terigüten ügei baiqu tula ende niγtalan bičiǰu čidaγsan ügei büged. boγda blam–a–yin öberun aman–eče urid qoǰid botatai sonusuγsan büdügün baruγ–untedui.[1]

汉译文为：

当时阿嘉活佛（二世阿嘉）对上师极满意，将伟大的显密法毫无保留地传于上师。但具体情况不得而知，只是从上师口中得知大致情形。

eduge či umteγ–a ügei abural–un orun ene nuγud–i situqüi yugen ese orkibasu abural–unorun tere nügüd–ber čimagi orkiqu oγta yosun ügei tula. eduge–eče qoisi či–ber ǰirγaqu ǰobaqu sain maγu–yi–yin aqui üiles bügüde–ba nom kiged yirtinču–yin üiles alin–i üiledbeču degedü abural–un orun edeger–tur ǰiruken ečegen ǰalbaril talbibasu snaγsan kreg bügüde sedkilčilen bütüküi–dur mγad büged. činu qoina–eče daγaγčin nuγud ču edeger–tur sitübesü sain–nu čiγulγan bügüde sedkilčilen bütüküi–dur mγad boi.bi ču tübed mongγol kitad–un ard bükün–e yabuγsan bolbaču čim–a–eče öber–e nom ügkü kümün nigeken–ču γaruγsan ügei tula minu nom üggügsen γaγča či bülüge kemen masi bayasqui–ber ǰarliγ bludaγ boi. boγda blam–a mün–kü ene–ber–ču nom–un barildulaγ–a oluγsan blam–a–nar olan aγsan nuγud–undotur–a–eče qamuγ–i ailaduγči boγda agiy–a gegen–tan eguni tengčeküi nökür ügei balm–abolγan bariǰu baidaγ bülüge.qoǰim–ču keǰiy–e ner–e–gi ügülekü keregtei bolbasu tere büsi degen. minu blam–a adalidqal ügei ačitu qamuγ–i ailaduγči boγda agiy–a gegen–tan kemen ǰarliγbolǰu nidun ečegen nibusun aldaqu kiri–tai–yi ürkülǰide

[1]《察哈尔格西·罗桑楚臣传》，第70—71页。

ǰokiyadaγ boi.[1]

汉译文为：

之后活佛（二世阿嘉）对上师说："如果你连续不断地供奉神祇，那么神祇们也不会忘记你。从今以后，你若把苦乐好坏之事、教法之事以及世间之事等从内心向神祇祈祷，那么一切事情会如愿以偿。如你的跟随者们也同样供奉，那么一切积善之事也都能如愿。我虽去藏蒙汉地说法，但除你以外未遇到施法之人。你是我唯一的施法者。"活佛说罢，脸上露出喜悦的笑容。上师也遇到不少有法缘的上师，但其中遍知一切阿嘉活佛是无人能比的尊至上师。后来，上师每提起他上师的名字时都含泪说，自己的上师是遍知一切阿嘉活佛。

qorin naiman seguder ǰoγuγlaγsan ulaγčin γqai ǰil−un yisun sara−dur adalidqal ügei ačitu degedü abural itegel gtulgegči agiy−a erdeni−yin gegen tere−ber ene orun−dur bodadu bey−e−ber nomudqaqu−yin nomudqaγdaqun−iyen keseg ǰaγur−a tegüsüged bosud−un tusa−dur taγalal dusqaǰu dürsü−tu bey−e−yin ǰokiyal−iyen amurliγsan nom−un tüb−tur ačiraqu−yin yosun−i üǰegülügsen−e.ene boγda blam−a−tan−ču gegen iǰaγur−un kündülel kiged sedkil−un taγalal−yi güičegekü−yin arγ−a terigüten tere toqai degree üiledky−e ǰokistai−yin ǰerge nügüd−i yosučilan bütügen ǰokiyaγsan.[2]

汉译文为：

火猎年（1767）九月，上师二十八岁，恩德无比的上师阿嘉活佛圆满完成了在人世间以本身之相应化众生任务，回到了极乐世界。为了表示无比之敬意与心中弘愿，上师尽了自己最大的努力。

从上文看出，二世阿嘉活佛罗桑丹毕坚赞是察哈尔格西·罗桑楚臣在北京雍和宫时的根本上师，是赐予察哈尔格西·罗桑楚臣佛法甘露的有恩之上师。正像传中所说"上师也遇到不少有法缘的上师，但其中遍知一切阿嘉活佛是无人能比的尊圣上师。后来上师每当提起他上师的名字时都含泪说，自己的上师是遍知一切的恩师阿嘉活佛"。正因与阿嘉活佛罗桑丹毕坚之间的这种亲密关系，传主与阿嘉活佛罗桑丹毕坚的转世阿嘉罗桑札米扬札木措（三世阿嘉）之关系也非同一般。《传》中载：

〔1〕《察哈尔格西·罗桑楚臣传》，第 75—76 页。
〔2〕《察哈尔格西·罗桑楚臣传》，第 89—90 页。

ene ǰil—dur abural itegel qamuγ—i ailaduγči boγda agiy—a gegen—tan—nu degedü qobilγan erdeni—yin türül—un düri anu begeǰing—dur ǰalaraǰu ireged ǰiči tübed—un orun—a ǰalaran morilaqu—yin tasiram—dur tere boγda öber—un sürüg deger—e—ban ǰalaraǰu iregsen—e tabun sara—dur enedegedu boγda blam—a—tan—ber bogda agiy—a gegen—tan—nu qobilγan erdeni tegun—e baraγalan morilaqu—yin tulada tere boγda—yin sürüg—un γaǰar—a ögede bolǰu orumlal—un ürgugen—dur baraγalan mörgüged bey—e ǰarliγ sedkil—un situgen teriguten—nu ergülge ergübei. Ene anu abural itegel bogda agiy—a gegn—tan—nu ene seguder—un uy—e—dur baraγalan mörgükü—yin eng terigün büged. tere čaγ—tur ečige kübegün qoyar urida olan türül—un üyes—tur nigen—ta bosu—ber deger—e ügei külgen—nu tangγariγ oγuγada ariγun—nu barildulaγ—a oγuγada tasural ügei aγsan—nu situn barildulaγ—a—yin toγtaγsan ǰang—iyer učaraγsan—nu teduiken—eče ečige kübegün sedkil—un taγalal masi inaγ bolulčan qoyaγula—yin sedkil nigen—e nilegsen metu boluluγ—a. tendeče abural itegel agiy—a gegen—tan—nu qobilγan erdeni—yin gegen doluγan naγur—un süm—e—yin dergeteki öber—un ordun—a ǰalaraγad tegün ečegen—ču ene boγda blam—a öber—un geid deger—e—ban ǰalal ailadkaγsan—nu yosuγar boγda qobilγan gegen—tan ene boγda blam—a—yin saγusi—yin sin—e geid čaγan aγula—yin süm—e deger—e ǰalaraǰu irebei.tende naiman qonuγ ǰalaran saγuǰu qural neite—dur. dürben motor—tu ariyabalu.qar—a mancusiri. tabun γarudai—tu doγsin wčirbani.čaγan dar—a eke nügüd—un ǰiγang terigüten nomqairalaqu ba geid—un situgen bolγaǰu γurban čaγ—un borqan—u niǰiged sγumal düsi—yi qairalaγsan büged.[1]

汉译文为:

火羊年(1787),救主遍知一切阿嘉活佛的转世(三世阿嘉)来到了北京。在返回藏区之前去了趟自己的苏鲁克(sürüg,牧地)。上师便前往拜见阿嘉活佛,并敬献了身语意怙主之礼。这也是第一次拜见此世的阿嘉活佛。那时师徒二人以前世之洁净的法誓因缘相聚,为此师徒二人一见如故亲密无比。后来,阿嘉活佛应上师之邀请来到了察干乌拉庙住了八天。期间他宣讲了四臂观音、黑文殊室利、五噶尔迪猛力金刚持、白度母等随许法,将其当作寺院的怙主进行供奉。活佛还赐予寺院三世佛之坐像。

[1]《察哈尔格西·罗桑楚臣传》,第320—321页。

ene üy–e–yin kiridur abural itegel boɣda agiy–a gege–tan–un qobilɣan gege–tan tübed üi–yin orun deki sarazaiba kemekü racang–dur qural–un šabi bolǰu surɣaɣuli čoira–dur ǰalaran aɣsan–nu künesun–nu keregten yadaɣu baiqu učir–un bičig qürčü iremegče darui boɣda blam–a–tan–nu sedkil tesgel ügeküy–e mün ene qusiɣun deki olan süsügten sabinar–tur ǰarliɣ boluɣsan–iyer sir–a qar–a süsügten tus tus ečegen kiri kiri–ber–iyen nemeri ergüǰu iregsen–nu deger–e. boɣda balm–a–yin öber–un motor–tur oldaɣsan ǰaɣun ilegü lang mönggün–i nemeged neite ǰirɣuɣan ǰaɣu lang kirtai boluɣsan nuɣud–i narin todurqai toɣ–a temdeg adalidqal–un bičig salta–yi abural degedü boɣda qobilɣan gegen tan–a ergün ilegegsen anu udal ügeküy–e abural boɣda gegen tegünu motor–tur kürüged boɣda gegen–tan–nu nom–un nögüčel–dur masi yeke tusatai boluɣsan yosun–i qoǰim üy–e–dur abural itegel wačir dahr–a boɣda agiy–a gegen–tan öber–iyen basa ǰarliɣ bolqu–yi botatai sonusuluɣ–a.basa egün–nu urid qoǰid nuɣud–ču abural boɣda gegen tan–a amuɣulang–i ailadqau bičig kiged ali kiritei niǰiged ergülge–yi tasural ügekuy–e ergügseger baiɣsan büged tegüber ülü baran qoǰim üy–e–dur begeǰing–dur ǰalarču baiqu terigüten–e yambar metu ǰokistai ergülge–yi ürkülǰi tasural ügeküy–e ergügseger baidaɣ–i anu bide dergete aɣčin bügüdeger üǰegsen kiri baiɣsan bolbaču tedeger toqai toqai–dur martaqu–yin temdeg terigüten–i üiledügsen ügei tula ende naribčilan bičiǰu ese čidabai.[1]

汉译文为：

此时圣者阿嘉活佛（阿嘉二世）的转世活佛（三世阿嘉）在卫藏色拉寺的却伊拉[2]（čoir–a，经院）扎仓学习，但缺乏学习所需的银两。因此，他给上师来信请求援助。于是，上师将此事急切地告知本旗的诸多信徒们。许多僧俗徒众们尽己所能地献来银两。加上上师自己的一百两，共筹白银六百两左右，将白银与详细清单以及敬复之信一同送往阿嘉活佛处敬献。这些白银对阿嘉活佛学法给予了极大的帮助。后来听说，阿嘉活佛经常提起此事。之后，上师不断向阿嘉活佛寄去请安信或奉献财物等。阿嘉活佛来北

〔1〕《察哈尔格西·罗桑楚臣传》，第351—352页。

〔2〕却伊拉扎仓：是学习研究藏传佛教基本经典的扎仓，参加修行的人数最多，约占每个寺庙的三分之一左右。修行的时间约二十一年左右，毕业后考取学位。

京之时，上师也奉献了物品。那时我们随侍上师左右，许多事都耳闻目睹。但未详细记录，所以这里未能一一道来。

tegünče degedü abural itegel wačir dahr–a bogda agiy–a gegen–tan boγda eǰen–nu amuγulang–yi ailadqaqu–yin tula tübed–un orun–eče ǰalaraǰu ireküi–dur uγtuγul ulaγ–a küsge salta–yi yabuγuluγad. tegün ildar–a wačir dahr–a bogda gegen–tan–i degedu boγda blam–a–yin sine geid–tur kerkibeču ǰalaran irekü–yin ailadqal kiged ene ǰüg–un nomudqaγdaqun nuγud–i ürüsiyen nigüleskü–yin nidun–iyer ailadču……itegel boγda degedü qobilγan erdeni–yin gegen–tan–ču sedkil bayasqu–yin agar–eče ǰübsiyen küliyeǰü degedü boγda blam–a–yin sine geidčagan agula–yin süm–e–dur ǰalaraǰu iregsen büged. tere čaγ–tur boγda blam–a öber–yien qonuγ–un γaǰar–a kürtele uγtuǰu ǰalaraγsan ba kürču irekü–yin čaγ–tur qural–un ulan quwaraγ salta čang kenggrge bisigür küǰi terigüten qotala tegüs ergül kündülel–i üiledbei.[1]

汉译文为：

是年（1793），圣者信救主金刚持阿嘉活佛（罗桑札米扬札木措）从藏区前来北京朝觐皇上。上师给活佛捎去了敬献之物，并邀请他前往他新建的寺院察干乌拉庙，以慈悲之眼观看此处被应化之众生，为薄伽梵吉祥怖畏金刚十三佛举行阎曼德迦和独勇怖畏金刚，为薄伽梵九佛等进行无量寿王灌顶，宣说并宣讲教言等。于是阿嘉活佛欣然前来察干乌拉庙。上师举行了郊迎（到一日之路程之处迎接）之礼。活佛到来时，鼓乐齐鸣，焚香礼拜。

ere čaγ–tur abural bogda wačir dahr–a agiy–a gegen–tan čaqar siluγun čaγan qusuγun–dur ǰalaraǰu irekü büged tegünü uy–e–dur degedü boγda blam–a–tan–ču tende ǰalaraǰu irekükregtei kemeküǰarliγ–un bičig iregsen–iyer. tegün–ü darui degedü boγda blam–a–tan–ber arban tabun qonuγ–un soyorqal kiged adislalγ–a nuγud–i sisum čüge–dur nomlaγsan–nu yosuγar saitur yosun luγ–a ǰokilduγulul ailaduγad siluγun čaγan qusiγun–dur ǰalaraǰu bogda gegen tan–a baraγalan mörgüged tendeki aliba uiles nügüd–i boγda gegen–tan–nu taγalal–un yosuγar bütügebei.[2]

汉译文为：

〔1〕《察哈尔格西·罗桑楚臣传》，第364页。

〔2〕《察哈尔格西·罗桑楚臣传》，第371页。

木虎年(1794),圣救主金刚持阿嘉活佛将驾临察哈尔镶白旗。有关方面通知上师务必前往陪同。于是上师立即举行十五天的惠赐与灌顶仪式,之后前往镶白旗拜见圣者阿嘉活佛,一切事情如圣者之愿而圆满。

tegünče boγda agiy−a gegen−tan kübügetü sir−a qusiγun−nu nutug dekierdeni tusi−yin rasiyan deger−e−eče boγda blam−a−yin bütügel−un orun−a ǰalaraǰu ireküi−dur uγtuγul terigüten−i narin delgerengguy−e ailadbai. bogda gegen−tan tabun qonuγ boltal−a saγuǰu ečige kübegün qoyaγula inaγsi činaγsi öber öberun tugtam−un ordun−dur basa basa učaralduǰu degedünom−un gün narin onisun−nu ǰarliγ kelelčelge−yi narin−a ailadulčaγsan−iyer boγda gegen−tan sedkil masi yekede bayasču. bi begeǰing−dur naiman ǰil saγuγsan−eče blam−a erdeni−yin dergete kedun qonuγ saγuγsan ene yeke tusatai boluγad sedkil bayasqui bolbai kemen ǰarliγ bolulu γ−a.[1]

汉译文为：

金猴年(1800),圣者阿嘉活佛从镶黄旗鄂拓克的额尔德尼吐希温泉来到上师修行之所。上师举行了隆重的欢迎仪式。阿嘉活佛住了五天,师徒二人经常交谈圣法的甚深密诀。因此上师非常高兴地说:“我在北京待八年,还不如在圣上师之旁待几天的受益大。”

tegunče abural boγda gegen−tan öber−un süsüg deger−e−ban ǰalarabai. degedü boγda blam−a−tan−ber boγda gegen−tan−nu ǰokiyal nom egünče uruγsi garuγsan nuγud−un eke šoγril nuγud−i nigen ǰüg−tur quriyaǰu debter bolγan bičigülügsen−iyer nigen yeke bodi kiritei boluγsan−i abču abural boγda gegen−tan degegsi amdu−dur ǰalaraqu−yin üdelge−dur sürüg deger−e ǰalarabai.bogda gegen−tan−a baraγalan mörgüged sin−e bičigülügsen süngbüm−un tere debter iyen motor ˇtur ergügsen−iyer boγda gegen−tan yekede bayasbai.[2]

汉译文为：

圣救主阿嘉活佛(三世阿嘉)回到自己的苏鲁克(sürüg,牧地)之地。上师将阿嘉活佛撰写的作品收集成一册,约有一函左右。上师准备将这些作品带到多伦诺尔的阿嘉活佛处,为活佛前往安多而饯行。(上师)他见活佛后行跪拜之礼,然后献上刚整理成册的文集,活佛大喜。

---

〔1〕《察哈尔格西·罗桑楚臣传》,第430页。

〔2〕《察哈尔格西·罗桑楚臣传》,第458页。

tendeče urida ǰil–dur abural boγda agiy–a gegen–tan–eče tübed–un orun–a bančin boγda dalaibalm–a–yin gegen terigüten–e ergülge kiged sair–a baraibong γandan terigüten–e manǰa ǰad terigüten yeke qabilγ–a–tu buyan üiledkü–yin taγalal baiqu učir–un ǰarliγ–un bičiγ qairalaǰu iregsen–e degedü boγda malm–a–ber ene ǰüg deki olan süsügten–e buyan–nu duradγal–un ǰarliγ qairalaγsan–iyer buyan–nu nemeri–dur kedun mingγ–a lang münggü iregsen–i ene üy–e–dur güngbüm geid deger–e abural boγda gegen–tan–nu motor–tur ergün kürgegülbei.[1]

汉译文为：

前年，圣救主阿嘉活佛（三世阿嘉）来信告知上师，他有个愿望，就是前往藏区为班禅和达赖喇嘛敬献物品，还在色拉寺、哲蚌寺、甘丹寺等处供奉茶点膳食。上师将此事告知本地信徒们。信徒们供奉了白银千余两。上师将白银派人送往塔尔寺的阿嘉活佛处。

basa ene luu ǰil–dur qamuγ–i ailaduγči boγda agiy–a gegen–tan amdu–eče qalq–a–dur zebzun damba–yin gegen–nu baγsi bolγar–a ǰalaγsančilan ǰalaraǰu ireged. tegünče ebül qalq–a–yin yeke küriyen–eče doluγan naγur–tur ǰalaraǰu irekü–yin ǰam–un tasiram–dur degedü boγda blam–a–yin orumlal–un orun–a ǰalaraǰu irekü boi kemegsen ǰarliγ–un bičig kürču iregsen–e.degedü boγda blam–a–tan–ču arban sar–a–yin qorin qoyar–un kiri–eče abural bogda gegn tan–a uγtuγul kiged ulaγ–a küsge uduridulγ–a–yin kümün terigüten uγtuγulun yabuγuluγad. arban nige sar–a–yin sin–e–yin doluγan–nu edur–e boγda blam–a–yin orumlaγsan bütügel–un orun–a kürču irekü–yin üy–e–dur quwaraγ–un ǰiγsaγal–un uγtuγul terigüten–i qinaγur delgerenggüy–e üiledbei.ečige kübegün qoyar učaralduγad sača bey–a byen–degen mörgul kiged adisdid ailadqalčin degedü nom kiged šašin amitan–nu tusa–yin ǰarliγ–un kelelčege–gi narin–a ailadulčabai tendeče bogda gegen–tan dürben qonuγ boltala ǰalaraǰu saγuqui–dur degedü bogda blam–a–ber ergül tabiγlal–i qotala tegüs–iyer bütügebei. ……ǰibzundanba–yin gegen–tan tere–ber ene boγda–gi yeke erkim bolγan ailadču baidaγ tula ene üy–e–dur ene boγda tan–amotur–iyer–iyen bičigsen ǰarliγ–un

---

〔1〕《察哈尔格西·罗桑楚臣传》，第 479—480 页。

bičig qairalaγsan anu ene metu.[1]

汉译文为：

是年（1808），遍知一切阿嘉活佛从安多地区被邀请到喀尔喀地区，作为哲布尊丹巴的经师。到冬季时，阿嘉活佛从喀尔喀大库伦前往多伦诺尔寺，途中想绕道上师处，以期一晤，并将此想法告知了上师。十月二十二日上师派遣人马出发，前往迎接阿嘉活佛的驿马和车以及引路人等。十一月初七，活佛到达上师的住处。上师率僧队隆重迎接。师徒见面后，互相礼拜，谈论圣法和利益教法与众生之事。阿嘉活佛停留了四天，期间上师具足圆满地做了敬奉之事。……喀尔喀哲布尊丹巴活佛极看重上师，为此捎来了亲笔书信。

bosu basa nirwan bolqui-dur siqaqu kürtele-dur-ču boγda gegen-tan-bre borqan keblequ ba sudur bičikü rilu boγuqu terigüten-nu üiles-un qamǰilγ-a ailadqaγsan bügüde-dur-ču alǰiyaqu qasiraqu kiged ǰaliqairaqu saγataqu terigüten-i oγta ǰokiyal ügeküy-e teke bayasun durasiqui-ber bütügen ǰokiyaγsan terigüten anu blam-a-yin üiles masi üiledküy-e berke-yin kündu egürge nügüd-i-ču durasiyaγsaγar abču kügen metu-yin sedkil bolai.[2]

汉译文为：

上师快到圆寂之时还不顾自身的疲劳，极愉悦地为阿嘉活佛（三世阿嘉）的佛教事业奔走劳累，为他做印刻佛像、写经、包药丸等事。这充分表明了他非常乐意分担上师之事，无论多重的任务他都高兴接受，有如乘骑般的心。

从上述记载得知，察哈尔格西·罗桑楚臣对阿嘉活佛罗桑札米扬札木措敬奉有加。阿嘉活佛有困难之时他全力以赴，不仅在物质上帮助他，还为他整理书稿，不顾年迈多疾的身体为他做印刻佛像、写经、包药丸等事。阿嘉罗桑札米扬札木措也对察哈尔格西·罗桑楚臣极敬重，《传》中云：

tere čaγ-tur boγda blam-a-tan-i doluγan naγur-eče ǰiči ǰalaraqu-yin uy-e-dur abural wačir dahr-a boγda agiy-a gegen-tannamaluγ-a nangsu loruibalsang sitar aγči šabi gelüng dambarinčin bide γurbaγula-yi dergete-ban daγudaǰu baraγalaγuluγad boγda gegen-tan-nu ǰarliγ-eče. edüge ta γurbaγula-

〔1〕《察哈尔格西·罗桑楚臣传》，第513—515页。

〔2〕《察哈尔格西·罗桑楚臣传》，第581页。

ber qübegetü čaγan qusiγun–u blam–a nar noyad terigaüten tomuγatan neita–dur minu ǰakiqu učir–i ene metü.eduge bide bükün–nu γaγča–kü γorilan qabiyaraqu–yin orun boγda blam–a ene anu ene üy–e–dur nasun següder ündür boluγsan–nu deger–e bey–e–yin maqabod–ču tungγalaγ ügei baiqu büged. …………bi qaγan–u yeke qarsi begeǰing qota–dur iregsen–eče inaγsi eduge kürtele qorin siqaγu ǰil boluγsan bolbaču bosud ken–eče–ču nigen mani–yin lüng–un tedüi–yi–ču abuγsan ügei bülüge.bi angq–a ende iregsen–nu darui–yin tere čaγ–tur ene boγda blam–a anu degedü boγda agiy–a gegen–tan–nu yeke šabi mün–nu deger–e nadur–ču urid qoǰid olanta bosud luγ–a tengčesi ügei–ber tusalaγsan ačitai bolun oduγsan salta–ber sedkil–un dotur–a inaγ–un tedui nigen anu ürkülǰide baidaγ bolbaču.nom–un učir–i ülü medegči kiǰaγar–un olan arad nügüd blam–a bolγan kündülegsen boluγad erten–nu quriyaγsan buyan–nu küčüber sain maγu bükün erkimlen üǰeǰü baiqu–yintedui ba ner–e aldar–a anu yeke–eče bosu.ene metu γaǰar–un kiǰaγar–a üneker maγad saisiyaquy–a ǰokistu esi onul–un γaiqamsiγ–tu erdem tegüsügsen nigen γorilalγ–a qamiγ–a–eče baiqu kemen sedkideg bülüge.tegünče doluγ–a naiman ǰil kiri boltala olanta učaralduγsan–a degedü boγda blam–a egünü bey–e ǰarliγ sedkil–un ǰokiyal yabudal namtar nuγud anu bosud ütele arad nuγud luγ–a oγta adali ügei boluγad imaγta mančusiri itegel blam–aboγda congkaba–yin šašin erdeni–yi γaǰar–un kiǰaγar–a barin tedgün arbidqaqu–yin tulada medegseger iregsen degedü türülkiten–nu ǰokiyal yabudal–iyer čaγ–i nögčigekü–eče bosu. öber–un tusa–ban sedkil–un uγ–tur oruγuluγsan üile üiledbüri kiged üges–un ǰüil üčüken tedüi–ču sedkiǰü güičesi ügei olan γaiqamsiγ–tu esi onul–unerdem nügüd nidun–nu emüne ilede boluγsan–iyer sedkil öber–un erkee ügeküy–e buliyaγdaqui boluγad. öber–un erkee ügeküy–e ǰirüken–nu uγ–eče süsug–un üsün ürbüiǰu bür–un üneker maγad erdem lüge tegülder degedü külge–nu buyan–nu sadun.baragdasi ügei esi omul–un erdem–un sang boluγsan ene metü lüge aγulǰan daγusuγad tegünü aman–nu egüden–eče degedü nom–un rasiyan–u qobiyari qobi–yi kürteküi nigen ese bolbasu maγad–iyer maγu qobitu üile–ber kügegdegsen bolun daγusumoi kemen sedkiǰü yeke bayar durasil kiged süsüg bisirel–iyer degedü nom–unrasiyan–nu qobiyari qobi–yi olanta ailadqaǰu kürtegsen ene metü boi.[1]

汉译文为：

那时上师从多伦诺尔寺起身返回之时，阿嘉活佛将我和上师的另两个近侍弟子格隆丹毕仁钦和囊苏罗瑞巴桑三人叫到身边交待到："你们三位到镶白旗后向那里的僧众和官员绅士转告我的嘱托，如今我们惟一的赐福者圣上师年事已高，再加上身体不适。……我来到皇宫所在的北京城已有二十余载，但连玛尼这样浅显的教言都从未向任何人请教过。你们上师是前世阿嘉活佛（二世阿嘉）的大弟子，所以我初来此处时给予我极大帮助，为此我心中感到极亲切。但这决不是因为佛法弘扬不深的边鄙百姓前世所积善业而为世人敬仰，更不是因为名声大。我想如此边远的地区，像这样倍受赞赏的具足教法之神奇知识者还有别人吗？职此之故，过去的七八年中我与他时时请教。圣上师的身、语、意之教言等与其他人完全不同，是将文殊室利化身宗喀巴大师之圣教言在此边远地区传播而努力的胜丈夫之教言。这些教言毫无自私自利的言词，从哪方面思考都是具有无尽深意的神奇之教言。此教言出现于眼前时，使我不由自主地被其吸引。从内心深处产生敬仰。真是具足知识的上乘之善知识者。我心下忖想，与这样的具足无穷教论知藏者相识而不得其圣法之甘露，会被恶缘所害。所以我以极喜爱和信奉之心多次分得了他圣法之甘露。

上文说明了阿嘉活佛罗桑札米扬札木措极度崇拜察哈尔格西·罗桑楚臣的广博学识，将他尊为自己的上师。阿嘉活佛对察哈尔格西·罗桑楚臣的评价极高，正如他所说："此教言出现于眼前时，使我不由自主地被其吸引。从内心深处产生敬仰。真是具足知识的上乘之善知识者。我心下忖想，与这样的具足无穷教论知藏者相识而不得其圣法之甘露，会被恶缘所害。"可见阿嘉与察哈尔格西·罗桑楚臣的师徒之谊极其深厚。所以，察哈尔格西·罗桑楚臣圆寂后，他的几位近侍徒弟们商议，要将给上师立传之事托请阿嘉活佛罗桑札米扬札木措。当时他欣然接受了此事，但因为其他诸多佛法之事而未来得及着手撰写就圆寂了。就因此，撰写传记之事落到察哈尔格西·罗桑楚臣关门弟子罗布桑桑若布尼玛身上。他以极大的敬奉之心完成了上师传记撰写。正如他在《传》中所说"知道撰写自己上师的传记是积善福之事"。孙林先生说："一部真正的有价值的传记应该是在完善的

---

〔1〕《察哈尔格西·罗桑楚臣传》，第 529—533 页。

构思和良好的语言的阐述基础上,对于具有具足功德的上师的一生所做的传记。在这样的传记中,上师的功德业绩可以使人产生向之学习和努力上进的心愿,处处以上师的言行思想为榜样。所以学习上师的传记既有助于自己的进步,又可以完成对上师的服务。”[1]

第三节　作者身份学识对传的影响

该《传》的作者是跟随察哈尔格西·罗桑楚臣二十余载的随侍弟子,也是著名的格鲁派高僧。他出身于极虔诚的佛教徒之家,幼年起便受到良好的佛教熏陶,师从察哈尔格西·罗桑楚臣后勤奋学法,成为博学而有其独特见解的一名高僧。作者的此身份深深影响了该《传》的主题思想。《传》中主要宣扬宗喀巴大师为首的格鲁派教法,诠释了“尊者圣贤们的事迹才是我们永远学习的榜样”之观点。《传》作者不惜笔墨,从开篇起便用大量的篇幅阐述了从释迦牟尼佛到圣者宗喀巴大师时期的诸佛菩萨圣贤以及自己的上师等弘扬佛法的伟大功绩,极有力地宣扬了以宗喀巴为首的格鲁派之教义。作者还在《传》中引用了诸多圣者及前辈喇嘛们的事迹和教言来阐述了自己的观点。

作者在该《传》中大力宣扬佛教教义的同时,也真实地反映了当时蒙古社会的方方面面,语言优美流畅,韵散结合,夹叙夹赞,属精雕细刻之作,充分显示了作者的博学多才和超常智慧。该《传》虽属实录体传记,但对月、日的记载不是很严格,用了一些“不久”、“此后”、“过一段时间”等表示大概的词语,但对年的记载比较确切。全书的叙事多以人物的言行为主,体例上像起居注。从这些特点看,作者撰写此传时继承了印藏高僧传记的撰写传统,与清代中晚期藏族高僧传相似。该《传》与印藏早期的高僧传记相比,也有许多不同之处。印藏早期传记大多将传主神圣化,以此树立学习的榜样,把诸多矛盾冲突避而不谈;而该《传》对待矛盾冲突和当时社会史实直书不讳,从中也能看出作者的态度与立场等。如《传》中记载了察哈尔格西·罗桑楚臣与诺颜朝尔吉之间的矛盾:

terečü γabču siraba-ber………boditib süm-e-yin qural-dur minu ner-e-yi ügüleǰü basa basa suγdam talbiγsan kiged noyan čorǰi-yin gegen-tan-

[1] 孙林《藏族史学发展史纲要》,中国藏学出版社,2006年,第391页。

ču kiling bariǰu qataγu doγsin üile–yin obidas–iyer namaγi orun ügei boltal–a bürilgekü boi kemen olan arad–tur basa basa ǰarliγ boluγsan ba. siruγun ǰarliγ–tai bičig kedün–ta ilegegsen kiged. amdu γabču aγwanglobsang kemegdekü–ber nadur ile dalda qoyaγula–dur aγusiyaqu dorumǰilaqu –yin ügen–i olan–ta ügülegsen ba ǰarim–ud–ber kedun ǰil boltal–a tabun qaγan–u üčig takilγ–a luγ–a qabsuruγsan qariγulγ–a–yi ürkülǰide üiledügsen kiged. urida ende–eče olan nom sonusuγsan šabinar olangkin–ber–ču namagi masi doruitaγsan–nu tula oidan orkiγad.tedeger bosud–un ǰüg anu olǰa kündülel iraγu aldar–iyer ündur boluγad küčün yeke–yin tula bosud–un ǰüg–tur odču namagi maγusiyan dorumǰilaqu ba ulam doruitaγulqu–yin sitaγan–dur simdaqu terigüten sir–a qar–a qoyaγula–yin eteged–eče künügen qarsilaγčin ǰaγun toγatan kiritai olan boluluγ–a.tedeger–un üy–e–dur anu öber–e üiledkü arγ–a ügei tula blam–a γurban erdeni–dur ǰirüken–eče ǰalbaril talbin üiledügsen büged.[1]

汉译文为：

嘎布楚希拉巴……在宝地梯布寺的法会上点名批评我。诺颜朝尔吉愤怒地对百姓说，他要以极强的咒语将我消除毁灭。之后，还寄来几次激烈的教言。安多嘎布楚也对我明攻暗击，说了许多贬低丑化我的坏话，而且还让他人进行了几年的五明王回遮法。这时，在我这里听法的弟子们大多认为我已落魄潦倒，所以离我而去。他们攀上高枝之后，又反过来贬低丑化我，而且还积极参与一些事情，意在使我更加颓丧窘困。僧俗两界加害于我者越来越多。那时我无法做事，只是从心底向上师三宝祈祷。

noyan čorǰi–yin gegen–tan–ber ene metü bičig qairalaǰu ilegegsen–nü nügüčel anu. tere čaγ deki qar–a ǰüg–un sadun boluγsan ǰarim nigen arad–ber ene boγda blam–a–tan–nu masi čaγan üiles aγuu yekede delgereküi–dur üǰen yadaǰu ülü teskü–yin ataγaral kiged öber–un ǰüg–iyen barimtalaqu–yin erkeber ündüsün anu yeke ača yekede qudqulaγdaγsan–iyer ene boγda blam–a–tan–u üiles–un egüden–i qaγasuγai kemen durlabaču öber–e čilüge ese oluγsan–iyer. tere čaγ–tur ene ǰüg–un olan arad noyan čorǰi–yin gegen–tan–a yeke süsüg–tai baiqu tula noyan čorǰi–yin gegen–tan–bre ene boγda–dur taγalal ügei nige bolbasu tegüber bosu arad nuγud–ču toγumǰi ügei bolqu bobau kemen γoridaǰu

〔1〕《察哈尔格西·罗桑楚臣传》，第 238—239 页。

noyan čorǰi−yin gegen−tan−aeldeb ǰüil qudal−iyer kob uges−i ailadqaγsan−nu deger−e. tere čaγ−un olangki arad nuγud noyan čorǰi−yin gegen−tan−a mürgür−e üimelčin küdelǰü baidaγ üy−e mün bolbaču ene boγda tan−ber baraγalan ese mürgügsen−iyer−ču nügüčel bolǰu noyan čorǰi−yin gegen−tan−nu sedkil−un taγalal−dur. edüber ǰisibesü bosud−un keledeg tedeger unen aǰuγu kemen sedkiǰü kiling bariγad ene metü bičig−i qairalaγsan aǰuγu.tere čaγ−tur ene boγda−ber ǰögelen ǰarliγ−iyer ünen učir−i qariγu bičig ergün ailadqaγsan anu ene metü.[1]

汉译文为：

诺颜朝尔吉格根[2]的来信自有其缘由。那时，由黄教改宗他派根机坏损之徒看到上师的洁白之业日益繁盛，便心生嫉妒。为了坚持己派的观点他们便想方设法阻挠上师之业。不过，他们一直未找到合适的机会，于是便想利用诺颜朝尔吉格根，因为此处的僧俗大多敬奉他。如果诺颜朝尔吉对上师不满，那么其他众人也就不再信奉。于是，他们开始向诺颜朝尔吉格根进献许多谗言和毁谤之辞，极力攻击上师。当时，大多俗众们都到诺颜朝尔吉格根处礼拜，而到上师处礼拜者越来越少。所以，诺颜朝尔吉格根也开始怀疑："从这礼拜之事来看，别人所说是真的。"于是，他写了那几封措辞尖刻的信寄给上师。上师却以柔善之教言真诚地回复了他。

察哈尔格西·罗桑楚臣给诺颜朝尔吉的信中云：

ailadqaqu enerikü−yin yeke sang abural itegel degedü qobilγan erdeni−yin gegen−ü ölmei−yin lingqu−a−yin dergete. alaγaban qabsurču ǰalbarin ailadqaqu anu. šašin amitan bökön−dur tusalaqu−yin üiles−un gegeken gerel−i ǰüg bökön−e tögegülün sačaraγuluγsaγar ögede bolǰu aγsan−eče üčüken namagi nigülesküi−ber ailadču tusa ǰirγalang−un sain mür−tur uduridqu−yin ǰarliγ−un bičig beleg lüge salta−yi qairalaγsan anu öčüken minu orui−dur kürčü iregsen−iyer masi ülemǰi yeke ačitai bobai.toqai−tai ailadqaqu učir. öčüken bi ataγaraqu kiged maγusiyaqu üges−i ügülekü terigüten ene ba qoitu bökön−dur bürilkü−yin siltaγan nuγud−tur medegseger oruγsan anu oγta ügei bülüge. teimu bolbaču

〔1〕《察哈尔格西·罗桑楚臣传》，第244—245页。
〔2〕格根：是藏传佛教的称号。蒙古语"智慧者"之意。是转世的活佛，也是寺庙的主人，掌握着寺庙的宗教和行政方面的权利，是所在寺庙的最高权威者。

minu baraγalan ese mörgügsen–nu nögüčel–iyer tere metü ailaduγsan–nu ali nigen kümün qudal üge ailadqaγsan–nu ali nigen anu mün bolultai metü baiqu tula.öčüken bi baraγalan ese mörgügsen anu boγda ǰanggiy–a gege–tan–ber mörgül–i qoriqu–yin ǰarliγ baγuǰuqui kemekü terigüten–nu ǰerge–yin üge–yi sonusuγsan–nu nögučel–iyer öber–tur tangγariγ baγuraqu–yin gem bolqu bolbau kemen ayuγsan–eče bosu öber–un ǰüg–iyen barimdalaqu ba maγu sanaγ–a terigüten–nu erkedur oruγsan anu bosu bülüge.yambar metü bolbaču maγu üile–yin erkeber ene čüb–un čaγ–tur kiǰaγar orun–a yeke–eče yekede tögerigsen böged olan ǰobalang–iyer nerbegdegsen üčüken minu metü anu nigüleskü–yin mün činar–tu degedü abural itegel–tan–nu imaγta nigüleskü–yin orun mün–nu tula.nigülesküi–ber–iyen ailaduγad nigül tüidger ülü bolqu bolγan adisdidlan soyorq–a.kemen ǰirüken–eče ǰalbarin ailadqaqu ailadqal–un bičig. bičig–i nidun–nu emün–e debsigülkü–yin beleg–un tedüi–dur kir ügei tengri–yin kib nige lang münggü salta–yi masi adaγ dooradu öčüken culberim kemekü nigen–ber ergaube.[1]

汉译文为：

在慈悲之圣者额尔德尼格根（指诺颜朝尔吉）足莲旁，双手合十，祈祷禀报！您为了将那有助于教法和众生之业的光明洒向四方而驾临此地，以慈悲为怀，赐予我引向利乐之善道的教言。这对卑微之我来说是极有利之事。请容我向您详细禀告：我对您从未有过嫉妒和贬低之辞，所以也不能成为我今天和以后的损失之因。但是，是否因为我未去拜见您之故，您才赐予我这样的教诲呢？或者是因为他人所进谗言之故呢？我未能去拜见您的原因是，听说了圣者章嘉活佛下令，要停止对您礼拜。我不能违背上师的教言而造成罪孽，所以未能去拜访您。这并不是因为坚持自己的观点，或自以为是而产生恶念之故。无论如何，因恶业之故，迷失于这浊世之边远地区受苦受难的卑微之我等，永远是具慈悲之本性的圣救主您的慈悲关怀之对象。所以您以慈悲为怀，使我远离罪孽和障碍而加持吧！卑微如楚臣我从心底祈祷，随禀复书信一起，略备薄礼，无垢天丝及白银一两，敬献于您莲足之下。

tegündür boγda ǰangγiy–a gegen–tan–ber mörgül–i qoriqu–yin ǰarliγ

〔1〕《察哈尔格西·罗桑楚臣传》，第245—247页。

baγuǰuqui kemekü terigüten–nu ǰerge–yin üge–yi sonusbai kemekü terigüten–i ǰarliγboluγsan anu.ene boγda blam–a–tan urida yüng ke güng–dur ögede bolǰu baiqu üy–e–yin ulaγan noqai ǰil–un ǰun boγda ǰangγiy–a gegen–tan doluγan naγur–un süm–e deger–e ǰalarču ireged šasin amitan–ba ilγal–tu–yin olan kereg–un učir–i ailadču doluγan naγur–un geid–un olan qural–dur aliba učir siltaγan–i delgerenggüi narin–a ǰarliγ bolqu–yin nomlal qiged surγal qairalaqu luγ–a barilduγulun.ende–eče nom–un baridulaγ–a üiledügsen boluγad namagi blam–a yuγan kemen sedkigčin nuküd–ber edüge–eče qoisi noyan čorǰi–dur mürgüǰü ülü bolqu kemekü terigüten tangγariγ–tur tulγaγsan masi yeke sür–tai cuγdam talbiǰu ailaduγsan baiqu büged. ene boγda blam–a–tan–ber tere čag–tur tedeger–un narin delgerenggüi učir siltaγan bügüde–yi itegemǰileltei kümün–nu üge–eče sonusuγsan baiqu tula tere čaγ–tur sedkil–un taγalal–dur ene metü türügsen bülüge.……degedü türülkitü boγda nar–un yabudal yosun–i anu γaγčaqu ilaǰu tegüs nügčigsen borqan–ača bosu öber–e ken–ber–ču onuquy–a berke–yin tula boγda ǰangγiy–a gegen–tan kiged noyan čorǰi–yin gegen–tan lüge qoyaγula–yin tedeger ǰokiyal yabudal–un učir siltaγan–i anu minu metü–ber yaγakin medeǰu čidaqu boi.teimü bolbaču boγda ǰangγiy–a gegen–tan anu minu blam–a mün–nu tula tegünü ǰarliγ–eče dababasu minu öber–un bey–e blam–a yuγan ǰarliγ–eče dabaγsan–nu güǰer yeke gem–tu bolqu–yin tulada yambar metü bolbaču noyan čorǰi–yin gegen–tan–a baraγalan mürgüǰü ülü bolqui–dur maγad kemen sedkin ailaduγad ene metü nigen qariγu bičig ergün ǰokiyaγsan boi.edeger–unyosun ünčüg–un tedüi nige–yi tügüwan gegen–tan–nu ǰokiyaγsan boγda ǰangγiy–a gegen–tan–nu namtar–un ulaγan noqai ǰil–un üy–e–dur nomlaǰu boi bolai.[1]

汉译文为：

上师所说“听说了章嘉活佛所下达的禁止（向诺颜朝尔吉）朝拜之令”，是因为上师之前驻锡雍和宫之时的火狗年（1766）夏，章嘉活佛抵达多伦诺尔寺宣讲教法。在多伦诺尔寺的诸法会上赐予了深广之教言和教诫。那时章嘉国师说：“与我法相合者和视我为上师者从今往后不能朝拜诺颜朝尔吉。”就这样，章嘉活佛下了誓言般的教令。当时，上师从可信赖的人那里

〔1〕《察哈尔格西·罗桑楚臣传》，第247—249页。

听到了细节原因。所以他心中想起了如经中所云……所以上师心想："对于胜丈夫们之事而言，除释迦牟尼佛以外谁都难以知解，所以章嘉活佛和诺颜朝尔吉之间所发生之事，其缘由我辈怎能理解呢？但章嘉活佛是我上师，如果违背他的教令，我将背负违背贤师之罪名，所以，我无论如何也不能朝拜诺颜朝尔吉。"于是，上师给诺颜朝尔吉写了这封回信。土观活佛所著的《章嘉活佛若必多吉传》也提及过此事。

从上述《传》中所载得知，察哈尔格西·罗桑楚臣与诺颜朝尔吉之间的矛盾是因为察哈尔格西·罗桑楚臣未去拜见他而引起。两人之间没有什么矛盾冲突，而是与章嘉国师有关。火狗年（1766年）夏，章嘉活佛抵达多伦诺尔寺宣讲教法时说过："与我法相合者和视我为上师者从今往后不能朝拜诺颜朝尔吉。"察哈尔格西·罗桑楚臣也从可信赖的人那里听到了这些话。所以，他只是履行对自己上师的诺言，而不是个人的恩怨。正如《察哈尔格西·罗桑楚臣传》中所言，这归根结底是教派之间的矛盾冲突。作者用如此大量的笔墨记载察哈尔格西·罗桑楚臣与诺颜朝尔吉之间的往来信件，目的是想说明察哈尔格西·罗桑楚臣本人与此事无关，只是因为履行对上师的诺言而遭受此祸。也间接地表明了作者本人对此事的态度。关于章嘉活佛之事，他未作评论，只是提醒读者们去看土观活佛所著的《章嘉活佛若必多吉传》。《章嘉活佛若必多吉传》中载："这一年夏（火狗年，1766）章嘉国师抵达多伦诺尔之汇宗寺，结合律藏为住夏的僧俗传授学法修行的教诫。当时，有一个宁玛派的主要活佛玩弄猴子耍把戏的花招，欺骗许多愚昧者。章嘉国师以慈悯之心，在法会上做了严肃威猛的训导，正如谚语所说：'福德者一句话，众小人难承受乔答摩的教言，缚住海中龙王。'使那人狼狈不堪。"[1]章嘉国师所说"与我法相合者"是指信奉格鲁派僧俗界众人。诺颜朝尔吉是当地宁玛派的首领。章嘉国师传中还记载了章嘉与噶玛噶举派之间的矛盾冲突等，章嘉国师还因此事而被他的上师罗桑却增责备[2]。说明土观活佛为其上师立传时也是直书不讳。从此方面来看，该《传》与《章嘉活佛若必多吉传》有诸多相似之处。《传》作者罗布桑桑若布尼玛也将当年发生的教派之间的矛盾冲突毫无忌讳地叙写，说明此事是因章嘉国师而起，

---

〔1〕土观·洛桑却吉尼玛著，陈庆英，马连龙译《章嘉国师若必多吉传》，中国藏学出版社，2007年，第235页。

〔2〕土观·洛桑却吉尼玛著，陈庆英，马连龙译《章嘉国师若必多吉传》，第56页。

但未直接评论此事。从引导读者去看土观活佛的著作这点看,说明他是赞同土观活佛的观点。

《传》的撰写,充分反映了作者知识渊博、见解独到。作者多次适当地阐述了自己的观点和看法。他对本传也有自己的评价,认为此传是能够激励后辈皈依佛门闻思佛理,弘扬佛法,并引了隆多喇嘛的观点来佐证:

yeke siditen–ü erketü lüngtül blam–aerdeni waγindar–a sulatai siri badar–a ene gegen–iyer. namtar kemegči tere anu tere blam–a–yin nasun–nu qotala tegüs taγun bolbaču sedkil–un nutalal ügeküy–e imaγta sinul ügei boluγad qoitu yirdinču–dur asida keb keǰiyede ǰirγaqu–yin arγ–a–dur kečiyen simdaqu tere–ču namtar boi orčilang–un qotala tegüs alin–dur–ču tačiyal ügeküy–e orčialng–un orun bügüde–yi adistid–un küriyen lüge ilγal ügei bolγan ailadču medeged edür süni bükün–e nirwan–i kereglekü–yin tataqu küčü–du sedkil–i bisilγaqu tere–ču blam–a–yin namtar boi.öber–i urida orkiγad bosud–i enggüreilen bariǰu bodi sedkil–yibisilγaqu tereču blam–a–yin namtar–un degedü boi.yambar metü aman abuγsan sakil sanwar–iyen ariγun bolγan üiledkü anu blam–a–yin namtar boi…………tegünče bosu tere blam–a anu yeke sain blam–a boi. sidi oluγsan blam–a boi.oγtarγui–dur nisumoi.aman–ečegen γal badaraγuludaγ.bügsen–ečegen usun γarγadaγ.qadan–dur bügsen–ü orum–iyen talbidaγ.ǰüng bilig oluγsan boi. tere–ber ger dotur–a yaγun baiγsan–i mededeg kemekü ba. ekin–dur olan eruke aimaγ albatu boi. adaγ–tur γaǰar tariyalang baising boi.erdeni alta mönggü terigüten–i ǰüil olan ǰoγuri dügüreng boi aduγu üker qoni tüm–e tüm–e boi.olan ǰoγuri ür–e tariyan boi.oγtarγui–ača ayungγ–a baγuγsan–i γurban salaγatu serigen–nu üǰügür–tu abuγad činadus–yi deledüdeg boi kemekü ba. olan yake ergülge ergükü kümün iredeg boi.bosud ülü bisiregčin nügüd–i čidal küčün–iyer darui–dur alaǰu čidamui kemedeg terigüten–dur sedkil–iyen udelen süsüglel–tai–yin bolǰiy–a ügei boi.nomudqaγdaqun nidun–iyen degegsi qaraǰu tegünü qoina–ača daγan yabubasu umtuγ–a ülü bolqu nigen–i erkilekü keregtei. öber–eče erdem ilegüü bolqu keregtei.blam–a–yin ǰokiyal namtar tegündür nomudqaγdaqun–ču daγan orubasu ülü qaγurqu nigen keregtei.tere metü bosu bolbasu erkin dumda adaγ γurban ǰerge–yin blam–a–dur namtar–ču erkin dumda adaγ γurban ǰerge baiqu boi.blam–a–ču arban qar–a nigül terigüten–i sanaγsan–daγan ali oruγsaγar üiledüged šabi–ču tegünü qoina–eče daγan sanaγan daγan ali oruγsan–i üiledčü oruqu nige eduge manager–un čaγ–tur masi olan baiqu amui kögerüküi kemen basa basa ǰarliγ boludaγ kemen namtar–ača nomlaγsan metü bolai.[1]

汉译文为：

大圣者隆多喇嘛[2]额尔德尼瓦根达拉苏木太希拉巴达拉格根云："所谓传记之作，大约有几种，载叙某喇嘛今生之事圆满后心中无贪念，致力于来世的福乐之事；对世间之事不贪恋，视世间的所有地方为神圣者之庭院，夜以继日地修炼，以求解脱；而抛弃自我一心利他慈悲菩提心传记为喇嘛传记之上等；载有将自己所受之戒律保持洁净之喇嘛的传记……除此之外，还有那极神通之喇嘛、获悉地（神通）之喇嘛，能腾空而飞，口中喷射火焰，臀部喷水，岩石上留有臀印，得预见之智，能隔墙睹物，初有属民而后有田产，金银财宝满窖，牛羊千万，陈谷满仓，擅用三叉尖接天雷然后随心所欲地发射，打击敌人……上、中、下等喇嘛有上、中、下等的传记。如上师经常做十恶之事，那么上行下效。"

看来作者是极认同隆多喇嘛的观点。他认为，一部优秀的传记应能使被应化之众生增长知识、指明解脱之路。所以他撰写此传记时有严格的标准。他深知优劣传记的差别，因此避免极夸张的描述，用写实的手法撰写上师一生中的重要佛事活动，使僧俗界的众人们从内心深处产生敬仰，成为闻习佛法之榜样。

小　结

该《传》作者罗布桑桑若布尼玛出生于水龙年（1772年）之后、察哈尔镶白旗第八苏木札兰章京兼苏木章京的策仁东若布家中。父亲是一位极虔

〔1〕《察哈尔格西・罗桑楚臣传》，第788—791页。

〔2〕杨贵明、马吉祥编著《藏传佛教高僧传略》载，隆多喇嘛・阿旺罗桑（ཀློང་རྡོལ་བླ་མ་ངག་དབང་བློ་བཟང་），是清代藏传佛教格鲁派喇嘛，于藏历年第十二绕迥之土猪年（1719年，清康熙五十八年）生于多康昌都地区之温普地方。24岁到拉萨，朝拜了二世达赖所倡建的几所寺院，产生了极大的敬信之心，后入色拉寺密宗经院求学，先后师从七世达赖喇嘛噶桑嘉措和六世班禅罗桑华丹益希等13位上师，成为格鲁派著名高僧。于藏历第十三绕迥之木虎年（1794）圆寂，享年75岁。青海人民出版社，1992年，第330—331页。

诚的佛教信徒,在职期间为当地的佛教传播与发展做出了极大的贡献。他在自己的故乡建了名为额尔德尼吐希的寺庙,多次迎请察哈尔格西·罗桑楚臣前去讲经说法,并为他的作品印刷出版出资出力。作者在其父亲的影响下成为察哈尔格西·罗桑楚臣的关门弟子,并随侍左右,受其佛法甘露,成为一名博学多才的僧人。《传》中充分反映了作者渊博的知识、独到的见解。正因为作者的这些知识与见解,使该《传》得以流传于世。

第二章 《察哈尔格西·罗桑楚臣传》成书背景和材料来源

第一节 成书年代

关于《察哈尔格西·罗桑楚臣传》成书年代,《传》的跋语中有明确的记载:

bi öberun süsüg bisirel–yier–ču ǰabsar barilduγuluγsan–dur situǰu bürün. qariγulqu–yin kiǰaγar ügei ačitu degedü uduriduγči getülgegči blam–a mün tere–ber nigüleküi–ber dagan bariγsan šabinar–un adaγ toin–nu dürsü–tu demei aγči lobsang samrub nim–a kemegdekü–ber. minu öberün bey–e šaštir ǰokiyaqu–yin γurban siltaγan alin–ču büridügsen ügei büged türülki ba soduluγsan–nu erdem alin–nu qobin–ača–ču masi door–a tula ene metü ǰokiyaqu–yin čidal oγta ügei bolbaču blam–a yugan namtar–i tγurbin ügülekü anu sain qobi–tai kemekü–yin süsüg durasil–iyer. degedü blam–a mün tere ariγun orun–dur ačiraγsan–eče qoisi doluγan ǰil boluγsan ……arban dürbedüger saitur γruγsan–nu erketu kemegdekü γal eme üker ǰil–un ridi qobilγan–nu sar–a–yin sin–e–yin nigen–eče eki–yi ekileged mün tere ǰilun čidr–a sara–yin arban tabun ……radn–a küdai–yin süm–e–yin dergete segül–i oγuγada tegüsgen eblegülügsen.mün tegünü qoitu sirui er–e baras ǰil–un cidr–a sar–a–yin qaγučin–nu arban–nu dagina quraqu–yin alangγui–tu sar–a edür–e ǰiči mongγol–un keleber orčiγulǰu tegüsgegsen–nu bičigeči anu tegüs süsug–tu bičigeči ǰürmaddanzin–ber üiledügsen bolai.[1]

汉译文为:

作为恩德无比的引导者救度上师的慈悲关怀的最小弟子,具有少许僧人之相的名为罗布桑桑若布尼玛的我,未具备撰写传略之三条件,再加上

〔1〕《察哈尔格西·罗桑楚臣传》,第 884—888 页。

天分和所闻习之知识甚少，所以决无撰写此弘篇巨撰之能力，但我深知撰写自己上师的传记是功德无量之事。这样也正合我的信仰和兴趣，圣上师归洁净之处后的第七年……第十四绕迴火牛年（1817）正月初一到三月十五……在拉达那呼代寺（radn-a qudai-yin süm-e，额尔德尼吐希庙）写完初稿，初稿誊正者有：上师的徒弟格隆达日玛拉希、格隆罗若布道尔吉和格隆蓬楚克丹德尔等。次年土虎年（1818）三月初十完成了蒙译文，蒙文稿誊录者是具足信仰之朱日玛德丹津。

说明作者罗布桑桑若布尼玛将此《传》首先用藏文撰写于第十四绕迴火牛年三月，即1817年。之后的第二年，即1818年又译成蒙文。察哈尔格西·罗桑楚臣圆寂于1810年，此《传》是作者在其上师圆寂后第七年完成的一部作品。

第二节　成书背景

一、历史背景：清朝对蒙古的宗教政策

元太宗窝阔台时期，蒙古族与藏传佛教正式发生联系。蒙古族极度信奉，甚至将藏传佛教定为“国教”，册封喇嘛教首领为“帝师”则是在元世祖忽必烈时期。藏传佛教初传入蒙古时，主要在贵族阶级中传播。随着元朝的败退，西藏的藏传佛教高僧与蒙古地区上层的联系也基本中断。虽然仍有一部分蒙古贵族阶层信奉藏传佛教，但藏传佛教僧侣人数逐渐减少，影响力也不断减弱。札其斯钦先生认为：“元朝北徙后，吐蕃佛法在蒙古地方仍是继续存在着，其中尤以瓦剌的君长们敬奉最深。但是其后1453年到1578年或是到1566年之间的一百一二十年间，佛教的活动是非常消沉，但是并不能说完全停止。不过在这一段时期内，由宗喀巴创建的格鲁宗似乎没有传入蒙古。其继续活动的，仍以萨迦宗为主，而以卡尔玛宗为辅。当然在这一段时期内，原有的萨满信仰又复兴起来，则是一件没有疑问的史实。”[1]随着元廷的北徙，元朝大力扶持信奉的萨迦派在西藏地区的政教统治也面临空前的危机。“萨迦、噶举等教派先后达到了它们权势极盛的阶段，这些教派的上层僧人直接参与掌握政治、经济权力的活动；他们享有特权，免税

〔1〕 札其斯钦《蒙古与西藏历史关系之研究》，正中书局，1978年，第380页。

免差,积聚财富,追逐利禄;有的还饮酒作乐,蹂躏妇女,欺压百姓,横行不法;为了争夺权利,各教派之间还经常发生争斗。”[1]因此宗喀巴于14世纪末至15世纪初为了挽救佛教衰落后给藏区带来的种种影响而进行了改革。“宗喀巴的改革,是站在一个佛教信徒的立场,以维护佛教的社会影响和僧人的名誉、地位为目的,针对当时某些教派那些享有特权、占有农奴、追逐利禄、生活淫靡、虐害人民的僧人在社会上引起的强烈不满而发的。”[2]所以他的改革首先以戒律为本,形成显密并重、上继噶当、兼容各派为特点的新的藏传佛教派别。“宗喀巴领导的宗教革命,虽然获得成功,但是吐蕃的各种宗派依然存在,掌握政权的贵族们又多是支持旧教的,所以在布道上常受反对者的打击。格鲁宗真正以压倒的力量控制全藏,集政教大权于一统,还是后来有待于蒙古君长们武力的支持。”[3]说明格鲁派初创之时,政治上处于劣势,经常受到其他教派的压制与打击。格鲁派要在藏地站稳脚跟,必须迅速发展势力,政治上取得统治地位。所以,格鲁派的僧侣集团一方面力图争取西藏内部统治阶级在政治、经济和宗教方面的支持,另一方面积极寻外部力量的支持。此时,蒙古大汗权力衰微,蒙古各部的封建割据局面进一步深入,蒙古族土默特部落的阿拉坦汗的势力日益增长,已经到达了甘肃、青海、康区,并企图向西藏方面发展,也想从藏区寻找合作的势力。所以从“16世纪后半期,即当成吉思汗后裔的胜利已经确定和蒙古分裂为几个汗国以后,佛教新派由西藏传入蒙古。这个新派是宗喀巴所创立和组织的一种所谓黄帽派,它在蒙古的社会生活中起了重大作用”[4]。“最早使怙主第二佛陀的教法在蒙古地方传播的,是雪域众生怙主执白莲尊者第三世达赖喇嘛索南嘉措。”[5]土默特部的俺答汗与西藏格鲁派首领索南嘉措在青海仰华寺的历史性会见拉开藏传佛教再度传入蒙古地区的序幕。《蒙古源流》载:

使者甫至,即与三万户共议,建寺庙于青海之察卜齐雅勒地方。岁次丁丑,以右翼三部往迎,至察卜齐雅勒地方,首次之迎者,以永谢布之巴尔忽岱

---

〔1〕 王辅仁编著《西藏佛教史略》,青海人民出版社,1982年,第189页。

〔2〕 王森《西藏佛教发展史略》,中国藏学出版社,2010年,第165—166页。

〔3〕 札其斯钦《蒙古与西藏历史关系之研究》,第407页。

〔4〕 [苏]Б·Я·符拉基米尔佐夫著《蒙古社会制度史》,中国社会科学出版社,1980年,第285页。

〔5〕 固始噶居巴·洛桑泽培著,陈庆英、乌力吉译注《蒙古佛教史》,天津古籍出版社,1990年,第64页。

青、鄂尔多斯之哈丹巴图尔、土默特之玛哈沁师为首之八百人众迎迓，多献珍宝、财帛、驼马之属而谒焉。[1]

继而，二次往迎者，乃以鄂尔多斯之青巴图尔、土默特之卓哩克图诺延为首以千人之众迎迓，拜献贽仪五千品，则旷野涌出一泉焉。遂得（其）众之敬心矣。其宿乌兰莫稜河之夜，献供于奉圣马明王佛法旨之大力班札·玛哈噶拉，闻以奉教之事，即传法旨，遣往蒙古地方，令收伏天神、龙神去讫。[2]

其三次之迎迓，乃使鄂尔多斯之彻辰洪台吉、土默特之达延诺延为首之三千人众迎之，奉献各色礼帛、妆缎、蟒缎、绫缎、金钩银钩之驼、装宝金鞍马匹等馈贽万件拜见，则能识一切显示四臂观世音菩萨之法象于彻辰洪台吉之眼中矣。[3]

从土默特部的俺答汗及其子孙们迎请格鲁派首领索南嘉措起，蒙古右翼土默特和鄂尔多斯万户成为了藏传佛教在蒙古地区传播的根据地。后来，在呼和浩特地区建立了蒙古地区的第一座藏传佛教寺庙大召寺（yeke ǰoo），之后该地区又陆续建起了锡勒图召（siretü ǰoo）、美岱召 (maidar ǰoo)、小召 (baγa ǰoo)、乌素图召 (usutu-yin ǰoo) 等寺院，涌现出不少高僧大德。呼和浩特地区成为了藏传佛教在蒙古地区再度传播的中心。从此，藏传佛教开始传播到蒙古诸部。其中，察哈尔部落对藏传佛教的传播也做了不少贡献。《蒙古源流》载：

即于此丁亥年（1587），有察哈尔之阿木岱洪台吉前来叩拜，奉献金银币帛及驼马牲畜等以万计，乃曰："以察哈尔之图们合罕为首，凡我察哈尔部众，为宗教欲遣使请圣喇嘛焉。"圣识一切乃降旨曰："若明岁前半年来，或可往乎！若夫明岁不来，我恐无暇前往矣。"[4]

引文记载了16世纪末，察哈尔的图们汗派阿木岱洪台吉前去邀请三世达赖喇嘛到察哈尔地区传法之事。后来，图们汗又再次派使者邀请三世达赖喇嘛到察哈尔地区传法，但三世达赖喇嘛前来途中圆寂。从此时起，蒙古族各部，如察哈尔、喀喇沁、鄂尔多斯、喀尔喀、四卫拉特、青海各部、科尔沁

---

〔1〕萨囊彻辰著，道润梯步译校《蒙古源流》，内蒙古人民出版社，1987年，第376页。
〔2〕萨囊彻辰著，道润梯步译校《蒙古源流》，第380页。
〔3〕萨囊彻辰著，道润梯步译校《蒙古源流》，第381页。
〔4〕萨囊彻辰著，道润梯步译校《蒙古源流》，第409页。

部等先后都开始大力传播藏传佛教。正如当时的彻辰洪台吉所说："我祖先由天神而降生，以武力统治汉、藏、蒙古等地，与萨迦派结为施主与福田而兴佛法，此后至妥欢帖睦尔皇帝教法中断，蒙古诸人造作恶业，食肉饮血，如堕入黑暗血海之中。如今依仗施主与福田一双日月的恩德，寻获佛法之道，变血海为乳海。此方所有之汉、藏、蒙古众人都应奉行十善法戒条，自今日起，特别是蒙古人众应变规矩。以前蒙古人死后，按其贵贱杀其妻子、奴仆、马牛等殉葬，今后应改变杀生殉葬之法，以适量之马牛等献给僧众及上师，请求回向祈愿。"[1]这样"在当时动荡的历史年代里，蒙古各部封建领主对藏传佛教的崇拜不仅达到了笃信程度，而且广大蒙古民众对萨满教的'翁衮'崇拜意识不断淡化，恭敬佛教'三宝'代替了萨满教的'翁衮'崇拜。从此蒙古族接受了藏传佛教"[2]。因为藏传佛教有利于蒙古汗王巩固其封建统治，"从客观上讲，黄教比萨满教更适合于维护封建经济基础，它的戒杀、戒斗等说教，也比萨满教的宰杀大批驼马以为死者'行粮'等落后习俗有利于游牧经济的发展"[3]。所以蒙古各部都先后信奉了格鲁派，从此翻译藏传佛教经典、讲经闻法等宗教善业日益增盛，所有蒙古地方都进入白色善业之道，努力于信仰三宝、供养上师等善业[4]。

有清一代，藏传佛教仍继续在蒙古地区迅速传播和被极度信奉。皇太极即位后，为了笼络和控制蒙古族，继续推行尊崇藏传佛教的政策。"天聪八年（1634），墨尔根喇嘛载护法嘛哈噶喇嘛（大黑天护法神）金佛像投归皇太极，皇太极命'备陈诸祭物，祀嘛哈噶喇佛于佛寺内'"[5]。该嘛哈噶喇佛像是元世祖忽必烈时期铸造的蒙古统治者的护法神。这表明皇太极又成为了蒙古族所信奉的藏传佛教的保护者，为今后笼络蒙古打下了良好的基础。因此，皇太极与藏传佛教有了不解之缘。皇太极曾派使者前往藏区表示了延请高僧，宣扬佛教，利益众生的愿望。《蒙古社会制度史》载："当时蒙古贵族是西藏佛教的热烈信徒，而满洲皇室不仅信奉这种佛教，而且成了它的最高保护者。此外，满洲皇帝在人民大众的眼中成了佛的化身，好像是佛教的领袖。佛教僧侣封建主、为数众多的寺庙和喇嘛，自然地把满洲皇帝当作了

---

〔1〕 固始噶居巴·洛桑泽培著，陈庆英、乌力吉译注《蒙古佛教史》，第 69 页。
〔2〕 胡日查著《清代内蒙古地区寺院经济研究》，辽宁民族出版社，2009 年，第 13 页。
〔3〕 王森《西藏佛教发展史略》，第 175 页。
〔4〕 固始噶居巴·洛桑泽培著，陈庆英、乌力吉译注《蒙古佛教史》，第 78 页。
〔5〕《清太宗实录》卷二十七，天聪十年正月壬子条。

他们信仰的光辉和他们增进福祉的泉源而倾心归附于他了。"[1]之后的顺治帝继续奉行尊崇和利用藏传佛教的政策,希望借助藏传佛教的影响稳定蒙古地区的形势。因此,清廷多次延请五世达赖喇嘛进京,并册封其为"西天大善自在佛所领天下释教普通瓦赤但喇达赖喇嘛"。这样,达赖喇嘛在西藏的宗教领袖地位得到了清廷的正式承认,清朝皇帝在蒙古和西藏的威望也得以提高。

清康熙、雍正、乾隆时期,统治者更加强调利用藏传佛教来统治蒙古各部的重要性。因为当时"诸蒙古笃信喇嘛,久已惑溺,家家供奉,听其言而行者甚众"[2]。对清廷来说,"蒙古的向背,是关系到清政权的稳固与否的重要问题。另外,蒙藏民族所住的大漠南北、天山北麓、青藏高原等地区,土地辽阔,占全国总面积的一半还多。而且,都处于边疆"[3]。所以从顺治朝的"一切政治,悉因其俗"始,在康熙朝的"治之得其道"、雍正朝的"因俗利导"、乾隆朝的"从俗从宜"方针指导下,清廷大力扶植藏传佛教在蒙古地区的传播[4]。"对于内蒙古地区而言,喇嘛教发展的最鼎盛时期是清朝康熙、雍正、乾隆时期。"[5]从顺治年间始施行驻京喇嘛制度,经康、雍时期,到乾隆年间此制度已趋完善,"乾隆五十一年,乾隆皇帝钦定喇嘛班第:左翼头班章嘉呼图克图,二班敏珠尔呼图克图;右翼头班噶尔丹锡埒图呼图克图,二班济隆呼图克图;皆列于雍和宫总堪布,(位在)避暑山庄普宁寺总堪布之上。其余驻京呼图克图有洞阔尔呼图克图、果蟒呼图克图、那喀埒呼图克图、鄂萨尔呼图克图、阿嘉呼图克图、喇果呼图克图、贡塘呼图克图、土观呼图克图,皆出呼毕勒罕入于院册"[6]。可知当时驻京喇嘛共有十二位,主要管理蒙古地区的佛教事务。《御制喇嘛说》中载:"兴黄教,即所以安众蒙古。所系非小,故不可不保护之,而非若元朝之曲庇谄敬番僧也。"[7]从而看出,清廷大力扶植喇嘛教在蒙古地区的传播,其目的是为了巩固清政府在蒙

〔1〕[苏]Б·Я·符拉基米尔佐夫著《蒙古社会制度史》,中国社会科学出版社,1980年,第299—300页。

〔2〕《东华录》康熙四十五年。

〔3〕张羽新《清政府与喇嘛教》,西藏人民出版社,1988年,第42页。

〔4〕张羽新《清政府与喇嘛教》,第43页。

〔5〕[日]桥本光宝著,陶克敦巴雅尔译《蒙古喇嘛教》,内蒙古人民出版社,2009年,第25页(蒙文版)。

〔6〕妙丹《蒙藏佛教史·清代喇嘛教》,江苏广陵古籍出版社,1993年,第5页。

〔7〕张羽新《清政府与喇嘛教》,第340页。

古地区的统治。清廷还采取了诸多政策保障藏传佛教在蒙古地区的顺利传播。如：在蒙古地区实行了僧侣等级制度和封赏名号、敕印，从法律上保障其特殊的宗教和政治地位，以设立喇嘛旗，广建寺院，给予经济上的扶持等政策来扶植和鼓励藏传佛教在蒙古地区的传播。从而“经过一个半世纪的传播和普及，藏传佛教已经成为蒙古民族信奉的惟一的宗教，并在清朝的尊崇和扶植下，蒙古王公贵族和广大蒙民笃信藏传佛教的程度比藏族有过而无不及。有清一代，藏传佛教已在蒙古人的日常生活和社会生活中占据了绝对统治地位，佛教的教义经典成为人们处理一切事情的准则”[1]。

总之，从16世纪始土默特部的俺答汗及其子孙们为藏传佛教再度传入蒙古打下良好的基础之后，藏传佛教格鲁派很快风靡全蒙古地区。到清朝时期，清政府又采取了扶植和利用藏传佛教的政策和措施，使藏传佛教在蒙古地区得以更广泛更深入地传播。从此，藏传佛教对蒙古社会产生深远的影响。

二、史学背景：史学著作新体裁的产生与成熟

进入明、清时期后，蒙古族史学的编纂受到藏传佛教的影响，开创了蒙古史学的新体例和新风格。随着史学著作新体裁的产生与成熟，在蒙古地区出现了翻译佛经、编撰佛教历史、编写高僧传记以及研究佛陀学说等编纂活动[2]。

蒙古人接受藏传佛教思想后首先进行译经活动，从《金光明最胜王经》开始出现大量蒙译佛经。也出现了许多杰出的藏译蒙佛经翻译家。其中著名的译经师有呼和浩特的席勒图·固实·绰尔济[3]。“在译经方面他最卓越的成就是于1602年到1607年间，领导右翼三万户译经师将《甘珠尔》全部翻译成蒙文。”[4]他还将《米拉日巴传》、《玛尼干布》、《菩提道次第广论》等译成蒙文。后来，他还将自己的作品《本义必用经》译成蒙文，使其成为蒙

〔1〕胡日查著《清代内蒙古地区寺院经济研究》，第20—21页。

〔2〕乔吉《内蒙古地区喇嘛教史编纂活动概述(16世纪——19世纪)》，《内蒙古社会科学》，1991年第1期，第83—88页。

〔3〕席勒图·固实·绰尔济：是呼和浩特市席勒图召一世活佛，号称席勒图班第达固实绰尔济或锡迪图噶布楚，在藏文史料中称贡桑仔巴，约生活于1550—1620年间，是明代蒙古族著名译师。

〔4〕乔吉《蒙古佛教史》(北元时期，1368—1634)，内蒙古人民出版社，2008年，第91页。

古人学习佛学理论的首选之作。17世纪初的鄂尔多斯人萨迦·敦都布也是著名的译师，他将索南坚赞的《王统世系明鉴》和《莲花生大师传》译成蒙文，并在文后附跋讲述了许多佛学理论知识。1628—1629年，贡噶斡节儿与萨木丹僧格一起主持金字《甘珠尔》经的蒙译，因此之故，贡噶斡节儿被誉为莫日根曼殊室利班第达固实大乘法王。在林丹汗在位期间（1604—1634），固实囊苏蒙译《甘珠尔》经若干篇。

到清代，译经活动仍继续。“康熙执政的五十七年（1718）至五十九年（1720）间，他亲自降旨组织喇嘛学者和刻版人员（其大部分是漠南蒙古人），并亲自写‘前言’，将林丹汗时代编就的《甘珠尔》经抄本在北京木刻刊行……乾隆皇帝也继承了其祖父的这一传统。他执政的第七年（1742）至十四年（1749）间，组织人力和财力，将《甘珠尔》的通经疏义文大合集本《丹珠尔》经，共二百二十六卷之巨，译成蒙文在北京刊印发行。”〔1〕

到18世纪，在蒙古地区出现了诸多佛教史著作。其中影响力较大者有乌珠穆沁部的衮布扎布所著《汉区佛学源流》一书。“此书依据大量的藏文、汉文和蒙文资料著成，其佛教传入蒙古地区的资料和历代宗教名人资料颇为国内外学人所推崇。”〔2〕到19世纪时也出现了几部佛教史著作。其代表作有阿巴哈纳尔部的纳塔所撰《金鬘》、东土默特贝子庙高僧晋美日多吉所著《蒙古佛教史（胜教宝灯）》、巴林部的喇嘛答哩麻达拉所著《大蒙古地方佛教弘通概史白莲花数珠（霍尔曲章）》、准格尔旗喇嘛耶喜巴勒登所著《述说蒙古地区汗统、佛教、高僧、寺庙、文字创制诸源流之宝鬘》等，详细记述了藏传佛教传入蒙古地区的经过，清朝对蒙古喇嘛们的崇奉与优待，蒙古地区的译经、写经、刻经活动，蒙古地区寺庙的发展情况，蒙古地区的高僧大德们的宗教活动等，为蒙古地区藏传佛教史的研究保存了大量的史料。

藏传佛教再度传入蒙古，对蒙古族史学著作的编纂影响极大。鄂尔多斯著名的政治和思想家库图克台彻辰洪台吉，根据忽必烈时代的《白史》撰写了《十善福白史》，叙述了印度、藏族、蒙古所奉行的政教制度、佛教教规等，宗教色彩极浓厚。后来出现的佚名《小黄金史》，其内容大概是叙述了印藏王统、蒙古汗统。再后的《大黄金史》、《蒙古源流》等史书均效仿此书，形成一种纪实性较强的史学体例。“这种荒诞的蒙藏印同源说风靡一时，当

〔1〕 乔吉《内蒙古地区喇嘛教史编纂活动概述（16世纪——19世纪）》，第83—87页。
〔2〕 乔吉《内蒙古地区喇嘛教史编纂活动概述（16世纪——19世纪）》，第83—87页。

然是与黄教的广泛传播分不开的。"[1]

从蒙元时期始蒙古族历史与传记文学不分，到明后期"阿拉坦汗（俺答汗）再度引入藏传佛教后，随着印藏佛教史学、文学对蒙古史学、文学的深入影响，在传统的史传不分的史学和历史文学继续发展的同时，单一的传记和传记文学开始出现"[2]。元明时期，藏族传记继承了前期的传统，再加上创新和发展，已有了一定的规模。"到了清代，传记的几个主要形式经过格鲁派和其他教派的继续发展，最终形成藏族历史著作的一个特别重要的体裁，以至于在藏族传统的文献学分类体系中，传记常常被视为单独的一类，而且与历史（著作）平行并称。"[3]蒙古族接受藏传佛教后深受其影响，17世纪出现了《阿拉坦汗传》，"主要记叙了俺答汗（阿拉坦汗）一生的政治、军事和宗教活动。前一部分按年代顺序记叙俺答汗征伐兀良哈、畏兀特、瓦剌和明朝的45次重大战役，以及隆庆和议、兴修库库和屯（呼和浩特）等重大政治事件。后一部分宗教活动则突出与三世达赖喇嘛的青海会晤。此外，全书开卷扼要叙述成吉思汗以来藏传佛教传播于蒙古地方的简史和达延汗的略传；结束处则介绍俺答汗子孙两代迎请三世达赖，欢送四世达赖，以及主持蒙译《甘珠尔经》等重大宗教活动"[4]。不久又出现了《名为黄金史之成吉思汗传》。这两部传记的出现说明蒙古族传记体裁的形成。

到清代，蒙古地区的高僧大德们用蒙藏文撰写或翻译了许多高僧传记，使蒙古族高僧传记的创作达到高潮。这些传记记载了许多珍贵的政治和宗教资料。而这些资料也是常常被当时的史官所忽略的真实史实，因此更显珍贵。先后出现了一些蒙古高僧们撰写的高僧传记，如察哈尔格西·罗桑楚臣著《遍智圣者宗喀巴传·吉祥之源》、罗布桑桑若布尼玛著《察哈尔格西·罗桑楚臣传》、帕日吉纳萨嘎拉著《圣者乃吉托音达赖曼室利传·开光显扬如意珍鬘》，拉德那巴达拉著《热津巴札雅班第达传·月光》和历辈哲布尊丹巴呼图克图传等。还出现了一部分从藏文译成蒙文的高僧传记，如北京松竹寺首席喇嘛嘎布楚锡喇布达日扎著《章嘉阿旺罗桑却丹传·珍珠璎珞》，达日罕堪布罗桑帕日米那木吉拉著《文殊怙主佛灯持大金刚益希丹白坚赞前世传·三界惟一庄严妙法如意宝鬘》、七世达赖喇嘛著《法统宝座

〔1〕 义都合西格主编《蒙古民族通史》（第三卷），内蒙古大学出版社，2002年，第401页。
〔2〕 荣苏赫等编《蒙古族文学史》（第二卷），内蒙古人民出版社，2000年，第599页。
〔3〕 孙林《藏族史学发展史纲要》，中国藏学出版社，2006年，第300页。
〔4〕 义都合西格主编《蒙古民族通史》（第三卷），第400页。

甘丹赤巴罗桑丹毕尼玛传·生成明辩意根之源》、土观活佛著《普渡众生上师章嘉活佛若必多吉传·如意珍宝》等。上述诸种体例的著作的出现,说明纪实性较强为特征的清代蒙古族史学进入繁荣时期,在蒙古族文化史上占有极重要的位置。

第三节 材料来源

关于该《传》的材料来源,《传》中云:

tere metü getülgegči degedü blam–a tere–ber angq–a nom tegülder ijaγur–tur mendülegsen–eče ekilen. ečüs segül–un debisger–tur ǰalaraqu–yi oiratun ǰüglekü kürtele–yin dalai metü olan ǰokiyal namtar–eče öčüken usun–nu tusul–un teduiken nigen–i bogda blam–a–yin öber–un aman–eče botatai sonusugsan kiged degedu erkim šabinar–un ǰarliγ–un ürkülǰilel ba minu öber–un üǰeǰekü sonusqu–yin orun boluγsan daruγalal–un ǰerge maγad–tai nuγud–i daruγalaqu–yin yosuγar üčüken ügüleged.[1]

汉译文为:

以上是我从上师那里亲耳听闻或上师亲口告诉我的,还有从上师的尊贵弟子的教言以及我亲眼目睹、亲耳听闻到的事情。这是上师从诞生于佛法圆满时代直至圆寂,如大海般宏富的嘉言懿行之滴水般很小一部分事迹的有序阐述。

该《传》是一部篇幅较长、内容丰富的著作,充分体现出了作者知识渊博、视野宽阔、见地独到等特点。《传》的材料来源,据作者在《传》中这段文字所言,大概来由于亲身见闻,传主的备忘录、著作、书信、佛教经典,高僧大德传记和教言等。

一、作者亲身见闻

作者在《传》中云:“鄙人我也跟随信奉上师二十多年,超出自己能力地恩受上师甚深广博之圣法最小徒弟。”可见,作者跟随察哈尔格西·罗桑楚臣二十余年,因此极熟悉其上师的中晚年佛事活动,材料应该大致真实可靠。正如作者在《传》中所说“断除一切凡心的大菩萨大善知识察哈尔格西

〔1〕《察哈尔格西·罗桑楚臣传》,第559—560页。

上师额尔德尼以'圣者苏木太希拉希里巴达拉'之名闻名于世的被所有被应化者见到的事迹,我等才疏学浅之徒将自己所有知晓之事道于众。只以撰写我上师之事迹为主,避免用空洞虚玄的言词取悦于庸人俗子欢喜,或导致他人非论等,希望成为他人信仰之辅助"[1]。作者还在《传》尾处说明撰写此传的缘起时说:"尽量不增不减地叙述了圣师为普众而开示的如大海般奇妙之作,又如愚钝之智中所悟之事、上师亲口告诉我之事,上师高徒们的记录中所写、上师身边近侍们和一些知事者所述以及我多年跟随上师时所见所闻等。"[2]据《传》第一章记载,土鸡年(1789)作者的父亲章京将他送到察哈尔格西·罗桑楚臣身边,从此,作者成了察哈尔格西·罗桑楚臣的最小弟子。察哈尔格西·罗桑楚臣生于藏历第十二饶迴金公猴年(1740),因此这时察哈尔格西·罗桑楚臣已四十九岁。从他四十九岁到七十一岁圆寂(白马年,1810)的二十余年间的事迹是作者亲眼目睹或与上师共同经历过的,所以可信度很高。

察哈尔格西·罗桑楚臣四十九岁之前的事迹,虽然未亲眼目睹或经历,但大都是从可信之人那里所闻,因而也有较高的可信度。首先,他从自己父亲那里获知不少相关事实,作者父亲扎兰章京与察哈尔格西·罗桑楚臣之关系非同一般,是极虔诚的信徒和施主。作者在《传》中多处提及自己父亲为当地的佛教传播所做出的贡献。除了听他父亲述说以外,另一个获知途径是上师察哈尔格西·罗桑楚臣的讲述。这也是较可信的关于传主的材料。如:

üčüken kübegun tere−ču öber−un ečige eke terigüten degen üčüken−ču qorγudal ügeküy−e mün−kü tere emege eke yugen gerte noirasabai.tegun−eče qoisi öber−un ečige eke yugen gerte ǰiči ǰalaral ügeküy−e mün tere emege eke yugen gerte saγuγsan bülüge kemen qoǰim boγda öber−iyen ǰarliγbolqu−yi sonusuluγ−a.[3]

汉译文为:

此时上师毫不依恋父母,在祖母家酣然入梦。从此,上师未回父母家,一直住于祖母家中。此事是闻上师亲口述说。

---

〔1〕《察哈尔格西·罗桑楚臣传》,第13页。
〔2〕《察哈尔格西·罗桑楚臣传》,第873页。
〔3〕《察哈尔格西·罗桑楚臣传》,第33页。

basa qoyar següder–un üy–e–dur boǰar–eče boluγsan–nu düri–ber γaraγ–un qoorlal metü–yin čilege ǰoγuγlaǰu aman kiged qabar anu morui bolun oduγsan–iyer emege ekenügüd bügüdeger sedkil bolǰu baiqu–yin nigen üy–e–dur. amdu–yin bülüge kemekü nigen ǰalaγu toin ireged kedun sar–a boltala tarni ongsiǰu tarnidaγsan.[1]

汉译文为：

听上师说，他两岁时染上瘟疫，嘴和鼻子已歪斜。为此祖母与父母都非常着急。此时来了一位年青的安多地区的僧人。

teimü bolbaču yirtinču–yin erke–dur üiledbesü keregten ed aγurasun terigüten–iyer–ču masi ügegü büged yerü–yin yirtinču–yin arad luγ–a ǰokilduqui–ber yekes nüküd–tur kereg ügei nigür sakiqu–ba tala qaraqu terigüten–i ǰokiyadaγ ügei–yin erke–ber.tere čaγ–un imaγta nen nasun–i erkilen kereglegči yekerken ermegčin ǰarim–ud–ber. nen boγda–tan–dur aria tedui sain ügei baiγsan büged ilangγuy–a kereg üile medegčin ǰarim–ud–ber ene boγda–yin saγuqu ger–i medegseger qaγučiraγsan ebderegsen kiged asurw–a neng qarangγui terigüten ali maγu–yi ǰiγaǰu üggügsen.[2]

汉译文为：

听上师言，如以世俗眼光看，那时的他既无财产，又不世故老练，因此当时的一些势利者和霸道之徒对上师极不友好，尤其是当时的管事喇嘛们给上师安排住处时分给破旧不堪或光线暗淡的房子……那时上师像碧海青天一样宽广坦然，也不欺卑嫉贤。与众人和睦相处，不优游好闲，夜以继日地致力于佛法之事。

minu blam–a ačitu boγda degedü aγiy–a gegen–tan–ber. či–ber γabču laramba terigüten ner–e čula buu ab.geid–un üile–yi terigülegči terigüten kerkim ǰerge kiged tusiyal–un egürge–yi buu ab.ed mal quriyaqu qadaγalaqu–yi buu üiled.emči buu bol kemekü terigüten darui ba asida bükün–e čiqula tusatu surγal–un ǰerge–yi olan ailaduγsan bülüge.bi–ču tere bügüde–yi yosučilan bütügegsen boi kemenolanta ǰarliγ bolqu–yi sonusuluγ–a.[3]

---

〔1〕《察哈尔格西·罗桑楚臣传》，第 35 页。

〔2〕《察哈尔格西·罗桑楚臣传》，第 76—77 页。

〔3〕《察哈尔格西·罗桑楚臣传》，第 597 页。

汉译文为：

我多次听上师说："我的恩上师圣者阿嘉活佛告诫我不要想得到那些嘎布楚、拉仁巴等头衔，也别去担任那些寺院的法台或住持等职务，不要积敛财物和牲畜，不要成为医生等许多重要的教导，我也按照他的教导全都做到了。"

二、传主的作品

除了他人或自己上师亲口述说外，传主的作品、备忘录、信件等资料也是该《传》的材料重要来源之一。传主用藏文撰写的作品大多被收入他的文集中，还有一些用蒙文撰写的作品虽没有收入文集中，但也保留至今。《传》作者精通蒙文和藏文，并且对其上师的作品了如指掌，运用自如。《传》中云：

tedeger maγu nügüčel nügüd–ču nom–un ǰokilduqu–yin nügüčel boluγsan–nu tula qoǰim boγda–yin öber–un ǰarliγ–ača. nadur tere čaγ–tur maγu nügüčel olan boluγsan tegüber nom irekü–yin nügüčel bolbai.teimü bosu boluγad tere čaγ–tur aliba yaγum–a ebtei nairtai nige boluγsan bolbasu nom irekü–yin γoridalγ–a ügei tula tedeger maγu nügüčel nügüd anu γurban erdeni–yin adistid ḳiged erte türül–un sain irüger–un küčü–ber iregsen aǰuγu kemen ǰarliγ boluluγ–a[1]

汉译文为：

上师后来在自己的教言中云："那时我遭遇许多恶缘，但那些恶缘也成为我习法之因缘。如那时所有一切都要顺利和谐，我就不会产生习法之欲望。所以那些恶缘以三宝的加持和前世的善愿之力偕同而来。"

上文是察哈尔格西·罗桑楚臣因章嘉活佛之故，被诺颜朝尔吉诋毁排斥之后写下的一段文字。作者引用此文的目的是想告诉读者察哈尔格西·罗桑楚臣的胸怀坦荡、将圣法视为一切之上的高尚品德。察哈尔格西·罗桑楚臣用蒙文撰写的《额尔德尼吐希庙青史》也叙述了传主自己的部分重要事迹。例如，《额尔德尼吐希庙青史》第四册"察干乌拉庙附属第八苏木寺庙的收入和支出"中记载："乾隆五十四年（1789），他（札兰章京）向喇嘛上师格根们许下诵读百万次弥遮玛（大缘无悲颂）的诺言，之后赞助各寺院百次左右的法会，前后历经数年得以完成。"[2]"从乾隆五十九年的木

〔1〕《察哈尔格西·罗桑楚臣传》，第260页。

〔2〕金峰搜集整理《蒙古文献史料九种》，第16页（蒙文）。

公虎年(1794)始,我苏木的大臣、军民、僧众等商量后向旗官员禀报了想建寺院之事,于是政府导又转禀了圣上,得到恩准。还赐了寺名和‘札付’、‘度牒’。那时,我苏木的僧侣有四十余人。嘉庆元年的火公龙年(1796)修建了大经堂。”[1]《传》中记载:“(1790)我父亲章京策仁敦若布去年曾许愿念诵弥遮玛(无缘大悲颂)百万次,所以向上师发出邀请。父亲在自己的家寺(额尔德尼吐希庙)举行法会,恭请上师为法会之首席。”[2]“上师于五十七岁的红龙年(1796)……从多伦诺尔寺回来后又被邀请到额尔德尼吐希庙。那时额尔德尼吐希庙的大经堂和主要怙主殿已建立完成。”[3]这两件事在《额尔德尼吐希庙青史》和该《传》中的记载基本吻合。另外,《额尔德尼吐希庙青史》中对察干乌拉庙的建立以及法会规则,额尔德尼吐希庙的建立以及支出情况,寺院的经营管理等叙述优为详细。这为作者撰写该《传》提供了最真实的第一手资料。除此之外,察哈尔格西·罗桑楚臣也写了不少备忘录之类的作品,其中也有许多关于传主的信息。如:

tere čaγ–tur ündür ǰerge–yi küsekü–yi idqaqu–yin daγulal kemegdekü nigen–i ǰokiyan ailaduγsan anu ene metü. namuγa gürü.abural blam–a γurban erdeni kiged daγinis nom–un sakiγulsud–ber/asida sedkil–i minu nom–un ǰüg–tur ǰüglekü bolγan adisdidla/aliba ündür yeke ǰerge–yi olqu–yin tula simdaγči/ adaγ maγu ene sedkil–un toluγai–dur yeke qadaγasun–i sigasuγai/ egenegde či–ber üneker nigen ündür yeke ǰerge–yi losuγai kemen küsebesü / eldeb–iyer saimsuran yosu–ban ǰasaqu–ba qaγuraqu mekelekü terigüten qaγurmaγ arγ–a–yi tebčiged / edu büri sudur üǰekü boduqu–ba aman–nu ongsilγ–a buyan–u barildulaγ–a–yin ǰüil nügüd–i/ egenegde örkülǰide öber–un čida luγaban tülegülǰü simdan üiledügtün/öber–un buyan–u čiγulγan arbidduγsan–nu küčü–ber / üneker degedü sain blam–a–yin qutuγ–i olqu büged / üǰegsen ele olan arad–ber ünen–iyer aγči kemen medeǰü/öbesüben ǰariγ taγan olan–a takiγdaqu–yin orun bluγu/ situgen süm–e geid quwaraγ luγ–a salta olan–a/siduryu–ber tusalamui kemegči kerkim ǰerge tegüni/ simdaǰu küliyen abubasu ülemǰi sain kemen kelegči tegüni/ sir–a sibaγun–nu iniyedüm lüge adali maγu iruw–a

[1] 金峰搜集整理《蒙古文献史料九种》,第16页。
[2]《察哈尔格西·罗桑楚臣传》,第354页。
[3]《察哈尔格西·罗桑楚臣传》,第396页。

kemen sanaγtun/ balamad teneg–ud–un nidun–e uǰebesü üǰesgüleng–tai büged / basa–kü sedkibesü iraγu matü–yin sirege debisger tere anu/ bariγsaγar tereči teneg öber–un erke–eče qaγačaγad nom ečegen alaγsan/baγuraǰu alus tagan γǰar door–a unaqu–yin siltaγan boi/ ariγun adali yabudal–tu olan toid quwaraγ–ud–tur / aγurlaǰu kübseikü qariyaqu–yin čaγaǰa–ber čaγaǰalaqu keregtei büged/ aqalaγči yekes noyad–un niγur–i qaraqu–ba öber–un ner–e–ban sakiqu–yin tula/ aduγusun qoni imaγan–i alaqu terigüten eldeb kilinče–yi üiledkü keregtei/ üčüken ǰarim üy–e–dur cam ǰabsarlal metü–yi üiledsügei kemen duralabaču/ öber–un ali duralaγsan yosuγar bolqu–yin erke ülü oldaqu/ üneker tegünčilen bosu orun–a orüqui terigüten–dur–ču/ öber–un erke–ber ülü bolqu–yin berke tübeg bolqu boi/ yerü olan arad luγ–a dasulčan tanilal ugeküy–e / yerü olan–nu üile–yi üiledün ülü čidaqu büged/ yerü kerbe olam luγ–a ǰokildun oruqu–yi üiledbesü/ yerü nom–eče alγasal ügei yabuqu anu neng masi berke boi/ tegüber bügesü öber–tur darui kiged alus–tur/ tein–kü ǰirγalang ǰobalang yaγun bolqu–yi niγtalan siǰileged/ tengsel ügei merged–un sain nomlal luγ–a basa basa neilegülǰü/ tegünče ali sain–i sitükü anu masi yeke keregtei boi.[1]

汉译文为：

顶礼上师！
上师三宝女神护法神们，
请您将我引向佛法之门！
将这坚硬的铁钉打入那，
只想得到高位者的头中，
如果你只想得到那高位，
纠正和断除那欺骗行为，
每日闻思佛法诵经为好，
尽自己的努力去做吧！
如自己的善积越来越多，
果真能得此上师之福禄。
目睹者也知其真才实学，
自然成为被供奉之对象，

〔1〕《察哈尔格西·罗桑楚臣传》，第 143—145 页。

诸神祇和僧侣及俗众们，
将他视为忠诚的援助者，
劝其快速接受那些官位，
成猫头鹰之笑般的恶兆，
愚钝之徒看来是极美丽，
有华丽的桌椅和软座垫，
不久超出权限怠慢佛法，
这样会极快地堕落于地。
洁净守法之诸多僧人们，
用咒语戒律来禁止取缔，
靠高官保全自己的名誉，
做夜晚偷杀山羊等恶事，
偶尔想坐禅而不能如愿，
像他乡遭遇不如意之事。
与诸俗众未能相识之时，
不能顺利进行利众之事，
如想与诸俗众努力相合，
不要将敬信佛法成难事。
所以自己在现在和未来，
将苦与乐仔细分辩之后，
靠近无比贤者之善教言，
必须敬奉极妙之善教言。

关于察哈尔格西·罗桑楚臣写此诗的原因，作者在《传》中云："黄牛年（1769）夏，上师三十岁。一些投缘之友相继到来，参看他手头的经书。上师有时也为他们讲法。那时宝地梯布寺的最高喇嘛荣升高位，将原来的位子想传给上师。但上师对'大喇嘛'[1]之职位无兴趣，认为，这只是个空名誉，除此之外没有什么长远之利，禁忌多而实事少。像羊尾般短暂的一生中，如不致力于菩提道次第的研习，就会成为最恶劣之事。因此他谢绝

〔1〕 大喇嘛：即达喇嘛，是寺院总管，全权管理寺庙的行政、宗教、财务，外事等各项事物。

了。”[1]此诗文正是反映了当时的这一情况。还有一首诗为：

egeren küsegsen kereg bükün−i ürüsiyegči ačitu blam−a/ edüge−eče ǰirgaqu ǰobaqu−yin aqui üyes bügüde−dur/ enerikü i−ber ǰirüken−nu dumda qaγačal ügei saγuγad/ egenegde sanaγ−a yabudal−i minu nom luγ−a ǰokildun odqu bolγan adisdidla/ sačalal ugei sudur tarni bükün−i ailaduγči olan oγuγada bariγčin−iyer/saitur ürüsiyen nigüleskü i−ber üni udaγan−a daγan ečilen ǰokiyaγsan−iyer/ sain maγu sildagan ür−e−yin baidal ilγal−i üǰegülügsen/ sain nomlal−i üǰekü−yin nidun−i üčüken oluγsan amuiy−a/ teimü bolbaču maγü daduly−a−yin abiyas masi küčütei boluγad / tegünčilen basa olan qarsi nügüčel−iyer−ču saγadlan ǰedgeridkü−yin tula/ temdegtey−e sanabasu üneker sanaγ−a amuraltai nigen nom−i/ tein−kü γaγčaqan edur−un teduiken−ču bütügekü ese bolbai ni/ öber−un sitar barilduγsan kiged bosu ǰarim arad−ud/ ükükü ebedkü terigüten−iyer nerbegdegsen−i üǰegsen čaγ−tur / üčüken qorumqan−a ayun γonirqaqu−yin sedkil türükü bolbaču/ ödtur darui−dur orum ügei bolun arilǰu odqu aǰuγu/ üd ügei olan−u üimegen−u dotur−a odbasu/ öber−un surtal sanwar terigüten−iyen oγta martaǰu orkiγad / üimeldükü i eldeb ǰüil sanaγ−a yabudal kiged tačiyangγui uris−u alγasal−iyer/ öber−un ene ba qoitu−yin kereg bükün−iyen bürilgen dobaraγ bolγaqu aǰuγu/ amaragγ inaγ kiged aq−a degüü nüküd−iyen tedkükü−yin tula kečiyebesü/ aq−a degüü tedeger−un küsegsen kereg bükün bütültey−e ay−a ügei amoi/ adal mal ed aγursun bükün büridkü−yin tula kečiyebesü/ aliba kereg−ten bügüde tegülder kiri ügei amoi/ ay−a uruγsida sitar barilduγsad kiged öber−un ene ba qoitü yuγan/ aliba sanaγsan kereg−iyen bütügen daγusuγad qoitu yirtinču−dur/ amor−iyer oduγsan anu ken−ču ügei bügetele / ay−a edüge bi−ber tedeger bükün−i bütügeǰü yaγakin čidaqu boi/ öneker kečiyebesü daγusqu ügei boluγad bütübesü orkiqu keregtei/ ürkulǰi qoitu türül−dur üni udaγan−a nerbegdekü−yin üile−dur/ ürkülǰilen oruqu egüni masi saitur tasulǰu/ üneker ümčilen yabuqu−yin nigen čaγ keǰiy−e bolqu bolba−e/ deger−e ündür bolbasu ataγaraqu büged door−a baγ−a bolbasu dorumǰilan maγusiyaqu/ dergete adali bolbasu temčeldükü terigüten olan üile üiledbüri−ber/ degedü nom−eče alγasaγulqu−ba maγu sedkil türügülügči/ degǰigüldeg ügei maγu nükür−

[1]《察哈尔格西·罗桑楚臣传》,第 142—143 页。

yi tebčiküi nigen čaγ keǰiy–e bolqu bolba–e/ deger–e–ban noyan ügei büged door–a–ban boγul ügei / dergete–ban daisun ügei tula algasal bükün–eče angγiǰiran/ degedü nom–un üile–yi ürkülǰi öber–un dur–a–ber üiledkü–yin / degedü teimü nigen sain čaγ keǰiy–e büridkü boba–e/ öber–un yabuqu saγuqui nuγud–iyen bosud–tur ailadqaqu keregtei/ öber–e bosud–un eldeb uile–yi ober–iyen üiledkü keregtei/ üneker ümčilen orusiqu–yin erke ügei–yin ǰobalang–tu alba/ ülemǰi yeke tübeg ene nügüd–eče keǰiy–e nigen qagačaqu bolba–e/ ali orun–a saγubaču ǰobalang garqu–yin orun/ ali yagun–i edlebečü ǰobalang–un ed aγursun/ ali ken lüg–e qanilabaču ǰobalang–un nükür kemen medeǰü/ asida sinul ügei–ber keǰiy–e nigen orusiqu bolba–e/ egenegde bey–e–dur ebedčin ügei boluγad sedkil–dur alγasal ügei/ eldeb γadaγadu dotuγadu–yin qarsilal ügei boluγad ǰokilduqu–yin nügüčel bükün büriddün/ erkin nom luγ–a ǰokilduqu–yin sain sanaγ–a barildulγ–a–ber/ edur süni–yin čaγ–i nügčiyegči keǰiy–e nigen čaγ bolqu bolba–e/ üǰesgüleng–tu amaraγ sadun nuγud tagan tačiyaqu ügei boluγad / üǰesi ügei daisun nuγud–tur urilaqui–ču ügei/ üneker ene nasun–u olǰa aldar terigüten–i durasin küseküi ügeküy–e/ ünen maγad ariγun yabudal yosun–iyer keǰiy–e nigen saγuqu bolba–e/ γaγčaγar aγlaγ–a–yin orun–a oidqarlal ügei saγuǰu/ γaiqamsiγ–tu γurban qabsurγ–a–tu bisilγal–dur edur büri kečiyen / γaγča ǰoriγ–iyer ülegsen nasun–iyen kereg tegülder bolγaqu–yin sain qobi/ γadaγadu dotuγa–du–yin saγad ugei nigen keǰiy–e irekü bolba–e/ qalaγ qoqui ene orčilang–du ǰirgalang yerü ügei tula/ qaγurmaγ ügei degedü nirwan–nu mür–tur orusuγai kemen duralabaču / qarsilaγči γadaγadu dotuγa–du–yin nügüčel–iyer erke ügei boluγsan egüni/ qamuγ–i ailaduγči blam–a γurban erdeni minu nigülesküi–ber–iyen ailad.[1]

汉译文为：

上师您护佑我心想事成吧！
在我痛苦之时与欢乐之时，
都以慈悲为怀对待一切事吧，
请您将心想之事与法相合，
您将所有密法的总持者们，

〔1〕《察哈尔格西·罗桑楚臣传》，第 145—149 页。

永远跟随佛法慈悲护佑众生之故，
才能开示了善恶因果之区别，
稍许获得了看善法之眼，
但因为恶业之力极强而，
被许多障碍所阻挡之故，
想起那使人安心之教法，
那怕成就一天都不行吗?
自己的亲信和其他人们，
看到他们染疾死亡之时，
短时间内产生恐惧悲痛，
但很快消失得无影无踪。
进入诸俗众之中喧闹时，
完全忘记自己所守戒律，
以嬉戏之态和淫乱之心，
将那佛法之事挥霍殆尽。
无论多用心于亲朋好友之事，
他们的心想之事也不能完成，
无论多尽力去积聚财富牲畜，
一切事情也不能够具足圆满。
将亲信和自己现在和未来的，
所有心想之事成就完成之后，
轻松地想去来世者少之又少。
为此我们怎能顺利成就呢?
如未完成或完成了也要放弃，
那来世定长久受此恶业之罪，
因此快断除入此恶业之路吧。
真正致力于佛法之时何时到来?
忌强欺弱或与自己相等者相比，
怠慢圣洁之法而心中产生恶意，
清除这样恶人之时何时到来呢?
上无官员下无仆役旁无敌人的，
远离一切怠慢之事的好时候和，

舒畅地研习圣法之时何时到来?
自己的行为也总让他人来控制,
他人之一切事情由自己来完成,
没有了致力于佛法之事的权力,
这样的烦恼痛苦何时离去呢?
无论住于何处都是痛苦之场所,
无论享受什么都是像痛苦之友,
何时能够永远无贪心地居住呢?
身体永远无病恙而心无怠惰地,
内心无障而具足相合之诸条件,
与诸圣洁的教法相合之善因缘,
度过每一天的时候何时到来?
对美丽的恋人亲朋不产生欲念,
对丑陋无比之敌人不产生愤怒,
也不欲想今生之诸多名利之事,
这样致力于圣法之事何时到来?
独自毫无寂寞地居住于荒野中,
每日力求于神奇的三辅助修行,
全心全意成就余生之佛法善缘,
这样无内心之障之时何时到来?
哎呀!这世界无幸福安乐之故,
虽欲想处于无瑕之圣者之道中,
但因为被内外之障碍阻挡之故,
遍知一切上师三宝赐予慈悲吧!

关于察哈尔格西·罗桑楚臣写此诗的原因,作者在《传》中说:“那时上师所住之寺庙的管事者们经常做一些伤害和欺压上师之事。为此上师心中产生悲痛,撰写一篇教法之咏。”从而推知,传主为此事而写下这首诗来告诫众人。还有一些传主生前留下的信件等也成了撰写此《传》的宝贵资料。如:

在慈悲之圣者额尔德尼格根(指诺颜朝尔吉)足莲旁,双手合十,祈祷禀报!您为了将那有助于教法和众生之业的光明洒向四方而驾临此地,以慈悲为怀,赐予我引向利乐之善道的教言。这对卑微之我来说是极有利之事。请容我向您详细禀告:我对您从未有过嫉妒和贬低之辞,所以也不能成为我今天和以后的损失之因。但是,是否因为我未去拜见您之故,您才赐予我这样的教诲呢?或者是因为他人所进谗言之故呢?我未能去拜见您的原因是,听说了圣者章嘉活佛下令,要停止对您礼拜。我不能违背上师的教言而造成罪孽,所以未能去拜访您。这并不是因为坚持自己的观点,或自以为是而产生恶念之故。无论如何,因恶业之故,迷失于这浊世之边远地区受苦受难的卑微之我等,永远是具慈悲之本性的圣救主您的慈悲关怀之对象。所以您以慈悲为怀,使我远离罪孽和障碍而加持吧!卑微如楚臣我从心底祈祷,随禀复书信一起,略备薄礼,无垢天丝及白银一两,敬献于您莲足之下。[1]

此文是察哈尔格西·罗桑楚臣回多伦诺尔寺诺颜朝尔吉的一封信。从此信可知他们之间的矛盾是因何而起。也看出传主对自己上师的尊敬与对自己所信奉的佛法之虔诚。

三、佛教经典

本《传》第一章开篇部分作者引经据典,阐述了从释迦牟尼佛到圣者宗喀巴大师时期的佛、菩萨、圣贤以及自己的恩师察哈尔格西·罗桑楚臣等弘扬佛法的伟大功绩,浓墨重彩,使用了许多敬奉崇信之赞词。此赞词部分和整个《传》中引了诸多佛教经典,例如:

eyke bagsi baγatur−un ǰokiyagsan ilaǰu tegüs nügčigsen borqan−u türül−un üyes−un namtar−eče. sain aldar−un belgen boluγsan sain ǰokiyal−i ügülegsen edeger−iyer saibar oduγsan bolqor mür nügüd ali mün−i üǰegülkü bluyu.sača sedkil degen süsüg ügei nügüd−ču süsüglekü̈i boluyu.saiqan nom luγ−a tegulder üges−iyer asida ǰasaqu boluyu.[2]

汉译文为:

《薄伽梵佛本生传》中云:“那些以各种善行而获声望的人,向众生示范了各种妙善解脱之途,甚至能使没有信仰的人产生信仰,进而愉悦地接受教法的教诲。”

erdeni ǰula−yin toγtaγal−eče. üneker süsüg anu urida yabuqu eke metü türügülügči büged ürkülǰi erdem bügüde−yi saqiγad arbidqan üiledku kemekü.[3]

---

[1]《察哈尔格西·罗桑楚臣传》,第245—247页。
[2]《察哈尔格西·罗桑楚臣传》,第13—14页。
[3]《察哈尔格西·罗桑楚臣传》,第14页。

汉译文为：

《宝明灯陀罗尼》云："信仰如同生身之母，将海量知识注入心田。"

arban nom–tu–yin sudur–eče alin–iyer uduridbasu mayad qaraqui–dur. ariγun degedü süsüg anu külge–yin degedü mün bülüge.ay–a teimü–yin tula uyun luγ–a tegüsügsen–ber.asida süsüg–un qoin–a–eče daγaqu–yi sitügdeküi. üneker süsüg ügei kümün nügüd–tur ülemǰi čaγan nom nuγud ülü türükü bülüge.üligerlebesü γal–iyer tülegsen körungge–eče. üǰetele küke noγuγ–a ülü oruqu metü bolai.[1]

汉译文为：

《十论经》云："无论哪位圣贤引导，上乘之信仰最为珍贵，因此，智慧圆满者永随信仰最妙。无信仰者与圣洁之法无缘，如火燎过的种子无法长出绿芽般。"

sambuda–yin dander–eče. alin–nu–tula kemebesü arban ǰüg–un borqad kiged.aγu ele bodisadu–a nar–i takiγsan buyan–eče. ačitu baγsi yuγan γaγča sir–a üsün–nu nüke–i takiγsan anu degedü.asida teimü–yin tula baγsi yuγan takin uileduγči tegün–i abural borqan kiged bodisadu–a nar ailadqu boi.[2]

汉译文为：

《三摩地本续》中云："故此，由十方佛陀和菩萨之福德，使上师的每一根汗毛都变得尊贵，因此，人若供奉其上师，佛陀菩萨必护佑之。"

作者引用如此多的经典是为了更有力地说明自己撰写上师传记的缘起和目的。《传》中云："断除一切凡心的大菩萨大善知识察哈尔格西上师额尔德尼以'圣者苏木太希拉希里巴达拉'之名闻名于世。我等才疏学浅之弟子，将自己所有知晓的关于上师应化众生等事迹道之于众。只以撰写我上师之事迹为主，避免用空洞虚玄的言词取悦于庸人俗子欢喜，或导致他人的非论等，希望成为他人信仰之辅助。"[3]从而得知，作者撰写自己上师的传记，主要是为了给众人提供信仰的榜样；并认为，能够使更多的人产生信仰才是最大的功德。作者在《传》中还引用了《般若波罗蜜多八千颂》、《庄严经论》、《现观庄严论》、《毗奈耶根本论》、《精解树传》、《修心经》、《大游戏经》等诸多经典来阐述了自己的观点。

---

〔1〕《察哈尔格西·罗桑楚臣传》，第 14 页。
〔2〕《察哈尔格西·罗桑楚臣传》，第 15 页。
〔3〕《察哈尔格西·罗桑楚臣传》，第 13 页。

四、高僧大德的传记和教言

作者在《传》中引用了诸多高僧大德的教言和传记等来强调说明了自己的观点立场。如：

yosun ene anu qamuγ–i ailaduγči lobsang γalsang ǰamsu dalai blam–a–yin gegen–nu namtar qamuγ–i ailaduγči boγda ǰangγiy–a lalida bazaar–un gegen–tan–nu ǰokiyagsan–ača.tere metu bey–e mendulegsen–nu darui–eče–ču olan türül degen ger–eče ger ügeküy–e saitur γarqu–yin ǰim–e yosun–dur bayasudaγ–iyen toduraγulun üiledkü–yin tulada yerü–yin nilqas–un yabudal yosun–ača neng ilangγuy–a keturkei–ber eke yügen ebür–tur noirasqui–dur masi taγalal ügei büged.deren–nu deger–e ǰalabasu sedkil anu amuraγsan metü bolun ǰokiyadaγ.[1]

汉译文为：

遍知一切大师章嘉·若必多杰著《遍知一切大师罗桑噶桑加措传》中云："喇嘛降生不久，即显出喜好出家的相状。与一般凡夫孩童迥异，不喜在母亲怀中入睡。倘置首于枕上，则呈十分快活安适状。"这世上最亲之人莫过于生母，但上师自幼时起毫不依恋母亲，住于他处。此事足以说明他极易断除世间之一切欲念，不易被欲念之绳索所捆绑。

作者引用该传来更有力地说明察哈尔格西·罗桑楚臣幼时与其他同龄孩子不同的特点。还引用阿嘉活佛所著传记中所载"盛开之洁白的莲花，虽出自污泥而不染"一句话来赞美传主的与众不同。

作者在《传》中还引用土观活佛所著《章嘉国师若必多吉传》中记载的火狗年（1766）发生的教派之间的矛盾冲突，来揭示察哈尔格西·罗桑楚臣与多论诺尔寺的诸颜朝尔吉之间的矛盾冲突的根本原因。作者当时是察哈尔格西·罗桑楚臣的近侍徒弟，是直接受到上师圣法甘露的僧人。《传》中云："上师对我们说：'我永远从众生之利益出发将那诸多圣者传记，都作为无穷之法施刻版印刷，少数几个不被众人使用的传记除外。我的新作和那些著作永远能在各处流传，我心已足，也成为伟大之福德。'"[2]看来那时察哈尔格西·罗桑楚臣将许多高僧大德的传记都已刻版，因此作者对高僧大

---

〔1〕《察哈尔格西·罗桑楚臣传》，第33—34页。

〔2〕《察哈尔格西·罗桑楚臣传》，第497—498页。

德的传记十分熟悉。作者在《传》中也引用了很多高僧大德或贤圣者之教言来阐明了自己的看法。如：

eduge či umteɣ–a ügei abural–un orun ene nuɣud–i sitüküi yugen ese orkibasu abural–unorun tere nügüd–ber čimagi orkiqu oɣta yosun ügei tula. eduge–eče qoisi či–ber ǰirɣaqu ǰobaqu sain maɣu–yi–yin aqui üiles bügüde–ba nom kiged yirtinču–yin üiles alin–i üiledbeču degedü abural–un orun edeger–tur ǰiruken ečegen ǰalbaril talbibasu snaɣsan kreg bügüde sedkilčilen bütüküi–dur mɣad büged. činu qoina–eče daɣaɣčin nuɣud ču edeger–tur sitübesü sain–nu čiɣulɣan bügüde sedkilčilen bütüküi–dur mɣad boi.[1]

汉译文为：

阿嘉活佛对上师说："如果你连续不断地供奉神祇，那么神祇们也不会忘记你。从今以后，你若把苦乐好坏之事、教法之事以及世间之事等从内心向神祇祈祷，那么一切事情会如愿以偿。如你的跟随者们也同样供奉，那么一切积善之事也都能如愿。"

budaw–a–yin obidas küke debter–eče. obidas bügüde–yi quriyaɣsan–u eki anu.oɣuɣada degedu buyan–nu sadun–i ölü talbiqu boi.[2]

汉译文为：

博朵瓦语录《小册青书》中云："跟随圆满最圣之善知识者是一切密法汇集之源。"

第一段是阿嘉活佛对察哈尔格西·罗桑楚臣的教言，教导他对佛法要虔诚供奉；第二段则引用《小册青书》来说明上师在阿嘉活佛处帮他书写手持经册和保管书写稿等，甚至还做一些打扫庭院等活儿。这是因为上师对阿嘉活佛的崇信与敬奉。作者还引用隆多喇嘛的教言来叙述传记之优劣。如：

大圣者隆多喇嘛[3]额尔德尼瓦根达拉苏木太希拉巴达拉格根云："所谓

---

〔1〕《察哈尔格西·罗桑楚臣传》，第75—76页。

〔2〕《察哈尔格西·罗桑楚臣传》，第69—70页。

〔3〕杨贵明，马吉祥编著《藏传佛教高僧传略》载，隆多喇嘛·阿旺罗桑（ཀློང་རྡོལ་བླ་མ་ངག་དབང་བློ་བཟང），是清代藏传佛教格鲁派喇嘛，于藏历年第十二绕迥之土猪年（1719年，清康熙五十八年）生于多康昌都地区之温普地方。24岁到拉萨，朝拜了二世达赖所倡建的几所寺院，产生了极大的敬信之心，后入色拉寺密宗经院求学，先后师从七世达赖喇嘛噶桑嘉措和六世班禅罗桑华丹益希等13位上师，成为格鲁派著名高僧。于藏历第十三绕迥之木虎年（1794）圆寂，享年75岁。青海人民出版社，1992年，第330—331页。

传记之作,大约有几种,载叙某喇嘛今生之事圆满后心中无贪念,致力于来世的福乐之事;对世间之事不贪恋,视世间的所有地方为神圣者之庭院,夜以继日地修炼,以求解脱;而抛弃自我一心利他慈悲菩提心传记为喇嘛传记之上等;载有将自己所受之戒律保持洁净之喇嘛的传记……除此之外,还有那极神通之喇嘛、获悉地(神通)之喇嘛,能腾空而飞,口中喷射火焰,臀部喷水,岩石上留有臀印,得预见之智,能隔墙睹物,初有属民而后有田产,金银财宝满窖,牛羊千万,陈谷满仓,擅用三叉尖接天雷然后随心所欲地发射,打击敌人……上、中、下等喇嘛有上、中、下等的传记。如上师经常做十恶之事,那么上行下效。"〔1〕

上文是作者借用隆多喇嘛的观点来阐发自己对高僧传记的看法,也说明自己想撰写什么样的高僧传记,也告诉大家什么样的传记才是优秀的传记,才能成为信仰者们学习的榜样。

小 结

宗喀巴大师所创建的格鲁宗传入蒙古后,以极快的速度风靡全蒙古地区,代替了蒙古族原有的萨满教。后来,清朝统治者采取了扶植和利用藏传佛教的政策和措施,使藏传佛教在蒙古地区得以更广泛更深入地传播。从而使藏传佛教对蒙古社会产生了深远的影响。其中对蒙古族传统史学的影响也很巨大。出现了大量翻译佛经、编纂佛教历史、编写高僧传记以及研究佛陀学说等活动。这样蒙古史学进入了空前的繁荣时期,出现了新的史学体裁。这些新史学新著作多崇尚纪实。《察哈尔格西·罗桑楚臣传》正是在这种背景下产生的。此《传》的作者是传主的近侍弟子,非常熟悉传主的生平事迹。而且他知识渊博、视野开阔、见地独到,所以本《传》中所用材料极丰富,主要来自于作者亲身见闻、传主的备忘录、著作、佛教经典、高僧大德传记和教言等,有较高真实性和可信度。

---

〔1〕《察哈尔格西·罗桑楚臣传》,第788—791页。

第三章 《察哈尔格西·罗桑楚臣传》的版本和编纂研究

察哈尔格西·罗桑楚臣曾多次到北京雍和宫研习佛法,并与当时的诸多驻京喇嘛们有师徒之宜,关系密切。他将北京地区寺院的木刻版技术带到自己的故乡,建立了刻印所,刻印了许多佛教经典。为此,本文将该《传》的版本与清代北京地区藏传佛教寺院木刻版刻印中心所刻文献相比较,说明该《传》版本渊源。还将该《传》的体例与内容结构进行分析,试图说明该《传》的版本特点、与其他藏传佛教高僧传之异同及原因。

第一节 版本及其特点

一、察干乌拉庙刻印所的建立及刻印情况

1. 察干乌拉庙刻印所的建立

察干乌拉庙位于察哈尔镶白旗察干乌拉山(今内蒙古锡林郭勒盟正镶白旗境内),是传主的根本寺所在。察干乌拉庙是清朝时期著名的蒙文木刻出版基地之一。"当时(清朝时期)京师寺庙和蒙古地区多设有木刻印刷所。其中比较有名的是净住寺、嵩祝寺、隆福寺、白塔寺、察哈尔察罕乌拉庙、多伦诺尔庙、塔尔寺、瑞应寺、五台山、大库伦、阿拉善延福寺等处的木刻印刷所。"[1]当时在察干乌拉庙刊印的书籍除了宗教经典以外,还有民间谚语格言、箴言、口头诗歌、祝词赞词、传说故事等占主要地位,并且刊印了诸多译自印度和藏区的古典名著、汉文古典小说等[2]。可以看出当时察干乌拉庙刻印所的规模之大和实力之雄厚。关于兴建此刻印所的原因,《察哈尔格西·罗桑楚臣传》中载:

---

〔1〕 内蒙古社会科学院历史研究所编《蒙古族通史》(中卷),民族出版社,2001 年,第 386 页。

〔2〕 拉西策仁《关于蒙古文化活动家——察哈尔格西洛桑楚臣初探》,《内蒙古社会科学》(蒙文版),1983 年第 4 期。

Namur sine ǰokiyaγsan boγda–yin yeke namtar–un keb–i seilgeü terigüten oln nom tegülder–un uiles–un tulada qaγan–un yeke qarsi begeǰing–dur ǰalarbai.〔1〕

汉译文为：

是年（金猎年，1791）秋，上师为新撰之《至尊宗喀巴大师传》的刻版和诸法事之圆满而远赴北京。

ulemǰide čüluiduγči qar–a ǰüg–un simnu tudqar nuγud–ber ǰedgeridülge–yi tuγurbiγsan–iyer seilügči darqan terigüten–u sedkil–i qodqulaǰu ümegülün üiledüged keb–un üiles nügüd–i boγda–yin öber–un taγalal luγ–a ǰokiduγulun ese üiledügsen terigüten–iyer ali bükün–e eb ügei boluγsan–a mün tegün–nu darui keb seilekü–yin üiles–iyen kigleǰü talbiγad olan keb–un modun–i abču ǰiči inaγsi öber–un orun daγan ǰalarabai.boγda öber–un saγuri geid deger–e kürčü ireged.〔2〕

汉译文为：

黑鼠年（1792），上师五十三岁。这年春天，因刻版匠人被他人挑拨，刻版之事不如上师所愿。上师只得带上许多刻版所用的木材，回了故乡的根本寺（察干乌拉庙）。

tere čag–tur begeǰing–dur toqailan kümün ǰaruǰu nigen kedun keb seilgekü darqan–i abču ireged boγda zongkaba–yin yeke namtar–un keb–un ǰalγamǰi–yi seilegülügsen–iyer.yeke činar–tu boγda blam–a egünü yeke tabilγ–a–tu sedkil egüsgegsen irüger–un küčün kiged ene ǰüg deki tegüs qobi–tu olan nomudqaγdaqun–u sain üiles–un ür–e bolbasuraqu–yin čaγ–tur kürügsen lüge qoyaγula nigen–e büridügsen–u küčün–iyer saγad ǰedger–un belgen ǰaγuqan–ču ügeküy–e keb–un ǰalγamǰi–yi oγuγada tegüs–iyer saitur bütügeǰü tegüsügsen–iyer baraγdasi ügei nom–un üglige–yi ǰaγun ǰüg–tur arbidqaqu–yin taγalal–un ür–e saitur bolbasuraqui boluluγ–a.〔3〕

汉译文为：

当时，上师派人去北京请来几位刻版匠人，继续刻写《宗喀巴大师传》。

---

〔1〕《察哈尔格西·罗桑楚臣传》，第 358 页。

〔2〕《察哈尔格西·罗桑楚臣传》，第 360 页。

〔3〕《察哈尔格西·罗桑楚臣传》，第 369 页。

无障碍地完成了刻版之事。一者因为圣上师的发愿之力功,二者因为此处此地被应化之具足福分众生,长期信奉佛法,终成善果之故。宏法大愿,得以实现。

从上文得知,察哈尔格西·罗桑楚臣本想将自己撰写的《至尊宗喀巴大师传》在北京刻印出版,并开始了初期的刻印工作。后来遇到种种困难而未能如愿。于是,他将刻版木材运回察干乌拉庙。并从北京请来了刻版工匠。从此,察哈尔格西·罗桑楚臣的根本寺察干乌拉庙的刻版印刷事业开始了。察哈尔格西·罗桑楚臣首先从刻印《至尊宗喀巴大师传》开始,继续刻版印了自己的文集(གསུང་འབུམ,松本)、诸多圣者之传记、阿嘉活佛的文集等。察哈尔格西·罗桑楚臣圆寂后,他的徒弟们将他的未刻印之作品陆续刻版印出。"察干乌喇庙始建于1788年,后来发展印经厂。在这里不仅刊行由罗桑楚臣撰写、翻译的藏文和蒙古文佛经,还接受其他地方的定购。"[1]由于刻印事业的发展壮大,察哈尔格西·罗桑楚臣生前就建立了收藏刻版的大殿,能更好地保存刻版并保障其可反复多次地使用。《察哈尔格西·罗桑楚臣传》中也明确记载了建立收藏刻版之大殿的原因,如:

basa ene luu ǰil–dur boγda–yin öber–un süngbüm terigüten–nu keb nügüd–i ǰalaǰu baiqu keb–un süm–e–yi sin–e baiγulun ǰokiyaγad keb nügüd–i tende ǰalaγsan büged.ene keb–un süm–e–dur tusa ǰirγalang–i masida delgeregülügči süm–e kemen ner–e ergübei.tegünü dergete keb daruqu darqan–u saγuqu nigen baising–ču bariγuluγad.biber imaγta ene ǰüg čaγ–un kiǰaγar deki olan amitan–dur tusalaqu–yin sanaγ–a–ber bükün–eče edügülǰü boγda–yin namtar terigüten–u ǰokiyalγ–a olan üiledügsen nügüd–eče yerüngkei olan kümün ülü kereglekü niǰiged qosiyad–un tedui–eče bosud olangkin nuγud–i baraγdasi ügei nom–un üglige–yi arbidqaqu–yin tulada keb–tur bütügegsen mün–nu tulada.minu sin–e ǰokiyal terigüten edeger sudur nuγud üni odaγan boltala ǰüg ǰüg–tur delgerenggüi bolbasu minu sanaγ–a güičekü büged buyan–ču masi aγuu yeke bolqu–yin tulada ta nuγud–ču ene učir–i sedkil degen talbiqu keregtei boi.ene keb nügüd–ču uruγsi yeke dukang–un emüneki doruna–

〔1〕[蒙古国]舒格尔《蒙古人的印刷术》,乌兰巴托,1976年,第43页。(Ц·ЩУГЭР, МОНГОЛЧУУДЫН НОМ ХЭВЛЭДЭГ АРГА, Улаанбаатар, 1976.P.43) yin süm–e–dur ǰalaǰu aγsan bügetel–e tere metü geid–un üile–yi terigülegčin terigüten sinuqairaqu–yin erke–dur oduγsan ǰarim nigen γaruγad keb daruγči kümün–eče keb–un külüsün–i abqu metü yaγum–a abqu bolbasu minu nom–un üglige kemǰiy–e ügei delgerekü i–dur ǰedger bolqu boluγuǰai kemen sedkiǰü edüge keb–un süm–e–yi tusaγar bariγsan boi.[1]

汉译文为：

是年（土龙年，1808），上师新建了收藏文集（གསུང་འབུམ）刻版的大殿，将自己文集（གསུང་འབུམ）的刻版收藏于此大殿中。为此大殿取名为“极盛利乐之寺”（tusa ǰirγalang–i masida delgeregülügči süm–e）。并在此大殿旁修建了刻版工匠房舍。为此，上师对我们说：“永远为此处众生之利益，除少数几个鲜为人知的圣者传记外，我将其他诸多圣者传记皆作无穷之法施予以刻版印行。鄙人之新作也将和这些传记一样，在各处流传广播，吾愿足矣。这将是无上之功德。有鉴于此，尔等也应将此事铭记于心！此刻版，之前虽收藏于大经堂东南面的偏殿中，虽有专人管理，但如以后那些管事者中出现某些贪心者，向印经者收取刻版之费用，这将会成为我法施的无限传播之障碍。故此，我专门建立了收藏刻版之大殿。”

2.《察哈尔格西·罗桑楚臣传》的刻印

根据《察哈尔格西·罗桑楚臣传》中记载，察哈尔格西·罗桑楚臣在自己根本寺察干乌拉庙修建了木刻版印刷所，并且刻印工匠来自北京地区藏传佛教寺院。《察哈尔格西·罗桑楚臣传》是传主圆寂后的第七年撰成。关于《察哈尔格西·罗桑楚臣传》的撰写，此传跋语中云：

degedü blam–a mün tere ariγun orun–dur ačiraγsan–eče qoisi doluγan ǰil boluγsan ……arban dürbedüger saitur γruγsan–nu erketu kemegdekü γal eme üker ǰil–un ridi qobilγan–u sar–a–yin sin–e–yin nigen–eče eki–yi ekileged mün tere ǰilun čidr–a sara–yin arban tabun ……radn–a küdai–yin süm–e–yin dergete segül–i oγuγada tegüsgen eblegülügsen.mün tegünü qoitu sirui er–e baras ǰil–un cidr–a sar–a–yin qaγučin–nu arban–u dagina quraqu–yin alangγui–tu sar–a edür–e ǰiči mongγol–un keleber orčiγulǰu tegüsgegsen–u bičigeči anu tegüs süsug–tu bičigeči ǰürmaddanzin–ber üiledügsen bolai.[2]

---

〔1〕《察哈尔格西·罗桑楚臣传》，第497—498页。

〔2〕《察哈尔格西·罗桑楚臣传》，第885—888页。

汉译文为:

圣上师圆寂后的第七年……第十四绕迥火牛年(1817)正月初一到三月十五……在拉达那呼代寺(radn–a kudai–yin süm–e,指额尔德尼吐希庙)完成初稿的撰写,刻版的书写者为上师的徒弟格隆达日玛拉希和格隆罗若布道尔吉以及格隆蓬楚克丹德尔等。之后等二年土虎年(1818)三月初十完成了蒙译工作,刻版的书写者为具足信仰的朱日玛德丹津。

作者将此《传》首先用藏文撰成,之后译为蒙古文,完成于额尔德尼吐希庙。据传主的蒙文作品《额尔德尼吐希庙青史》记载,额尔德尼吐希庙是察干乌拉庙的附属寺庙[1]。据该《察哈尔格西·罗桑楚臣传》记载,额尔德尼吐希庙是作者父亲所建寺庙,并且作者父亲将此庙送给了察哈尔格西·罗桑楚臣[2]。可知,额尔德尼吐希庙与作者和传主之关系。作者将此《传》正撰写完稿于额尔德尼吐希庙,而且附近的察干乌拉庙刻印所正处于兴旺发展之际,所以此《传》的刻印极有可能就进行于察干乌拉庙。

二、版本的来源及特点

1. 清代北京地区藏传佛教寺院木刻版特点

清代北京有几处蒙古文木刻版基地,“当时北京的嵩祝寺是清代最著名的藏、蒙古文木刻出版基地”[3]。北京的蒙古文刻版印刷始于康熙年间,蒙古文木刻版印刷事业的发展离不开蒙古族贵族阶层的支持。东蒙古和南蒙古王公贵族们不断为译经和印刻事业出资帮助[4]。因此,北京地区的蒙古文木刻版印刷事业不断得以发展。“嵩祝寺木刻印刷所,是京城寺院蒙古文木刻印刷所的代表,在清代蒙古文木刻出版史上乃至整个蒙古文出版史上都占有极其重要的地位,为传承和发展蒙古族文化方面做出了特殊的、巨大的贡献。除了嵩祝寺木刻印刷以外,京城还有白塔寺、隆福寺等寺院蒙古文木刻印刷所,刻印蒙古文佛经和世俗图书。”[5]可见北京地区的

---

〔1〕 金峰搜集整理《蒙古文献史料九种》,第16页(蒙文)。

〔2〕《察哈尔格西·罗桑楚臣传》,第396页。

〔3〕 宝山著《清代蒙古文出版史研究——以蒙古文木刻出版为中心》,内蒙古教育出版社,2007年,第165页。

〔4〕[德]瓦尔特·海西希著,阿必达、阿特横译《蒙古历史与文化》(蒙文版),内蒙古文化出版社,1986年,第203—204页。

〔5〕 宝山著《清代蒙古文出版史研究——以蒙古文木刻出版为中心》,第167—168页。

蒙古文刻版印刷的规模之大。北京地区的木刻版以梵夹装为主,版式设计也有其自己的特点。海西希云:“在满清帝国统治时期,北京和蒙古印刷的喇嘛教(藏传佛教)雕版印刷本几乎都是贝叶式长方图书。根据其开本大小,贝叶式书页的喇嘛教(藏传佛教)雕版印刷本大致可分为三个部分:大型文本大约为65×23cm与47×9cm;中型文本大约为47×15cm与40×7cm;小型文本大约为35×7cm与35×5cm,甚至还有更小的。”〔1〕蒙古文的这种喇嘛教(藏传佛教)的贝叶式长条书源自印藏地区。随着藏传佛教传入蒙古地区,此种装帧方式也流传到蒙古。藏地的印版规格“最长的有85厘米左右,这种长书阅读不便,主要作供奉之用。现在我们最常见的长条书为60—70厘米,称之为箭杆本(意为一箭杆的长度);中等的长条书为40厘米左右,称之为一肘本(意为成人一肘之长);还有一种短的长约20厘米左右”〔2〕。清康熙年间刊印的从藏文译成蒙古文的《大藏经》装帧形式亦为梵夹装,“框高16.4厘米,宽67厘米,朱印,用满、汉、蒙、藏4种文字雕印,每一种文字自成一组。页右下角用汉字注明页码,以‘上’、‘下’来区分正反面。不论用何种民族文字雕版,页码都用汉字标注,这是北京版的一个特点”〔3〕。西北民族大学图书馆藏《赤钦活佛洛桑丹白尼玛传》是清代北京木刻版藏文文献(图版1),框长47厘米,宽7厘米,每页版右均有汉字“官上一、下一”注明了页码〔4〕。这也反映了北京木刻版的基本特点。

图版1 《赤钦活佛洛桑丹白尼玛传》

〔1〕[德]海西希著,瞿大风译《蒙古文文献及其古体字》,《蒙古学资料与情报》,1989年第3期。

〔2〕扎呷编著《藏文〈大藏经〉概论》,青海人民出版社,2008年,第129页。

〔3〕史金波、黄润华《少数民族古籍版本——民族文字古籍》,江苏古籍出版社,2002年,第34页。

〔4〕赵国忠、卓玛吉、才让卓玛、李毛吉《藏文古籍图录》,甘肃人民美术出版社,2010年,第77页。

2.《察哈尔格西·罗桑楚臣传》版本与北京地区藏传佛教寺院木刻版本之关系

据《察哈尔格西·罗桑楚臣传》记载，察干乌拉庙的刻版技术源自北京。起初刻版用的木材以及刻版的工匠等皆来自北京。《察哈尔格西·罗桑楚臣传》藏式梵夹装，宽 8 厘米，长 47 厘米，蒙古文双面竖写，每面 38 行，每行 5—6 字（图版 2）。这正是与北京版蒙古文贝叶式长条书的中型文本基本吻合，而且页左下角用蒙文和汉文注明页码和正反面，如 “nige degedü 上一”、“nige dooradu 下一” 等标明页码和正反面，这也是北京版蒙古文贝叶式长条书的一个特点。刻印于察干乌拉庙的《察哈尔格西·罗桑楚臣传》的刻版技术源自清代北京地区寺院的蒙古文木刻印刷中心，属于广义的北京版范畴。

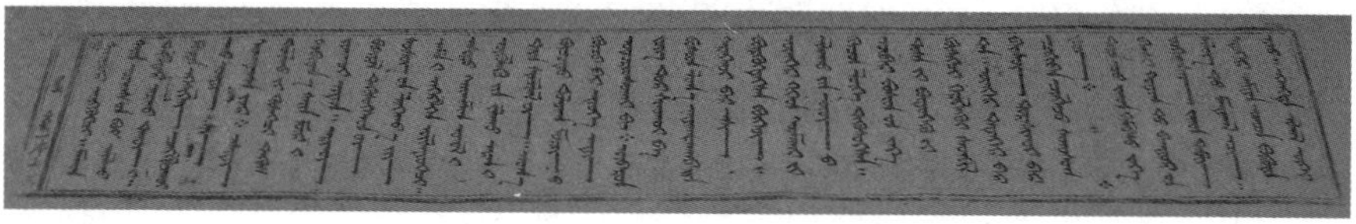

图版 2 《察哈尔格西·罗桑楚臣传》

三、版式设计与纸张

1. 蒙古文书籍版式源流

蒙元时期的书籍多以雕版印刷为主。“蒙古国时期除承继金代平水之雕刻中心，继续雕印书籍外，诸如北京地区等也雕印书籍。” “元代刻书，既继宋代遗风，并继承蒙古帝国所开创之雕刻事业。”[1]但蒙元时期的蒙古文书籍留存至今的只有一些数量极少的八思巴字和回鹘式蒙古文古籍。八思巴字文献留存至今的大多为圣旨、碑铭、钱钞、官印、符牌等。纸质图书遗存极少，主要有《萨迦格言》译本残页[2]。此译本是雕版印刷，装帧方式为经折装。回鹘式蒙古文留存至今的刻本只有汉文、蒙古文合璧的《孝经》残本。此书为刻本，每面 7 行，框高 24 厘米，宽 17 厘米，四周双栏，白口，双鱼尾[3]。从 17 世纪后，蒙古文书籍的刻印技术、装帧方式、版式设计等皆发生

---

〔1〕 赵令志编著《中国民族历史文献学》，中央民族大学出版社，2006 年，第 455 页。

〔2〕 史金波、黄润华著《少数民族古籍版本——民族文字古籍》，第 29 页。

〔3〕 史金波、黄润华著《少数民族古籍版本——民族文字古籍》，第 30 页。

了变化,出现了梵夹装。“梵夹装起源于印度的贝叶书,后来藏族借鉴这种书籍装帧方式,现在藏族称之为长条书。”[1]此种梵夹装经书版式随着藏传佛教的传入而传入蒙古地区,从而对蒙古书籍的版式设计产生了深远的影响。此时期,刻印了大量的梵夹装蒙古文文献,出现了官刻本、坊刻本、庙刻本等。

2.《察哈尔格西·罗桑楚臣传》的版式设计与纸张

《察哈尔格西·罗桑楚臣传》为贝叶式长条书,也可叫开本,每面都有版框,版框呈长方形,多双线,两线之间距离不大,只有左边划出个栏用来写页码(图版 2),外线多黑粗,内线浅细,版框内编排文字。这正是梵夹装经书版式的典型特点,即“边框是双线,外粗内细,称文武边线,边框已经限定版面文字、图片编排的范围……边框内左右两边或左边划出一行宽的版栏,栏内刻写卷名、卷数、页码等内容。”[2]《蒙古人的文字与书籍》中云:“大开本的页面与其他本的页面又有所不同。首先正面一页的行向与背面一页的行向不一样。如果一个读者要想读这两页上的内容,必须把平放着的文献转向自己,因为其行格有其固定的框架线,多数情况下被勾勒出来,或标出其左右两个边线,内容与纸张的轮廓也不一定对称。大开本的左右两边的空白比上下两边空白要宽,用粗或细的黑线(偶有红色)框起来,且是双线,两条线的粗细不一样。外线比内线略粗一点。”[3]版框的主要作用是使版面内容规整明显。版面内容除了正文外还有注明页码和卷数等。本《传》的每章第一页都写有传的全名与章数,左边写有藏文字母,右边写有藏文数字,以此表示序号。从第二页开始写正文,版面左边窄栏写有蒙文和汉文的页码。这正如《蒙古人的文字与书籍》中所说:“除了正文,许多书都还有其他内容,例如,注明页数码等。卷类书的页码多是标在框架线的左边,即框架线内左边的一个角上。数字或是蒙古文写法,或是藏文写法,或两种均有。在北京喇嘛木刻版和清朝统治时期都是用汉字符号。如果一张纸的两页上都要标页数码,则写在正面或背面。除了页数码,还有卷数码,卷数码一般用蒙古文记数法或藏文字母或塞姆语希腊字母及其他表示数字的字母序号

---

〔1〕 史金波《西夏出版研究》,宁夏人民出版社,2004 年,第 145 页。

〔2〕 宝山《清代蒙古文出版史研究——以蒙古文木刻出版为中心》,第 234 页。

〔3〕 [匈] Д·卡拉著,范丽君译,乔吉审订《蒙古人的文字与书籍》,内蒙古人民出版社,2004 年,第 117 页。

标注。”[1]

《察哈尔格西·罗桑楚臣传》的原版，即察干乌拉庙木刻版[2]的纸张呈灰白色，保存完好（图版2）。当时“北京和内蒙古地区木刻印刷所多以果木作印版原材料，纸、墨多来自内地”[3]。《蒙古人的文字与书籍》中谈及清蒙古文木刻版书籍的纸质时说：“18—19世纪人们使用的都是灰白色纸。书写方便，是木刻家极好的书写材料。这是中原人生产的单层纤维纸（用亚麻和棉质纤维制成）。”“北京木刻版卷书的所用纸张都是多层、不透明、无光泽的纸。中间一层密度大，表面光滑，在阴湿条件下，这种纸很容易由灰白变成黄色，进而成为褐色，丧失其柔韧性。”[4]从而也看出，《察哈尔格西·罗桑楚臣传》采用的纸是产自中原地区的灰白色纸，与北京木刻版印刷所用纸张极相似，也以多层粘贴而成。从该传的这些纸张特点也看出，该传记的版式源自北京地区藏传佛教寺院刻印中心。

第二节　编纂体例

一、蒙古族传记体作品的产生及其影响

蒙古族从远古到蒙元时期，史传不分。13世纪成书的历史文学巨著《蒙古秘史》的第1节到第68节是成吉思汗二十二代祖先的纪传，从第69节到268节记述成吉思汗一生的业绩，从269节到282节记述窝阔台汗的业绩。既是一部编年体的历史著作，同时也是一部优美的文学作品。该书叙述成吉思汗从降生到去世的章节，就是一部人物传记。到元代，蒙古上层统治阶级信奉佛教，蒙古族佛教文学开始兴盛。不过，除了蒙古族佛教文学家搠思吉斡节儿用藏文撰写的释迦牟尼传记《佛祖释迦牟尼十二行》以外，未发现其他元代的高僧传记。可见当时蒙古族还不具备产生独立的传记和文学的社会历史条件[5]。这样看来，大约16世纪中期以前，藏族佛教文学还未给蒙古族文学带来全面、深刻影响。

〔1〕［匈］Д·卡拉著，范丽君译，乔吉审订《蒙古人的文字与书籍》，第119页。
〔2〕内蒙古社会科学院图书馆藏本。
〔3〕宝山著《清代蒙古文出版史研究——以蒙古文木刻出版为中心》，第226页。
〔4〕［匈］Д·卡拉著，范丽君译，乔吉审订《蒙古人的文字与书籍》，第115页。
〔5〕荣苏赫等编《蒙古族文学史》（第二卷），内蒙古人民出版社，2000年，第599页。

"从16世纪下半叶,蒙古社会在政治和文化方面出现了若干活跃的苗头。许多研究家把这种局面看做是'蒙古的文艺复兴时代'。"[1]这说明明代后期阿拉坦汗再度将藏传佛教引入蒙古后对蒙古社会产生了方方面面的影响。因为"自俺答汗(阿拉坦汗)接受佛教以后,佛教在蒙古地区以罕见的速度取得了空前未有的全民性地位"[2]。藏传佛教再度传入蒙古时,又将印藏文化带到蒙古地区,正如符拉基米尔佐夫所说:"佛教新派则带来了高度的文化和华丽的宗仪。同时,新教派的宣教师既是读写兼长的人(bagshi—巴黑石),又是医师(emči)和星占师(J̌ayaga-či),从前喇嘛和珊蛮(萨满)所能做到的一切,他们都能够充分做到,不但如此,他们在许多地方还超过了喇嘛和珊蛮。一方面,他们有文化修养,倡言反对流血的祭祀和野蛮习惯,促进了文字的发达;另一方面,他们制造'灵显',排斥从前的氏族神(onggod—翁古),引进了前所未有的拜佛仪式,举行各种各样的'功德'倡导那颜由前世善行转生为主君之说。"[3]这是藏传佛教格鲁派再度传入蒙古后能够迅速传播的主要原因。随着藏传佛教的再度深入传播,蒙古族史学家们深受藏传佛教的影响,同时也开创了蒙古史学的新体例和风格[4]。

16世纪至17世纪时"(蒙古)历史学家的活动是将主要的佛教历史宗教作品译成蒙古文,同时以新的宗教思想和政治思想对史学遗产进行改造。在当时为数众多的各方面都有文化修养的翻译人员中,有不少人既是蒙古古代历史的权威,又是佛教文学的专家。蒙古新的封建佛教史学史基础,正是由这些人奠定的。"[5]可以说,此时期的蒙古族史学也深受藏传佛教影响。"16世纪末至17世纪初乃是蒙古人历史作品史上的一个转折时期。佛教从此变成在蒙古史学中占统治地位的封建主义意识形态的一个组成部分。于是,蒙古史上的封建佛教阶段开始了。"[6]此时期也涌现出了不少优秀的佛教史学家,如呼图克台彻辰洪台吉、固实却尔济、萨迦端若布等。

---

〔1〕[蒙]沙·比拉著,陈弘译《蒙古史学史》(13世纪—17世纪),内蒙古教育出版社,1988年,第146页。

〔2〕[蒙]沙·比拉著,陈弘译《蒙古史学史》(13世纪—17世纪),第147页。

〔3〕[苏]Б·Я·符拉基米尔佐夫著《蒙古社会制度史》,中国社会科学出版社,1980年,第285—286页。

〔4〕义都合西格主编《蒙古民族通史》(第三卷),内蒙古大学出版社,2002年,第399页。

〔5〕[蒙]沙·比拉著,陈弘译《蒙古史学史》(13世纪—17世纪),第151页。

〔6〕[蒙]沙·比拉著,陈弘译《蒙古史学史》(13世纪—17世纪),第195页。

从17世纪下半叶到18世纪初，蒙古族中出现了一大批编年史类历史作品，如《黄金史纲》(《阿勒坦脱卜赤》)、《大黄册》(《沙拉图吉》)、《蒙古源流》(《额尔德尼脱卜赤》)、《阿萨拉格齐史》等，呈现出了蒙古族史学活动的高潮期。此时期历史作品的主要特点为：一方面佛教影响在加强，另一方面蒙古史学史的古代传统不断恢复[1]。随着佛教的影响也不断加强，同时还出现了诸多新的体裁，其中文学、宗教、历史为一体的传记是此时期的产物。此传记体体裁源自藏族史学传统，在元明两代，藏族史学史在人物传记方面继承了其前期的传统，并且加以一定的创新与发展[2]。"元明时期藏文历史传记在记叙的笔法、体例、格式以及相应的史学观念等方面都有进步，而且在数量上这一时期的传记有显著的增长，同一传主的传记也经常会有不同的写法。一些传记在体例的创新、文笔运用、史料的取舍上都达到很高的水准，被后学者当作典范，对藏族的历史学、文学乃至整个文化的发展都具有影响力。"[3]所以此时期出现了《萨迦班智达传》、《宗喀巴大师传》、《根敦珠巴传》、《米拉日巴传》、《玛尔巴传》等诸多优秀的传记作品。到了清代，随着格鲁派寺院教育的发展，著书立说便形成一种风尚，因此藏族传记作品的创作也进入了全盛时期。此时"传记已经发展到完全成熟的阶段了，其鲜明的表现就是传记的划分种类已经形成完整的体系，这时的传记从内容上分，有神圣传记、宗教人物传记和世俗人物传记，从形式上分，有本生、譬喻、功行、外传、内传、密传、自传、大传、本因传"[4]。而且此时"还出现一些高僧大德的传记，其运用史料之细致，已经达到一种前所未有的程度，这在格鲁派宗教领袖的传记中最为明显"[5]。这样，进入全盛时期的藏族传记体作品，其记叙的笔法、体例、格式以及相应的史学观念等方面将极可能予蒙古族传记体文学以深刻影响。

从明朝末期始，蒙古文学与史学受藏传佛教影响较深，出现了《阿拉坦汗传》、《成吉思汗传》等历史人物传记。这也标示着蒙古族传记体裁的形成。到了清代，蒙古族高僧传记的创作逐步达到高潮，出现了诸多蒙古高僧大德们的蒙藏文创作和从藏文译成蒙古文的高僧传记。例如：察哈尔

---

〔1〕［蒙］沙·比拉著，陈弘译《蒙古史学史》(13世纪—17世纪)，第199页。
〔2〕孙林《藏族史学发展史纲要》，中国藏学出版社，2006年，第271页。
〔3〕孙林《藏族史学发展史纲要》，第272页。
〔4〕孙林《藏族史学发展史纲要》，第366—367页。
〔5〕孙林《藏族史学发展史纲要》，第369页。

格西·罗桑楚臣著《遍智圣者宗喀巴传·吉祥之源》,罗布桑桑若布尼玛著《恩德无比之至尊上师罗桑楚臣总著生平事迹之传略·信莲盛开之日光胜道明解》,帕日吉纳萨嘎拉著《圣者乃吉托音达赖曼室利传·开光显扬如意珍鬘》,拉德那巴达拉著《热津巴札雅班第达传·月光》和历辈哲布尊丹巴呼图克图传等。还有一部分从藏文译成蒙文的高僧传记,如:北京松竹寺首席喇嘛嘎布楚锡拉布达日扎著《章嘉阿旺罗桑却丹传·珍珠璎珞》,达日罕堪布罗桑帕日米那木吉拉著《文殊怙主佛灯持大金刚益希丹白坚赞前世传·三界惟一庄严妙法如意宝鬘》,七世达赖喇嘛著《法统宝座甘丹赤巴罗桑丹毕尼玛传·生成明辩意根之源》,土观活佛著《普渡众生上师章嘉活佛若必多吉传·如意珍宝》等。从而看出,到了清代蒙古族高僧传记的创作已进入繁盛时期,到清中后期进入鼎盛时期。

二、编纂体例

蒙古族“17世纪以后成书的传记作品,印藏高僧传记形式的影响就越来越明显”[1]。该《传》成书于19世纪初,据《传》的内容可分为:在法圆满时代诞生之事,从幼年儿时起出家为僧踏入佛法之门闻思佛法之事,闻法修行之事,修行圆满后进行利他之事,时间不确定的事迹和一生之著述以及与菩提道怎样相合之事,一生之应化众生之事结束,从四摄事[2]之法门传授弟子弘扬佛法以及为众生的利益所著之作品等七章。这似乎与明代藏族高僧传记有很多相似之处。比如与明代藏族传记的代表作——克珠杰著《宗喀巴传·信仰津梁》的章节安排上也有相似之处。该书章节为:开篇颂词;于圆满家族如愿降生及孩童时代;依出离与皈依因果根出家入大乘与密乘之门;跟从经师以般若乘广闻求法;以密宗为主求法、供养三宝及首创教法心要,修清净教规等;成为法王后利益佛法和众生,在闻、思、修、讲、辩、著等方面的修持和成就;完成化度事业,示现圆寂;跋语和赞辞等六章[3]。“《宗喀巴传·信仰津梁》的编年史特色十分突出,并且可以被视为是藏族传统传记中的优秀之作,其所运用的于各章中间与结尾插入诗歌的手法也

〔1〕荣苏赫等编《蒙古族文学史》(第二卷),第601页。

〔2〕四摄事:佛教术语。指菩萨为使众生摄佛说而应做的四件事。即布施摄、受语摄、利行摄、同事摄。

〔3〕孙林《藏族史学发展史纲要》,第277页。

对于后世的传记颇有影响。"[1]因此,从《察哈尔格西·罗桑楚臣传》的章节安排上看,与藏族的传统传记很相似,都用传主从诞生到圆寂的一生中的重要事迹来贯穿全文,编年史特色极鲜明,可称之为典型的简略传记体作品。简略传记为"记录传主一般的生活程式——即降生、入道、学习、成就事业、广济众生、圆寂等"[2]。但《察哈尔格西·罗桑楚臣传》在材料的运用方面极为细致,传主一生中的诸多活动和事迹都以时间的顺序详细记载。《察哈尔格西·罗桑楚臣传》一方面侧重于传主在佛法方面的刻苦学习、修行和宗教实践活动,另一方面则涉及当时的各种僧俗界的事情。将传主亲身经历过的事情都有记载,而且记载极真实详尽。从此特点看,《察哈尔格西·罗桑楚臣传》比《宗喀巴传·信仰津梁》更像清代的藏族高僧传记。

到清代,藏族传记已进入成熟期,也有自己的理论体系。"清朝的藏族史学理论的整体结构中,传记理论经过一些藏族史家的探索而达到一定的高度,从而占据其理论体系的首位。"[3]周加巷在说明《至尊宗喀巴大师传》的撰写原因时说:"所谓圣贤大德的传记,不管是写其往昔历代转生的本生故事,或是写此生之史事,都必须写其较其他一般普通人士更为殊胜超越,及其稀有的身、语、意功德,尤其是必须述说他对于佛法所作闻、思、修三者的清净事业的情况,以及依此三者而获得善巧之功德,即精于讲说、辩论、著作三者。还有戒严之功德,即不违越'三律仪'所制定的界限,以及成就之功德,即地、道的殊胜证达在心中生起的情况。其次为贤善之功德,即以善巧和成就对佛教和所有众生,作出了如何伟大的成熟事业的情况等。《赞颂语义解释》中说:'必须能使凡是见、闻的应化有情众生心中,生起真实信仰和礼敬,从而辗转增上,并依于此(信敬)使诸应化有情亦即对此种传记所说的情况,能做到发愿效法。这样的传记嘉言,才能认为是传记'。"[4]还有清代格鲁派大圣者隆多喇嘛云:"所谓传记之作,大约有几种,载叙某喇嘛今生之事圆满后心中无贪念,致力于来世的福乐之事;对世间之事不贪恋,视世间的所有地方为神圣者之庭院,夜以继日地修炼,以求解脱;而抛弃自我一心利他慈悲菩提心传记为喇嘛传记之上等;载有将自己所受之戒律保持洁净之喇嘛的传记……除此之外,还有那极神通之喇嘛、获悉地(神通)之

〔1〕孙林《藏族史学发展史纲要》,第277页。
〔2〕孙林《藏族史学发展史纲要》,第392页。
〔3〕孙林《藏族史学发展史纲要》,第387页。
〔4〕周加巷著,郭和卿译《至尊宗喀巴大师传》,清海人民出版社,2006年,第8页。

喇嘛,能腾空而飞,口中喷射火焰,臀部喷水,岩石上留有臀印,得预见之智,能隔墙睹物,初有属民而后有田产,金银财宝满窖,牛羊千万,陈谷满仓,擅用三叉尖接天雷然后随心所欲地发射,打击敌人……上、中、下等喇嘛有上、中、下等的传记。如上师经常做十恶之事,那么上行下效。"[1]从而得知,清代藏族高僧传记已有了自己的理论体系,有了撰写的标准。因此,出现了诸多优秀的高僧传记,如《三世达赖喇嘛传》、《四世达赖喇嘛传》、《五世达赖喇嘛传》、《六世达赖喇嘛传》、《七世达赖喇嘛传》、《八世达赖喇嘛传》、《九世达赖喇嘛传》、《十世达赖喇嘛传》、《十一世达赖喇嘛传》、《十二世达赖喇嘛传》、《章嘉国师若必多杰传》等。

清代藏族高僧传记理论也深深地影响了当时蒙古族高僧传的写作。《察哈尔格西·罗桑楚臣传》的编纂格式虽没有《五世达赖喇嘛自传》那样"以日系月,以月系时,以时系年,年经事纬,极尽翔实"[2],但与《章嘉国师若必多杰传》的"对月、日等时间要素的记述大多不甚明确,仅注重年代的说明,全书叙事多以人物的言行为主,体例上更近乎起居注"极吻合。本《传》主要以年代贯穿全文,虽也有明确记载月和日的部分,但也有很多内容的月和日不明确,以"之后"、"不久之后"、"过一段时间"等词语来叙说。还有,本《传》第一章开篇部分作者引经据典,阐述了从释迦牟尼到圣者宗喀巴大师时期的佛、菩萨、圣贤以及自己的恩师察哈尔格西·罗桑楚臣诸圣者对佛法的伟大功绩,并对他们的高言懿行和功德极尽赞誉之词。下引四段文字,两《传》开篇部分都有出现:

yeke bagsi baγatur-un ǰokiyagsan ilaǰu tegüs nügčigsen borqan-u türül-un üyes-un namtar-eče. sain aldar-un belgen boluγsan sain ǰokiyal-i ügülegsen edeger-iyer saibar oduγsan bolqor mür nügüd ali mün-i üǰegülkü bluyu.sača sedkil degen süsüg ügei nügüd-ču süsüglekü boluyu.saiqan nom luγ-a tegulder üges-iyer asida ǰasaqu boluyu.[3]

汉译文为:

《薄伽梵佛本生传》中云:"诸以善行而具声望者,向众生显示出各种善解脱的道路,甚至能使没有信仰的人产生信仰,进而高兴地接受教法的

〔1〕《察哈尔格西·罗桑楚臣传》,第788—791页。

〔2〕王璞《藏族史学思想论纲》,中国社会科学出版社,2008年,第239页。

〔3〕《察哈尔格西·罗桑楚臣传》,第13—14页。

教诲。”

erdeni ǰula-yin toγtaγal-eče. üneker süsüg anu urida yabuqu eke metü türügülügči büged ürkülǰi erdem bügüde-yi sakiγad arbidqan üiledqu kemekü.[1]

汉译文为:

《宝明灯陀罗尼》云:“信仰如同生身之母,将大海般知识注入心田。”

sambuda-yin dander-eče. alin-nu-tula kemebesü arban ǰüg-un borqad kiged.aγu ele bodisadu-a nar-i takiγsan buyan-ača. ačitu baγsi yuγan γaγča sir-a üsün-u nüke-i taqiγsan anu degedü.asida teimü-yin tula baγsi yuγan takin uileduγči tegün-i abural borqan kiged bodisadu-a nar ailadqu boi.[2]

汉译文为:

《三摩地本续》中云:“故此,由十方佛陀和菩萨之福德,使上师的每一根汗毛都变得尊贵,因此,人若供奉其上师,佛陀菩萨必护佑之。”

tegün-e boγda car-un čorǰi-yin gegen-ber.ken alimad yeke γaǰar delekei-yin toγusun-u činegen.keturkei dalai metü ilaγuγsad-un masi γaiqamsiγ-un üges-i.keǰiy-e sansar-un ečüs kürtele egesiglen daγurisqaγsan-ača. ken ende erdem tegülder wačir-tu baγsi yuγan.ketürkei erdem onul-i ügülekü-yin üčüken qobi-yin tediken-i.keleǰü ügülegsen-ču buyan anu tengsel ügei bülüge kemekü. keǰiy-e-ču umtaγ-a ügei degedüs-un üges-iyer sedkil tataγdan kerkibečü minu sedkil ene yosun-dur oruqui boluluγ-a.[3]

汉译文为:

圣者察哇却杰云:“曾有诚挚伟人说过,与赞颂数量犹如大海水面的微尘之诸佛的奇异功德,并使之遍及三界相比,颂扬自己的金刚上师的若干功德,更有无上的福分。我自己也赞同此说。”

以上说明本《传》与《章嘉国师若必多杰传》所遵循的体例是一致的。该《察哈尔格西·罗桑楚臣传》的第二章“从幼年儿时起出家为僧踏入佛法之门闻思佛法之事”与《章嘉国师若必多杰传》的第四章“闻思佛法经论”写法上极相似。正如《章嘉国师若必多杰传》中所说:“章嘉活佛由此年到十八岁之间,主要学习‘二圣六庄严’所著经典,附带也听受各种佛法。”[4]

---

〔1〕《察哈尔格西·罗桑楚臣传》,第14页。

〔2〕《察哈尔格西·罗桑楚臣传》,第15页。

〔3〕《察哈尔格西·罗桑楚臣传》,第15—16页。

〔4〕 土观·洛桑却吉尼玛著,陈庆英,马连龙译《章嘉国师若必多杰传》,第29页。

《察哈尔格西·罗桑楚臣传》传主也主要闻思了“二圣六庄严”之著作和其他高僧大德之作品等。说明《察哈尔格西·罗桑楚臣传》作者极熟习《章嘉国师若必多杰传》的内容,撰写《察哈尔格西·罗桑楚臣传》时极有可能以此作为范本。《传》中载:

Basa uridu ǰil doluɣan naɣur–tur ǰalaraɣsan üy–e–dur šašin–i geigülügči abaɣ–a ǰanglung bandida–ber tügüwan gegen tan–nu ǰokiyaɣsan boɣda ǰangɣiy–a lalida bszar–un gegen–nu namtar–i mongɣol–un keleber orčiɣulqu–yin duradɣalaɣ–a ailadqaɣsan büged. tegünčilen basa abural boɣda aɣiy–a gegen tan–ču mün tere namtar–un sudur–i qairalaɣad namtar teün–i mongɣol–un keleber orčiɣulbasu sain kemen ǰarliɣ boluɣsan tula ene ǰil–dur boɣda lalida bazaar–un gegen–nu namtar–i mongɣol–un keleber orčiɣulbai……ene üy–e–dur minu ečige ǰalan ekilen uduridču süsügten sira qara yeke baɣa olan ard–ber keb–un tabiɣlal ergüče ergügsen–iyer.ene üy–e–eče uruɣsi ene boɣda–yin ǰokiyaɣsan nom nuɣuud–i nigen ǰüg–dur čuɣlaɣuluɣsan anu doluɣan bodi kiritai boluɣsan nuɣuud–i keb–tur bütügeǰü baraɣdasi ügei nom–un öglige–yin egüden–yi negegegsen iyer.[1]

汉译文为:

去年到多伦诺尔寺时,一心皈依、虔诚弘法的叔父章隆班智达请上师蒙译土观活佛所著《圣者章嘉活佛传记》,而且不久前,圣者阿嘉活佛也将此传送给了上师,并特别希望上师能将此传译成蒙文。因此,上师今年(1801)将《圣者章嘉活佛传记》译成了蒙文。此时,以我父亲为首的诸多僧俗界的信奉者们,敬献了刻版所需之布施。同时也将上师之前的著作总为七函,开始刻版,开启了无穷之法施之门。

从而看出,当时察哈尔格西·罗桑楚臣将《章嘉国师若必多杰传》译成蒙古文并刻版印行,是《传》作者的父亲出资赞助的,所以作者对《章嘉国师若必多杰传》极熟悉也是可能的。可以看出,《察哈尔格西·罗桑楚臣传》体例与藏族传记体作品的成熟期——清代的传记极相似。也可说《察哈尔格西·罗桑楚臣传》是清代蒙古族传记体作品的典范之作。

〔1〕《察哈尔格西·罗桑楚臣传》,第443—444页。

第三节 内容结构

作为清代蒙古族优秀的高僧传记的代表作品,《察哈尔格西·罗桑楚臣传》既继承了蒙古族传统史学的写实性,又吸收了印藏佛教高僧传记的写作形式,故此有其独特的内容和结构。

一、内容特点

如上所述,继承了藏族佛教高僧传的写作特点,内容中也包括了授记、梦幻、传说故事等。

该《传》是以传主一生的佛事活动为主线,以当时的蒙藏高僧们的佛事活动为副线,以当时察哈尔地区、多伦诺尔寺、北京雍和宫等作为背景,内容极丰富多彩。主要内容为开编赞词、传主不平凡地降生、出家闻思佛法、精通五明和修习三宝的过程、学成后利他之事、晚年的著书立说和诸功德、示寂、跋语等。这基本遵循了元明时期藏族传记的写作原则和规范。不过,也并非完全照搬照抄。元明时期藏族高僧传记"把授记(预言)作为传记和历史著作的一个重要的内容进行书写和编排,把历史的时间线索进行'无限'的延长,过去、现世和未来在这种传中具有整体的意义,传主在这样的时间过程中成为永恒、成为理想的楷模"[1]。在作者笔下,传主大多是佛或菩萨的化身,并历经转世而来到此世间,以此来渲染传主的不平凡、才学能力与众不同,从而激励后学徒众以其为榜样典范,努力修习佛法。该《传》中虽不乏渲染传主与众不同的诸多迹象,但"授记"部分与元明时期藏族传记相比,渲染的程度有所减弱,也没有描写传主先世转生等事迹,只是从现世的诞生写起。如:

tere metü-yin čaγan bečin ǰil-un naiman sar-a-yin kin-e-yin γurban-nu sain edür-e eke-yin bey-e masi mamurqan-u aγar-ača mendülegsen bülüge kemen mün-kü böγda balm-a-yin öber-un aman-ača sonusuluγ-a.boγda blam-aerdeni mün-kü ene angq-a mendüleǰü türügsen tere čaγ-tur-ču bey-e-yin Mendel anu üǰebesü saiqan büged manglai-yin iralγ-a anu aγudam yeke. qabar-un baidal anu öndür.čirai-yin γool anu tegsi saiqan.terigün anu sigür

〔1〕 孙林《藏族史学发展史纲要》,第 280 页。

metü delger terigüten qotala tegüs sain dürsü luγ–a tegülder mün aǰuγu.angq–a umai–dur uruqu–ba bey–e mendülekü–yin čaγ–tur ilangγui–tu γaiqamsiγ temdeg belgen olan nigen boluγsan–dur maγad bülüge.tere–ču yeke činar–tu boγda blam–a ene inu čaγ bükün–e ǰarliγ obidasun–u namtar–iončalan abču qamuγ erdem–iyen niγuγad imaγta degerüngkei–yi baγadqaqu–yi erkilen ǰokiyadaγ tula botatai aman–iyer ailadqu baituγai tasiram–iyer toduraqu–yin teduiken–i–ču ailadudaγ ügei büged yerü borqan bodisadu–a nar–un ǰokiyal anu egel türülki–ten nügüd–un uyun–nu kemǰiyen–eče ünggeregsen mün–nu tula ene bogda blam–a anu čoqum ünen degeneimü borqan bodisadu–a luγ–a nigen ündüsü–tü bülüge.egün lüge tusaγar bülüge kemekü terigüten–i sikidgen qamiγ–a–eče čidamui.teimü bolbaču sudur–ača. utaγan–iyer γal–i medekü–ba. usun–nu čaquli–ber usun–i medekü metü.uyun tegülder bodisadu–a nar–un uγ iǰaγur–i anu belgen–iyer medeyü.[1]

汉译文为：

从上师的口述中得知，他出生于白猴年（1740）八月初三这一吉日，轻松顺利，母子平安。上师初生之时，体形匀称，阔额高准，面容端庄，可谓相貌过人。从怀胎到出生有过许多奇妙之吉兆。那是因为上师时刻将密法大师们的事迹牢记于心，将所有知识藏于心中暗暗调伏众生，从未向谁提及，那也是因为诸佛和菩萨们的智慧已超出俗众之故。其实上师与诸佛和菩萨们是相同的。如果有人说有所不同，我也没办法阻止。但经中有云："从烟雾知其有火，从水鸥知其有水，如想得知如慧的菩萨们的根源，要看瑞兆。"

tere metü bey–e mendülegsen–nu darui–eče ečige eke terigüten anu enggüreilen qairalaǰu üsgegsen büged. tegün–u čaγ–tur. qamuγ–i ailaduγči boγda aγiy–a erdeni–yin gegen–ten–nu ǰokiyaγsan mün–kü ene boγda blam–a–yin čedeg namtar–un ǰalbaril–eče.üčüken ider ǰalaγu–yi–yin orγulal čaγan lingqu–a masi ariγun bolbaču.ütele nilqas–un maγu yabudal–un sibar–iyer ese aldaγsan büged.kemen nomlaγsan metü mün–kü tere ǰalaγu kübegün anu ukilaqu kiged aγurlaqu ba silusun nisun terigüten yerü–yin ütele nilqas–un doruital–un ǰüil oγtu ügei ariγun boluγad čeberken.üčügüken boiǰiγsan–ača

〔1〕《察哈尔格西·罗桑楚臣传》，第24—25页。

qoisi seremǰi ügei naγadqu–yin ǰüil anu ügei.nigül kilinče–yin üiles–i ǰariγ–taγan tebčigsen.yambar metü nigen arad–tur–ču iraγu boluγad ǰokistai–ber ügülegči.aγurlaqu–yi tebčigsen.nükürlen qanilaqui–dur amurqan. nasuda qudal qaγurmaγ ügei büged ünen–i ügülegči. uqaγan medel anu ketürkei boluγsan. γurban erdeni–dur süsüg bisirel batudduγsan.degedü nom–i eriküi–dur sindaral ügeküy–e durasil kiged kečiyenggüi–tai terigüten bodisadu–a nar–un yeke qabilγ–a–tu yabudal nuγud–tur ǰariγ–taγan oruγsan anu yerü–yin ütele nilq–a kübegüged eke yuγan küken–i kükekü–i surγaqu kereg ügei lüge adali boluγsan büged. ilangγuy–a erte keduin–eče degedü nom–dur tedui daduγsan–u abiyas masi yeke ǰuǰaγan–u tula nasun següder masi üčügüken–u čaγ–eče ečige eke kiged sadun aq–a degüü terigüten–degen yirtinču–yin yosun luγ–a ǰokilduqu–yin tedüiken–u tula bayasqu–yin ǰarliγ kiged aγali düri–yi üǰegülün ǰokiyaqu–yin tedüi–eče bosu.tedeger–tur sedkil tačiyaqu–ba dasču inaγlaqu–yin sanaγ–a oγtu ügei–yin tula.qoyar següder kürtele mün–kü tere ečige eke yügen gerte saγuγsan–eče. qoyar següder–tai–yin üy–e–dur nigen süni eke anu öber–un ger–iyen qaγalγ–a–yi qaγal ügeküy–e untaǰu orkiγsan–nu tere ǰabsar–a mün–kü ene boγda öber–un eke yügen ebür–tur noirasuγsan–ača bosuγad γaγčaγar öber–un emege eke yügen ger–un egüden–dur kürčü uqilaγsan–a tere emege eke anu noir–ečegen seriged bosču üǰebesu üčügen kübegün γaγčaγar qaγalγ–a–yin dergete ireǰü baiqu–yi üǰeged öber–un ebür tegen abuγsan–dur. üčüken kübegun tere–ču öber–un ečige eke terigüten degen üčüken–ču qorγudal ügeküy–e mün–kü tere emege eke yugen gerte noirasabai.tegun–eče qoisi öber–un ečige eke yugen gerte ǰiči ǰalaral ügeküy–e mün tere emege eke yugen gerte saγuγsan bülüge kemen qoǰim boγda öber–iyen ǰarliγ bolqu–yi sonusuluγ–a.[1]

汉译文为：

上师从出生之日起被父母所疼爱。如遍知一切之圣者阿嘉活佛所著传记中云："盛开之洁白的莲花，虽出自污泥而不染。"上师从未被儿时的哭闹、恼怒、口水、鼻涕等幼儿之事所困扰，极其洁净。玩耍时从不麻痹大意，也不做罪孽之事，无论对何人都态度温和，不忿怒，秉性正直，爱朋好友。上师从懂事之时起即敬信三宝，对佛典以及供奉佛陀菩萨之事颇有兴趣，如同

〔1〕《察哈尔格西·罗桑楚臣传》，第30—33页。

婴儿索乳般自然。上师从幼时起对佛法有浓厚的兴趣,所以与父母兄弟亲戚毫无亲情。两岁时的一个夜晚,母亲睡时未关房门,于是上师从母亲被窝中爬起走到祖母家门口哭喊,祖母听到后起身将他抱入怀中。此时上师毫不依恋父母,在祖母家酣然入梦。从此,上师未回父母家,一直住于祖母家中。此事是闻上师亲口述说。

yosun ene anu qamuγ–i ailaduγči lobsang γalsang ǰamsu dalai blam–a–yin gegen–u namtar qamuγ–i ailaduγči boγda ǰangγiy–a lalida bazaar–un gegen–tan–nu ǰokiyagsan–eče.tere metu bey–e mendulegsen–nu darui–eče–ču olan türül degen ger–eče ger ügeküy–e saitur γarqu–yin ǰim–e yosun–dur bayasudaγ–iyen toduraγulun üiledkü–yin tulada yerü–yin nilqas–un yabudal yosun–ača neng ilangγuy–a keturkei–ber eke yügen ebür–tur noirasqui–dur masi taγalal ügei büged.deren–u deger–e ǰalabasu sedkil anu amuraγsan metü bolun ǰokiyadaγ.[1]

汉译文为:

这如同遍知一切之大师章嘉·若必多杰著《遍知一切大师罗桑噶桑加措传》中云:"喇嘛降生不久,即显出喜好出家的相状。与一般凡俗孩童迥异,不喜欢睡于母亲怀中。倘置首于枕上,则显出十分快活安适状。"这世上最亲之人莫过于生母,但上师从自幼时起毫不依恋母亲,住于他处。此事足以说明他极易断除世间之一切欲念,不易被欲念之绳索所捆绑。

basa qoyar següder–un üy–e–dur boǰar–eče boluγsan–nu düri–ber γaraγ–un qoorlal metü–yin čilege ǰoγuγlaǰu aman kiged qabar anu morui bolun oduγsan–iyer emege ekenügüd bügüdeger sedkil bolǰu baiqu–yin nigen üy–e–dur. amdu–yin bülüge kemekü nigen ǰalaγu toin ireged kedun sar–a boltala tarni ongsiǰu tarnidaγsan–iyer keǰig–un čilege tegün–u yekengki anu tungγalaγ boluγad aman qabar anu siduryu tegsi boluγsan bolbaču edui tedui boltala üy–e üy–e mün–kü tere čilegen–nu qoγ ülegüri küdelkü–yin ǰalγamǰi anu ülü tasuran büküi dur tere ǰalaγu toin–iyer nigen sakiy–a kürdun–i čaγasun–dur ǰiruǰu ene boγda–yin küǰügün–e ǰegülgegsen–iyer tegü–eče qoisi tere čilege anu qoγ ügei bolǰu arilun oduγsan amoi.qoǰim nigen üy–e–dur mün–

[1] 《察哈尔格西·罗桑楚臣传》,第33—34页。

kü tere amdu–yi–yin toin ene boγda–dur baraγalaǰu mörgür–e iregsen nigen üy–e–dur ene boγda–ber.či namagi üčügen nilq–a baik čaγ–tur keǰig ebedčin kürtegsen–e tarnidaγsan–ba sakiy–a kürdün–i ǰegülgegsen–iyer tere ebedčin–i qoγ ügei edegebei kemedeg bülüge.tere čaγ–tur či yambar tarni sakiy–a–ber tein tusalan üiledügsen boi kemen asaγun ailaduγsan–a tere toin–ber.tere čaγ–tur bi ene mongγul γaǰar–a sai sin–e iregsen büged olan nom–i–ču mededeg ügei.teimü bolbaču bazar badariy–a–yin toγtaγal–i čegeǰilegsen bükü–yin tula über–e arγ–a olul ügeküy–e mün tere bazar badariy–a–yin tarni–yi ker čidaqui–ber–iyen uriǰu tarnidaγsan–iyer ebdčin–u yekengki anu γaiγui bolun odbaču ebdčin–u ülebüri anu qoγ ügei bolun ese ariluγsan–iyer arγ–a baraγdaǰu öber–iyen sanaγačilan nigen kürdün–i ǰiruγad tegün–u möger kiged kegesün terigüten–dur mün–kü bazar badariy–a–yin tarni–yi eke bičig–ču ügeküy–e čegeǰi–ber bičiged sakiy–a kürdün metü ǰasaǰu ǰegülgegsen–iyer tere metü tusa boluγsan bülüge kemebei.kemen boγda öber–iyen ǰarliγ boluluγ–a.tere metü angqan–dur čilege ǰoγuγlaγsan kiged. tegün–e qoin–a tarni–yin ǰasal terigüten–u küčü–ber tungγalaγ boluγsan–ba.tegün–u qoin–a ǰiči basa uruida–yin tere čilege tere čaγ–tur alin–u küčüber ülel ügei qariluγsan–u učir siltaγan–i narin ailaduγsan–ba.tegün–u qoin–a tere metü–yin boluγsan yosun–nu učir siltaγan nuγud–i biden–dur yerü–yin ǰarliγ metü–ber ailadun ǰokiyaγsan edeger–i uqaγan tegüsügsen–iyer narin–a sinǰilebesu masi yeke onisu–tai kemen sedkimoi.tegü–u učir siltaγan anu yerü ǰirγalang sain bügüde–yin ündüsün anu blam–a γurban erdeni mün büged.ilangγuy–a orčilang neite kiged ilγal–tu–yin ǰobalang–iyer nerbegdegsen nügüd–ber ǰiruken–eče uyun–iyen taγalaǰu ǰasadaγ ügei itegemǰilekü–yin süsüg–iyer yerü blam–a γurban erdeni–yin gegen neite kiged ilangγuy–a öber–un sitüdeg borqan daγan nigen üǰügür tay–a čingdalan ǰalbaribasu imaγta blam–a γurban erdeni–yin adistid kiged nigüleskui–yin küčüber naran saran raqu–dur bariγdaγsan–ača tonilaqu metü darui–ba alus–un ǰobalng bügüde–eče maγad–iyer türgen–e tonilqui bolqu anu yosun egün lüge adali bolai kemen odq–a–ber nomlan ǰokiyaγsan terigüten olanonisu baiqu–yin tula bolai.[1]

---

〔1〕《察哈尔格西·罗桑楚臣传》,第 35—38 页。

汉译文为：

听上师说，他两岁时染上瘟疫，嘴和鼻子已歪斜。为此祖母与父母都非常着急。此时来了一位年轻的安多地区的僧人。他为上师念了几个月的密咒，上师的病得到缓解，嘴鼻亦正。但留有后遗症，常复发。于是年轻的僧人在纸上画一护符轮，挂于上师的颈项之上。之后，上师之病痊愈。后来那僧人来探访上师，上师向他问道："听说在我年幼染瘟疫时你为我念密咒和画护符轮，挂于我颈项上，治了我的病。那时你用的是何密咒和何护符轮？"僧人答云："那时我刚到蒙古地区，也不知很多经论，无奈之下就念诵了《琉璃金刚王仪轨》。然后果然病情好转，但未能痊愈。没有其他办法之余，我自己想象着画一护符轮，在轮辋和辐上都写上琉璃金刚王仪轨文，像护符轮一样装饰后挂于您的颈项上，竟然起了作用。"上师将这些他染病之后用密咒之力得以好转，用护轮之力痊愈之事，以及后来听安多僧人的叙述等像佛菩萨们平时讲经一样说予我们听。如智者听闻此事后定能知其奥秘。主要因为一切善根三宝。如受苦受难之芸芸众生崇信三宝或某佛，将其一心一意敬奉，三宝之护持与慈悲之力定能使他们脱离日月罗睺之绳索与所有未来之苦难。

tende−eče dürbe tabun següder−tai−yin kiri−yin čaγ−tur.nigen edur emege eke−ber.ene edur boγda ǰalaraǰu irekü tula mörgükü kereg−tai bülüge kemeǰü ger deki kümün nügüd tegen baraγ−a qaraǰu baiγtun kemen ǰakiγsan−a keseg boluγsan−u qoin−a ger−un nigen kümün ireged boγda ǰalaraǰu aisui kemebei. tegün−e emege eǰi−ber nigen küǰi−yi sitaγaǰu abuγad ene boγda−i−ču uγtuǰu oddun nigen ǰam−un ǰaq−a−dur kürüged tere küǰi−ban γaǰar−tud qadquǰu ene boγda−ginigen qaǰaγu daγan talbiγad emegen öber−iyen dorun−a ǰüg−tur qantuǰu mörgübei.ene boγda−yi−ču mörgü kemen mörgügülbei. tegün−e ene boγda−yin taγalal−dur boγda kemegči tere yambar nigen γaγum−e irekü bolba kemen sanaǰu baitala dorun−a ǰüg−un tere ǰam−iyer inaγsi nigen maγuqan kümün nigen ačiy−a−tai temegen−i küteljü iren aǰuγu. tegün−e ene boγda−yin taγalal−dur. ene maγu kümün−i boγda kemeǰü mörgükü γaγm−a bolbau−yu γaγun bülüge kemen sedkiǰü baitala tere kümün kürčü iregsen−e.emege eke anu tere küǰi−ban abču odduγad tere temegen−nu niruγun deki ačiy−a−yi sinǰilebesü nigen dürbelǰin γaγum−a−yi čaγan esgei−ber bagalaγsan nigen γaγum−a aǰuγu. tegün−dur emegen öber−iyen toluγai−ban tulγaǰu adis kürteged segül−dur.

ene boγda–yi–ču degegsi ürgüǰü terigün–iyer anu adis abquγuiqui–dur ene boγda–ber terigün–iyen degegsi tulγan tulγan ailadču egün–u dotur–a yaγun baidaγ bolba.kemen sinǰileǰü üǰebesü tere dürbelǰin yaγum–a anu nigen qataγu yaγum–a aǰuγu teimü bolbaču čoqum yaγun bükü–i anu medegsen ügei bülüge. qoin–a sanabasu nigen kümün–ü takiǰu aγsan telgerenggüi yüm–un debter–i öber–e nigen kümün ongsiγulun ailadqaqu–yin tula ǰalaγsan mün aǰuγu kemen ǰarliγ boluluγ–a.ene anu dürbe tabun següder–tai nigen–nu kiri–yi bodubasu ebugen kümun–nu bodulγ–a metü–yi ailaduγsan baiqu tula–da ǰalaγu kübegün ene anu yeke aγudam uqagatai nigen mün aǰuγu.[1]

汉译文为：

上师四五岁时，一天对祖母说："今天大师来此地，我们必须要礼拜。"说完后便派家人留心观察四方的来往之人。不久，出去探望的家人回来报告："大师已朝这而来。"于是祖母持香迎大师而去。祖母来到路旁，将香插于地上，退身面向东跪拜，同时也让上师跪地磕头。这正合上师之意。上师一边跪拜，一边揣想，不知来什么样的大师。此时，只见从东方牵着载货骆驼的一位丑陋之相的人走来。上师心想："怎能将此丑陋之人视为大师跪拜呢？"这时，此人已走近。祖母持香绕圈礼拜骆驼所载货包。仔细审视货包，发现包中将一四方形物用白毡裹起。祖母将头部靠近此货包，顶礼于此货包。也把上师抱起来顶礼于此货包。此时上师将头部高高抬起，想细看此包中之物，但未能如愿。上师对我们说："后来我细想，那包中之物有可能是被某人供奉的经典。有可能是因为有人要借请此经念诵而从此处经过。"上师当时年仅四岁，但说起话来简直像个通达的老者，真可谓是智慧过人。

成书时间稍早于本《传》的另一清代蒙古族高僧传《内齐托音一世传》（成书于1739年）中叙说内齐托音的诞生时云："在遥远的北方，有一厄鲁特土尔扈特部，其主阿玉奇汗，汗之叔兄名叫墨尔根特布纳，是一位远近闻名的万户诺颜。墨尔根特布纳得一子，十分高兴，举行盛宴庆祝，取名阿毕达。阿毕达自幼具有仁爱之心，怜悯贫苦众生，救济他人施舍一切，从不吝惜。他才智慧敏，从无谎言秽语，忠诚老实……日久阿毕达对妻小感到厌倦，又欲出家为僧。一日阿毕达正在室外念诵《归依经指南》，一阵旋风刮

〔1〕《察哈尔格西·罗桑楚臣传》，第38—40页。

来,经卷被风卷走,他在后面追赶,监护人疏忽未曾发现,于是越走越远,以布衣形貌往西方去了。其父得讯即派人寻找。那些寻找的人走得畜尽粮绝,疲惫不堪,也没有找到他……阿毕达来到西藏扎什伦布寺跟随班禅格根学佛……"[1]还有成书稍晚于该《传》的蒙古族高僧传《哲布尊丹巴传》(成书于1859年)中描述一世哲布尊丹巴的诞生时云:"土谢图汗衮布多尔济在野外遇见一大德喇嘛,其相庄严,汗问:'你在这里做什么?'那喇嘛答道:'我在祭祀天地。'忽而不见,后每日彩虹出现,汗与哈敦两人每日均得吉梦。此后土谢图汗哈敦杭达札木素怀有身孕……临产之日,其十六岁之侍婢忽有乳汁外溢,侍婢深以为耻,掩面而泣。哈敦劝慰说:'不要紧,汗妻将生子,故其宠爱之侍婢乳汁外溢也。'后来哈敦果然无乳,众商议,决定以圣水洗其侍婢,使为乳母。那婴儿卧于车臣汗赠送之摇篮中,奴婢日夜看护。忽见三个梵僧出现,婴儿似与其交谈……"[2]从而看出,大多清代蒙古族代表性的高僧传中对传主的先世转生事迹等都未用大量笔墨来渲染,只是叙述了今生之不平凡的神异等。这也是清代蒙古族高僧传的普遍特点。

该《传》内容的另一特色是梦幻的描写。从古到今,人类对梦境产生神秘感,对梦境的种种解释从未停息过。梦幻的描写是藏族高僧传的最显著特点之一,例如,《章嘉国师若必多吉传》中多处描写了章嘉国师之梦,其中有两次章嘉国师与红脸人(关帝)交谈的梦[3]。源自藏族高僧传写作传统的蒙古族高僧传也不例外,内容中不乏梦幻的描写:

tere čaγ−tur nigen süni−yin ǰegüden−e nigen taniqu ügei toin kümün ireged čimadur ǰegüü bainamu−yu baibasu nadur ügkü keregtei kemegsen−dur. nadur teimü yaγum−a ügei kemen ǰarliγ boluγad uggügsen ügei nigen−i ǰegüdelebei. tegün−eče kedün süni boltala imaγta mün tegünčilen ǰegüdelegsen−iyer tegün−u učir siltaγan−i degedü boγda aγiy−a gegen−tan mün−kü tegün−e ailaduγsan−dur tere boγda−yin ǰarliγ−eče. tere anu nigen tan ende činu nom−dur ǰedgerlekü−yi tuγurbiγsan aǰuγu.či tegün−dur ǰegüü ese üggügsen anu sain bolǰuqui.edüge bi čimadur qayangqirba−yin ǰiγang ügsü gem ügei kemen ǰarliγ boluγad darui

〔1〕 中国社会科学院中国边疆史地研究中心编《清代蒙古高僧传译辑》,全国图书馆文献缩微复制中心,1990年,第96—97页。

〔2〕 中国社会科学院中国边疆史地研究中心编《清代蒙古高僧传译辑》,第223页。

〔3〕 土观·洛桑却吉尼玛著,陈庆英、马连龙译《章嘉国师若必多吉传》,第85、100页。

niγuča bütügel—un angkirba—yin ǰiγang—i qairalaǰuqui.ene boγda öber—iyen—ču tere borqan—i idam bolγan bariǰu tegün—u tarni—yinurilγ—a—yi baγ—a saγ—a ailaduγsan—iyer ǰadger—un temdeg tere—ču mün tende—ban amurliqu boluluγ—a.[1]

汉译文为：

上师说，一天晚上，梦见一位僧人对我说："你有针吗？如果有，一定要送给我。"上师回答说没有。之后连续几晚做此梦。为此，上师将此梦之事告诉了阿嘉活佛（二世阿嘉），请求他解梦。阿嘉活佛云："那是他想断除你的法，你未给针是对的，我送给你《马头明王随许》，会无碍。"于是阿嘉活佛便送给上师《马头明王随许》。这之后，上师便一直供奉马头明王，一遇此险，稍念此咒便能化险为夷。

tendeče qorin yisun següder ǰoγuγlaγsan sir—a quluγan—a ǰil—un dürben sar—a—dur begeǰing—eče öber—un orun—dur ǰalaraqu—yin tula inaγsi ǰam—dur garču ulam—iyer ögede bolǰu irekü—yin ǰam—dur türügsen orun—eče nigen edür ilegüü kiri—yin γaǰar—a baidaγ alta—tu kemekü γaǰar—a qonuγ boluγsan—u süni—yin ǰegüden—dur.nigen imaγan daquu emüsügsen ebügen ireged bi čimagi uγtuǰu irebei kemen urida—yin tanidaγ metü—yin aγali üǰegülün büküi—dur. ene boγda—tan—iyer či ken bülüge kemen ǰarliγ boluγsan—a.bide qoyar nigen nutuγ—un kümün bügetel—e namagi taniqu ügei boyu—yu kemeged. ǰegün γar—un sigiǰi quruγun anu iruγar—ečegenoγtalaγdaγsan—i üǰegülǰü či minu ene γar—i—yi edegekü keregtei kemegsen—e.ene boγda tagalal—dur ene ebügen—nu ene γar—turyar—a sirq—a gruγsan metü nigen bolbasu em—iyeranaγan čidaqu nigen bolqu bolbaču egünü ene sigiǰi quruγun anu iruγar—ača bür oγtalǰu orkiγsan baiqu tula ǰiči yaγakin urγuqu boi kemen sedkigseger—un agar—a noirasuγsan—ečegen sariged.tere ebügen namaluγ—a nigen nutuγ—tai kemen ügülegsen—iyer bodubasu man—nu quγulatu γool—un nigen delekei—yin eǰen mün bolbau.nutuγ—un kümün nügüd üile yabudal sain ügei—ber tegünü γar—tur qoor boluγsan bolbanu—yu kemen ailadču sedkiküi bolǰuqui.[2]

汉译文为：

---

〔1〕《察哈尔格西·罗桑楚臣传》，2008年，第80—81页。

〔2〕《察哈尔格西·罗桑楚臣传》，第122—123页。

土鼠年(1768),上师二十九岁。此年四月,上师从北京回故乡途中,在离故乡有一天路程的阿勒塔图(altatu)住宿。当晚,上师梦到一位穿羊皮袄的长者走过来,像老相识般地对他说:“我是来迎接你的。”于是上师问道:“你是何人?”长者说:“我俩是同乡,你怎么不认识我呢?”说罢将残断的左手小指伸出来让上师看,之后说:“你要相信我这手指。”上师心想:“如果这长者的手指长了疮疤等,应该用药物等医好,看他这手指从根处残断的样子,怎样长起来呢?”念思至此,上师从梦中醒来。上师认为,那位长者说和自己是同乡,所以有可能是我们呼古拉图河(quγulatu-yin γool)之河神,故乡的人们以恶业伤其手。

tegün-eče urida ǰalaraǰu irekü-yin ǰam-dur boluγsan ǰegüdün-u učir-i ailadču quγulatu γool oir-a orčim-i üčüken bolaγ-ud salta-yin kübege-dur ögede bolǰu luus-un baling kiged sang olanta talbin ailaduγsan büged sabtaγ dungrul kemekü γaǰar usun-u ǰasal-un ǰang üile-yi-ču üiledǰüküi.[1]

汉译文为:

上师想起从北京回来的路途中所做的梦后,到呼古拉图河(quγulatu-yin γool)附近的小泉岸边,举行了龙王朵玛供奉和焚香供奉仪轨等。

γučin nigen següder-un qabur-un segül kiri-dur doluγan naγur-eče ǰiči öber-un orun-a ǰalaraqu-yin ǰam-dur ǰirgalang-tu kemekü γaǰar-a qonuγ boluγsan-u süni-yin ǰegüden-dur. ürida begeǰing-eče ǰalaraǰu ireküi čaγ-tur ǰegüdün-dur iregsen tere ebügen basa ireged bi čimagi uγtuǰu irebei kemen yekel-e bayartai bain aǰuγu.tegüne ene boγda-yin sedkil-dur.ene ebügen basa ireǰüküi.edüge basa γar-iyen üǰegülkü boi-ya.egüni yagakiqu bülüge kemen sedkiǰü baitala.tere ebügen ǰegün γar-iyen üǰegülǰü minu ene γar blam-a-tan-u ači-ber saitur edegelüge kemebei.tegün-e üǰebesü tere sigiǰi quruγun iruγar-iyer oγtulaγdaγsan anu ǰiči urγuǰu tabun quruγu güičed bolun aγsan-i ailadču üǰegsen nigen bolǰuqui.[2]

汉译文为:

白虎年(1770),上师三十岁。此年春,上师从多伦诺尔寺返回了故乡。途中夜宿吉尔嘎朗图(ǰirγalangtu)时,又梦见了上次从北京回故乡

[1] 《察哈尔格西·罗桑楚臣传》,第126页。

[2] 《察哈尔格西·罗桑楚臣传》,第163—164页。

途中所梦见的那位长者。长者又对上师说："我是来迎接你的。"也表现出很高兴的样子。上师想："这位长者又来了，是否还会伸出手指给我看呢？如真这样，我怎么办才好呢？"此时长者果然伸出左手说："托您的福，我的手痊愈了。"上师仔细看时，他那从根部残断的小指已长出，五指俱全。

nigen süni–yin ǰegüden–dur.üile ür–e–i umtaγ–a ügei bolγan üiledkü arγ–a ügei öberün tangγariγ–iyen duraddun üiled.üneker usun–nu aturiyas–i qoriqu–yin tula üǰetel–e uyun tegülder ken nigen alǰiyal–i üiledkü boi.kemekü nigen silüg–i ǰegüdelegsen–iyer čaγ taγan kürügedüi büged alǰiyal üiledbesü talaγar bolqu–i ailadču eblegülkü–i sagarabai.ene silug süngbümdotur–a orusin aγsan tegünü segül–dur üile kereg medegčin ǰarim–ud doturaban ey–e ügei boluγsan–i eblegülbesü kemen sedkiküi–yin üy–e–dur sedkil–dur urγuγsan bolai kemen nomlaγsan baiqu bolbaču. tere čaγ–tur ǰegüden–dur iregsen kemen boγda blam–a öber–iyen ǰarliγ bolqu–i sonusuγsan büged.yeru ene boγda blam–a anu degedü ǰarlig obidas–čin–nu namtar metü qamuγ erdem–iyen imaγta niγun ǰokiyadaγ tula tedüi činegen–eče ilegüü botatai ǰarliγboluγsan ügei bolbaču ariγun üǰegdel–dur blam–a borqan–ber botatai bošuγ üǰegülügsen–dur damǰiγ ügei büged egüber ǰisiǰu bodubasu bosu bosu čaγ–ud–tur abču orkiqu alin–i ǰokiyaγsan bügüde–dur blam–a borqan botatai bošuγ üǰegüldeg büged gün niγuča degedü nom–un kiǰaγalasi ügei obidas–i ürkülǰi tasural ügeküy–e qairaladaγ anu.[1]

汉译文为：

上师梦中曾赋诗一首：

无法阻止业果循环往复，
只凭衷心誓念自如应付！
哪见具足智慧的圣贤们，
使流水逆流而疲惫不堪呢？

上师深知，时机未成熟而勉强行事，只会徒劳无功。所以他放弃了调节之想法。此诗被选入他的松本（文集）中了。诗跋云："是因为有些知事者擅自欲想调节他人之矛盾之时心中所生。"那时我亲耳听闻上师梦中所生

〔1〕《察哈尔格西·罗桑楚臣传》，第424页。

之诗。像圣者们秘密写作一样，上师也未具体讲明此事。也许是洁净之上师和佛陀们开示预兆之故吧。当他在选择要撰写什么作品时，往往能从他的上师和佛陀得到开示预兆和高深玄妙之宏诀。

tegünče yisun sar–a–yin arban tabun–nu kiri–dur erketü–yin ǰüg cina–yinorun–nu sülte tengri ilγuγsan–u šašin bügüde–yin sakiγulsun yeke qaγan güwan lo ǰi kemen aldarsiγsan tegün–e qangγal–dur ergükü–yin čüge–yi sine ǰokiyaγsan büged. tere süni–yin ǰegüden–dur eserün tengri boi kemekü nigen ireged tan–i ende–eče ese ǰalaraγ–a inaru saqiqu–yin tula bi ber tabun ǰaγun kürdü–tü čereg ilegegsen boi kemekü nigen boibai.tegünče noir seriged nigen keseg boluγsan–u qoin–a ǰiči basa noirasuγsan–nu ǰegüden–dur qormusta tengri boi kemekü nigen ireged tan–i ende–eče ese ǰalaraγ–a inaru sakiku–yin tulada bi ber ǰida–tu tabun ǰagun čerig ilegegsen boi kemekü nigen bolbai kemen ǰarliγ boluγad sine ǰokiǰaγsan qangγal–un dui egüber bosud–tur tusa bolqu–yin temdeg bolbau yaγun bülüge kemen ǰarliγ boluluγ–a.tendeče mün tere sar–a–yin qorin ǰirγuγan–nu edür–e erdeni tusi–yin süm–e deger–e ǰalaran tende kedun qonuγ saγuǰu kedun ǰüil ǰingsering kiged tegüs čoγtu ukin tengri–yin qangγal–un dui yeke qaγan güwan lo ǰi–yin qangγal–un dui terigüten üčüken bide nuγud–tur darui–ba asida bükün–e tusatu gürim–i bütügen ailaduγad nigen kedun ǰüil nom–ču qairalabai.[1]

汉译文为：

土蛇年(1809年，上师七十岁)九月十五左右，上师新撰成《东方支那战神大帝关老爷前供神饮法》。当晚，上师梦见了帝释天对他说："我派来五百名轮兵，一直保护您，一直到您离开此处。"梦醒后一阵又睡熟。此时又梦见了梵天对他说："我派来五百名长矛兵，一直保护您，一直到您离开此处。您新作的《酬愿仪轨》是利他之事。"二十六日前往额尔德尼吐希庙小住几日。在此举行了姊妹护法、吉祥天女和大帝关老爷的酬愿仪轨等法事活动，还宣讲了几种佛法。

从上述的梦境之事来看，当时的蒙古族高僧们也依靠梦来判断即将发生的事情，预知常人无法知晓的神秘之事。这也是藏传佛教高僧传内容中不可缺少的内容。这些高僧大德诞生时都有梦兆现象，"在藏传佛教寺院

〔1〕《察哈尔格西·罗桑楚臣传》，第547—548页。

教育中，老师为弟子说法时经常会讲述自己的前世、各种梦幻、自己在冥想中所见到的场景。导师常常会对于这类‘幻觉体验’给以非常生动、细致、形象性的描述，这种教学方式实际源自佛教古老的教学传统”[1]。关于这些梦的解释，“惟有了解藏传佛教文化的大背景，才能了解这些梦兆为何要做出这样的解释”[2]。所以描写梦幻也是藏传佛教高僧传记的一大特色，用梦幻的描写来使人们对传主产生敬仰之心，增强传主与众不同的魅力与感召力。综上所述，该《传》中也不乏藏传佛教高僧传不可缺少的授记、梦幻等内容。

二、整体结构

作为清代蒙古族典型的优秀高僧传记，该《传》结构非常清晰完整。由全文标题、章节、开篇赞词、正文与跋语等部分组成。

首先，分析该《传》的标题。该《传》全名为《恩德无比之至尊救度圣上师罗桑楚臣总著生平事迹之传略·信莲盛开之日光胜道明解（getülgegči degedü blam-a adalidqal ügei ačitu boγda sumatai šila širi badara-yin gegn-ü yerüngkei-yin ǰokiyal namtar-i tobči-yin tedüi ügulegsen süsüg-un lingqu-a yi müsiyelgegči naran-u gerel degedü mör-i geigulün üiledugči kemegdekü orušiba ）》。显然，标题由正标题与副标题组成。正标题为“恩德无比之至尊救度圣上师罗桑楚臣总著生平事迹之传略”，作者按印藏作品标题的起名习惯，在正标题中加上了修饰语“恩德无比之至尊救度圣上师”，之后是中心词“罗桑楚臣总著生平事迹之传略”，标题概述出了全文的主要内容，也反映了本传的风格和体例。正标题之后还加一个副标题，即说明性的定语，使书名具有象征意义。标题是将梵文“罗桑楚臣（苏玛太希拉希里巴达拉）”直接用蒙古文字母转写，保留了原来的形式。这种长标题源自藏族高僧传记，如藏文高僧传《至尊上师宗喀巴大师最胜稀有传记·信仰津梁》、《瑜伽自在大士米拉日巴尊者传·一切遍知者之日矩》、《遍入金刚菩萨、具吉祥上师意希丹贝准美贝桑布（若必多吉）传·具善教法严饰》等传记的标题都由正标题与副标题组成。

其次，在章节的安排上，本《传》共分独立的七章，以传的内容为分章

〔1〕 孙林《藏族史学发展史纲要》，第 393 页。

〔2〕 才让《藏传佛教民俗与信仰》，民族出版社，1999 年，第 179 页。

依据，各章节都有自己独立的名称。该《传》的分章方法源自藏传佛教高僧传的分章方式。藏族高僧传记的“简略传记主要是对传主的那些在世俗人眼中属于真切可信的事情的记载”[1]。所以简略传记记录“传主一般的生活程式——即降生、入道、学习、成就事业、广济众生、圆寂等，这是所有的高僧大德共同经历的道路，所以属于‘共通’的传记”[2]。为此简略传记的分章也依据这种传主一般的生活程式。如《至尊上师宗喀巴大师最胜稀有传记·信仰津梁》的章节安排如下：开篇颂词；第一章：在圆满家族如愿降生及孩童时代；第二章：依出离与皈依之因果出家入大乘与密乘之门；第三章：跟从经师以般若乘广闻求法；第四章：以密宗为主求法、供养三宝及首创教法心要，修清净教规等；第五章：成为法王后利益佛法和众生，在闻、思、修、讲、辩、著等方面的修持和成就；第六章：完成化度事业，示现圆寂；跋语和赞辞等[3]。后来成书的诸多藏族高僧的简略传记都依此为范本安排章节。到清代，藏族高僧传记在以此为范本的基础上章节的分配更加详细化，内容也越来越与现实相结合。如《五世达赖喇嘛自传——云裳》就是一部这样的著作[4]。作为自传“作者最主要的关注点还是与其个人身份相关的宗教活动，所以自传中各种宗教活动的记录十分详细而完备，包括举行法事时使用何种法器贡品、参加人员的身份、施主布施物品的清单等等都有交代”[5]。清代的蒙古族高僧传的撰写也以《至尊上师宗喀巴大师最胜稀有传记·信仰津梁》为范本来安排章节，《察哈尔格西·罗桑楚臣传》的章节为：第一章：在法圆满时代诞生之事；第二章：从幼年儿时起出家为僧踏入佛法之门闻思佛法之事；第三章：闻法修行之事；第四章：修行圆满后进行利他之事；第五章：时间不确定的事迹和一生之著述以及与菩提道怎样相合之事；第六章：一生之应化众生之事结束；第七章：从四摄事之法门传授弟子弘扬佛法以及为众生的利益所著之作品等七章。稍有所不同之处为，《察哈尔格西·罗桑楚臣传》较《至尊上师宗喀巴大师最胜稀有传记·信仰津梁》各部分内容充实得多。《察哈尔格西·罗桑楚臣传》的章节

---

〔1〕 孙林《藏族史学发展史纲要》，第 392 页。

〔2〕 孙林《藏族史学发展史纲要》，第 392 页。

〔3〕 孙林《藏族史学发展史纲要》，第 277 页。

〔4〕 五世达赖喇嘛阿旺洛桑嘉措著，陈庆英、马连龙、马林译《五世达赖喇嘛传》(上、下)，中国藏学出版社，2006 年。

〔5〕 孙林《藏族史学发展史纲要》，第 374 页。

和内容与清代藏族高僧传《五世达赖喇嘛自传——云裳》等相比，简略了很多，虽是传主一生的佛事活动，但突出了那些最有意义的活动和最重要的业绩，日常生活小事很少提及。所有活动事迹都在“降生——出家——受戒学经——著书立说传教——圆寂”等一般高僧传记的固定套式中。还有不同之处为，本《传》的开篇颂词放于第一章的开头部分，跋语放于第七章的末尾处，但基本顺序与藏文高僧传是一致的。不仅分章方面相似，还有每章的开始部分和结尾部分也极相似。藏文高僧传《章嘉国师若必多杰传》的第一章开篇时重复了传的全名“遍入金刚菩萨、具吉祥上师意希丹贝准美贝桑布（若必多吉）传·具善教法严饰”后开始写颂词。第一章末尾有“遍入金刚菩萨真身具吉祥上师意希丹贝准美贝桑布传——具善教法严饰之略述先世转生故事之章完”，但从第二章起每章开始时不再重复传记的全名，但每章结尾格式依旧。而稍有不同的是，重复本章传名后又另行交代了刻写本章书手的名字。该《传》第二章开始开不再重复传的全名，只是在每章末重复传名章名并附书手名。从而看出，该《传》的章节安排与藏传佛教高僧传是一脉相承的。

再从该《传》的开篇赞词和篇末跋语来看，也颇富特色。开篇时撰写诗歌体的赞颂诗是藏族历史文学著作的写作传统，尤其是藏族高僧传大多有开篇赞词。例如《章嘉国师若必多杰传》的开篇赞词为：

您学识渊博如佛陀智慧，
您引导僧伽似教法明灯，
您戏乐世间做三界依怙，
向您执金刚上师虔诚顶礼！
……[1]

该开篇赞词，显然是赞颂传主章嘉国师在佛学方面的造诣和功德以及其非凡的经历，表现出撰作者对传主的敬仰之心，使读者立即对传主产生敬奉之心。随着藏传佛教深入蒙古地区，此写作方法也影响了蒙古族高僧传的写作。如《察哈尔格西·罗桑楚臣传》也写有开篇赞词，主要赞颂了从释迦牟尼佛到圣者宗喀巴大师时期的诸佛、菩萨、圣贤以及传主察哈尔格西·罗桑楚臣对佛法的伟大功绩。

getülgegči degedü blam-a ǰoriqui ügei yeke nigüleskü̈i lüge tegülder

〔1〕 土观·洛桑却吉尼玛著，陈庆英，马连龙译《章嘉国师若必多吉传》，第1页。

mün–kü tegünü ülmei–yin lingqu–a–dur γurban egüden–ü yeke bisireküi–ber mürgüged itegemoi.yeke nigüleskui–ber čaγ kiged aqui üyes bügüde–dur daγan barin soyorq–a.abural ilγuγsan nuγud anu tebčil onul–un erdem masi sačaγu bolbaču.asuru ürigüü doγsin čüb–un čaγ–un amitan–i getülgeküi–dur. angqan–ača sedkil egüsgegsen čing ǰoriγ tangγariγ anu neng ülemǰi boluγsan. abural degedü uduriduγči šaγiy–a–yin oki tegün–e bisireküi–ber mürgümü. erketü ilγuγsan–u gegen oeu getülgegči itegel maidari kiged egnegde ilγuγsan bükün–nu γaγqa ečige getülgegčimacusiri kituraγ–a. erketü ilγuγsan–u šašin–i geigülün ǰokiyaγči ǰirγuγan čimeg qoyar degedü terigüten.enedgeg tübed–un šašin–i bariγčin nuγud–tur bisireküI–ber sügüdmoi.masi ketürkei arban ǰüg–un ilγuγsan bükün–ü ailadqui uyun nigen–e quraγsan sedkil–i boliγči sür gerel badaraγsan ulabir sir–a laγšan airaγ–un ider tere anu. masi olan sodur dandaris–un dalai–yin ǰirüken qočurli ügei nigen–e quraγsan kir ügei γaiqamsiγ sain yosun–nu ǰirum–i qaraγad ǰaγun ǰüg–tur arbidqu–yin tulada ……… ene orun čaγ–un kiǰaγar–a mancuširi itegel boγda congkaba–yin gegen–nu kir ügei šašin mün–kü tegüni saitür arbidqui–dur tengčeküi nükür–eče qaγačaγsan minu blam–a tegüs čoγtu degedü boγda ilγuγsad kübegüd salta bükün–eče ülemǰi yeke nigüleskui kiged ači–yin sang boluγsan ner–e–yi ügüleküi berke.[1]

汉译文为：

向慈悲为怀的至尊上师，
以三门之礼顶礼膜拜！
您以悲悯之心降福众生，
虽殊胜之教法无比高深，
但普度浊世之芸芸众生，
也需要发自内心之誓言。
向圣释迦牟尼顶礼膜拜！
向无比殊胜上师弥勒佛，
殊胜文殊菩萨顶礼膜拜！
向印藏之开创胜教法者，
六庄严和二胜虔诚顶礼！

〔1〕《察哈尔格西·罗桑楚臣传》，第1—13页。

将那十方殊胜们所言之，
光芒万丈的红色甘露之力，
使大海般无垢法传遍万方。
……
文殊室利佛之化身在此时劫，
将宗喀巴大师洁净佛法广弘扬。
我上师所受恩惠的圣坚天数，
无法诉说他们的尊号名称。

与该《传》同时期撰写的蒙古族高僧传大多都有开篇赞词，如《内齐托音一世传》的开篇赞词为：

顶礼上师。
圣洁福智双俱身，
指示世间三界路，
稽首释迦狮子王。

最胜微妙之善道，
真实妙语如狮吼，
无与伦比大显扬，
摩顶文殊师利佛。

从二资粮之宝泉，
化为自在者之妙韵，
俱缘慈悲之月天子，
快助我往智者园。[1]

随着藏传佛教传入蒙古，“和佛教结合在一起的印藏文学的蒙译对蒙古族文学的影响是深刻而普遍的”。“以《诗镜》为代表的古印度诗学理论通过藏文译文首先影响了蒙古族高僧作家的训谕诗、仪轨文创作，进而影响到世俗作家的一般诗歌创作，使蒙古族书面诗歌创作的修辞手段更加丰富多样，音韵格律更加富于变化”[2]。从而使蒙古族高僧作家们的诗歌创作更加

〔1〕 中国社会科学院中国边疆史地研究中心编《清代蒙古高僧传译辑》，第 89 页。
〔2〕 荣苏赫等编《蒙古族文学史》（第二卷），第 540—541 页。

丰富多彩,同时也有了诗歌理论的指导。察哈尔格西·罗桑楚臣撰写了阐释《诗镜》的著作《意义修饰论》和《字音修饰论》,将古印度的诗歌理论巧妙地运用到蒙古族的诗歌创造上,使印藏的诗歌理论渗透到蒙古族诗歌的创作中,并达到高峰。

撰写跋语是蒙古族著述自古以来就有的习惯,成书于13世纪的《蒙古秘史》,其结尾部分交代了该书的成书时间和地点等。后来,随着藏传佛教再度传入蒙古,开始大量翻译印藏佛经《甘珠尔》、《丹珠尔》,并在佛经之后撰写跋诗;还有一些高僧们撰写单篇佛经跋诗等,跋诗跋语的写作也蔚然成风。从这些诗文可以知晓藏传佛教源流和传播信息,还有译经者的信息和译经时间,译经的缘起、功德、祝愿,以及出版、再版,出版地点,刻工姓名,筹资、出资施主姓名等信息。这些信息为后世的研究者们提供了珍贵的第一手资料。如席勒图固什和释迦端如布合译的《嘛呢堪布》经后各附跋诗,其中席勒固什的跋诗共五十六首,"全诗洋洋洒洒,可以说是一篇蒙古藏传佛教源流的叙事诗"[1]。"《入菩提道行经》译本的后序中搠思吉斡节儿用七句优美的四行诗表达了对蒙古赞助者的敬意。希望给自己的家族及民众带来安康和幸福,诗的最后一段文字对研究蒙古文化史的人具有重要的参考价值:'奉皇帝圣旨,鼠年夏,首月初一始,于大都白塔寺印刻《〈入菩提道行经〉释》整千部,嘉惠众人。皇庆元年。"[2]德国蒙古学家海希西在《蒙古历史与文化》一书中云:"蒙古族木刻版书籍大多都有跋语(结束语)。如果欧洲的书籍也有这样的跋语,那么就成为欧洲作家们的幸事了。蒙古族作家和翻译家将写作的日、月、出版原因以及出版者的姓名等都有所记载,这样表达其赞美和敬慕之心。还将施主以何等的机遇善缘出资多少资金赞助等详细记载。其中记有任何史料都未曾记载的信息,即那作品成书的年月与相关的事宜。"[3]可见,跋语中所包含的信息非常重要。该《传》第七章篇尾也有一段跋语:

süsüg-un lingqu-a-yi mösiyelgegči narn-u gerel degedü mör-i gegülügči kemegdekü egüni anu urida abural itegel boγda blam-a tegüni nirwan-dur ačiraγsan-nu segül-dur abural itegel qamuγ-i ailaduγči wačir dahr-a boγda

[1] 荣苏赫等编《蒙古族文学史》(第二卷),第468页。
[2] [匈]Д·卡拉著,范丽君译,乔吉审订《蒙古人的文字与书籍》,第136页。
[3] [德]瓦尔特·海西希著,阿必达、阿特横译《蒙古历史与文化》,第207页。

aγiy–a gegen–tan–a namtar ǰokiyaǰu qairalaqu–yi γuyun ǰalbariǰu mün–küboγda blam–a–yin degedü kübegün qotala–yin yeke buyan–nu sadun toin blam–a lobsangmolam kiged. qotala–yin yeke buyan–nu sadun šabrung blam–a lobsang ǰamiyang danzin terigüten lüge bi–ču simdan ailadqaγsan–a wačir dahr–a boγda gegen–tan ǰöbsiyen küliyeǰü ailaduγsan bolbaču šašin amitan–nu aγuu yeke tusa–yin öberün öberün ǰüil–un kereg–uud–yier čilüge ǰabsar ese γaruγsan–iyer darui–dur ǰokiyaǰu ailadul ügeküy–e udaγaraǰu biγsan–nu aγara. šašin amitan bükün–nu qarsi saγad yeke–eče yekede taburaγsan–iyer abural itegel wačir dahr–a boγda gegen–tan–ču ariγun orun–a ǰalaragad bide nuγud–un γorilaγsan–nu üre–ču solungγ–a ariluγsan metü boluγsan–nu tula ǰiči basa mün–kü degedü boγda blam–a–yin degedü kübegün bütügel–un tuwaca–yi bariγči qotala–yin yeke buyan–nu sadun šabrung blam–a lobsang ǰamiyang danzin–tan–ber sedgil–un γool–un erkim kereg bolγan ǰidgüǰü edüge či–ber kerkibečü namtar–yi eblegülün tuγurbiqu eragtei kemen. erdeni–yin čomorliγ kiged kib–un unǰilaγ–a mönggün kürdün–nu tuγ nuγuud–yier kegeselegsen mönggün mandal kigedkiri ügei tengri–yin kib. esgeǰü oduγsan ülǰi–tu naiman temdeg nigen qoos salta–yi qairalaǰu duradqan ailaduaγsan büged. bi öberun süsüg bisirel–yier–ču ǰabsar barilduγuluγsan–dur situǰu bürün. qariγulqu–yin kiǰaγar ügei ačitu degedü uduriduγči getülgegči blam–a mün tere–ber nigüleküi–ber dagan bariγsan šabinar–un adaγ toin–nu dürsü–tu demei aγči lobsang samrub nim–a kemegdekü–ber. minu öberün bey–e šastir ǰokiyaku–yin γurban siltaγan alin–ču büridügsen ügei büged türülki ba soduluγsan–nu erdem alin–nu qobin–eče–ču masi door–a tula ene metü ǰokiyakü–yin čidal oγta ügei bolbaču blam–a yugan namtar–i tγurbin ügülekü anu sain qobi–tai kemekü–yin süsüg durasil–iyer. degedü blam–a mün tere ariγun orun–dur ačiraγsan–eče qoisi doluγan ǰil boluγsan …… arban dürbedüger saitur γruγsan–nu erketu kemegdekü γal eme üker ǰil–un ridi qobilγan–nu sar–a–yin sin–e–yin nigen–eče eki–yi ekileged mün tere ǰilun čidr–a sara–yin arban tabun …… radn–a küdai–yin süm–e–yin dergete segül–i oγuγada tegüsgen eblegülügsen.mün tegünü qoitu sirui er–e baras ǰil–un cidr–a sar–a–yin qaγučin–u arban–u dagina quraqu–yin ilangγui–tu sar–a edür–e ǰiči mongγol–un keleber orčiγulǰu tegüsgegsen–nu bičigeči anu tegüs süsug–tu bičigeči ǰürmaddanzin–ber üiledügsen bolai.[1]

汉译文为：

圣上师圆寂后，上师之高徒大善知识罗桑莫伦喇嘛和大善知识沙卜隆罗桑扎米扬丹津喇嘛以及我等，祈请遍知一切金刚持阿嘉活佛（三世阿嘉）为上师撰写传记。于是，金刚持圣者阿嘉活佛接受了我们的请求。但他因弘扬佛法和众生之伟大利益诸事而未能立即撰写。值此之际，因佛法和众生的障碍漫无节制地泛滥，圣者金刚持阿嘉活佛已归去了洁净之处。所以我们的愿望也成了彩虹消失般无影无踪。大善知识沙卜隆喇嘛罗桑扎米扬丹津等将此事视为主要之事，为此对我说："如今你无论如何也要开始整理撰写传记。"于是赐予我宝花蕾、丝绸璎珞、用银轮之旗修饰的坛城、无垢之天丝、裁好的吉祥八图标一双等。我也以自己的信仰供奉着与我法相合之上师。作为恩德无比之引导者救度上师的慈悲关怀的最小弟子，具有少许僧人之相的名为罗布桑桑若布尼玛的我，未具备撰写传略之三条件，再加上天分和知识甚少，所以决无撰写此传的能力，但我深知撰写自己上师的传记是功德无量之事，这正合我的信仰和兴趣。于是，开始了撰写工作。圣上师归洁净之处后的第七年……第十四绕迥火牛年（1817 年）正月初一到三月十五……在拉达那呼代寺（radn–a qudai–yin süm–e，额尔德尼吐希庙）写完初稿。书写者为：上师的徒弟格隆达日玛拉希和格隆罗若布道尔吉以及格隆蓬楚克丹德尔等。之后等二年土虎年（1818 年）三月初十完成了蒙译文，书写者是具足信仰之朱日玛德丹津。

上述跋语中交代了作者撰写此传的缘起。更重要的是记载了撰写完稿的地点以及两种文字稿的书写者等。这些信息对《察哈尔格西·罗桑楚臣传》的研究极为重要。

小 结

《察哈尔格西·罗桑楚臣传》是在清代察哈尔镶白旗著名的察干乌拉庙印刻中心所印刷出版的木刻版长条书。察干乌拉庙的刻版技术源自北京地区藏传佛教寺院刻版印刷中心。起初刻版用的木材以及刻版的工匠等都来自北京地区藏传佛教寺院。从该《传》的版式和页码的特点看，都与清代

〔1〕《察哈尔格西·罗桑楚臣传》，第 884—888 页。

北京地区蒙古文木刻中心的印刻特点相似。从版式设计方面看有梵夹装经书版式的典型特点，所用纸张呈灰白色，像是棉麻纸，保存完好，产自中原地区，与北京木刻版印刷所用纸张极像，也以多层粘贴而成。

从该《传》的体例来看是传记体裁，此体裁产生于藏传佛教二度传入蒙古之后。随着藏传佛教的再次传入，蒙古族史学家和文学家们深受藏传佛教的影响，同时也开创了蒙古史学的新的体例和风格。到了清代，蒙古族高僧传记的创作逐步达到高潮，出现了诸多蒙古高僧大德们的蒙藏文创作和从藏文译自蒙古文的高僧传记。该《传》正是此时期的优秀典范之作。从该《传》的编纂特色看，与藏文的传统传记很相似，都将传主从诞生到圆寂的一生中的重要事迹用来贯穿全文，编年史特色极鲜明，可称之为典型的简略传记体作品。从内容来看，继承了蒙古族传统史学的写实性和吸收了印藏佛教高僧传记的写作形式，即夹杂授记、梦幻、传说故事等。从该《传》结构来看，以标题、章节、开篇赞词与跋语等部分组成。标题按照印藏作品标题的起名习惯在正标题中加上了修饰语并由正标题和副标题组成，分章方式也遵循了藏族高僧传的分章方式。开篇赞词和跋语也与清代藏族高僧传的写作特色相似。从而推知，该《传》的撰写继承了蒙古族传统史学的写实性，同时也深受印藏文化的影响。

第四章 《察哈尔格西·罗桑楚臣传》的历史文献价值

该《传》是高僧传记，属于历史文学范畴，兼有历史和文学的双重特征。作为历史文献，传中记载了诸多有价值的史料，可以补充其他史料的不足。该《传》作为清代蒙古族历史文献，对于清代蒙古族宗教史、文化艺术史、社会生活史、政治史等方面的研究都有其重要的价值。

第一节 宗教史的价值

16世纪末至17世纪初，在阿拉坦汗（俺答汗）等蒙古各部封建主的积极倡导下，藏传佛教格鲁派风靡全蒙古地区。满清入主中原后，统治者们为笼络和削弱蒙古族，继续在蒙古地区大量倡导藏传佛教。清廷投入大量的人力和物力，在蒙区兴建了诸多规模宏大的寺院。康熙年间在多伦诺尔建立了汇宗寺。“汇宗寺的建造，又开创了清政府直接在蒙古地区建造喇嘛庙的先例”[1]。随后，清政府在蒙古地区兴建了多伦诺尔善因寺、热河普仁寺和普善寺、库伦庆宁寺等众多寺院。当时的蒙古地区寺院众多，“大寺有喇嘛数千人，小寺亦有数百人，整个蒙古地区无处无寺，无处无僧，上至王公，下至庶人，无不笃信喇嘛教”[2]。在此情况下，蒙古各寺院成为当时的重要宗教活动场所，也成了重要的佛教学府。该《传》作为清代蒙古族高僧传记，记载了诸多有关寺院建立、寺院教育、寺院财产与管理、以寺院为中心的佛教传播活动、蒙古族高僧们对弘扬藏传佛教所做的贡献等史实。这些史料都是珍贵的蒙古族宗教史资料。

一、寺院兴建

该《传》传主察哈尔格西·罗桑楚臣生活于清乾隆年间。乾隆皇帝是

---

〔1〕 胡日查《清代内蒙古地区寺院经济研究》，辽宁民族出版社，2009年，第18页。

〔2〕 荣苏赫等编《蒙古族文学史》（第二卷），第461—462页。

继康熙之后在蒙古地区扶持发展藏传佛教的最有力的推行者，在蒙区兴建了大量寺院。所以此时期“蒙古地区掀起了兴建寺庙、发展喇嘛教的高潮。清朝统治时期，在乾隆年间，内蒙古地区兴建寺庙达到了最高峰”[1]。该《传》以乾隆年间为社会背景，叙述传主一生中的重要事迹，其中记载了不少关于当时蒙古地区寺院建立方面的信息，传主建立自己根本寺察干乌拉庙方面的信息最为齐全，如：

egünü uridqan kiri−eče yeke saγuri čaγan aγula−yin geid qural−i sine baiγulqu−yin taγalal−iyer čaγan aγula−yin doruna emuneki qabiraγ−a−dur orumlan baγuǰu sine geid qural baiγulqu−yin tagalal baiqu učir−iyen bosud−tur ǰarliγ bolul ügeküy−e niγuqu−yin baidal−iyer edur büri edügeki geid baiγuluγsan orun čaγan aγula−yin orγil deger−e edür−un sergülte metü−ber ǰalaraǰu aman−nu ongsilγ−a terigüten−i ailadqu ba.ilangγuy−a γurban abural bükün quraγsan mün činar boγda zungkaba−yin gegen tan−a ǰalbaril talbiǰu šašin amitan bükün−ü tusa−dur sine geid qural baiγulqu terigüten−ü masi čaγan ǰokiyal üiles bügüde saγad ügeküy−e sedkilčilen bütükü−ba.tegün−dur sitüged ene γaǰar−un kiǰaγar−a mancuširi itegel blam−a boγda cungkaba−yin kir ügei nom−un yusun sine−yin saran metü ulam degegside arbiddun amitan bükün−dur darui−ba asida−yin tusa ǰirγalang bügüde ǰun−nu dalai metü arbiddun delgerekü terigüten−ü iruger−i qataγu küčüteiy−e ǰokiyan saγuqu−yin tasiram−dur süm−e geid baiγulqu−yin γaǰar orun−i−ču adisdilaǰu γaǰar−i nomuqadqan ǰokiyaγsan mün büged.[2]

汉译文为：

之前，他为新建察干乌拉庙而在察干乌拉山的东南坡上规划了寺院的轮廓，在建寺打算向他人说起之前，他每天独自登上察干乌拉山顶诵经祈祷。尤其是向集三救主于一身的圣者宗喀巴大师祈祷发愿，希望能为教法众生之利兴建新寺，祈请大师福佑新寺兴建之极洁净洗浴仪轨顺利进行。祈求文殊室利怙主宗喀巴大师的无垢之教法在此地如新月般升起，使众生的现在和以后之利乐如大海般增长盛开。此时期，他还为建寺之地进行了调伏和加持。

〔1〕 德勒格《内蒙古佛教史》，内蒙古人民出版社，1998年，第148页。
〔2〕《察哈尔格西·罗桑楚臣传》，第298—299页。

boγda−yin öber−un saγuri geid čaγan aγula−yin süm−e kemekü boyu tegüs bayasqulang−tu nom−i bariγči süm−e kemen aldarsiaagsan egünü süm−e kiged γurban sitügen qural luγ−a salta−yi maγad−iyer sine baiγulsuγai kemekü−yin ǰorilγ−a talbin ailadču. tegünü učir−iyen mün−kü cam−un dotur−a−ača qusiγun−nu noyad−tur ǰarliγ boluγad qusiγun−nu tamaγ−a terigüten−iyer ulamǰilan. boγda eǰen−e ailadqaǰu qural−un quwaraγ−ud−tur ǰafu kiged dudai kemekü temdegtü temdeg−i abubai[1]

汉译文为：

木蛇年(1785)，上师打算建立自己的根本寺察干乌拉庙，拟命名为特古斯巴雅斯胡朗图寺(tegüs bayasqulangtu süm−e)。寺内预建三个怙主法会。他派人在自己坐禅期间将此计划向旗衙门禀报，并通过旗衙门向皇帝禀报。同时申请到了寺院僧侣的“札付”和“度牒”。

dučin naiman següder ǰoγuγlaγsan ulaγčin qonin ǰil−dur kine süm−e baiγulqu−yin orun−nu deger−e γaǰar−i γuyuqu ariγudqaqu−yin ǰang üile kiged maγuraki−yin tig tataqu terigüten γaǰar−un nomuqadqal−i saitur ailadču čaγan aγula−yin süm−e boyu−yu bodadu ner−e anu šir−a−yin šašin−i bariγči süm−e kemen aldarsiγsan nene geid−un qural quraqu yeke dukang−i sine baiγulbai.[2]

红羊年(1787)，上师四十八岁。在即将新建寺院的地基上，上师举行了《请地仪轨》、《净地仪轨》、《魔睺罗加度量》、《调伏地仪轨》等仪式，随后便建起了著名的察干乌拉庙大经堂。

tebin següder ǰoγuγlaγsan siraγčin takiy−a ǰil−dur yeke saγuri čaγan aγula−yin süm−e ˇyin qural−un yeke dükang−un aru−dur γaǰar−un ǰang üile kiged sang qomq−a daruqu terigüten γaǰar−un nomuqadqal−i saitur ǰokiyaǰu γool situgen−ü süm−e degedü adistid−i ürüsiyegči kemegdekü−yi sine baiγuluγad tegünü dumda situgen−ü erkin γurban orun−nu nom−un qaγan boγda cungkaba−yin gegen−ü nigen düri adistid−un čoγča boluγsan tegüni orusiγulun ǰalaǰu tegünü emune eldeb olan takil−un ǰüil−i qaγurmaγ ügei boluγad baidal üǰesgüleng ty−a beledgeǰü takibai.[3]

---

[1] 《察哈尔格西·罗桑楚臣传》，2008 年，第 303 页。

[2] 《察哈尔格西·罗桑楚臣传》，第 320 页。

[3] 《察哈尔格西·罗桑楚臣传》，第 348—349 页。

汉译文为：

黄鸡年(1789)，上师五十岁。他在察干乌拉庙大经堂后面举行了土地仪轨宝瓶开光仪式和土地调伏等仪轨，还新建了“慈悲殿”，供奉宗喀巴大师，像前摆放了各种美丽之供品。

tabin nigen següder ǰoγuγlaγsan čaγan noqai ǰil–dur čagan aγula–yin süm–e–yin qural–un yeke dükang–i yekedkeǰü sine baribai.γool sitügen boγda cungkaba–yin gegen–e arslan–tu sirege tüsilge günggerüwa salta uralalγ–a baidal qotala tegüsügsen–yisine egüdčü ergügsen büged. arslan–tu sirege–nu dotur–a migzim–a–yin egüden–eče bütügegsen sang qomq–a kiged er–e em–e ǰaγγ–a–yin kürdun terigüten–yiyosučilan bütügeǰü orusiγuluγsan boi.[1]

汉译文为：

白狗年(1790)，上师五十一岁。他扩建了察干乌拉庙大经堂。还新添了主要怙主宗喀巴大师的狮子座靠背和佛龛等。狮子座上新置了弥遮玛之法门成就之宝瓶和男女姊妹护法之法轮等。

yeke dükang–un emüneki dorun–a ürüne qoyar–tur niǰiged sine süm–e bariγad tere metü–yin süm–enügüd–tur tus tus–tur ner–e ergübei.tere–ču γool sitügen–nu süm–e–dur degedü adistid–i ürüsitegči süm–e kemekü ba. yeke dükang–dur gün delger onul–tu süm–e.dorun–a–yin süm–e–dur ulǰi bükün–i butugegči süm–e.ürün–e–yin süm–e–dur ayin ǰirγalang bükün–i ürüsiyegči süm–e kemen tsu tsu–un ner–e kiged. egüdün–ü süm–e–dur sir–a–yin šašin–i bariγči süm–e keme neite–yin ner–e nügüd–i qabtaγai modun–dur seilǰü uralalγ–a baidal qotala tegüsügsen–i egüdčü ergügsen boi.[2]

汉译文为：

(1794)上师在寺院大经堂前，新建了左右对称的大殿，并给各殿命名。主要怙主殿命名为“慈悲殿(degedü adistid–yi ürüsitegči süm–e)”，大经堂命名为“密法殿(gün delger onul–tu süm–e)”，东边新建的大殿命名为“吉祥殿(ulǰi bükün–i butugegči süm–e)”，西边新建的大殿命名为“善福殿(sayin ǰirγalang bükün–i ürüsiyegči süm–e)”。在门寺上挂上了刻有“黄教大殿(sira yin šasin–i bariγči süm–e)”几个字的牌匾。

---

〔1〕《察哈尔格西·罗桑楚臣传》，第352页。

〔2〕《察哈尔格西·罗桑楚臣传》第376—377页。

basa ene luu ǰil–dur boγda–yin öber–un süngbüm terigüten–nu keb nügüd–i ǰalaǰu baiqu keb–un süm–e–yi sin–e baiγulun ǰokiyaγad keb nügüd–i tende ǰalaγsan büged.ene keb–un süm–e–dur tusa ǰirγalang–i masida delgeregülügči süm–e kemen ner–e ergübei.tegünü dergete keb daruqu darqan–u saγuqu nigen baising–ču bariγuluγad.[1]

汉译文为：

是年（1808），上师新建了收藏文集（松本）刻版的大殿，将自己文集的刻版也收藏于其中。为此殿取名为"极盛利乐殿（tusa ǰirγalng–i masida delgeregulügči süm–e ）"。殿旁建造了刻版工匠住舍。

egünu üy–e–dur boγda blam–a tan–a ergüǰü iregsen tedeger ergülge–yin bodas–iyer γool bolγaǰu čaγan aγula–yin orγil deger–e urida boγda blam–a öber–iyen olan ǰil boltala cam–dur ǰalaraǰu bisilγal bütügel tugtam ailaduγsan čoqum tere orum–un deger–e qural–un quwaraγ–ud šašin–u ündüsün bini–yin γurban orun–u motor–un abulγ–aangqarun abqu–yin orun süm–e situn situgči küriy–e egüden–ü baising salta γadaγadu dotuγadu–yin čiqula keregten takil–un ed kiged čimeg–un ǰüil terigüten qotala tegüsügsen–i sine baiγulǰu barildulγ–a–tu ele bükün–i kereg tegülder bolγaqu–yin iruger–i–ču aγuu yekede ailaduγsan büged.tere süm–e–dur rabni ailaduγad masi ariγun šaγšabad tegülder süm–e kemen ner–e ergübei.[2]

土蛇年，（1809，上师七十岁）用那些敬奉给上师的物资为主，在察干乌拉山山顶上的上师多年坐禅修炼之处，建立了僧侣们学习教法毗奈耶根本论之经典的经堂。此殿门房内外主要用品、供物、饰物等都具全。大师还多次念诵了诸事圆满的愿文。开光后取名为"具足极洁净戒律殿（maši ariγun šaγšabad tegüider süm–e）"。

从上述信息得知，传主于1785年申请并获准建造根本寺察干乌拉庙，并获得一定数量的僧侣"札付"和"度牒"。1787年在大经堂后面加建了一座慈悲殿；1794年，该寺大经堂前，新建了左右对称的吉祥殿和善福殿；1808年，该寺附近又新建了收藏文集（松本）刻版的大殿，殿旁还附盖了刻版工匠住舍；1809年，在察干乌拉山山顶加盖了一座戒律殿。从1785年

〔1〕《察哈尔格西·罗桑楚臣传》，第497—498页。
〔2〕《察哈尔格西·罗桑楚臣传》，第543—544页。

到1809的二十年中，不断扩建，有了一定规模。拉希策仁先生在《论察哈尔格西·罗桑楚臣的寺庙——察哈尔察干乌拉庙》一文中云："据1945年9月迎请该寺最后一世活佛（格根）噶勒桑吉格米德扎木苏时，旗总长贡楚克拉希、苏木章京策仁颇勒吉、察干乌拉庙大喇嘛吐布敦拉希等向察哈尔盟衙门禀报的以土观活佛为辩认师的请求书（准字第三十八号）中载，乾隆五十一年（1786）、红公马年，始准备工作，到火母羊年（1787）初建立了具足深广教法之大殿（二十五丈[1]），接着建了圣怙主慈悲寺（十五丈），具足极洁净戒律之寺（二十丈），赐善福之寺和成就吉祥寺（各四丈），持黄教之寺和护法神殿（各三丈）。共七个大殿（三大丈）七十四丈。庙仓[2]方面有：拉布隆仓（格根仓）二十五丈，大仓（财务仓，茶点膳食仓）十六丈，法会仓（亚日尼仓，甘珠尔仓）十二丈，共五十三丈。此外，还有喇嘛们居住的僧房若干。"[3]这进一步证明了该寺的具体规模。1945年的上报书上所提及的察干乌拉庙的各大殿堂名与《传》中所载基本吻合，而且更加详细说明了每殿的尺寸。该寺院在文革时被毁，所以看不到原来那辉煌的景象了。因此，《传》中所载信息弥足珍贵。

除察干乌拉庙外，《传》中也有不少关于建立额尔德尼吐希庙的信息，如：

boγda blam–a–yin gege–nu ǰarliγ eče ǰalan či ene metü baising bariγad süsüglen takiqu sitügen bogda zongkaba–yin gege düri–yi–ču bütügeǰü geid eče oln quwaraγ–un qural–yiǰalaǰu manǰa ǰad terigüten–nu ergül kündüdgel–i ali sain boqui–ber ergükü–yin egüdün–eče migcim–a–yi oln bom toγatan ailadqaγulǰu baiqu ene činu masi sain.edüge mun egüber–iyen gool bolγan üiledüged boγda eǰene ailadqaǰu nigen geid qural baiγulbasu neng masi yekede byasun durasiqu–yin egüden–eče ǰarliγ–i oroi dagan küliyen abuγad qusiγun–u tamaγ–a teriguten–iyer ulamǰilan mancusiri boγda eǰen–e ailadqaǰu erdeni tusi–yin süm–e qural luγa salta–yi sine baiγulqu–yin eki–yi ekilebei.tere čag–tur sine geid baigulqu tere γaǰar–tur degedü boγda blam–a tan–ber erdeni tusi

〔1〕 这里所说的丈是长度单位，一丈是10尺，约3.33米。

〔2〕 喇嘛庙内专管庶务的机构。

〔3〕 拉西策仁编《〈察哈尔格西·罗布曾楚勒特木研究〉学术论文集》，内蒙古人民出版社，2009年，97—99页。

kemekü nere-yi sine qairalaγad ǰiči öber-un geid tege ǰalaraγsan büged.[1]

汉译文为：

木虎年(1794)，上师对我父亲说："章京你如此热衷建造寺庙，供奉宗喀巴大师，出资举行法会次数也超过其他寺院，还极虔诚地敬献茶点膳食，念诵数万次弥遮玛等，都是功德无量之事。如禀报皇帝以此庙为中心再建一座寺院就更好了。"于是我父亲非常高兴地顶礼受教，并通过旗衙门将此事禀告文殊室利圣皇帝。于是额尔德尼吐希庙之事开始动工。上师为新建寺庙取名为"额尔德尼吐希"后回自己的寺院。

tabin doluγan següder ǰoγuγlaγsan ulaγan luu ǰil-dur……tegünče ǰiči ǰalaraǰu ireküi-yin takiram-dur erdeni tusi-yin süm-e-dur ǰalabai.tere čaγ-tur erdeni tusi-yin süm-e-yin qural-un yeke dükang kiged γool sitügen-ü süm-e nügud-i baiγulun tegüsüged.[2]

火龙年(1796)，上师五十七岁……他从多伦诺尔寺回来后，上师又被邀请到额尔德尼吐希庙。那时额尔德尼吐希庙的大经堂和主要怙主殿已建立完成。

上文中记载了额尔德尼吐希庙的建立者和赞助者，也交代了始建时间和完成时间等。这对研究额尔德尼吐希庙的历史有重要的参考价值。此外，还有一些关于寺庙建立方面的零星记载，也能够反映当时蒙古地区的寺院建立情况，如：

basa ene ǰil-dur bayandugüreng-un süm-e-eče ǰalal ailadqaγsan-u yosuγar ǰalaraγad geid-un dükang-i yegedkeǰü sin-e bariγsan-dur rabni saitur ailadču belge bilig-ten lüge mün činar ilγal ügei ilengγui-tu sitügen bolγan egüdču qairalan tere ǰüg orun-a čaγlasi ügei ülǰi-yin buyan-tu belgen γarqu bolγan adisdidlan ǰokiyabai.[3]

汉译文为：

黑兔年(1783)，上师四十四岁，应巴颜都楞寺(bayan dügüreng süm-e)之邀请，上师为此寺新建之大经堂举行了开光典礼，并进行了迎请诸怙主们之仪轨，为此处出现无比之吉祥善法相举行了加持。

---

〔1〕《察哈尔格西·罗桑楚臣传》，第374页。
〔2〕《察哈尔格西·罗桑楚臣传》，第395—396页。
〔3〕《察哈尔格西·罗桑楚臣传》，第292页。

tegünče doluγan naγur–un süm–e deger–e ǰalaraǰu abural degedü wačir dhar–a boγda aγiy–a gegen–e baraγalan mörgübei.tere üy–e–dur boγda gegen–tan–nu labrang–un süm–e–yin γaǰar–i sine baiγuluγsan–dur dotur–a anu γool modun kiged süngsüg ǰalaqu terigüten–i boγda blam–a–tan dügügerčü ailaduγsan büged tegelbür–un deger–e talbiǰu tegüsüged abural boγda gegen–tan luγ–a qamtu nigen–erabni saitur ailadbai.〔1〕

汉译文为：

之后，上师到多伦诺尔寺拜见金刚持阿嘉活佛。适逢阿嘉活佛的喇让新落成，上师应命为其进行了赞梁和祈请松苏克（songsoγ）等仪轨，并与阿嘉活佛一同举行了开光仪式。

从上文看，传中主要记载了察哈尔镶白旗境内的寺院建立情况。其中察哈尔格西·罗桑楚臣的根本寺察干乌拉庙的初建和扩建以及作者父亲扎兰章京所建的额尔德尼吐希庙的建立信息多而详细，此外还记载了多伦诺尔寺、宝地梯布寺、巴颜都楞寺等寺庙的建立与扩建等情况。值得注意的是察哈尔格西·罗桑楚臣建的收藏刻版的大殿和建造刻版工匠住舍。由此可见当时该寺的刻印规模与发展情况。这是清乾隆年间察哈尔镶白旗的寺院建筑方面的一部分信息。"蒙古地方的喇嘛教寺庙，绝大多数是清代建筑的，而且主要是在清朝盛时——康熙、雍正、乾隆年间兴建的最多。""清代经过康熙、雍正、乾隆三朝，积极推行保护发展喇嘛教政策，大力兴建寺庙，达到了高峰。在全国以北京为龙头，以承德为中心，在内蒙古地区，以多伦诺尔、呼和浩特为中心，普及整个蒙古草原，兴建寺庙达到了狂热程度。"〔2〕所以《传》中所记载的关于寺院建筑方面的资料正是印证了清朝强盛时期的蒙古地区寺院兴建情况，因此有极高的史料价值。

二、寺院教育与法事活动

1. 寺院教育

当时蒙古地区的各寺院都是重要的佛教学府，充当着培养佛教人才的任务。随着蒙古地区藏传佛教寺院的快速建立和喇嘛人数的不断增长，藏传佛教文化也快速传入蒙古地区，各大寺院成为传播与弘扬藏传佛教文化

---

〔1〕《察哈尔格西·罗桑楚臣传》，2008 年，第 429 页。

〔2〕 德勒格《内蒙古佛教史》，第 145、146、150 页。

的重要场所与基地。首先是藏文大藏经《甘珠尔》与《丹珠尔》被蒙译,并刻印出版。之后,藏传佛教的哲学、医学、天文、历算、史学、语言文学、艺术等诸多学科深深地影响了蒙古地区,使蒙古族文化出现了一定程度的繁荣景象。该《传》集中反映了北京雍和宫与察哈尔地区寺院的教育情况。

(1)北京雍和宫的寺院教育

tende-eče ba bürin-nu tegüs čoγtu degedü blam-a getülgegči yeke činar-tu boγda ene anu qorin γurban següder ǰoγuγlaγsan qar-a morin ǰil-un angqan-u sar-a-yin arban tabun-nu edür-eče qoyar sar-a-yin qorin tabun kürtele bodi tib süm-e-yin oir-a dergete düčin qonuγ kiri-tai saγuǰu.mergen güüsi čorǰi aγwangrinčin γaγčaγar-tur mür-un ǰerge kiged bini-yin surtal terigüten tegün-ü küsegsen olan nom-i nomlaǰuqui.ene anu bosud-tur nom nomlaqu-yin angq-a boi kememoi.tegün-eče.aγuu yeke nom-nu qural yüng ke güng terigüten-dur.adalidqal ügei degedü olan oγuγada bariγčin-u ölmei-yi situǰu.asuru masi keturkei dalai metü γool yosun-dur sonusqu sanaqui-ber. aliba damǰiγlal-i saitur tasuluγsan-a ǰalbarimoi.kemen nomlaγsan metü degree yaγun kemen ügülegsen tere metü güüsi blam-a-yin gegen-tan-nu ǰarliγ-iyer duradqaγsan-u yosuγar mün tere qara morin ǰil-un naiman sara-yin sin-e-yin eki-dur erketü-yin ǰüg-un šašin-u γarqu-yin orun yüng ke güng kemekü yeke nom-un qural-un surγaγulin-a ǰalarabai.[1]

汉译文为:

水马年(1762),上师二十三岁,一月十五至二月二十五日,住在宝地梯布寺附近,为固实绰尔济阿旺仁钦讲说《菩提道次第论》和《律论》等。从此,上师开始为他人宣讲佛法。此后,上师为了顶礼法圆满者之足莲,闻思大海般要法,断除一切俗务,决定前往雍和宫。如上述,上师极为崇拜恩师翁牛特固实[2]。前往雍和宫求学佛法也是恩师的教令。于是上师于当年八月初到达了佛法定出之地雍和宫。

nom-un šabi bolun qural-dur oruγad masi ketürkei γool yosun-i ügülegčin-ü erketü mingγan rabǰamba kemekü mün-kü tegüni baγsi bolγan

[1] 《察哈尔格西·罗桑楚臣传》,第 63 页。

[2] 固实(གུ་ཤྲཱི),指译师。最初从"国师"一词演变而来。后来成了对学识渊博、精通三藏、善于翻译经典的人的尊称。

situǰu.qural—dur tasural ügei ǰalaran bičig sudur—iyenčegeǰilekü sidurγusiγulqu ba esergüčen kelelčekü ba bosud—ača asaγun sinǰilekü terigüten—iyer čaγ—i nügčigen ǰokiyabai.tegün—ü üy—e—dur seremǰi ügei yabudal kiged keregül esergüčel alaγsangγui terigüten—i keǰiy—e—ču ǰokiyadaγ ügei büged ilangγuy—a geid—un yosun—i masi erkimlen bariǰu .keǰiy—e—ču genen—iyer ülü dabaqu—yin egüden—eče eng terigün—e ilγuγsan—nu sain ǰarliγ—un masi narin udq—a—yi niγtada siǰilekü—yin uyun—u nidun—i masi todurqai negelgen üiledkü—yin mergen arγ—a—yin degedü boluγsan uqaγan—u qobilγan negegeldegüür.[1]

汉译文为：

上师成为圣法之徒，参加法会，视最胜要法的宣讲者米扬根拉布占巴为上师而加以敬奉。背诵经文，不断参加法会和辩论，勤思好问请教他人。他从不疏忽大意和打架斗殴，严守寺院的戒律。为了不急于求成，上师总是注重体味和感悟圣贤妙法的深奥意义，将此视为打开慧眼之上佳方法。

tere čaγ—tur ilγuγsan bükün—nu ailadqu—yin mün činar getülgegči mancuširi luγ—a ilγal ügei mün činar—tu mergen siditen—nu erketu getülgegči qamuγ—i ailaduγči abural itegel agiy—a erdeni—yin gegen—tan—nu degedü düri lobsng danbi ǰalcan balsangbu kemegdekü mün—kü tere mancuširi eǰen—ü ǰarliγ—un ǰarulγ—a—ber tübed—tur ögede boluγsan—eče ǰiči ǰalaraǰu iregsen—dur baraγalaǰu mörgübei.erte olan türül degen ečige kübegün boluγsan—u tangγaraγ—un barilduly—a masi gün tula gegen čirai—yi üǰegsen—nutduiken—iyer čaγlasi ügei süsüg bisirel türüǰü bürün mün—kü tere boγda—yin ölmei—yin lingqu—a—yi orui daγan abču iǰaγur—un titam bolγan situged dergete sitardaǰu saγun. budaw—a—yin obidas küke debter—eče. obidas bügüde—yi quriyaγsan—u eki anu.oγuγada degedu buyan—u sadun—i ölü talbiqu boi.kemen nomlaγsan—u udq—a—yi sedkil—degen ürkülǰide aγulun ǰokiyaǰu toqai—dur ali kürügsen kündulel tabiγlal—un ǰerge—yi yosučilan bütügeküi—dur ile dalda ügeküy—e kičiyen ǰokiyaγsan büged. ilangγuy—a tere boγda—yin motor—un sudur kiged bičig—i bičikü motor—un sudur nuγod—i qamγalčaqu terigüten nom—un üiles nügüd olngki—yi ene boγda γaγčaγar bütügegsen terigüten—ü egüden—eče getülgegči degedü boγda agiy—a erdeni—yin gegen—tan tegün—i sanaγ—a barilduly—a qoyar—iyer yosučilan

〔1〕《察哈尔格西·罗桑楚臣传》，第64—65页。

sidun ǰokiyabai.tegün–ü čaγ–tur γadaγadu–yin küriy–e sigürdekü–eče degegsi dooradu yabudal bügüde–yi–ču ǰaliqairaqu sidaraqu ügeküy–e bütügen ǰokiyaγsan bülüge.[1]

汉译文为：

那时，与文殊师利无差别智之最救度者遍知一切阿嘉活佛罗桑丹毕坚赞贝桑布（二世阿嘉）依文殊师利之法令从藏地降临此处。这时，上师去活佛处顶礼膜拜。因为前世有极深的师徒之缘，所以一见到阿嘉活佛就立刻产生无限的敬仰之心，于是顶礼活佛的足莲并随侍左右。博朵瓦语录《小册青书》云："跟随圆满最圣之善知识者是一切密法汇集之源。"上师牢记此意并谨慎遵行，以最虔诚之心敬奉活佛。在随侍活佛期间，事无巨细精粗，从活佛讲经时所用手册的书写以及活佛其他稿子的整理到院子的打扫，上师都身体力行，尽心竭力。

yüng ke güng–dur ögeda bolǰu saγuqu üy–e–yin tere čaγ–tur boγda blam–a ene anu nom–un erke–dur üiledbesü maγad tere čaγ–un šabinar olangki bügüde–ber tengčiǰü bolusi ügei büged todurqai uyutu olan merged–un aldan aγula–yin dumda aγulan–nu qaγan sümbür aγula metü qad–un erkin boluγsan anu mün boiǰiy–a. teimü bolbaču yirtinču–yin erke–dur üiledbesü keregten ed aγurasun terigüten–iyer–ču masi ügegü büged yerü–yin yirtinču–yin arad luγ–a ǰokilduqui–ber yekes nüküd–tur kereg ügei nigür sakiqu–ba tala qaraqu terigüten–i ǰokiyadaγ ügei–yin erke–ber.tere čaγ–un imaγta nen masun–i erkilen kereglegči yekerken ermegčin ǰarim–ud–ber. nen boγda–tan–dur aria tedui sain ügei baiγsan büged ilangγuy–a kereg üile medegčin ǰarim–ud–ber ene boγda–yin saγuqu ger–i medegseger qaγučiraγsan ebderegsen kiged asurw–a neng qarangγui terigüten ali maγu–yi ǰiγaǰu üggügsen.……sedkil sindaraqu terigüten–i oγta ese ǰokiyabai.tegünčilen öber–eče dooradus nuγud–tur omuγlan degerüngkeilekü ba adali ǰerge–yin arad luγ–a müčüerkü–yin sedkil ügei.olan kümün luγ–a asuru dasulčan nügüčikü ba kereg ügei gesün yabuqu ba aliy–a naγadum terigüten–i oγta ǰokiyal ügeküy–e bičig sudur–iyen čegeǰilekü ongsiqu terigüten imaγta öber–un toqai–tu nom üiles tegen edür süni ürkülǰide masi

---

〔1〕《察哈尔格西·罗桑楚臣传》，第69—70页。

yeke simdan kečiyen ǰokiyadaγ büged.[1]

汉译文为：

上师在雍和宫习法期间，在众多学徒中脱颖而出，如同成为了众多贤能智者之金山中的须弥山一样。听上师言，如以世俗眼光看，那时的他既无财产，又不世故老练，因此当时的一些势利者和霸道之徒对上师极不友好，尤其是当时的管事喇嘛们给上师安排住处时分给破旧不堪或光线暗淡的房子……那时上师像碧海青天一样宽广坦然，也不欺卑嫉贤。与众人和睦相处，不优游好闲，夜以继日地致力于佛法之事。

noir kiged idegen ba qalaγučiqu daγaraqu terigüten nügüčel alin–iyer–ču nom–iyen saγataqu–yi oγta ǰoqiyadaγ ügei tula.tere čaγ–tur sidurγu aγči tegüs uyutan bügüde–ber čaqar gelüng kemen qataγuǰil–tai čing ǰoriγ–tai–yin üliger–tur baridaγ boi.tere čaγ–tur sorγaγulin–a kereglen simdaqui sedkil masi yake–yin tula süni–yin daγusun sudur–iyen üǰekü boduqu ba čegeǰilekü sidurγusiqu–yi üiledügseger ür čaiǰu oduγsan olan kemen boγda öber–iyen ǰarliγ boludaγ büged.ende saγuqu–yin üy–e–dur ürkülǰide örlüge erte–yin qural–durǰalaraqu–yin urid tere ǰabsar–a örlüge büri bičig sudur terigüten–eče naiman čaγasun tasural ügeküy–e čegeǰiledeg kemen–ču ǰarliγ boluluγ–a. yüng ke güng–dur ǰirγuγ–a doluγan ǰil saγuγsan bolbaču miyou kemegči yeke qudalduγan–u γaǰar–a qoyarqan–ta–eče öber–e ögede bolǰu üǰegsen ügei kemen ǰarliγ boludaγ boi.tegün–dur nigen anu yelei–yi ailadču üǰekü–yin tula ögede boluγsan yosun–i door–a–eče nomlaqu büged basa nigen anu öber–e nigen nom tegülder–un kereg–un tulada ǰalaraγsan aǰuγu.[2]

汉译文为：

上师从不为睡眠、吃饭、冷暖等事耽搁学法之事，所以当时的正直的贤智者们都将上师尊称为“察哈尔格隆”。同时也将他看成励志典范，到处宣扬。上师说，那时他全心全意学佛法，有时晚上背诵思考佛经到天亮。住在那里（雍和宫）时，每天早课前背诵八页经文。虽在雍和宫长居七八年之久，但只去过两次庙会；其中一次是为了魔法之事，下面还详述；另一次是为了佛法圆满。

---

〔1〕《察哈尔格西·罗桑楚臣传》，第75—78页。

〔2〕《察哈尔格西·罗桑楚臣传》，第78—79页。

ene γqai ǰil–dur yüng ke güng–un canid blam–a–dur ene boγda ǰiči öber–un orun daγan ǰalaraqu–yin čilüge γuyunailadqaγsan–a canid blam–a–yin gegen–iyer.činu metü–yin erdemtei čoiraba qoǰim geid–turtusa bolqu–yi γoridaǰu baiqu kümün–dur čilüge ügčü ülü bolumoi.či ende saγubasu udal ügei darui γabču rabǰamba–yin čula–yi–ču ügkü boi kemen ǰarliγ boluγad čilüge ese qairalabai.tendeče boγda–yin öber–un taγalal–dur.edüge anu ačitu degedü boγda gegen–tan terečü biden–ü qobi–yin erkeber tungγalaγ orusiǰu baiqu bosu. bi öber–iyen čidadaγ ele bolbasu urida–yin somusuγsantedeger nom–ud–tur–iyen bütügel–i erkilen üiledügsen–dur darui ba asida–yin küsegsen kereg alin–ču ülü bütükü yaγum–a ügei.ende saγuǰu kerkim terigüten–ü yambar metü nigen čiqula abubaču öber bosud alin–dur–ču ülü baran ačitu boγda gegen–tan tere–ber–ču ene nasun daγan ner–e čula kerkim ǰerge–yin ǰüil–i buu ab kemegsen ǰarliγ–ču boi tula teimü čula–yi abqui–dur–ču boiqu ügei.tegüber bügesü edüge kerkibečü öber–un orun daγan odču bolqu–yin nigen arγ–a ailadqui–i kemen sedkiǰü ailaduγad.aγramba baγsi blam–a–yin gegen tan–a ailadqaǰu tere–ber niγurčilan canid blam–a–dur basa dakin čilüge γuyuǰu simdan ailadqaγsan–a …… tere metü mün–kü tere yeke nom–un qural yüng ke güng–dur doluγan ǰil–un niγur üǰekü boltala saγuǰu canid–un duir–a–ača ekilen dalai metü yeke γool yosun nuγud–tur sonusqu sodulqu surγaγuli kiged. abural degedü boγda aγiy–a gegen–tan–u dergete–eče kiǰaγalasi ügei olan sudur tarni–yin nom–i oluγsan terigüten–iyer sonusqu sanaqu–yin üiles nügüd–iyen saitur tegüsgeged.gün büged aγuu yeke dalai metü γool yosun nuγud–un činadu kiyaγar–tur anu kürčü dalai–dur oruγsan sartawaki–ber sedkilčilen čindamani–yi oluγsan metü üni kedüin–eče küsegsen kereg ilγuγsan–nu sain ǰarliγ bügüde–yi nigen büdgeli–yinbisilγal–un ǰerge bolγan eblegülügsen obidas bodi mür–un ǰerge–yin onisun bügüde–yi anu saitur sedkil degen baγtaγan neng ilangγuy–a–ču.ketürkei gün amurliγsan sačural–eče qaγačaγsan gegen gerel quran ese üiledügsen.ketürkei rasiyan metü nigen nom–i bi–ber oluluγ–a.[1]

汉译文为：

〔1〕《察哈尔格西·罗桑楚臣传》，第118—120页。

1767年,上师此年向雍和宫的察尼特扎仓[1]的上师提出回归故土,弘扬佛法之事。察尼特扎仓的上师对他说:“寺院的将来会靠你这样知识渊博的却拉巴(辩经场中行走之僧)主持光大,所以我不允许你回去。如你不回,不久会授于你拉然巴格西[2]学位。”那时上师心想:“楚臣不幸,恩师(阿嘉活佛)西逝,楚臣虽愚,幸习所闻佛法略有所成。回归故土,弘扬佛法之事似可一试。虽在这里能得到高位厚利,但对自己回乡弘法的初衷没有什么用处,而且恩师经常教诲‘今生别为名利头衔所困扰’,因此不能为了授予什么学位而违背自己的意愿。所以无论如何也要回乡弘法。”上师决心已定,将想法告诉了上师佐仁巴[3]。之后佐仁巴大师为其出面向察尼特喇嘛请假……这样上师在雍和宫习法七年,从察尼特扎仓的摄类开始闻思大海般教法要义。跟从圣者阿嘉活佛闻思了无数显密经典,圆满结束了习法之事,颇有收获。像入海的商人得其所想之珍宝一样,将诸篇睿言智语,修行者之圭臬,自己渴望已久的菩提道次第论领悟于心中。

aliba tejigel-un uqaγan-dur soduluγsan anu yüng ke güng-dur saγuqu-yin üy-e-dur tübed-eče iregsen nigen mergen emči-eče em-un ündüsün terigüten-ü olan berke onisun-i sonusun ailaduγsan büged.bičig sudur terigüten-i ailadču üjegsen-iyer sudal usun-u sinjilel kiged em-un jüil tus tus-un tanilγ-a ba amta čidal singgegsen-nu segül kiged.ebedčin-ü temdeg ilγal. tus tus-un idegen em yabudal jasal-un aimaγ luγ-a salta-yi saitur ailaduγsan bolbaču motor-un abolγ-a-dur jokiyadaγ ügei.em-un aimaγ-un jokiyal jarliγ olan-i ailaduγsan anu süngbüm-dur boi büged em-un dürben ündüsün oγuγada tegüs güičed-tur medeküy-e masi amur kütelbüri sabaγčiγ bičig-i motor-iyer bičiju qadaγsan-ču baidaγ.kereglen küsegsen nüküd-tur em-un aimaγ-un nomlal kiged kütelbüri terigüten-i qairalaγsan-ču čöken bosu-yin tedüi boi bolai.[4]

汉译文为:

---

[1] 察尼特扎仓:是雍和宫正殿前面的十四间西配殿。此察尼特扎仓又称为“显乘殿”,是专门学习显乘经典的学校。

[2] 拉然巴格西:在显宗学院(却伊拉扎仓)学完五部大论后经过严格考试后取得的最高等级的学位。

[3] 左仁巴:在显宗学院学完五部大论后,经严格的考试,获取的第二等级的学位。

[4]《察哈尔格西·罗桑楚臣传》,第757页。

（上师）对医学营养学方面的研习是从雍和宫时期开始的。当时他师从一位来自藏区的高僧，学习了医学续等诸多难解之要诀。这样闻习医学经典之后，上师善于号脉和熟知各种药味及以精于对症下药，也善知治疗方法。医药方面的作品也收入了文集，并对《医学四续》撰写了通俗的注释，为满足所需者而撰写了不少药类之论文和导论等。

namur sine ǰokiyaγsan boγda–yin yeke namtar–un keb–i seilgeü terigüten oln nom tegülder–un uiles–un tulada qaγan–un yeke qarsi begeǰing–dur ǰalarbai.yeke geid yüng ke güng–un yeke qural kiged racang–ud–tur manǰa ǰad–un ergül kündülel üiledüged namagi öber qoyar nökör lüge salta–i yüng ke güng canid racang–un qural–dur quraγulǰu boγda öber–iyen düir–e–yin kelelčege–yin yosun terigüten–i ǰiγaǰu ailadbai.[1]

汉译文为：

是年秋（1791），上师为新撰之《至尊宗喀巴大师传》的刻版和诸法事之圆满而去了北京。在雍和宫后为大法会和扎仓敬献了茶点膳食，并安排我和另两位弟子一同入察尼特扎仓学习。

从上文得知，传主二十二岁时听从他上师翁牛特固实的建议，前往雍和宫察尼特札仓闻思五部经论等佛法。到雍和宫后以米扬根拉布占巴为上师努力习法。后来，阿嘉活佛罗桑丹毕坚赞奉帝命来雍和宫讲学，便成为传主的上师，传授予传主以大海般佛法之甘露。传主在雍和宫时期忍受各种排挤与刁难，刻苦耐劳地闻思佛法，最终得到察尼特札仓上师们的认可。传主在雍和宫时不止学了五部经论，还研习了医学、营养学方面的知识，撰写了不少医药方面的作品。学成后传主谢绝察尼特札仓上师的挽留，回到故乡传法。后来他再次进京去雍和宫时将他三位爱徒（包括传作者）带到雍和宫入察尼特札仓习法。传主在雍和宫闻法达七八年之久，传主的博学多闻大都是在雍和宫时期积累的，正如传主所说“从察尼特扎仓的摄类开始闻思大海般教法要义。跟从圣者阿嘉活佛闻思了无数显密经典，圆满结束了习法之事，颇有收获。像入海的商人得其所想之珍宝一样，将诸篇睿言智语、修行者之圭臬、自己渴望已久的菩提道次第论领悟于心中”。因此他所创立的寺院教育体系也是来自于雍和宫的教育模式。当时的雍和宫（建于 1744 年）已成为了驻京喇嘛培养高级僧侣、网罗蒙藏高

〔1〕《察哈尔格西·罗桑楚臣传》，第 358 页。

僧的中心基地[1]。以雍和宫为中心的北京各大藏传佛教寺院都从蒙区大量召收僧人来学经。雍和宫的“察尼特扎仓”的学员是由内蒙古和外蒙古各旗选送来京的官费生[2]。乾隆二十年(1755),普宁寺建成后“从蒙古地区各旗征集僧人入寺学经。以后,来自准噶尔的蒙古僧人也被安置在这所寺院中”[3]。从而看出,当时的北京地区的藏传佛教各大寺院也是培养蒙古族高级喇嘛的基地。该《传》传主察哈尔格西·罗桑楚臣正是在此背景下来京深造,结识当时的藏传佛教名僧,同时闻习佛法,成为著名的格鲁派学者。

(2)察哈尔地区寺院教育

当时察哈尔地区正是寺院建设较盛行之期,下面看当时的寺院教育情况。如《传》中载:

doluγan següder ǰoγuγlaγsan ene baras ǰil–dur mergen kriγun sain–u erdem büridügsen qotala–yin yeke buyan–u sadun čaiba qutuγtu erdeni lobsang paranglai–yin gegen–ü dergete tabun surtal–i bariγči ubasi–yin sanwar–i ǰoγuγlaγad mün tegün–ü segül–dur tengsi salta amitan bükün–nu takiqu–yin orun boluγsan üneker ilγuγsan čimeg–i emüsčü saitur γaruγsan–u tein ariγun šaγšabad lobsang culrim kemen udq–a luγ–a tegülder ner–e ergübei.tende–eče öberün orun–u geid bosud–i tusalaγči bodi tib kemekü süm–e–yin qural–dur ürküljide ǰalaraγsan büged.tere čaγ–tur qural–un tig yosun bükün yabudel terigüten–i yosun luγ–a ǰokilduγulun üiledküi–dur kičiyel bosud luγ–a adali ügei nigen baidaγ kemen mededeg arad ügülekü–yi sonusuluγ–a.basa tere čaγ–tur bodi tib süm–e–yin qural–dur ögede boluγsan nigen üy–e–dur quearaγ–un nigen gerte nigen kedkün quwaraγ čuγlaǰu inγsi činaγsi ügüleldüqui degen nigen anu ügülerün.zanbutib–un ǰirγuγan čimeg kiged qoyar degedü kemegči tere blam–a nar zongkaba–yi ögede bolǰu iregedüi–yin urida iregsen boyu yu yambar metü boi kemeküi–dur nögüge nigen anu tegün–ü qariγu–dur. zongkaba iregedüi–yin urida blam–a baidaγ ügei ǰirγuγan čimegkemegsen tere ǰirγuγan barmaid–i kelegsen boi. qoyar degedü kemegsan anu yonda ud šaγiy–a ud qoyar boi kemekü–yi sonusču boγda öber–iyen tedeger–un ügülegsen udq–a

〔1〕 陈晓敏《清代驻京喇嘛制度的形成与沿革》,《满族研究》,2007 年 第 4 期。

〔2〕 魏开肇《雍和宫漫录》,河南人民出版社,1985 年,第 141 页。

〔3〕 土观·洛桑却吉尼玛著,陈庆英译《章嘉国师若必多吉传》,中国藏学出版社,2007 年,第 163 页。

nuγud-i uqaǰu medeged tere čaγ-dur tedeger-un kelelčigsen yosuγar ǰüb bolγan sanaǰu baiγsan anu qoǰim-ču sanaγdamoi kemen ǰarliγ boluluγ-a.[1]

汉译文为：

火虎年(1746),上师七岁。他在具足贤正善良的善知识者曲巴呼图克图额尔德尼罗桑普让莱处受了居士戒。之后被授予了一切众生敬奉的、具有圣洁戒律的妙智者罗桑楚臣的法号。从此,上师开始参加宝地梯布寺的法会。听当时的人们说,上师从小便敏感法会诸事,眼光独特,思维敏捷。听上师自己说,有一次他参加宝地梯布寺的法会,听到一僧房中几位僧人在交谈,其中一位说:"所谓赡部洲之二圣六庄严,是否是宗喀巴大师降生之前降生于世的呢?"另一位回答:"宗喀巴大师降生之前无喇嘛,六庄严指六波罗蜜多,二圣指功德光与释迦光。"上师听到此话后深有感悟,并牢记于心。

basa ene boγdabalm-a-yin qorin següder-un üy-e-dur ene qusiγun-u boditib süm-e-dur nigen mani bütügeküi-dur mani-yin bütügel-un qural-un terigün-e boγda degedü aγiy-a gegen-tan-i ǰalal ailadqaγsan metü tere boγda qural-un terigün bolǰu saγuqu-yin nigen edür-e degedü aγiy-a gegen-tan-nu ǰarliγ-eče tan-nu ene qusiγun-dur boγda zungkaba-yin süngbüm bainamu-yu kemen ǰarliγ bolǰuqui.tegün-e blam-a nar üile terigülegčin qural-un aqamad tus tus ečegen asaγulčan eribečü ese oluγad teimü süngbüm ügei bainam kemen ailadqaγsan-a.teimü bolbasu yeke baγ-a lamrim-un ali bükün nigen bainamu-yu kemen ǰarliγ boluγsan-dur terečü ügei bainam kemen ailadqabai.teimü bolbasu boγda zungkaba-yin ǰokiyal-un ǰarliγ yeke baγ-a alin bolbasu nigen oldanamu-yu üǰegtün kemen ǰarliγ boluγsančilan erigsen-iyer.binai-yin dalai-yin ǰirüken-ü nigen sudur-i oluγad ailadqan ergüǰüküi.tere čaγ-tur tere boγda-yin sedkil-un taγalal-dur ene qusiγun-u ene geid-tur edüi činegen olan ǰaγun toγatan sabinar qural baiqu boluγad tere bükün-ču boγda bapm-a zungkaba-yin qoin-a-ača daγaγči bülüge kemelčeǰü baiqu bügetele.boγda zungkaba-yin sain ǰarliγ-tur sonusqu sedkikü-yi üiledkü anu baituγai boγda-yin sain ǰarliγ-eče γaγčaqan bodi-yin kiritai-ču ügei baiqu ene metü anu sadkil γangsaraltai-i kemekü nigen urγuqui boluγsan-dur damǰiγ ügei bolai.[2]

---

〔1〕《察哈尔格西·罗桑楚臣传》,第47—49页。

〔2〕《察哈尔格西·罗桑楚臣传》,第672—673页。

汉译文为：

上师二十二岁（金蛇年，1761）时，宝地梯布寺举行了嘛呢成就法会，邀请阿嘉活佛（二世阿嘉）为会首。作为会首的阿嘉活佛问道："你们这里有宗喀巴大师的松本（文集）吗？"于是喇嘛们和主事会的长者们互相询问寻找，但未找到。所以回答说："没有此文集。"活佛又问曰："那有《菩提道次第广论》或《略论》吗？"他们又答："没有。"活佛只好要求："那么找一下宗喀巴大师教言中的任何一个作品。"于是找到了《毗奈耶大海之藏》（律经根本之笔录）呈上。那时上师心想："这座寺院有如此多的僧侣法会，而且都说是宗喀巴大师忠实的追随者，但别说闻思宗喀巴大师的善教言，宗喀巴大师的善教言连一函都没有。真是让人疑惑。"

düčin doluγan següder–un ulaγan morin ǰil–un čaγan sar–a–yin sine–yin nigen–nu edür–e cam–dur ǰalaran aγsaγar–eče sine baiγuiqu geid–un situgen–nu erkin bolγan yeke boγda blam–a zungkaba–yin gegen–ü gegen düri–yi ene boγda blam–a–tan öber–un bey–e–yin kemǰiyen–ü kirtai nigen–i sine bütügesügei kemen ǰorilγ–a talbin ailaduγsan büged ilangγuy–a ene ǰüg–un olangki arad anu öber–iyen yeke boγda blam–a zungkaba–yin qoin–a–eče daγaγči bülüge kemen aman abubaču boγda zungkaba–yin gegen–ü yerüngkei ba yerüngkei bosu–yin dalai metü erdem–un čiγulγan nuγud–i medeǰü süsüg türügülkü baituγai boγda blam–a zungkaba kemegči tere enedgeg tübed–un alin–dur ögede bolǰu iregsen ba ali čaγ–tur ögede bolǰu iregsen–ü teduiken–i–ču ülü medekü–yin kiri–tai baiqu büged.boγda zungkaba–yin gegen–ü namtar–i üčüken tedui medeged nigen üčüken süsüg türügülkü bolbasu–ču ialngγuy–a ketürkei orun–u küčün–iyer nirwan kiged qamuγ–i ailaduγči–yin ilangγui–tu kürüngge–yi egüdküi büküi–dür damčiγ ügei–yin tulada ene kiǰaγar orun deki nigülesküi–yin orun boluγsan edeger arad nuγud–tur tusalaqu–yin tulada boγda zungkaba–yin gegen–ü ǰokiyal yabudal–i ügülegsen namtar medeküi–dur masi kilbar nigen–i ǰokiyasuγai kemen sedkiǰü ailaduγad boγda zungkaba–yin gegen–ü yeke namtar sain amuγulang bükün–nu γarqu–yin orun kemegdekü–yi mongγol–un keleber sine ǰokiyaqu–yin eki–yi–ču ekilebei.[1]

汉译文为：

---

〔1〕《察哈尔格西·罗桑楚臣传》，第305—306页。

火马年(1786),上师四十七岁。此年正月初一,作为寺院最重要的怙主,大师想在新建的寺院中塑造宗喀巴大师等身像。他向上级禀告了此想法。因为此处的百姓们虽口头上说自己是圣者宗喀巴大师的跟随者,但别说真正通晓领悟大师大海般浩瀚的文集而产生信仰,连大师是印度人还是藏区人都不清楚。所以使他们知晓点大师的圣言懿行,从而使他们产生一点信仰,以此无比之力,使大家解脱和成就遍知一切。为此处慈悲之地的众生之利,大师用通俗的蒙古语开始改写了宗喀巴大师的略传《圣者宗喀巴大师传·善安乐之源》。

从上述《传》中所载情况看,当时察哈尔地区的藏佛教寺院教育并不完善,将藏传佛教的基本知识都混淆不清。作为此旗的大寺院之一的宝地梯布寺有众多喇嘛和法会,但从未闻思过怙主宗喀巴大师的善教言,连宗喀巴大师的文集教言都找不出一本。印度的二圣六庄严[1]和宗喀巴大师所处时代都不知晓的僧人还不少。说明此处僧人佛法基本知识不够扎实。传主塑造宗喀巴大师像和蒙译《圣者宗喀巴大师传·善安乐之源》也是为了让此处百姓多多了解关于圣者宗喀巴大师的事迹,从而产生信仰。本《传》传主从北京雍和宫学成归来之日起,在自己的根本寺进行一系列的法会及宣讲佛法以及制定学法规定等活动。如《传》中云:

tegünče ulam–iyer šabinar qural–dur qural–un ongsilγ–a–yin ay–a egesig ǰang čaγaǰa kügǰim üliyekü deledkü terigüten–i ǰil büri surγaǰu saitur sodulγan üiledbei.basa ene üy–e–yin baruγ–tur ǰarim–ud–ber duradqaγsan–u yosuγar saskiy–a–yin sain nomlal subasidi tailburi salta–i güičed–iyer mongγul–un kelen–dur orčiγulbai.[2]

汉译文为:

从此,他督促弟子们在法会上努力念经,而且每年都教他们诵经之音调、规则、音乐、曲子、敲鼓等事。这时上师应别人的请求和提议,将萨迦班知达的善言《苏布悉地》及其注释等译成蒙文。译文的语句优美易懂,所以上中下之智者全能通读理解。

ene üy–e–dur boγda blam–a öber–iyen urida–yin ǰokiyaǰu ailaduγsan

---

〔1〕 二圣六庄严:二圣指精通佛教最胜根本即戒律学的两大论师释迦光和功德光。六庄严指龙树、圣天、无著、世亲、陈那、法称。

〔2〕《察哈尔格西·罗桑楚臣传》,第277页。

lamrim–i aman–nu ongsilγ–a bolγan üiledčü abiyas talbiquiyosun küsegsen kereg bükün–i bütügegči kemegdekü tegüni qural–un ongsilγ–a bolγan baiγulqu–yin tulada lamrim–i qural–un ongsilγ–a–dur üiledkü yosun–u qabsurγ–a bičig–i ǰokiyaǰu egünü deger–e–eče šabinar–ud–tur qural–un ongsilγ–a bolγan baiγulbai.[1]

汉译文为：

此时上师将自己学习《菩提道次第论》的心得编成念诵文，取名《习气之理心想事成》，作为僧众们课读和法会的辅助经文。而且还教导弟子们在法会上怎样念诵此经文等。

tabin tabun següder ǰoγuγlaγsan küke baras ǰil–un čaγan sar–a–dur bi boγda blam–a–yin ǰarliγčilan uridu ǰil–un namur–eče tabun sar–a–yin niγur kiritai cam–dur saγuγsan–eče ene üy–e–dur cam–iyen tailuγad boγda–yin dergete baraγalaγsan–a ǰarliγ.e eduge sain bolba.nom dur uqaγan negegekü nigen irekü i–dur γaγčakü nom sonusuγsan–iyer ülü bolqu.buyan–i quriyaqu tüidger–i arilγaqui–dur–ču kičiyel–i keer kidaqui–ber üiledkü keregtei boi. teimü–yin tula edüge čimagi ene metü cam–dur saγulγaγsan boi kemen ǰarliγ boluluγ–a.[2]

汉译文为：

木虎年(1794)，上师五十五岁。此年正月，我奉上师之命，从去年秋至现在坐禅已有五月。结束坐禅后来拜见上师。上师云："很好，如想打开学法的智慧门，只有听法是不行的，还要努力积善、除障等。所以让你坐禅。

ǰiran dürben següder ǰoγuγlaγsan qaraγčin γaqai ǰil–dur erdeni tusi–yin süm–e deger–e ǰalaraǰu minu ečige ǰalan–nu ǰalbarin ailadqaγsan yosuγar ǰüg ǰüg–eče čuγlaγsan sir–a qar–a ningγ–a γarun–dur boγda öber–un süngbüm doluγan bodi–yin lüng–i oγuγada tegüs–iyer ailadun qairalaǰu.tegün–e čiγuluγsan masi oln nomudqaγdaqun–u ündüsün–dur sudur tarni–yin degedü nom–un sain abiyas–i egüddün ǰokiyaγsan kiged ilangγuy–a türül dütüm bükün–e degedü boγda–yin ǰarliγ–un rasiyan–i edelekü–yin sain qobi luγ–a tegülder nomudqaγdaqun bolγan bolbasuraγulun ǰokiyaγadǰiči ǰalarabai.tendeče

〔1〕《察哈尔格西·罗桑楚臣传》，第437—438页。

〔2〕《察哈尔格西·罗桑楚臣传》，第368—369页。

doluγan naγur–eče boγda aγiy–a gegen–tan–i ǰalaqui–dur boγda blam–a–tan–iyer nigen edur ilegüü kiri–yin γaǰar–a oγtun ǰalaraǰu ečige qubegün qoyaγula učaralduγad bey–e beyen degen mörgün adis ailadqalǰiǰu ulam–iyer boγda blam–a–yin bütügel–un orun–a kürčü ireged degedü boγda blam–a–tan–ber yekede erkimlen ǰidküǰü qaγurmaγ ügei ergül kündülel tabiγlal–i kinaγur delgerenggüy–e bütügebai.[1]

汉译文为：

水猪年(1803),上师六十四岁。上师驾临额尔德尼吐希庙。按照我父章京的祈禀那样,为来自各处僧俗一千多人圆满宣讲了自己文集七函之教言。为汇集而来的被应化之众生的根处创造了显密圣法之善气习。使他们成为世世能够享用圣上师之教言甘露的具足善福分之被调伏者。之后上师回到自己的寺院。

以上是察哈尔格西·罗桑楚臣从北京雍和宫回故乡后为当地的寺院僧人们教授佛法知识的一系列活动。他从最基本的念诵经文的音调、规则、音乐、曲子、敲鼓等着手训教僧人,还将诸多藏文佛经灵活地译为较通俗的蒙古文来教授他们。也将自己文集进行宣讲阐释。察哈尔格西·罗桑楚臣不仅教授他们佛法知识,而且还教授他们学习的方法。察哈尔格西·罗桑楚臣在当地寺院教育方面的很重要的贡献是在自己的寺院建立了察尼特札仓(法相院,显宗学院),《传》中记载:

ǰiran següder ǰoγuγlaγsan sir–a luu ǰil–un qoyar sar–a–dur boγda–yin öber–un ariγun üǰegdel–dur üǰegdegsen byu–yu yambar metü bolbaču duradqaγči–yin ildar–a terigüten–ü ukir siltaγan ǰaγuqan–iyer ügeküy–e nasun–u γurban borqan–u maγtaγal nasun–u degedü–yi ürüsiyegči kemekü–yi sine ǰokiyabai.γurban sar–a–yin sin–e–yin nigen–eče dalaγad kiritai qural šabinar čiγulǰu yeke geid nügüd–un canid–un rasang–un ǰirum metü gürim ongsiqu ba duir–a–yi–yin kelelčege üiledküi–dur kečiyen üiledbei.[2]

汉译文为：

土龙年(1808),上师六十九岁。如大寺院那样建立了察尼特札仓。从三月初一开始招收学徒,招集七十余弟子前来学佛法,进行各项法事活动和

---

〔1〕《察哈尔格西·罗桑楚臣传》,第453—454页。

〔2〕《察哈尔格西·罗桑楚臣传》,第492页。

摄类学的辩论等。

tegün–eče doluγan sar–a–yin sin–e–yin nigen–eče kedün edür boltala nigen kedün šabinar qural–un dotur–a bosqaǰu nom kelelčekü cuγlang üiledgegülügsen büged. tere čaγ–tur kereglekü γool–un nomlal kiged cuγlang üiledkü yosun.parčin–u takil ügülekü ba.maidari–yin γool.nom–un kürdün. sedkil egüsgekü.γurban abural–eče tuγurbiγsan kiǰaγar–i sigčilekü nügüd–i ǰokiyaγsan boi.[1]

汉译文为：

七月初一始，安排几位徒弟在法会上进行辩论，而且还规定了辩法所用之主要经典和辩论方法、波罗蜜多供词、文殊菩萨类、法轮、发愿、三救主所作《观彼岸》等。

namuya gürü.arban dütüger saitur γaruγsan–nu qoyarduγar on tein γaruγsan kemegdekü sir–a luu ǰilun γurban sar–a–yin sine–yin nigen–eče duir–a boduǰu üǰekü–yin eki–yi ekileǰü cnid–un rasang toγtaγabai.tere–ču edür büri gürim ongsiqu qural γurbaγad.nom kelelčekü qural tabuγad.manǰa ergükü–yi qusiyad üiledčü arban tabun qonuγ boltala čoituγ–un qural üiledbei.terečü egünü urida ǰil–un ebül arban sar–a–yin arban tabun–u edür–eče ekilen nom–un ǰabsarlal–un yasuγar saγuǰu bariqu bosču talbiqu aman abulγ–a–yi bariqui yosun terigüten–i surγaγsan–dur šabinar nuγud durasil kereglal sain boluγad uyun–u üsbüri medel γaiγui ayatai ireǰü baikü tula.tusa ǰirγalang sain–u čiγulγan bügüde–yin ündüsün degedü nom–un nomlalγ–a sonusulaγ–a üiledkü–yin yosun egünü kürüngge–yin tdüi nigen γarbasu–ču masi sain büged.egüber nügüčel üiledčü qoitu ǰil nügüd–tur–ču sain qobi luγ–a tegülder süsügten buyan–tan nuγud–ber ǰokiduqu–yin nügüčel–i bütügeǰü ǰil büri kereglen durasiγči šabinar čiγuluγad niǰiged kedün sar–a kiri surγaγuli üiledkü terigüten ene metü–yin buyan–i üiledküi bolbasu ele darui ba asida bükün–e čaγlasi ügei ači tusa γarqui–dur maγad kemen sedkigsen bülüge.[2]

汉译文为：

顶礼上师！第十二绕迥之土龙年（1808）三月初一始，建立了闻习摄类

〔1〕《察哈尔格西·罗桑楚臣传》，第493页。

〔2〕《察哈尔格西·罗桑楚臣传》，第494—496页。

学等的察尼特札仓。定期举行法会,每次法会持续十五天。期间每日念经三次,辩法会五次,献茶点若干次等。从去年冬十月十五日起为弟子们讲授坐禅时的坐、拿、起、放、口诵等。弟子们的兴趣和掌握程度都有所提高,而且智慧日渐增长。如能出现一切利乐和善之集的根本圣法的听闻和成就之理趣的种子也是因缘自成。因此创造了与具足善福的信奉者们顺合之因缘,每年安排几个月的时间聚集善缘之徒弟们学习积善之事。"

清代"喇嘛教寺庙变成了蒙古地区重要的政治、经济中心的同时,又是重要的文化中心。较大的喇嘛教寺庙都设有各种'札仓',这些'札仓'是学习研究哲学、历法、数学、医学和文化艺术的专业机构和场所,在这里通过各专业知识的学习和研究,把印度、西藏和内地的文化传播到蒙古地区,对于交流各民族文化交流,促进和发展蒙古地区文化,起到了重要作用"[1]。当时的藏传佛教寺院札仓有"却拉札仓(显宗札仓)、举巴札仓(密宗学院)、曼巴札仓(医学院)、丁科札仓(天文历算)等四个札仓。建有这样四个札仓的寺院有藏区的拉萨、扎什伦布,外蒙古的大库伦,内蒙古的贝子庙(崇善寺)、巴吐哈拉嘎庙(百灵庙)等。其他小寺院有其中的两三个札仓者居多。拥有这样的学校的寺院每旗有几个或甚至没有学校的寺院也不少"[2]。这四个札仓中属察尼特札仓最大,其次是举巴札仓、丁科札仓、曼巴札仓。因为察尼特札仓学规严紧、学期较长、学习人数较多,无论藏区还是蒙古地区,小寺院都没有此札仓。因为察尼特札仓主要学习五部经论《量释论》、《现观庄严论》、《入中论》、《戒律本论》、《俱舍论》等,"还有十多个学习班,有诸多优秀的格西上师,有系统的学法之规等,小寺院是没有这样实力。蒙古地区寺院的十分之一寺院才有此札仓。有些没有却拉札仓(察尼特)的寺院建有闻习菩提道次第论的札仓(lamrim ǰačang)"[3]。当时传主所建的根本寺察干乌拉庙已有了察尼特札仓,而且还有了较完善的念经、辩法、法会、坐禅、闻法等制度。这足以说明此寺的寺院教育体系已接近大寺院,发展速度极快。传主从北京雍和宫回来后始建此寺,不断扩建,新成立法会,制定仪节和念经闻法之规,建立察尼特札仓等,使其成为当地的颇有影响、寺院教育

〔1〕 德勒格《内蒙古佛教史》,第171页。

〔2〕 [日]桥本光宝著,陶克敦巴雅尔译《蒙古喇嘛教》,内蒙古人民出版社,2009年,第166页(蒙文版)。

〔3〕 乌·那仁巴图,贾拉森,波·拉喜尼玛,乌云巴图著《蒙古佛教文化》,内蒙古文化出版社,1997年,第37页(蒙文版)。

较完善的寺院。传主不仅在自己新建的寺院中建立察尼特札仓,而且还建立了刻印中心。关于这一点,前文有所涉及。而创设刻印中心的意义,尚需多阐述。他专从北京地区的藏传佛教寺院请来熟练的刻版匠人,建立了察干乌拉庙刻印所,出版各种佛经和图书。这样刻印出版佛教经典也是寺院教育的重要部分,上文中述及察哈尔格西·罗桑楚臣少年时期,此处的宝地梯布寺连宗喀巴大师的教言或文集都没有,所以喇嘛们无法闻习到优秀的佛教经典。自从察哈尔格西·罗桑楚臣建立刻印中心后出版了大量的圣贤之经典著作和自己的著作等,另外还刻印了一些世俗文献。刻印中心的影响肯定超出本寺本旗;立足僧寺广泽民众。

2. 法事活动

18世纪中后期,在清政府的扶持下蒙古地区寺院林立,但当时的寺院教育处于发展阶段。在传主的不懈的努力之下,察干乌拉庙的寺院教育慢慢走向完善。随着教育体系的完备,各项法事活动也逐步走向正规化:

bosu basa yeke nigüleskü̈i lüge tegülder boγda blam−a ene−ber tere metü geid süm−e situgen situgči qural luγ−a salta−yi saitur baiγuluγad.olan qural neite−ber čaγ ürküljide üiledkü üiles−un ǰerge nügüd−un ǰirum−i yambar metü toγtaγaγsan anu.edür büri tasural ügei üiledkü−yin ǰüil−dur.sara büri γurbaγad šabi egelǰi−ber güir−un qamǰilaγči bolun saγuǰu süm−e situgen salta ba takil−un ed taki−un sirege bügüde−yi maγad ariγun čeber boltal−a sigürdekü gübikü arčiqu−yi saitur üiledüged küǰi ǰula usun terigüten ürkülǰi−yin taqidaγ taqil−i ergükü ba.sara büri tasural ügei üiledkü−yin ǰüil−dur. keǰiy−e arban tabun boluγsan büri−dur situgen−ü erkin boγda zongkaba−yin gegen−ü emune delgerenggüy−e ukiyal ergükü−yin egüden−eče takil−i simdan ergükü ba. olam nom−un sakiγulsud−un quriyangγui kengsu saršungm−a ongsiǰu nom−un sakiγulsud−tur baling ergükü üiles ǰakirqu−yi saitur yosučilan üiledkü−yi qusiyad−ta tasural ügei üiledkü bosu basa sar−a büri−yin sine qaγučin−nu subǰung delgerenggüi quriyangγui ali ǰokistai niǰiged−i tasural ügei üiledkü−yin ǰüil−dur.čaγan sar−a−yin sime−yin nigen−nu örluge γool situgen boγda zongkaba−yin emüne delgerenggüi ukiyal ergükü ba tegünü qoina yeke dükang−dur quraǰu boγda zongkaba−yin γurban ǰüil maγtaγal ongsiqu.sine−yin qoyar−eče ekileǰü arban tabun qürtel−e edür büri ukiyal ergükü.ǰun−u üy−e−dur arban γurban edür−un qural−dur blam−a−yin takil kiged degedü blam−a nar−un maγtaγal–un aimaγ ba. iruger terigüten čoiǰid qoyar edür.ilaǰu tegüs nügčigsen čoγtu wačir ayuγuluγči arban γurban borqan–tu yamandaγa–yin qota mandal–i bütügen takiqu öber–iyen oruǰu absiγ abqui luγ–a salta γurban edür.. ilaǰu tegüs nügčigsen güngrig–un qota mandal–i bütügen takiqu öber–iyen oruǰu absiγ abqui luγ–a salta qoyar edür.utači–yin sudur–un čuke nigen edür.nom–un sakiγulsud–un kengsü soor ǰalaqui luγ–a salta γuran edür.maidar ergikü terigüten nigen edür.sülte takikü terigüten nigen edür büged tere metü arban γurban edür kiged.tegünü tasiram–dur mongγul nom ongsin čidaγči qaračud quraǰu naiman edür–un qural–dur bilig–un činadu kürügsen delgerenggüi yüm–i γurban–ta güičed daγurisqan ongsiqu terigüten olan ǰarliγ šaštir un ǰarliγ–yi daγurisqan ongsiqu.tegünče–čuolan quwaraγ–ud–ber ker ǰokistai nigen üy–e–dur nungni sakiqu.tegünče boγda eǰen–ü mendülegsen edür–un bayar luγ–a düilegülǰü ilaǰu tegüs nügčigsen yisun borqan–tu ayusi–yin qota mandul–i bütügen takiqu öber–iyen oruǰu absiγ abqui luγ–a salta–yi γurban–ta üiledküi–dur qoyar edür.arban sar–a–yin qorin tabun–nu čaγ–un takilγ–a–dur blam–a–yin takil terigüten čoiǰid nigen edür ǰilun ečüs–un γurban edür maqaγala erlig nom–un qan ukin tangri namsarai güwan lo ǰi–yin kengsü kiged neite–yin kengsü saršungm–a nuγud–yiongsiǰu nom–un sakiγulsud–tur baling ergükü üiles ǰakirqu ba.ǰiran baling ǰalaqu kiged neite sakiγulsud–un sigtur ergükü nügüd–i keǰiy–e–ču baγuraγulul ügei üiledkü–yin ürkülǰilel–i baiγulun ǰokiyabai.[1]

汉译文为：

具足慈悲之上师，不仅制定了供奉怙主之法会的仪轨程式，还确定了诸会进行的时间、次第和规章。日常事情安排如下：每月三个弟子轮流值班于寺中，将寺中的怙主们和供物、供桌等打扫清理，供奉香灯和水等。每月进行的事安排如下：每月十五在怙主之首宗喀巴大师像前进行广沐浴；向诸护法神念诵简略之酬补仪轨，向诸护法神供朵马，并以后也不断进行；每月还进行广和略的新月和满月的布萨仪轨。每年需进行的事安排如下：正月初一早晨，首先在主要怙主宗喀巴大师像前进行广沐浴仪轨，之后聚集于大经堂念诵宗喀巴大师的三种赞词。从正月初二始到十五，每天都进行淋

〔1〕《察哈尔格西·罗桑楚臣传》，第329—331页。

浴仪轨。到夏季则举行十三天的法会。期间举行一系列活动：举行上师之供奉、历辈上师之赞、发愿等法事活动两天；向薄伽梵怖畏金刚十三佛举行阎曼德迦之坛城制造自入受灌顶之供奉三天；做大日如来坛城自入受灌顶之供奉两天；药师经之仪轨一天；护法神酬补仪轨（nom–yin sakiγulsad–yin kengsu soor ǰalaqui）三天；弥勒普转（ergikü）一天；战神供奉一天；这样共计十三天。期间会聚一些会念诵蒙古文经文的俗众，念诵八天的《般若波罗蜜多十万颂》三次和诸多教言经典。诸僧们还在合适之时举行农乃守护仪式（nongni sakiqu）。在成吉思汗诞辰之日的喜宴上开始向薄伽梵九佛进行三次建造无量寿坛城自入受灌顶仪式两天；十月二十五日举行上师供奉和佛事活动一天；年末的三天举行大黑天、阎罗法王、吉祥天女、毗沙门、关老爷等的酬补仪轨及其他各往圣先贤哲的总酬补仪轨等，向护法神供献食子朵马。还进行请六十食子朵马和向诸护法神供希格图里等仪式（sigtur），并规定这些程式仪轨和规章不得间断，如日月流水直至永远。

从上文得知，此时寺院的各项法事活动已慢慢走向正轨，每天、每月、每年需要做的事情都安排得井井有条，规章制度也细致入微。从而使寺院的所有活动都有章可循。这与藏区的寺院教育逐渐接近，但是还有很大的距离。藏区的寺院在五世达赖喇嘛时期就已规定了“寺庙内部的组织形式，执事僧人的任免升迁制度，格鲁派僧人的学经程序、考试制度，寺内的纪律、仪节，等等，形成了一整套的宗教规章制度”[1]。所以传主不断地为完善此处的寺院教育及法事活动的规范化而努力。从而推知，当时藏传佛教在蒙古地区正处于发展阶段。

但到 19 世纪初，即察哈尔格西晚年和他圆寂之后，蒙古地区的藏传佛教走向衰落，寺院教育也开始松懈。如《传》中记载：

tere metü nigülesküi–yin mün činar–tu getülgegči blam–a tere–ber imaγta biden–ü tusa–dur tere metü–yin sain ǰirum–i baiγuluγsan–nu qoina–eče daγaǰu kedün ǰil boltala ǰun–nu üy–e–dur čoir–a–yin gürim kiged nom–un kelelčege üiledkü–yin ǰalγamǰilal–dur ber čidaqui kečiyel–i üiledügsen bolbaču edüge čaγ–un nomudqaγdaqun nuγud–un qobi kiged uyun ba kečiyengüi–yin küčün anu masi door–a boluγad degedü nom–i ǰiruken–eče kereglen durasiγčin edür–un odun–eče–ču čoqaγ kiritai boluγsan tula edüge ene kiri–dur tere nom–

〔1〕 王森《西藏佛教发展史略》，中国藏学出版社，2010 年，第 191 页。

un ǰirum-un ürkülǰilel-i ǰalɣamǰilan ese čidaɣsan bolbaču qoinaɣsi ulam-iyer kečiyel simdal üiledčü yambar metü nigen arɣ-a-ber ǰalɣamǰilan tedgüǰü čidaqu nigen bolbasu kemen sadkil degen qonuɣsiɣulun iruger talbiɣsaɣar boi büged. degedü blam-a nar-dur ǰirugen ečegen süsüg tegüsügsen boluɣad ači-yi anu ači kemen medegčin bosud nuɣud-ču öber öber-un eteged-eče nigüleskü i-tu boɣda blam-a tere-ber ekilen baiɣuluɣsan nom-un sain ǰirum egünü ürkülǰilel-i yambar arɣ-a-ber baɣuraɣulul ügeküy-e tedgükü-yin arɣ-a-yi kerkibeču sanabasu ǰokimoi.[1]

汉译文为：

慈悲救度上师为我们创造了这般善妙的制度和体系。之后的几年每到夏季都如期举行法事活动。但是现在僧徒信众的福分、智慧、专心之力等极低，一心皈依、专心闻法者越来越少。所以这些规章制度未能持续下去。但为佛法之弘扬，应该想法努力持续下去。为此，我从内心发愿祈祷。素知并蒙受上师恩德，并一心向佛的僧俗众们应将慈悲上师所创之规章制度延续下去，设法支持而避免其衰落。

上文中反映了作者为其上师所创建的寺院教育系统走向衰落而惋惜、痛心。当时清政府也从鼎盛时期走向衰落，19 世纪初，“道光年间，清王朝的统治积弊已深，大势已去，国运衰落。由于财力不足等原因，取消到热河的消夏和狩猎。清政府考虑蒙古地区局势已稳，对蒙古地区的各种优待也逐渐减少，对喇嘛教的支持力度也大不如从前”[2]。清道光年间蒙古地区的藏传佛教走向衰弱，寺院教育也随之慢慢走向衰落期。从上述材料看出，传主的一生经历了蒙古地区寺院教育从起步到发展完善，再走向衰落的各阶段。这对研究清代蒙古地区寺院教育有着重要意义。

三、寺院财产与管理

当时清政府大力扶持藏传佛教在蒙古地区的传播，所以采取诸多有利的措施。如“蒙古地区的大喇嘛及其徒众不承担世俗社会的一切差役，对外不服兵役，不交纳实物税，大喇嘛可以无偿占有下级喇嘛和沙毕纳尔（庙

〔1〕《察哈尔格西·罗桑楚臣传》，第 496—497 页。
〔2〕 任月海《多伦汇宗寺》，民族出版社，2005 年，第 190 页。

丁)的劳动,支配寺庙财产"[1]。优惠政策下蒙古地区寺院林立,喇嘛数量速增,"19世纪时,在内蒙古地区共有一千二百多座寺院和喇嘛庙……1900年之前,在蒙古人居住地区总共生活有二百四十三位化身喇嘛(活佛),仅在内蒙古地区就有一百五十七名"[2]。如此多的寺院和喇嘛需要大量的物资来维持日常开销。"清朝时期,北京、热河、多伦诺尔等地先后建立四十多座寺院,政府向这些寺院供给一定的银两和粮食。因此这些寺院的喇嘛有较稳定的生活来源。可是其他下面的喇嘛寺庙主要依靠当地贵族以及牧民的布施,过着不理想的生活……相对而言,内蒙古地区情况好一些。喇嘛教寺院的财产主要来自于寺院和个人的牧群、旗贵族和官吏以及其他方面的援助、法会的布施等。总而言之算是比较富裕的。"[3]还有"清代蒙古地区寺院不仅仅是靠化缘、念经等途经收取施主供奉及布施维持香火,而是通过放苏鲁克(牧场)增殖畜群、收取地租房租、做买卖、放高利贷、占有庙丁(沙毕纳尔)的生产劳动等方式积聚丰厚的寺院财产,上层喇嘛占有了大量的钱财"[4]。所以蒙古地区寺院积聚财产的渠道多而复杂,需要设专门的机构来经营和管理。"一座发达的寺庙就像一个宗教王国,有自己一整套寺院经济结构和运作经费。"[5]本《传》中也反映了当时寺院财产和管理情况。如:

tegünče ebül-un segül kiri-dur čaγan aγula-yin süm-e-yin blam-a nar üile üiledügčin terigüten-iyer küsel-un erke ba kučürgekü-yin erkeber geid-un ǰisa-yin ed mal terigüten süsügten-ü ed-i qoor qomsa bolγaǰu öber bosud bügüde-yi γutumsiγ-tur barilduγulǰu aγsan yosun-i ailaduγsan-dur sedkil tesül ügeküy-e qusiγun-u noyad-tur učar siltaγan nuγud-i narin-a ǰarliγ bolǰu gem-tai-ber yabuγsad nuγud-i ǰalqaγaqu ba bota-yin torγulta terigüten kiri-yi üǰeǰü sigidgekü-yin eteged-eče qoinaγsi tere metü-yin ǰüil-i üiledčü oγta ülü bolqu büged üile kereg tus tus-un üiledbüri-yin egüden endegürel ügei bolqu-yin toγtaγamal-tu temdeg daruγsan bičig-i abqu bükün-dur uqaγulun ǰokiyabai.

---

〔1〕胡日查《清代内蒙古地区寺院经济研究》,第19页。

〔2〕[意]图齐、[德]海西希著,耿昇、王尧校订《西藏和蒙古的宗教》,天津古籍出版社,1989年,第353页。

〔3〕[日]桥本光宝著,陶克敦巴雅尔译《蒙古喇嘛教》,内蒙古人民出版社,2009年,第151—152页(蒙文版)。

〔4〕胡日查《清代内蒙古地区寺院经济研究》,第156页。

〔5〕胡日查《清代内蒙古地区寺院经济研究》,第156页。

tegün-e onisun-nu učir-i onuǰu ese medegsed nügüd-ber.toin boluγsad kiged bodisaduw-a kemegči tere anu imaγta keb keǰiyede ǰüb ǰögelen-iyer yabudaγ yosutu mün bügetele.ene boγda blam-a-ber gem-tai qarsilal-tai-ber yabuγčin tere nügüd-i noyad-tur ǰiγan ügüleǰü čaγaǰa-yin üiles-tur barilduγuluγsan ene anu ǰokis ügei bosu boyu-yu yaγun bülüge kemen sedkibesü.terečü ene boγda blam-a-ber noyad-tur ǰarliγ bolqui čaγ taγan bota-yin torγulta terigüten kiri ǰüi-yi üǰeǰü nom luγ-a ǰokiduγulun üiledkü keregtei yosun-i todurqay-a ailadču imaγta nom luγ-a ǰokilduqu-yin čaγaǰa-yin yosu-yi üiledgegülügsen büged.[1]

汉译文为：

到当年冬季时，察干乌拉庙中一些贪婪的暴徒们，将寺庙仓的财物和牲畜以及布施物等贪为己有，使自己和他人都蒙受耻辱。上师得知此事后极愤怒无比，亲自到旗衙门详细上告。上师随后带回了旗衙门盖章的条款规定，告诫大家有罪者将受到惩罚，而且以后不得重犯。有些不知情的人还认为："所谓僧侣菩萨们应永远以温和行事，但此圣者喇嘛为何将那些有罪之人们告到衙门处，将他们定罪呢？这有些不合适吧？"上师将他们控告到衙门并制定惩罚条款，是想让他们知道与法相合之重要。

J̌iran tabun següden ǰoγuγlaγsan küke qulugan-a ǰil-un qabur cam-dur ǰalaraγsaγar-un aγar-eče šabrung blam-a lobsang ǰamiyang danzan lug-a bide qoyar-tur tarni-yin yeke mür-un ǰerge oγuγada tegüs-un nolal-i bolbasun-a qairalaγad.sangdui damčuγ yamandage γurban terigüten-ü qota mandul-un ǰiruqu tig-i degedüs boγda nar-un modur-un abulγ-a yambar metu yosučilan qairalabai.tegünče čaγan aγula-yin süm-e-yin γurban sitügen takil-un ed terigüten-i narin-a baičaγan toγalaǰu todurqai boluγad delgerenggüi γarčaγ toγan-nu bičig kiged tegün lüge qamtuda yeru ene ǰüg-tur borqan-nu šašin γaruγsan-u yosun kiged toqailaqui-dur ene geid-i yaγakin baiγuluγsan terigüten-ü uγu čir ba γaruγsan-u yosun nuγud-i niγta todurqai ǰokiyaγsan bičig ba. blam-a nar üile-yi terigülegčin nügüd kiged neite qural ba nirba nar üile üiledügčin tus tus-un üiledkü keregtei-yin ǰerge nügüd-i todurqai boluγad delgerenggüy-e ǰokiǰaγsan ǰarčim-un bičig terigüten-yiǰokiyaǰu qural-

〔1〕《察哈尔格西·罗桑楚臣传》，第462—463页。

un ongsilγ-a ba qural-un yosu ǰirum terigüten aliba bügüde-yi selberigülün ǰokiyabai.[1]

汉译文为：

木鼠年(1804)，上师六十五岁。此年春，上师坐禅期间为罗布桑札米扬丹增和我传授了《菩提道次第广论》。还将密集金刚、胜乐、阎曼德迦三者的画坛城之度量等按照圣者先贤们的手持经传授予我们。之后，清点了察干乌拉庙三怙主的供品，并开列了详细的清单；同时还撰写了《此处佛教被传播之因》和《建立此庙之事》等；还将喇嘛等主事者们和管家喇嘛(尼日巴，nirba)以及大法会上各自应守和应做之事都详细定规成文，并在法会上念诵宣讲；最后还修改或制定了法会上应遵守的规章制度。

看来《传》主所在的察干乌拉庙建寺之初，尚未制定严格的规章制度，所以出现一些“将寺庙仓的财物和牲畜以及布施物等贪为己有，使自己和他人都蒙受耻辱”的情况。“仓和吉萨[2]是清代蒙古寺院种种收入和开支的管理机构。”“内蒙古地区寺院仓、吉萨分别拥有自己的沙毕纳尔(庙丁)和财产，收支单独核算。”[3]仓还分大小，“大寺庙设大仓，下面又设各学部仓和分仓十几个，一般寺庙设2—3个或3—5个仓；小寺庙设备1个仓。大仓，管理全寺庙的经济财务。凡寺庙中的公共念经收入、施主布施、化缘收入、土地、草牧场、森林、矿藏、畜群、阿勒巴特(庙丁)纳税等方面的收入，全寺庙的支出项目，都属大仓管理。”[4]从而可知，寺院仓是管理寺院财产的专门机构。从《传》中得知，当时察干乌拉庙的寺院仓管理不够完善，管理者们随便将仓中财物据为已有。所以传主通过当地政府部门制定了严格的寺院规章制度，将察干乌拉庙的寺院供品和寺院财产开列了详细的清单，还用蒙古文撰写了《额尔德尼吐希庙青史》，将所有的规章制度详细记录成文，并将此文定为法会上念诵之文，使众僧牢记于心。《传》中还反映了当时高层喇嘛的个人财产情况。上文中提及过有些大喇嘛占有许多财产，但这不是普遍现象，本《传》传主就是不愿积攒财物之人，如《传》中云：

ed mal quriyaqu qadaγalaqu-i oγta ǰokiyadaγ ügei tula by-e nirwan boluγsan-nu qoina motor-dur baiγsan yaγum-a nuγud-i baičaγan boduγsan-a

[1]《察哈尔格西·罗桑楚臣传》，第466—467页。

[2] 吉萨：喇嘛庙内专管庶务的机构，是大寺院中协助管理财政、法会等的机构。

[3] 胡日查《清代内蒙古地区寺院经济研究》，第187—188页。

[4] 德勒格《内蒙古佛教史》，第259—260页。

tere üy–e–dur boγda aγiy–a gegen–tan–nu süngbüm–un keb–i sine büdügeǰü baiγsan tula keb seilekü darqančud–un külüsün–e ügkü–yin tulada talbiγsan düči lang kiritai münggü kiged ǰoγuγ–un qobčad ba dergeteki baγ–a saγ–a keregten terigüten derui–dur keregledeg nigen kedüken–ü tedüi–eče bosu ün–e–dur kürültei kiri–yin ilegüü yaγum–a oγta ügei tula edüge manager–un ene nasun–i uyun–iyer orkiγsan büged üiles–eče angγiǰiraγsan diyanči narun olangki–ber tengčiǰü bolusi ügei anu yerü–yin olan kümün–nu üǰegdel–dur ilede–ber üǰegdegsen boi.[1]

汉译文为：

上师从不积攒财物和牲畜，因此他圆寂之后查看他的遗物时，只有准备付给正在刻印阿嘉活佛松本(文集)工匠的费用四十两白银以及几件平常衣物、少许用品等。那些毕生放弃智慧、远离事业的禅师们是无法与他相比的。

süsügten–nu ed kiged ükügsed–un ed–un qar–a güür–i aq–a degüü nar kiged nüküd šabinar taγan ügkü anu öber bosud bügüde–dur oγta sain ügei kemen ǰarliγ bolǰu demei yeke qairaladaγ ügei.tere–ču nüküd šabinar–iyen bayačud–un aduγu üker metü teǰigegsen–ü ečüs–tur tedeger nüküd šabinar–ču tarγun mori tarγun üker metü sanaγ–a sedkil anu ulam ürigüü doγsin bolun oduγsan–dur nom–un obidas.nomlaǰu ügkü yaγum–a oγta ügeküy–e imaγta yirtinču–yin üiles–tur ǰaruγčin nuγud–un nüküd šabinar terigüten–iyen qar–a güür–iyer teǰigegsen–nu ür–e anu darui daγan üile–dur ǰaruqu–yin čaγ–tur küčü γarγaqu anu γaiγui sain metü baiqu bolbaču.öber–iyen aman–eče yaγun–i ongsibaču öglige–yin eǰed–un üri tülügsed–i qariγulqu–yin tedüi bolun daγusuγad öberün qoitu türül–un künesün ülekü ügei–yin deger–e.öber–un ürkülǰi–yin üiledügsen buyan–nu barilduly–a nuγud–ču amidu ükügsen–ü gürim–un üri–yi qariγulqui–dur güičeldül ügeküy–e qoitu türül–un čoqum bolbasural–un ür–e–yin egürge anu imaγta ulam kündü bolun odqui–dur taγalaγsan mün büged teimü–yin tula ed mal kib torγ–a erigüten ergülge yaγun irebečü darui darui–dur ali yeke qabilγ–a–tu masi čaγan buyan ene metü–yi üiledkü kemen ǰorin ailadudaγ tula ǰoγuγ–un keregten kiged qobčad erigüten–

〔1〕《察哈尔格西·罗桑楚臣传》,第 594—595 页。

dur baγ–a saγ–a–yin tedüi–eče bosu qomsadqadaγ ügei boi.[1]

汉译文为：

他从不将信奉者和死亡者的财物分给兄弟朋友和徒弟们，认为那样做的话，那些财物就是横财或不吉利之物。他还认为，将自己的朋友和徒弟们养成富家的马牛一般肥胖，那会使他们的性情日渐暴虐，导致荒废学法、老于世故。朋友和徒弟们得横财，虽使用时极愉快，但他们口中无论诵念什么经，都无法偿还所得横财所欠之业债，也导致今世修行，不能为来世增加财富。而且自己所做的功德也不够偿还生者和亡者之法事债，从而令来世的业果修炼任务更重。职此之故，上师将施主们所献之财物、牲畜、丝绸等立即用在更大的积善之事上，他除有少许钱和用品衣物外，从不积聚其他财物。

四、格鲁派高僧们在北京和蒙古地区的佛事活动

藏传佛教二度传入蒙古后，"内蒙古诸部封建领主们完全向西藏佛教开放了。此时由西藏前来内蒙古地区弘法的大师们的布教活动，对西藏佛教在蒙古地区深入发展，起了不可忽视的关键性作用"[2]。从最早到东蒙古和后金传法的阿兴喇嘛开始，东科尔呼图克图、迈达里呼图克图、夏日巴呼图克图等多位藏区的高僧相继到蒙古地区传法。到清代，政府大力扶持藏传佛教在蒙古地区的传播，不惜重金在蒙古地区兴建许多寺院，招收众多喇嘛前来习法。并在北京和多伦诺尔等地建立大寺院，为藏区的高僧大德前来东部和蒙古地区传法提供方便。所以清朝时期格鲁派高僧到蒙古地区传法活动更加频繁，蒙藏间的关系极为密切。此情况在本《传》中也有所反映，如：

1. 二世嘉木样贡却·晋美旺波

tendeke namur doluγan naγur–un geid–tur ögede bolǰu ongniγud güüsi blam–a–yin gegen–tan–u dergete–eče tarni–yin ǰüg–un olan nom–i sonusbai. basa ene üy–e–dur mergen siditen–ü erketü qamuγ–i ailaduγči ǰamiyang šadba boγda γončuγ ǰiγmud wangbu–yin gegen–tan doluγan naγur–un geid–tur ögede

〔1〕《察哈尔格西·罗桑楚臣传》，第650—651页。

〔2〕乔吉《蒙古佛教史》（北元时期，1368—1634），内蒙古人民出版社，2008年，第82页。

bolǰu iregsen–e baraγalan mörgüǰü nigen kedün ǰüil nom–i–ču sonusbai.[1]

汉译文为：

是年秋（1769），上师到多伦诺尔寺翁牛特固实处听了诸多密法。此时正逢贤者之最遍知一切二世嘉木样贡却·晋美旺波活佛来多伦诺尔寺。上师前去拜见，并所闻了讲经说法。

土鼠年（1768），二世嘉木样贡却·晋美旺波41岁时，内蒙古乌都斯王派卓华贡赞波诺门汗和华曲吉丹增程列来拉卜楞寺敦请，献银900两。次年（1769），二世嘉木样贡却·晋美旺波启程赴内蒙古东部四十九旗讲经传法[2]。这与本《传》中所载时间吻合，进一步印证了二世嘉木样贡却·晋美旺波的蒙古之行。

2. 六世班禅大师罗桑华丹益希

düčin nigen següder ǰoγuγlaγsan čaγan quluγana ǰil–un namur kiri–tur üi zang–eče bančin erdeni–yin gegen–tan ǰalaraǰu ireküi–dur mörgükü ba.zandan ǰoo–yi–yin gegen–e toγ–a–tai ergilge ergikü ba. degedü bančin erdeni lobsang isi–yin gegen–tan–nu ǰokiyaγsan bodi mür–un ǰerge–yin ulaγan kütülbüri türgen mür kemegdekü–gi keb–tur bütügekü terigüten nigen kedün kereg–un tulada begeǰing–dur ǰalarabai.[3]

汉译文为：

金鼠年（1780），上师四十一岁。此年春末，班禅大师（六世班禅）从卫藏来京。上师为了朝拜班禅大师和为旃檀召活佛像进行有定数之右绕等事，以及班禅额尔德尼罗桑益希（五世班禅）所作《菩提道次第红纲速道》的刻板等事前往北京。

上文中所说六世班禅大师是指罗桑华丹益希，后火鸡年（1778），乾隆帝为庆贺自己的70岁大寿，邀请六世班禅进京。于是他从土猪年（1779）六月启程，金鼠年（1780）七月二十一日到达了承德。清高宗命王公大臣等迎入专为六世班禅入觐期间居住而兴建的须弥福寿庙[4]。本《传》中也记载了六世班禅来京的具体年代，而且还反映了此事对当时的蒙古地区喇嘛们

---

〔1〕《察哈尔格西·罗桑楚臣传》，第150页。

〔2〕杨贵明，马吉祥编著《藏传佛教高僧传略》，青海人民出版社，1992年，第309—310页。

〔3〕《察哈尔格西·罗桑楚臣传》，第282页。

〔4〕杨贵明，马吉祥编著《藏传佛教高僧传略》，第247—248页。

的影响。

3. 嘎拉丹锡勒图活佛

γučin tabun següder ǰoγuγlaγsan küke morin ǰilun……ǰirγuγan sara-yin dotur-a ene qusiγun-u boditib süm-e-dur dalai metü iǰaγur kiged qota mandul-un erkesiyegsen eǰen erketü wacir dhar-a yeke kiretü erdeni nom-un qan samatai baγsi qui yu čang si boγda waγindar-a šila širi badar-a kemegdekü qoǰim tübed-tur γaldan nu kiregen-dur ögede boluγsan büged tübed-un türü-yi tedkügsen-ba dalai blam-a-yin gegen-tan-u baγsi boluγsan mün-kü tegüni ǰalaǰu.[1]

汉译文为：

木马年(1774),上师三十五岁……此年六月,宝地梯布寺邀请了血统高贵的坛城之主金刚持大锡勒图额尔德尼法王三摩地师慧御禅师前来讲经说法。他就是后来担任甘丹赤巴、掌管西藏政权、成为达赖喇嘛经师的阿旺楚臣。

阿旺楚臣出生于甘南卓尼,后到西藏入色拉寺师从多位高僧和七世达赖喇嘛学习显密经论。1758年,他获格西学位,又入上密院继续修习。1763年,奉乾隆皇帝之命进京,被任命为雍和宫堪布。1765年,被乾隆皇帝加封"诺门汗"名号。《清代藏事辑要》载,1777年初,西藏摄政第穆呼图克图圆寂,乾隆皇帝闻奏后,立即选派时任雍和宫堪布的额尔德尼诺门汗阿旺楚尔提木(阿旺楚臣)前往署理[2]。从此他掌管西藏政权。翌年,六世班禅建议由阿旺楚臣担任八世达赖喇嘛经师,获得皇帝允准,降旨任命。同年,八世达赖又推荐阿旺楚臣继任甘丹寺赤巴一职[3]。阿旺楚臣的这些生平事迹大都能从《传》中得到印证。

tereču qonin ǰilun namur ǰarim nigen kereglegčin-ber duradqaγsan-nu yosuγar boγda tabuduγar dalai blam-a-yin gegen-tan-u ǰokiyaγsan qoyar yosun-u surγal sobud erige kemegdekü-yi mongγul-un kelen-dur orčiγulbai. uridu ǰildur wačir dahr-a γaldan siregetü erdeni samatai baγsi nom-un qan gegen-tan tübed-un orun-eče begeǰing-dur ǰalaraǰu iren aγsan-a baraγalan

〔1〕《察哈尔格西·罗桑楚臣传》,第198—199页。
〔2〕《清代藏事辑要》,西藏人民出版社,1983年,第196页。
〔3〕黄玉生等编著《西藏地方与中央政府关系史》,西藏人民出版社,1995年,第151页。

mörgükü–yin tulada ene ǰilun arban sar–a–dur begeǰing–dur ǰalaraǰu γaldan siregetü erdeni–yin gegen tan–a baraγalan mörgübei.[1]

汉译文为：

羊年秋（1787），上师应一些需要者的提议用蒙文翻译了五世达赖喇嘛所著《两理训谕珍珠宝鬘》。前年，金刚持嘎拉丹锡勒图额尔德尼三摩地师法王从西藏驾临北京。为此，上师在今年十月前往北京朝觐礼拜了嘎拉丹锡勒图活佛。

嘎拉丹锡勒图活佛也是当时的驻京喇嘛之一，地位仅次于章嘉活佛。“在历世嘎拉丹锡勒图呼图克图中，最初驻锡京师的是罗桑丹白尼玛贝桑布（1689—1762），雍正十二年奉敕来京，坐床于黄寺，此即驻京的嘎拉丹锡勒图呼图克图的嚆矢，后之转世也就承袭了其驻京呼图克图的头衔。”[2]罗桑丹白尼玛是二世嘎拉丹锡勒图活佛，圆寂于1762年。据《塔尔寺》一书载，罗桑丹白尼玛圆寂于乾隆三十七年，即1772年。无论哪种说法正确，都早于本《传》中所提及的“羊年秋（1787）”。因此该《传》中所说嘎拉丹锡勒图活佛不是罗桑丹白尼玛，而是他的转世者们中的一位。“第三世嘎拉丹锡勒图呼图克图名阿旺贝丹成列嘉措，乾隆三十八年（1773）生于大通却藏滩，幼时赴北京，后返回青海，在塔尔寺及德庆寺学经，后赴西藏巡礼，此后一意静修，壮年去世。”[3]《蒙藏佛教史》载：“第三世嘎拉丹锡勒图呼图克图，诞生于西宁札隆庙地方。博通经咒，广涉史书。坐札隆庙经床，宣衍法教，厥功甚伟。”[4]从而推知，该《传》中所说1787年来北京的嘎拉丹锡勒图呼图克图有可能是第三世嘎拉丹锡勒图呼图克图阿旺贝丹成列嘉措。

4. 章嘉活佛益西丹毕坚赞

tegünče boγda ǰangγiy–a gegen–tan–nu degedü qobilγan gegen–e baraγalan mörgükü–yin tulada doluγan naγur–un süm–e deger–e ǰalaraγad oγtarγui luγ–a sačaγu beyeten bükün–nu tengsel ügei itegel abural boγda qamuγ–i ailaduγči ǰangγiy–a gegen–tan–u degedü qobilγan erdeni ner–e–yi ügüleküy–e berke yisi danbi zalčan belsangbu kemegdekü mün–kü tere

---

〔1〕《察哈尔格西·罗桑楚臣传》，第344页。

〔2〕［日本］若松宽著，马大正等编译《清代蒙古的历史与宗教》，黑龙江教育出版社，1994年，第197页。

〔3〕［日本］若松宽著，马大正等编译《清代蒙古的历史与宗教》，第203—204页。

〔4〕释妙舟《蒙藏佛教史》，广陵书社，2009年，第203页。

ene ǰüg–un türülkiten amitan nuγud–i yeke bodi–yin sain mür–tur kürgekü–yin tulada doluγan naγur–un yeke geid–tur ülmei–yin kimusun–u lingqu–a–yi saitur ǰokiyaγsan–u dergete borqan yirtinču–dur ögede bolǰu iregsen lüge ilγal ügei–yin yeke bisirel–iyer baraγalan mörgüged.abural itegel wačir dhar–a boγda aγiy–a gegen–tan–u labrang–dur qoriγad qonuγ kiritai saγubai.[1]

汉译文为：

火兔年（1807），上师为拜见章嘉活佛而前往多伦诺尔寺。与宇宙平齐的无比之信救主遍知一切章嘉活佛益希丹毕坚赞贝桑布，为了将此处的众生渡入菩提之善道而驾临多伦诺尔寺。上师视之为佛陀降临，五体投地顶礼膜拜于其足莲下。在信救主金刚持圣者阿嘉活佛的喇让（精舍）住了二十余天。

文中所载的益希丹毕坚赞是第三世章嘉若必多杰的转世第四世章嘉活佛。于乾隆五十二年（1787），他“八岁，旨召至京朝觐，由归化城察哈尔到多伦诺尔以至热河。帝闻，先遣臣以黄围车迎之”[2]。正处幼年的章嘉深得乾隆皇帝的喜爱。14岁时奉诏谕，章嘉到西藏学习深造……20岁在拉萨受了大戒后，回北京朝觐。从而推知，章嘉活佛益希丹毕坚赞于1806年从拉萨回到北京。据《传》中所载，1807年，章嘉活佛益希丹毕坚赞去了多伦诺尔寺。可见，《传》中所载可补其他史料之不足，对研究章嘉活佛的佛事活动提供了有力的证据。

5. 阿嘉活佛罗桑札米扬札木措

ene ǰil–dur abural itegel qamuγ–i ailaduγči boγda agiy–a gegen–tan–u degedü qobilγan erdeni–yin türül–un düri anu begeǰing–dur ǰalaraǰu ireged ǰiči tübed–un orun–a ǰalaran morilaqu–yin tasiram–dur tere boγda öber–un sürüg deger–e–ban ǰalaraǰu iregsen–e tabun sara–dur enedegedu boγda blam–a–tan–ber bogda agiy–a gegen–tan–nu qobilγan erdeni tegun–e baraγalan morilaqu–yin tulada tere boγda–yin sürüg–un γaǰar–a ögede bolǰu orumlal–un ürgugen–dur baraγalan mörgüged bey–e ǰarliγ sedkil–un situgen teriguten–ü ergülge ergübei. ene anu abural itegel bogda agiy–a gegn–tan–u ene seguder–un uy–e–dur baraγalan mörgükü–yin eng terigün büged. tere čaγ–tur ečige kübegün

〔1〕《察哈尔格西·罗桑楚臣传》，第487页。

〔2〕释妙舟《蒙藏佛教史》，第191页。

qoyar urida olan türül−un üyes−tur nigen−ta bosu−ber deger−e ügei külgen−ü tangγariγ oγuγada ariγun−u barildulaγ−a oγuγada tasural ügei aγsan−u situn barildulaγ−a−yin toγtaγsan ǰang−iyer učaraγsan−u teduiken−eče ečige kübegün sedkil−un taγalal masi inaγ bolulčan qoyaγula−yin sedkil nigen−e nilegsen metu boluluγ−a. tendeče abural itegel agiy−a gegen−tan−nu qobilγan erdeni−yin gegen doluγan naγur−un süm−e−yindergeteki öber−un ordun−a ǰalaraγad tegün ečegen−ču ene boγda blam−a öber−un geid deger−e−ban ǰalal ailadqaγsan−u yosuγar boγda qobilγan gegen−tan ene boγda blam−a−yin saγusi−yin sin−e geid čaγan aγula−yin süm−e deger−e ǰalaraǰu irebei.tende naiman qonuγ ǰalaran saγuǰu qural neite−dur. dürben motor−tu ariyabalu.qar−a mancusiri. tabun γarudai−tu doγsin wčirbani.čaγan dar−a eke nügüd−un ǰiγang terigüten nomqairalaqu ba geid−un situgen bolγaǰu γurban čaγ−un borqan−u niǰiged sγumal düsi−yi kiralaγsan büged.[1]

汉译文为：

火羊年(1787),救主遍知一切阿嘉活佛的转世(三世阿嘉)来到了北京。在返回藏区之前去了趟自己的苏鲁克(sUrUg,牧地)。上师便前往拜见阿嘉活佛,并敬献了身语意怙主之礼。这也是第一次拜见此世的阿嘉活佛。那时师徒二人以前世之洁净的法誓因缘相聚,为此师徒二人一见如故亲密无比。后来,阿嘉活佛应上师之邀请来到了察干乌拉庙住了八天。期间他宣讲了四臂观音、黑文殊室利、五噶尔迪猛力金刚持、白度母等随许法,将其当作寺院的怙主进行供奉。活佛还赐予寺院三世佛之坐像。

tegünče degedü abural itegel wačir dahr−a bogda agiy−a gegen−tan boγda eǰen−ü amuγulang−i ailadqaqu−yin tula tübed−un orun−eče ǰalaraǰu irekü i−dur uγtuγul ulaγ−a küsge salta−yi yabuγuluγad. tegün ildar−a wačir dahr−a bogda gegen−tan−i degedu boγda blam−a−yin sine geid−tur kerkibečü ǰalaran irekü−yin ailadqal kiged ene ǰüg−un nomudqaγdaqun nuγud−i ürüsiyen nigülesků−yin nidun−iyer ailadču ilaǰu tegüs nügčigsen čoγtu wačir ayuγuluγči argan γurban borqan−tu yamandage ilaǰu tegüs nügčigsenyisun borqan−tu ayusi nuγud−un abisiγ wang terigüten küsegsen nom−un ǰerge−yi qairalaǰu γorilalγ−a−yi ür−e−tu bolγan ǰokiyaqu−yi γuyuqu−yin ailadqal luγ−a salta−yin ailadqal−un bičig

[1]《察哈尔格西·罗桑楚臣传》,第320—321页。

ergüǰü ailadqaγsan–u yosuγar abural itegel boγda degedü qobilγan erdeni–yin gegen–tan–ču sedkil bayasqu–yin agar–eče jübsiyen küliyeǰü degedü boγda blam–a–yin sine geidčagan agula–yin süm–e–dur ǰalaraǰu iregsen büged. tere čaγ–tur boγda blam–a öber–yien qonuγ–un γaǰar–a kürtele uγtuǰu ǰalaraγsan ba kürču irekü–yin čaγ–tur qural–un ulan quwaraγ salta čang kenggrge bisigür küǰi terigüten qotala tegüs ergül kündülel–i üiledbei.[1]

汉译文为：

是年（1793），圣者信救主金刚持阿嘉活佛（罗桑札米扬札木措）从藏区前来北京朝觐皇帝。上师给活佛捎去了敬献之物，并邀请他前往他新建的寺院察干乌拉庙，以慈悲之眼观看此处被应化之众生，为薄伽梵吉祥怖畏金刚十三佛举行阎曼德迦和独勇怖畏金刚，为薄伽梵九佛等进行无量寿王灌顶，宣说并宣讲教言等。于是阿嘉活佛欣然前来察干乌拉庙。上师举行了郊迎（到一日之路程之处迎接）之礼。活佛到来时，鼓乐齐鸣，焚香礼拜。

tere čaγ–tur abural bogda wačir dahr–a agiy–a gegen–tan čaqar siluγun čaγan qusuγun–dur ǰalaraǰu irekü büged tegünü uy–e–dur degedü boγda blam–a–tan–ču tende ǰalaraǰu irekükregtei kemeküǰarliγ–un bičig iregsen–iyer. tegün–ü darui degedü boγda blam–a–tan–ber arban tabun qonuγ–un soyorqal kiged adislalγ–a nuγud–i sisum čüge–dur nomlaγsan–u yosuγar saitur yosun luγ–a ǰokilduγulul ailaduγad siluγun čaγan qusiγun–dur ǰalaraǰu bogda gegen tan–a baraγalan mörgüged tendeki aliba uiles nügüd–i boγda gegen–tan–u taγalal–un yosuγar bütügebei.[2]

汉译文为：

木虎年（1794），圣救主金刚持阿嘉活佛将驾临察哈尔镶白旗。有关方面通知上师务必前往陪同。于是上师立即举行十五天的惠赐与灌顶仪式，之后前往镶白旗拜见圣者阿嘉活佛，一切事情如圣者之愿而圆满。

tegünče doluγan naγur–un süm–e deger–e ǰalaraǰu abural degedü wačir dhar–a boγda aγiy–a gegen–e baraγalan mörgübei.tere üy–e–dur boγda gegen–tan–nu labrang–un süm–e–yin γaǰar–i sine baiγuluγsan–dur dotur–a anu γool modun kiged süngsüg ǰalaqu terigüten–i boγda blam–a–tan dügügerčü

〔1〕《察哈尔格西·罗桑楚臣传》，第364页。
〔2〕《察哈尔格西·罗桑楚臣传》，第371页。

ailaduγsan büged tegelbür–un deger–e talbiǰu tegüsüged abural boγda gegen–tan luγ–a qamtu nigen–erabni saitur ailadbai.[1]

汉译文为：

金猴年(1800),上师前往多伦诺尔寺拜见金刚持阿嘉活佛。那时活佛新建好喇让(精舍),上师为其进行了赞梁和请松苏克(šongšog)等仪轨,并与阿嘉活佛一同举行了开光仪式。

tegünče boγda agiy–a gegen–tan kübügetü sir–a qusiγun–nu nutug dekierdeni tusi–yin rasiyan deger–e–eče boγda blam–a–yin bütügel–un orun–a ǰalaraǰu ireküi–dur uγtuγul terigüten–i narin delgerengguy–e ailadbai.bogda gegen–tan tabun qonuγ boltal–a saγuǰu ečige kübegün qoyaγula inaγsi činaγsi öber öberun tugtam–un ordun–dur basa basa učaralduǰu degedünom–un gün narin onisun–u ǰarliγ kelelčelge–yi narin–a ailadulčaγsan–iyer boγda gegen–tan sedkil masi yekede bayasču. bi begeǰing–dur naiman ǰil saγuγsan–eče blam–a erdeni–yin dergete kedun qonuγ saγuγsan ene yeke tusatai boluγad sedkil bayasqui bolbai kemen ǰarliγ boluluγ–a.[2]

汉译文为：

金猴年(1800),圣者阿嘉活佛从镶黄旗鄂拓克的额尔德尼吐希温泉来到上师修行之所。上师举行了隆重的欢迎仪式。阿嘉活佛住了五天,师徒二人经常交谈圣法的甚深密诀。因此上师非常高兴地说:“我在北京待八年,还不如在圣上师之旁待几天的受益大。”

tendeče doluγan naγur–ača boγda aγiy–a gegen–tan–i ǰalaqui–dur boγda blam–a–tan–iyer nigen edur ilegüü kiri–yin γaǰar–a oγtun ǰalaraǰu ečige kübegün qoyaγula učaralduγad bey–e beyen degen mörgün adis ailadqalǰiǰu ulam–iyer boγda blam–a–yin bütügel–un orun–a kürčü ireged degedü boγda blam–a–tan–ber yekede erkimlen ǰidküǰü qaγurmaγ ügei ergül kündülel tabiγlal–i kinaγur delgerenggüy–e bütügebai.[3]

汉译文为：

水猪年(1803),上师邀请了驻锡多伦诺尔寺的阿嘉活佛前来讲经说

[1]《察哈尔格西·罗桑楚臣传》,第429页。

[2]《察哈尔格西·罗桑楚臣传》,第430页。

[3]《察哈尔格西·罗桑楚臣传》,第454页。

法。上师为活佛举行郊迎(到一日之路程之处迎接)之礼。师徒二人见面后互相谦让礼拜。将活佛迎让到上师的修行之处。上师恭请活佛上坐,顶礼膜拜。

ebül qalq–a–yin yeke küriyen–eče doluγan naγur–tur ǰalaraǰu irekü–yin ǰam–un tasiram–dur degedü boγda blam–a–yin orumlal–un orun–a ǰalaraǰu irekü boi kemegsen ǰarliγ–un bičig kürču iregsen–e.degedü boγda blam–a–tan–ču arban sar–a–yin qorin qoyar–un kiri–eče abural bogda gegn tan–a uγtuγul kiged ulaγ–a küsge uduriduly–a–yin kümün terigüten uγtuγulun yabuγuluγad. arban nige sar–a–yin sin–e–yin doluγan–u edur–e boγda blam–a–yin orumlaγsan bütügel–un orun–a kürču irekü–yin üy–e–dur quwaraγ–un ǰiγsaγal–un uγtuγul terigüten–i kinaγur delgerenggüy–e üiledbei.ečige kübegün qoyar učaralduγad sača bey–a byen–degen mörgul kiged adisdid ailadqalčin degedü nom kiged šašin amitan–u tusa–yin ǰarliγ–un kelelčege–yi narin–a ailadulčabai tendeče bogda gegen–tan dürben qonuγ boltala ǰalaraǰu saγuqui–dur degedü bogda blam–a–ber ergül tabiγlal–i qotala tegüs–iyer bütügebei.[1]

汉译文为:

土龙年(1808),到冬季时,阿嘉活佛从喀尔喀大库伦前往多伦诺尔寺,途中想绕道上师处,以期一唔,并将此想法告知了上师。十月二十二日上师派遣人马出发,前往迎接阿嘉活佛的驿马和车以及引路人等。十一月初七,活佛到达上师的住处。上师率僧队隆重迎接。师徒见面后,互相礼拜,谈论圣法和利益教法与众生之事。阿嘉活佛停留了四天,期间上师具足圆满地做了敬奉之事。

dalan següder ǰoγuγlaγsan siraγčin moγai ǰil–dur. uridu ǰilun ebül abural boγda gegen–tan yaγun kemen ǰarliγ boluγsan–u yosuγar boγda blam–a–tan čaγan sar–a–yin sin–e–yin naiman–u edür–e doluγan nγur–tur kürčü boγda gegen tan–a baraγalan mörgübei.tere üy–e–dur boγda gegen–tan cam–dur ǰalaraǰu baiqu tula boγda blam–a–tan qoyar sar–a–yin sine kürtele küliyen saγuγad. qoyar sar–a–yin sine–yin nigen–u edür–e–eče abural boγda gegen–tan–a boγda blam–a öber–un süngbüm–eče boγda zungkaba–yin yeke namtar–un lüng–i ergükü–yin eki–yi ekilegsen büged tegün lüge qamtuda boγda gegen–

〔1〕《察哈尔格西·罗桑楚臣传》,第513—515页。

tan–u taγalal–iyer wačir–i bariγči γongčuγ ǰalsan erdeni–yin ǰokiyaγsansilüglel lamrim–un ǰarliγ üges–i mongγul–unkele–ber orčiγulku yosun–u nomlal–i ergükü–yin eki–yi–ču ekileged.ǰabsar ǰabsar–tur boγda blam–a öber–un süngbüm–un terigün bodi–yin dotur–a–eče mür–un ǰerge küsegsen kereg bükün–i bütügegči terigüten čikula keregtu ǰarim nigen–u lüng–i–ču ergübei. abural boγda gegen–tan–ber ene boγda–eče angq–a čaγan bečin ǰil–dur ǰabdur gebgün ailadqaγsan tegünče qoisi čaγ ürkülǰide ene boγda blam–a–dur mörgükü ba bosqu terigüten kündülel kiged süsüglen bisirekü yin düri–yiončalan ǰokiyadaγ büged.[1]

汉译文为：

土蛇年（1809），上师七十岁。依去年冬阿嘉活佛之嘱望，正月初八便起身前往多伦诺尔寺。正月十一到达该寺拜见了阿嘉活佛。二月初一，上师向阿嘉活佛敬献了自己所撰《至尊宗喀巴大师传》、《菩提道次第念诵消除习气法·所愿普成》。同时依阿嘉活佛之愿将金刚持贡却坚赞额尔德尼所作诗歌体《菩提道次第论》开始译成蒙文。阿嘉活佛自从白猴年（1800）敬请上师宣讲嘎布古（gebgün）开始便对上师极为敬重。每次上师讲法时都请到上座，并礼拜。

tegünče tabun sara–yin sine–yin tabun–nu edür–e abural itegel boγda wačir dhar–a boγda aγiy–a gegen–tan ǰalaraǰu ireged gegen iǰaγur erdeni–dur aγuu yeke takil–i ergün ailadču bürün.sine–yin naiman–u edür–e tügüwan gegen–tan–u süngbüm doturaki šaril–un takilγ–a üiledkü yosun–u ǰang üile–yin yosuγar ilaǰu tegüs nügčigsen bazar šaduw–a–yin büdügel takil luγ–a barilduγsan–u egüden–eče šaril–un takilγ–a–yi bütügeged tegünü segül–dur γal mandul–un takil–i degedü–yin qailulγ–a–yin yosuγar ergün ailadbai.[2]

汉译文为：

五月初五（1810），信救主圣者阿嘉活佛驾临，为上师举行了伟大事业的供奉仪轨。初八还按照土观活佛松本（文集）中的供奉舍利仪轨和从金刚萨唾成就供奉之法相合举行了舍利之供奉。之后以圣者之教言进行了火祭。

以上一系列引文主要记述了传主与阿嘉活佛（罗桑札米扬札木措）之

〔1〕《察哈尔格西·罗桑楚臣传》，第519—520页。

〔2〕《察哈尔格西·罗桑楚臣传》，第836页。

间的非同寻常的关系。本《传》中记载过“那时,与文殊室利无差别的贤智之最救度者,遍知一切阿嘉活佛罗桑丹毕坚赞贝桑布(二世阿嘉),依文殊室利之法令从藏地降临此处。这时,上师去活佛处顶礼膜拜。因为前世有极深的师徒之缘,所以见到阿嘉活佛就立刻产生无比的敬仰之心,顶礼活佛足莲,并随侍左右”。从而得知,察哈尔格西·罗桑楚臣在北京雍和宫习法之时与阿嘉罗桑丹毕坚赞有很深的师徒之谊,阿嘉罗桑丹毕坚赞是察哈尔格西·罗桑楚臣的根本上师。罗桑札米扬札木措是阿嘉罗桑丹毕坚赞的转世,也和上师建立了亲密的关系。从罗桑札米扬札木措第一次来自己的苏鲁克(牧地)之地起他们就建立了很深的师徒之谊。“阿嘉呼图克图自明永乐十五年之第一世,以迄第十五世,均在西宁塔尔寺掌理寺务,五族七川之番民,尊为寺主。察哈尔有游牧地一段,坐落卓楞巴噶布尔噶苏台、德勒苏台等处。北平雍和宫有阿嘉呼图克图仓,支领札萨克达喇嘛本身钱粮一分,随带徒弟格隆六名、班第六名、噶布楚兰占巴二十名。清乾隆十一年(1746),瓶掣第十六世阿嘉呼图克图,是年三月消除呼毕勒罕名号。”[1]第十六世(二世阿嘉活佛)阿嘉呼图克图是指罗桑丹必坚赞,即察哈尔格西·罗桑楚臣的上师,在北京雍和宫有自己的阿嘉呼图克图仓,在察哈尔地区有自己的牧场(苏鲁克)。据《察哈尔史略》载,察哈尔地区的阿嘉仓位于察哈尔镶白旗,因为此旗首先将阿嘉活佛(指十六世阿嘉罗桑丹必坚赞)从塔尔寺邀请到此处。所以阿嘉活佛的沙毕纳尔(庙丁)都属于镶白旗[2]。镶白旗也是传主察哈尔格西·罗桑楚臣的故乡,可见传主与阿嘉活佛之间关系的非同一般。阿嘉罗桑丹必坚赞的转世是第十七世阿嘉呼图克图罗桑札米扬札木措,“曾经理藩院代奏,在京雍和宫掣瓶。乾隆五十一年来京,晋谒高宗,消除呼毕勒罕名号。五十二年,请假回籍,研究经典。五十八年八月十一日晋京,蒙奖‘聪颖异常、贯悟真经’等语;简放札萨克达喇嘛,管理福佑寺事务;所有前辈恩赏敕物,照旧应用。嘉庆三年(1798),简放札萨克达喇嘛及副札萨克达喇嘛之职。是年奉旨前往库伦(今外蒙古乌兰巴托)为哲布尊丹巴呼图克图传经,历时数年,因功加‘显能禅师’封号,赐‘述道禅师’印一颗。又奉旨饬掌多伦诺尔喇嘛印务处事务。嘉庆二十一

〔1〕 释妙舟《蒙藏佛教史》,第209页。
〔2〕 吉格木德编著《察哈尔史略》,内蒙古人民出版社,2008年,第336页(蒙文版)。

年(1816)十月二十二日圆寂”[1]。从而得知,阿嘉罗桑札米扬札木措是生活在清乾隆和嘉庆年间的著名活佛。

6. 喀尔喀哲布尊丹巴活佛

《传》中云:

basa ene luu ǰil–dur qamuγ–i ailaduγči boγda agiy–a gegen–tan amdu–eče qalq–a–dur zebzun damba–yin gegen–ü baγsi bolγar–a ǰalaγsančilan ǰalaraǰu ireged. tegünče ebül qalq–a–yin yeke küriyen–eče doluγan naγur–tur ǰalaraǰu irekü–yin ǰam–un tasiram–dur degedü boγda blam–a–yin orumlal–un orun–a ǰalaraǰu irekü boi kemegsen ǰarliγ–un bičig kürču iregsen–e.degedü boγda blam–a–tan–ču arban sar–a–yin qorin qoyar–un kiri–eče abural bogda gegn tan–a uγtuγul kiged ulaγ–a küsge uduriduly–a–yin kümün terigüten uγtuγulun yabuγuluγad. arban nige sar–a–yin sin–e–yin doluγan–nu edur–e boγda blam–a–yin orumlaγsan bütügel–un orun–a kürču irekü–yin üy–e–dur quwaraγ–un ǰiγsaγal–un uγtuγul terigüten–i kinaγur delgerenggüy–e üiledbei.ečige kübegün qoyar učaralduγad sača bey–a byen–degen mörgul kiged adisdid ailadqalčin degedü nom kiged šašin amitan–u tusa–yin ǰarliγ–un kelelčege–i narin–a ailadulčabai tendeče bogda gegen–tan dürben qonuγ boltala ǰalaraǰu saγuqui–dur degedü bogda blam–a–ber ergül tabiγlal–i qotala tegüs–iyer bütügebei. ……ǰibzundanba–yin gegen–tan tere–ber ene boγda–i yeke erkim bolγan ailadču baidaγ tula ene üy–e–dur ene boγda tan–amotur–iyer–iyen bičigsen ǰarliγ–un bičig qairalaγsan anu ene metu.[2]

汉译文为:

是年(1808),遍知一切阿嘉活佛从安多地区被邀请到喀尔喀地区,作为哲布尊丹巴的经师。到冬季时,阿嘉活佛从喀尔喀大库伦前往多伦诺尔寺,途中想绕道上师处,以期一晤,并将此想法告知了上师。十月二十二日上师派遣人马出发,前往迎接阿嘉活佛的驿马和车以及引路人等。十一月初七,活佛到达上师的住处。上师率僧队隆重迎接。师徒见面后,互相礼拜,谈论圣法和利益教法与众生之事。阿嘉活佛停留了四天,期间上师具足圆满地做了敬奉之事。……喀尔喀哲布尊丹巴活佛极看重上师,为此捎来

[1] 释妙舟《蒙藏佛教史》,第 209 页。
[2]《察哈尔格西·罗桑楚臣传》,第 513—515 页。

了亲笔书信。

从上文得知,阿嘉罗桑札米扬札木措曾担任过喀尔喀哲布尊丹巴活佛的经师。《传》中未交待是哪一位哲布尊丹巴。成崇德、申晓亭根据哥本哈根影印本(蒙古文手抄本)为底本译的《哲布尊丹巴传》中载:“乾隆二十三年(1756)十月一日黎明,第三世哲布尊丹巴降生于世……乾隆二十九年(1764)即水羊年行坐床大典。”又云:“高宗皇帝命向三世哲布尊丹巴呼图克图问候,并献哈达,圣旨刚颁下,就有人报来三世格根(活佛)圆寂的消息。皇上极为悲痛,说:‘如此幼小的年纪便已入寂,实为痛惜。’”[1]从而得知,三世哲布尊丹巴出生于乾隆二十三年(1756),坐床于乾隆二十九年(1764),幼年圆寂。《传》中所载的哲布尊丹巴给察哈尔格西·罗桑楚臣捎来信件是嘉庆十三年(1808)。因此,《传》中所提哲布尊丹巴不是三世哲布尊丹巴。“第四世格根于乾隆四十一年(1775)称作丑颜年的火猴年降生于卫藏地区。”[2]但未说明坐床和圆寂的时间。“第五世博格达(圣者)格根于嘉庆二十年(1815)称作毕年的木猪年五月九日转生于卫藏地,二十五年(1820)坐床。”[3]与《传》中涉及的时间不吻合。从而能推测出,《传》中所云嘉庆十三年(1808)时的哲布尊丹巴应是第四世。从《传》中记载得知,阿嘉罗桑札米扬札木措曾担任过四世哲布尊丹巴的经师,而四世哲布尊丹巴与察哈尔格西·罗桑楚臣有来往。这些资料对于研究清代蒙古地区,包括外蒙与藏区佛教高僧们之间的交流往来及师承关系具有很高的史料价值。

第二节　文化艺术史方面的价值

藏传佛教二度传入蒙古后,使蒙古族原有的文化再次面临新的选择和重构。因为“文化的独立性使之不断地选择和重构,而连续性则不断地制约着选择和重构,使之永葆民族文化的纯洁、而有别于他民族的文化。有选择的继承和有选择的学习,带来自身文化的重构,有成功者,亦不乏失败者,而一种文化的失败,同时意味着另一种文化的成功,因之我们仍可以说,每

〔1〕 中国社会科学院中国边疆史地研究中心编《清代蒙古高僧传译辑》,第249页。
〔2〕 中国社会科学院中国边疆史地研究中心编《清代蒙古高僧传译辑》,第250页。
〔3〕 中国社会科学院中国边疆史地研究中心编《清代蒙古高僧传译辑》,第250页。

一次文化的重构几乎都会带来一次进步。”[1]所以藏传佛教文化传入蒙古地区后给蒙古族文化艺术带来了新的血液,使蒙古族文化艺术面临新的选择和重构,从而使当时的蒙古族文化和艺术都烙上了很深的藏传佛教文化痕迹。这在该《传》中也有多方面的反映。这对于研究当时的文化艺术史提供了有力的依据,有很高的文献价值。

1. 木刻版印刷事业

“清代蒙古族文化事业发展中,教育的发展比较突出,而八旗蒙古的教育发展尤为显著。清代蒙古族教育体制和形式基本形成了学校教育、寺院教育和私塾教育三个系统。”[2]学校教育主要是面向八旗蒙古子弟,私塾也主要是八旗蒙古驻防大臣和蒙古王公们为自己的子女们设立的。所以“清代虽然有如上所述规格较高、条件优越的正规学校可供蒙古人就读,但是只有八旗蒙古子弟才能享受到这些优越待遇,对内外扎萨克蒙古来说,除极少数王公贵族子弟被送到皇宫接受正统教育外,广大牧民子弟是无权接受学校正规教育的。由于清朝封禁政策及宗教政策,蒙古族聪明伶俐的男孩被送到大大小小寺院里,对他们来说,寺院就是学习文化、接受教育的唯一地方”[3]。这样清代蒙古族教育有了一定的发展,尤其是寺院教育的发展,这对蒙古文图书出版业的发展起到极其重要的推动作用。“当时京师寺庙和蒙古地区多设有木刻印刷所。其中比较有名的是净住寺、嵩祝寺、隆福寺、白塔寺、察哈尔察罕乌喇庙、多伦诺尔庙、塔尔寺、瑞应寺、五台山、大库伦、阿拉善延福寺等处的木刻印刷所。”[4]看来当时的寺院已成为了蒙古文木刻版印刷的重要基地。这也与藏传佛教文化有直接关系,因为当时的藏族地区的“寺庙不仅是知识分子集中的地方,也是汇集和保藏历史文化典籍和文物的地方。一切藏文书籍都由寺庙印经院印刷出版。甘南卓尼禅定寺、德格更庆寺、拉萨布达拉宫和日喀则等地均设有印经院”[5]。所以蒙古地区的

---

〔1〕 丁守璞、杨恩洪《蒙藏关系史大系·文化卷》,西藏人民出版社、外语教学与研究出版社,2000 年,第 311 页。
〔2〕 宝山《清代蒙古文出版史研究——以蒙古文木刻出版为中心》,第 25 页。
〔3〕 宝山《清代蒙古文出版史研究——以蒙古文木刻出版为中心》,第 29 页。
〔4〕 内蒙古社会科学院历史研究所编《蒙古族通史》(中卷),民族出版社,2001 年,第 386 页。
〔5〕 丁汉儒、温华、唐景福、孙尔康著《藏传佛教源流及社会影响》,民族出版社,1991 年,第 135 页。

寺院教育以及木刻版印刷事业都与藏传佛教文化有其渊源关系。

该《传》多处叙述了传主为了刻印自己上师阿嘉活佛、班禅大师(罗桑益希)以及自己的文集或作品而奔走。当时传主的故乡还没有刻印经典的场所,因此传主去北京刻印。当时北京设有诸多蒙藏文木刻印刷所,较有名的有净住寺、嵩祝寺、隆福寺、白塔寺等。其中最著名的藏、蒙古文木刻版基地属北京嵩祝寺。此寺也是章嘉活佛的驻锡之所。藏文《甘珠尔》、《丹珠尔》在嵩祝寺木刻出版,虽然蒙古文《甘珠尔》和《丹珠尔》的出版地不太明确,但嵩祝寺刻印出版了许多蒙古文佛经等,这是毋庸置疑。如察哈尔格西·罗桑楚臣的作品《极乐世界庄严说净土功德彰明慧鉴》跋语曰:“该经版是在京都嵩祝寺由阿尔泰军台甲喇章京阿都沁旗副都统达木林扎布、察哈尔正黄旗第十八额鲁特苏木笔帖式旺钦等为众生利益筹备一切费用刻版。”[1]从而得知,传主的此作品也曾在嵩祝寺刻印。德国学者海西希20世纪初到北京嵩祝寺时,“十七、八世纪初的几千块木版躺在高高的版架上”[2]。这也反映了当时嵩祝寺刻印所的繁荣景象。“嵩祝寺木刻印刷所,是京城寺院蒙古文木刻印刷所的代表,在清代蒙古文木刻出版史上乃至整个蒙古文出版史上都占有极其重要的地位,为传承和发展蒙古族文化方面做出了特殊的、巨大的贡献。”[3]当时传主经常往返于京城和察哈尔镶白旗之间,刻印诸多佛教经典,极大地方便了故乡僧俗大众的学法。

如前所述,传主遇到一些麻烦和困难,所以他决定在自己的根本寺察干乌拉寺建立刻印所。他从京城买来刻版所用的木材,并雇请来刻版匠人后开始在自己的根本寺刻印佛经和其他诸多书籍。随着刻印工作的发展,后来传主还新建了收藏刻版的大殿,并修建了刻版工匠房舍。从此察干乌拉庙成为蒙古地区的重要的蒙古文图书出版机构。“察罕乌喇(察干乌拉)庙达尔罕囊苏格隆阿旺苏德巴将察哈尔格西·罗桑楚臣《极乐世界庄严说净土功德彰明慧鉴》和五世班禅洛桑益西《阿尔达什第王子的故事》在察干乌拉庙刻版。另外,在这里还木刻出版《哲布尊丹巴呼图克图福训》、《言酒害诗》、《戒烟劝言》、《新娘祝词》、《马奶献祭》、《祭火仪轨欢乐之源》等有

〔1〕 宝山《清代蒙古文出版史研究——以蒙古文木刻出版为中心》,第167页。
〔2〕 [德]瓦尔特·海西希著,阿必达、阿特横译《蒙古历史与文化》,第195页。
〔3〕 宝山《清代蒙古文出版史研究——以蒙古文木刻出版为中心》,第167页。

关训言、祝词、祭文方面的小型经书。"[1]传主的十函文集、一些译作以及用蒙文撰写的作品等都在此寺刻印出版。所以察干乌拉庙成为"内蒙古地区最重要的蒙古文图书出版机构,在察哈尔格西·罗桑楚臣及其继承者的直接领导和努力下,察罕乌喇庙成为蒙古文化传授和传播的重要基地,木刻出版了包括佛教经典、高僧传记、文学著作在内的众多蒙古文图书,为蒙古文化的保留和发展做出了贡献,在蒙古文出版史上谱写了光辉的篇章"[2]。该《传》中也多处记载了传主在自己的故乡建立寺院出版机构,精心经营,努力刻印佛教经典等情况。这在本稿第三章第一节"察干乌拉庙刻印中心"和第四章第一节"寺院教育与法事活动"中已举例论述,此处不赘。

2. 雕塑佛像

蒙古地区寺院的佛像塑造技艺主要来自于藏区。随着藏传佛教再度传入蒙古,将藏区的佛教艺术也带到了蒙古地区。当时蒙古地区的"凡佛教寺庙,无论大小,没有一个不供奉佛、菩萨像的,它们或自建或从圣地迎请,进行诵经、开光仪式后,才让佛教徒早夕顶头叩拜"[3]。据1594年成书的《夷俗记》记载,当时右翼蒙古地区已普遍信奉黄教,家家供奉佛像,出入必拜。蒙古贵族还以金、银做成一小盒,内放佛经,背在身上,随时诵读。蒙古人将自己从明朝互市中所得银两几乎都用于铸佛及布施给喇嘛,贵族和富有者出资修建寺庙[4]。"蒙古的佛教是由西藏传来的,接受西藏佛教的教理、教仪,同时也就连同他们的佛教艺术一同接受过来。在寺庙之内保存了许多塑像、画像、法器、幢幡、壁画等等的杰作,只是这些艺术家的姓名不传。"[5]"17世纪中叶以后,藏传佛教美术迎来了其鼎盛期,近代美术的繁荣期开始于五世达赖时期,在七世达赖时期走向鼎盛。此一时期,各种美术门类样式都已成熟:建筑出现了布达拉宫、拉萨三大寺(甘丹、哲蚌、色拉寺)等;绘画以勉塘画派的成熟普及为其标志;雕塑更是名声大振,外传满蒙。"[6]因此藏传佛教再度传入蒙古地区,各大小寺院内供奉着各种各样的

---

〔1〕宝山《清代蒙古文出版史研究——以蒙古文木刻出版为中心》,第171页。

〔2〕宝山《清代蒙古文出版史研究——以蒙古文木刻出版为中心》,第172页。

〔3〕乌力吉巴雅尔《蒙藏关系史大系·宗教卷》,外语教学与研究出版社,西藏人民出版社,2001年,第430页。

〔4〕达力扎布编著《蒙古史纲要》,中央民族大学出版社,2006年,第443—444页。

〔5〕丁守璞,杨恩洪著《蒙藏关系史大系·文化卷》,2000年,第219页。

〔6〕张亚莎《西藏美术史》,中央民族大学出版社,2006年,第288页。

佛像,“供奉的佛、神像,有金制、银制、铜制品,有木雕、石雕和泥塑等。大者有十余米高,小的只有几厘米,无论大与小,均做工精巧,技艺精湛,既是崇拜的神像,又是艺术的精华”[1]。当时的蒙古族喇嘛们和画家、雕塑家们也参与蒙古地区寺院壁画、唐卡、佛像的绘制与塑造。这在该《传》中也有所反映,如:

dučin doluγan següder-un ulaγan morin ǰil-un čaγan sar-a-yin sine-yin nigen-nu edür-e cam-dur ǰalaran aγsaγar-eče sine baiγuiqu geid-un situgen-u erkin bolγan yeke boγda blam-a zungkaba-yin gegen-ü gegen düri-yi ene boγda blam-a-tan öber-un bey-e-yin kemǰiyen-ü kirtai nigen-i sine bütügesügei kemen ǰorilγ-a talbin ailaduγsan büged ilangγuy-a ene ǰüg-un olangki arad anu öber-iyen yeke boγda blam-a zungkaba-yin qoin-a-eče daγaγči bülüge kemen aman abubaču boγda zungkaba-yin gegen-ü yerüngkei ba yerüngkei bosu-yin dalai metü erdem-un čiγulγan nuγud-i medeǰü süsüg türügülkü baituγai boγda blam-a zungkaba kemegči tere enedgeg tübed-un alin-dur ögede bolǰu iregsen ba ali čaγ-tur ögede bolǰu iregsen-nu teduiken-i-ču ülü medekü-yin kiri-tai baiqu büged.[2]

汉译文为:

火马年(1786),上师四十七岁。此年正月初一,作为寺院最重要的怙主,大师想在新建的寺院中塑造宗喀巴大师等身像。他向上级禀告了此想法。因为此处的百姓们虽口头上说自己是圣者宗喀巴大师的跟随者,但别说真正通晓领悟大师大海般浩瀚的文集而产生信仰,连大师是印度人还是藏区人都不清楚。

dučin yisun següder ǰoγuγlaγsan sir-a bečin ǰilunǰon-nu dotur-a uridu dučin doluγan següder-un üy-e-dur ǰorilγ-a talbiǰu ailaduγsan yosuγar. γurban orun-nu amitan-nu blam-a boγda aungkaba-yin gegen düri ene boγda-yin öber-un bey-e-yin kemǰiy-e-eče ilegüü kiritai ündür büged em adis qoliγsan sibar-iyer bütügegsen.čirai kiged bey-e-yin baidal anu masi saiqan bütügegsen büged üǰebesü qanusi ügei adistid-un sür gerel sačuraγsan-i sine baiγulbai.[3]

〔1〕 德勒格《内蒙古佛教史》,第584页。
〔2〕《察哈尔格西·罗桑楚臣传》,第305页。
〔3〕《察哈尔格西·罗桑楚臣传》,第346页。

汉译文为：

土猴年(1788)夏，上师四十九岁。他将前年所计划的三世众生的上师宗喀巴大师的等身像，用药加持的泥土塑造。此像面容端庄，身段比例合适，威风凛凛，光芒万丈，百瞻不厌。

uridu ǰildur minu ečige ǰalan-u ǰangɣi čerengdongrub-ber öber-un süsüg-iyer migčem-a-i ǰaɣun bom ongsiɣulsuɣai kemen amalaɣad boɣda blam-a-yin gegen-tan-a ailadqaǰu gerund geid-eče quwaraɣ-un qural-i ǰalaɣad boɣda blam-a-yin gegen-tan-i-ču qural-un terigün-e ǰalaǰu migčem-a ongsiɣulqu-yin eki-yi ekilegsen büged ene ǰildur süsüg-iyer takiqu sitügen bolɣan boɣda aungkaba-yin gegen-tan-nu gegen düri qoyar toqui kiri kemǰiy-e-tu-yi altadaɣsan-iyer bütügen tegüsgeged basa boɣda blam-a tan-a ǰalbarin ailadqaɣsan-u yosuɣar ǰalaraǰu sin-e bütügegsen boɣda zungkaba-yin gegen tegünü süsüg ergüküi-dur.[1]

汉译文为：

金狗年(1790)，我父亲章京策仁敦若布去年曾许愿念诵弥遮玛(无缘大悲颂)百万次，所以向上师发出邀请。父亲在自己的家寺(额尔德尼吐希庙)举行法会，恭请上师为法会之首席，为法会诵经活动起头。当年，我父亲还塑造了该寺怙主宗喀巴大师的两肘高金像。上师应邀前来为新塑之宗喀巴大师像敬献了松苏格(songsug)。

boɣda öber-un saɣuri geid deger-e kürčü ireged.edüge yeke dukang-un ɣool-dur ǰalaǰu aɣči boɣda zungkaba-yin gegen düri ɣurban toqui kiri-yin kemǰiy-e-tu ba yarni-yin süm-e-dur ǰalaǰu aɣči sačalal ügei čidaɣči-yin erketü borqan baɣsi-yin gegen düri qoyar toqui kiri-yin kemǰiyetü ene düri-yi čaɣasu sibar-iyer uralaɣulǰu sine bütügeged.dotur-a šungšug ergükü ba rabni nuɣud-i-ču saitur ailadun ǰoqiyaǰu üǰegsen sonusuɣsan duraduɣsan kürülčegsen-ü aɣuu yeke ači tusa luɣ-a tegülder baraɣdasi ügei adistid-un sang bolɣan egüdbei.[2]

汉译文为：

水鼠年(1792)，他亲自泥塑了高三尺左右的宗喀巴像和高两尺的释迦牟尼佛像各一尊，分别供奉于察干乌拉庙大经堂和额尔德尼吐希庙。分别

〔1〕《察哈尔格西·罗桑楚臣传》，第354页。

〔2〕《察哈尔格西·罗桑楚臣传》，第360页。

敬献了松苏克(songsug),并进行了开光仪式。作为观想、闻思、念触之伟大利益具足的摄授之藏。那时还泥塑了宗喀巴大师、无量寿、阎曼德迦、阎罗法王、毗沙门等像。之后几年之内塑造了无数佛像,供众多俗徒供奉礼拜。

basa uruγsi olan ǰilun emune−eče boγda blam−a−tan−iyer.ene qusiγun−u tüsimed čerig neite−dur γadaγadu dotuγadu−yin qarsi nügüčel čiqula künügel bügüde amurliγad nasun buyan čoγ učaral terigüten sain−u kiγulγan degegsi arbidqui bolqu−yin tulada boγda zungkaba−yin gegen kiged ilaǰu tegüs nügčigsen luus−un erketü qaγan.ǰirγuγan motor−tu türgen−e ǰokiyaγči belge bilig maqaγala.yeke qaγan güwan lo ǰi qoyar−tur ǰil büri niǰiged delgerenggüi taqil baling ergüǰü taqiqu ǰirum−i toγtaγaγsan anu tasural ügei aγsan.[1]

汉译文为:

多年前,上师就为此旗的官员和将士们的内外障碍和灾祸的消除、福寿吉祥、善业增长而塑造了宗喀巴大师、薄伽梵自在龙王、六臂速成智慧大黑天、大帝关老爷及眷属之像。还规定了每年为大黑天和关老爷举行若干次朵马供奉仪轨。此仪式延续至今。

上文主要叙述了传主及施主们塑造宗喀巴大师等怙主像之事。清代,蒙古地区藏传佛教寺院中供奉宗喀巴大师像极为重要。“凡是喇嘛教格鲁派寺庙,都作为主佛来供奉宗喀巴像。一般寺庙在正殿供奉,大寺庙设专殿供奉。凡是供奉宗喀巴的殿堂内,在宗喀巴像两侧供奉达玛仁钦(贾曹杰)、格勒巴桑(克主杰)像。”[2]除塑造供奉宗喀巴大师像外,还塑造了一些其他怙主像,如:

ene gegen düri baraγalaǰu mörgügsen nuγud bügüde sedkil anu erke ügeküy−e küdelkü büged bodadu gegen bey−e lüge adali−yin baidal urγuqu anu bide neite bügüdeger ilete üǰeǰü baidaγ ene metü boi.tegünčilen basa ene ǰil−dur geid−un situgen bolγan ilaǰu tegüs nügčigsen čoγtu wačir ayuγuluγči γaγča baγatur yamandage kiged mančusiri−yin ǰarliγčilan aγči tangγariγ−tu erlig nom−un qan salta−yin bey−e−yin kürüg ǰiq−a qormoi−yi anu sain kadi−ber üiledügsen bürkügül salta−yi−ču sine bütügen baiγulbai.[3]

〔1〕《察哈尔格西·罗桑楚臣传》,第505页。
〔2〕德勒格《内蒙古佛教史》,第534页。
〔3〕《察哈尔格西·罗桑楚臣传》,第347页。

汉译文为：

前来礼拜之百姓们不由自主地心中生敬仰，如同见到大师本人一样。这年的晚些时候又塑造了怙主薄伽梵独勇怖畏金刚阎曼德迦和阎罗法王及眷属等像。

basa urida bosud–ber ergügsen sangdui damčuγ qoyar–un kürüg–un čaγan ǰiruγ nigen alta–yin kiri–tai niǰiged aγsan tegün–dur ene üy–e–dur sir ergügülkü ba sain torγ–a–ber–iyen qormoi terigüten–i üiledgegülügsen büged.tegü luγ–a qamtuda wačir ayuγuluγči arban γurban borqan–tu yamandaγ–a–yin nigen yeke kürüg–i–ču sine bütügeǰü rabni saitur ailaduγad geid–un situgen bolγan ǰalabai.[1]

汉译文为：

之前，把别人供奉的一庹长的密集胜乐金刚像予以彩绘，还用上好的绸缎做了衣襟边。同时还新造了吉祥怖畏金刚十三佛中的阎曼德迦像，并进行开光仪式，作为寺院的依止怙主进行供奉。

tere čaγ–tur ilaǰu tegüs nügčigsen γučin doluγan borqan–tu güngrig–un qota mandal–un nigen kürug–i sine bütügeǰü mün tere boditib süm–e–yin geid qural–un sitügen bolγan talbibai.[2]

汉译文为：

那时，上师给薄伽梵三十七佛做了大日如来坛城之像，供奉在宝地梯布寺经堂。

tabin nigen següder ǰoγuγlaγsan čaγan noqai ǰil–dur čagan aγula–yin süm–e–yin qural–un yeke dükang–i yekedkeǰü sine baribai.γool sitügen boγda cungkaba–yin gegen–e arslan–tu sirege tüsilge günggerüwa salta uralalγ–a baidal qotala tegüsügsen–yisine egüdčü ergügsen büged. arslan–tu sirege–nu dotur–a migzim–a–yin egüden–eče bütügegsen sang qomq–a kiged er–e em–e ǰaγγ–a–yin kürdun terigüten–yi yosučilan bütügeǰü orusiγuluγsan boi. basa geid–un sitügen–dur belge bilig–tu yeke nom–un sakiγulsun türgen–e ǰokiyaγči ǰirγuγan motor–tu belge bilig–un maqaγala ükin tengri kiged dürben ǰagγ–a terigüten nügüd salta ba.tegüs čoγtu ükin tengri matar qangsiyar–tu

[1]《察哈尔格西·罗桑楚臣传》，第 377 页。
[2]《察哈尔格西·罗桑楚臣传》，第 350 页。

arslan qangsiyar–tu qoyar kiged dürben čaγ–un ükin tengri čoγtu ükin tengri urtunasutu egeči degüü tabun tengri arban qoyar danm–a terigüten nügüd salta ba. yeke qaγan–u sardani naiman ǰagγ–a daγulta nüküd salta kiged erketü–yin ǰüg–un šašin–nu sakiγulsun yeke qaγan urtu egüle güwan lo ǰi kübegün tüsimed nüküd salta lüge dürben yake kürüg–i urida–yin bütügegsen yamandage erlig qaγan qoyar–un kürüg lüge adali kemǰiy–e baidal–iyer sine bütügeǰü rabni saitur ailaduγad bodadu belge bilig–tan lüge ilγal ügei ilangγui–tu sitügen bolγan adisdidlan ǰokiyabai.[1]

汉译文为：

白狗年(1790),上师五十一岁。他扩建了察干乌拉庙大经堂。还新添了主要怙主宗喀巴大师的狮子座靠背和佛龛等。狮子座上新置了弥遮玛之法门成就之宝瓶和男女姊妹护法之法轮等。还为寺院怙主请了智慧大护法神六臂大黑天、吉祥天女和四姊妹护法、吉祥天女鳄鱼嘴、狮子嘴二者、四时天女、吉祥天女、长寿姊妹五天、十二地母、净饭王八姊妹和眷属等。还新塑了东方护法大帝云长关老爷之子臣及眷属四大像,像的大小与之前所塑的阎曼德迦和阎罗王二者之像相同,并进行了开光仪式。还将其视为与真智者无区别的怙主来加持。

tere čaγ–tur gürim ailadqu–yin ǰabsar–a erdeni tusi–yin süm–e–yin ǰun–u yake iruger–un següldür ergilge–dur ǰalaqu maidari–yin gegen düri–yi sine bütügegsen–ü šungšug ergüküi–dur boγda blam–a–tan–ber boγda degedü ǰangγiy–a gegen–tan–nu čaγan bolur toil–yin taγalal–un yosuγar nom–un bey–e–yin seril–un čoγča terigüten–i motor–iyer–iyen ergüǰü rabni ailaduγad belge bilig–tan luγ–a mün činar ilγal ügei ilangγui–tu sitügen bolγan üiledčü ene orun–dur čaγlasi ügei ülǰi–yin boyantu belgen γarqu bolγan adisdidlabai.[2]

汉译文为：

额尔德尼吐希庙夏季祈愿法会快结束时,为右绕而新造的弥勒佛像敬献了松苏克(songsug)。随后,寺院请上师按照章嘉活佛的“白晶镜”仪轨中所说的那样,将法身之舍利等用手敬献,举行开光仪式。将其视为与智者无区别的最胜依止怙主、为此处生吉祥法相而加持。

---

〔1〕《察哈尔格西·罗桑楚臣传》,第352—353页。

〔2〕《察哈尔格西·罗桑楚臣传》,第403页。

蒙古地区藏传佛教寺院中，主要供奉宗喀巴大师像外还供奉佛、菩萨和诸护法神像。上文中记载了当时所塑造的薄伽梵独勇怖畏金刚阎曼德迦、阎罗法王及眷属、密集胜乐金刚、大日如来、大黑天、吉祥天女、四姊妹护法、吉祥天女鳄鱼嘴、狮子嘴、四时天女、长寿姊妹五天、十二地母、净饭王八姊妹和眷属、关帝及其眷属像等菩萨像和护法神像。还塑造了诸多藏传佛教护法神像，因为藏传佛教认为“这些护法神，本来是如来、弥勒和各菩萨的化身，他们显示出的凶残、恐怖形象，是为了镇压残害人类的妖魔而变化出来的，它的凶猛说明了力量，奇特、恐怖表现了愤怒、无畏和大胜利的气概”〔1〕。从上文看，塑造佛菩萨和诸护法神像所用的材料主要是金属、泥、纸等，特别值得注意的是，还有少量的绸缎和布。本地的制造技艺主要来自藏区的传统寺院艺术形式。“近代的西藏雕塑艺术不仅样式上走向成熟和程式化，而且种类繁多齐全，分泥塑、木雕、金属铸造、金属凿刻与石刻诸种类。”〔2〕可见当时藏地的这些技艺已经传到蒙古地区，使各大大小小的寺院广泛使用。《传》中记载：“（上师）在工艺学方面对佛身的定量、坛城的线条、佛塔的式样等技艺很娴熟，所写藏文楷书与行书也极优美和雅观，在语言修辞方面有极高的讲、辩、撰写等能力。”〔3〕从而得知，传主塑造佛像时也遵循着严格的定量标准。而且《传》中记载，塑造宗喀巴大师的等身像所用泥土还用药物予以加持。每次新塑佛、菩萨、宗喀巴大师和关帝等像时都敬献松苏格（songsug），并进行开光仪式。这与藏地塑造佛像有其同源关系。藏地的“泥塑造像与金属雕刻一般用来塑造佛、神像，故属于比较正统的寺院艺术形式，有着相当严格的制作程序与规定。创作之前先必须举行一定的宗教仪式，包括咏诵经文，奉献供品或给穷人发放布施。上师（喇嘛）要为艺术家、制作场地、所使用的材料及工具等祈祷，其目的是让宗教神性进入艺术家的心灵与材料工具之中，以保证艺术品的神性。其次在制作造像时要严格按照造像度量经去作，不得有误，否则艺术家因制作艺术品而获得的功德会因错误的尺度而丧失殆尽。”〔4〕这样宗教与艺术是相结合在一起的。虽然这些藏传佛教造像艺术都以宗教为主要内容，但却是创造者的艺术和智慧之结晶，有极高的艺术价值。也为我们今天研究古代艺术史提供了极好的资料。

---

〔1〕 德勒格《内蒙古佛教史》，第 546 页。

〔2〕 张亚莎《西藏美术史》，第 304 页。

〔3〕《察哈尔格西·罗桑楚臣传》，第 754 页。

〔4〕 张亚莎《西藏美术史》，第 305 页。

第三节　社会生活史方面的价值

一、祭祀活动

本《传》是高僧传记，主要揭示了传主一生的宗教活动，但也不可避免地叙述传主的事迹，记载了不少传主所在地区的社会生活状况。如，遭遇旱灾时祈雨、立敖包祭祀、祭龙王、祭关公、祭苏勒德腾格里和战神等，还反映了当时人们的赛马、摔跤、歌舞、嫁娶、丧葬等习俗。这些资料都是反映当时社会生活史的珍贵资料。对于研究清代蒙古族社会生活情况提供了极珍贵的第一手资料。

1. 苏勒德腾格里与腾格里翁古特信仰

清代蒙古族的祭祀活动有许多种，其中有关腾格里神的祭祀活动是最重要的祭祀活动之一。此活动与蒙古族古老的原始崇拜萨满教有关。蒙古族称天神为腾格里，也认为他是自然界的阳性之源，是被人格化的天神。但它并不是指具体某个天神，而是蒙古族萨满教所说的九十九个腾格里之统称。苏勒德腾格里是这九十九个腾格里之一。蒙古族“自从成吉思汗时代起，苏勒德的观念可能已经出现了。它实质上指某人，如同成吉思汗一样，拥有一种神，一种保护他的沿途旅伴……苏勒德有时也用来指成吉思汗的旗。对于这一旗神，人们表现了特殊的崇拜……人们认为苏勒德神居于旗中，是永生的（这是萨满教的表现形式），受保护者当然会死亡，但其守护神是永生不死的。在这位可汗薨逝之后，苏勒德旗神仍继续受到崇拜，一直到当代最近的时间”〔1〕。那么苏勒德神与腾格里（tengri，天）神之关系如何呢？海西希先生认为：“国君的这尊苏勒德神是其君主之神赐能力的人格形象。因此，君主的苏勒德神，尤其是在有关成吉思汗的问题上也被看作是民间宗教万神殿的腾格里神之一，它从中也以腾格里神的面目而出现。”〔2〕因此将苏勒德神与腾格里神相提并论的情况很多。祭祀地点为“在山丘等高处立木头或堆石头作为标记，以此代表‘腾格里’。在每年春秋两季进行祭祀……立标的山丘被视为禁地，禁止利用那里的树

〔1〕［意］图齐、［德］海西希著，耿昇译，王尧校订《西藏和蒙古的宗教》，第467—468页。
〔2〕［意］图齐、［德］海西希著，耿昇译，王尧校订《西藏和蒙古的宗教》，第472页。

木和草场。"[1]后来藏传佛教二度传入蒙古后"喇嘛教团所作出的为使本宗教系统化和相融和之努力也涉及了苏勒德腾格里神,后者由于其保护施主之功能和好战的形象也与战神集团完全相适应"[2]。因此苏勒德腾格里神也变成了蒙古地区藏传佛教万神殿中的一位护法神,继续被蒙古族崇拜祭祀。该《传》中也反映了祭祀苏勒德腾格里神的情况,如:

ene luu ǰil–dur yisun sar–a–yin qorin qoyar–un tengri–eče baγuγsan yeke adistu edür–e boγda öber–iyen sine ǰokiyaγsan ǰang üile–yin yosuγar qotala tegüs ǰang üile motor–un abulγ–a–yin egüden–eče sülde tengri–yin sitügen tuγ bosqaǰu üčig takilγ–a–yi delgerenggüi ailaduγsan büged.[3]

汉译文为:

今年九月二十二日是上天降赐之苏勒德神的隆重加持之日,上师按照自己新作的仪轨文树立了苏勒德腾格里神旗(sulde tegri–yin situgen tuγ),念诵供词,举行了供奉仪式。

从而看出苏勒德腾格里祭祀仪轨已经与藏传佛教祭祀仪轨相结合,也说明了藏传佛教传入蒙古地区后的地方化。除此之外还有腾格里神(天神)和翁古特(萨满教偶像)崇拜。无论腾格里还是翁古特崇拜都是蒙古族原有的萨满教诸神之一,蒙古族认为"所有的腾格里天神,无论是对自然之力的神化,还是抽象的超自然之力;无论是星辰还是汹涌澎湃的江河,它们都有同样的作用,保护那些向它们祈祷的人"[4]。后来藏传佛教二度传入蒙古后与原来的萨满教逐渐融合,但是互相的矛盾冲突也不少。《传》中也反映了当时两种宗教之间的矛盾:

tereču boγda blam–a öber–iyen yirtinču–yin tengri čidgür alin–dur–ču asida–yin abural bolγan baridaγ ügei anu sai nomlaγsan metü büged tegüber ülü baran ene ǰüg–un neliyed olan arad–un iǰaγur ündüsün–dur ongγud tengri–yi takiqu ba ongγud tengrikemekü čidgür čegeǰin–dur anu oruǰu čočaγsan bögenar kemedeg nuγud–ber čidgür čočaγad ǰarim daldaki yaγum–a–yi nebte šibtu todurqai kelegsen–dur sitüged ǰarim–ud–ber tegündür asuru itegeǰü sedkil–iyen qadangγadqaqu ba.ebedčin nuγud–tur–ču tere–ber ile botatai tusa qoor

〔1〕罗卜桑悫丹著《蒙古风俗鉴》(蒙文),内蒙古人民出版社,1981年,第122页。
〔2〕[意]图齐、[德]海西希著,耿昇译,王尧校订《西藏和蒙古的宗教》,第474页。
〔3〕《察哈尔格西·罗桑楚臣传》,第506页。
〔4〕[意]图齐、[德]海西希著,耿昇译,王尧校订《西藏和蒙古的宗教》,第430页。

üiledkü kemen sedkiǰü tedeger–i abural bolγan sitügčin olan baidaγ büged. amitan–u uduriduγči kemen erimsiγči ǰarim nigen yeke blam–a kemegčin nügüd–ču ebedčin ada terigüten–iyer nerbegdegsen–ber abural ailadaaγsan–u qariγu–dur ongγud tengri aγurlaǰuqui kemekü ba tegüni takibasu sain abural bolγaǰu sitübasü sain kemekü–yin bošuγ lüngdan baγulγaqu terigüten ene ǰüg–dur olan sine baiqu bolbaču.boγda blam–a ene anu nom–un učir ilγal–i ülü medegči arad nuγud–ber kerbe tegüni asida–yin abural bolγan sitükü metü sadkil–iyen daγadqan üiledkü bolbasu yeru alus taγan masi yeke qoor bolqu–yi ailadču.abural ailadqaγčin terigüten–e büküli següder tegen tere metü–yi ǰarliγ boluγsan yeru oγtu ügei.bi öber–un bey–e–ber qori ilegüü ǰil kiri boltala bey–e–yin dergete sitarlan sitügsen bolbaču ene boγda blam–a–ber nom bosu–yin ǰüg–dur sedkil–iyen qadangγadqaγsan kiged amitan–dur qoorlan künügegsen–i anu γaγčaqan–ta–ču yeru oγta üǰegsen ügei adali bosu arad–i erkilen kereglegči kümün ken lüge–ču nükürlen dasulčaqu–yi ailadudaγ ügei bügesü γurban erdeni–dur ülü süsüglegčin kiged tarnis nomtan terigüten lüge nükürlen qanilaqu–i üiledkü qamiγ–a–eče irekü.borqan–u bey–e–yin düri ǰirumal saγulal urilalγ–a sain maγu yambar metü nigen–dur–ču eleglekü maγusiyaqu–i ailadudaγ ügei büged bodadu borqan luγ–a adali–yin sanaγ–a–i türügülkü ba tabiγlal ergül kündülel–i ončalan abun ǰokiyadaγ tula čaγ ürkülǰide γurban erdeni–yin sitügen–dur tabiγlal ergül kündülel kiged arčin sigürdekü ariγun čeberlel–i masi yekede ǰokiyadaγ büged takil–i–ču aγuu yeke boluγad elbeg olan kiged ukiyal üǰesgüleng–tu boluγad qaγurmaγ ügei bolqui–dur kečiyen ǰokiyadaγ. üglige–yin eǰed terigüten–ü ergügsen süsügten–nu ed terigüten–iyer bey–e ǰarliγ sedkil–un sitügen–i sin–e bütügekü ba.blam–a γurban erdeni–dur takil ergükü ba.sitügen–dur qobčad terigüten–ü siltaγan–dur darui darui–dur qairalal ügeküy–e ǰarudaγ büged.motur–un sudur–ud tus tus ali sain kib torγ–a–ber qobčad ergün ǰokiyadaγ. ilangγuy–a boγda zungkaba–yin ǰarliγ–un debter–ud–tur ali sain kib torγ–a–ber qobčad ergüged debter bügüde–yin deger–e ǰaladaγ.biden–dur surγul ailadqui daγan–ču yerü degedü nom–un debter–tur tabiγlal ergül küldülel–dur kečiyekü keregtei.[1]

[1] 《察哈尔格西·罗桑楚臣传》,第 613—616 页。

汉译文为：

如上师所述，他从不将世间的腾格里（tengri，天）鬼等视作自己的救主。此处，还有许多百姓从骨子里敬奉腾格里（tengri）、翁古特（ongγud，萨满偶像），在他们心中烙下了很深的烙印。有些人对萨满巫师预知神秘未知世事的能力极为崇信。他们认为，这些神对病人能做有利之事，也能做有害之事。所以将他们视为救主敬奉。尤其那些自以为众生引导者的大喇嘛们染上疾病后也认为是翁古特腾格里愤怒之故。为此，他们下达了一些将天神们视为救主供奉的预兆和法旨。上师常训导那些不知佛法与萨满教之区别的百姓们，告诫说，如随意将翁古特腾格里视为永恒救主，以后会引来大祸。上师一生从未将翁古特腾格里视为救主。我跟随他身边有二十余载，从未看到他心向外道之法或伤害生灵之事，更何况是对百姓呢？他从不与世人交友来往，所以不可能与不信仰三宝者或外道者交友。对佛的塑像、画像、坐像等无论美与丑，他从不取笑贬低，如见了佛的真身一样敬奉，所以他经常敬献三宝怙主，定期进行洁净之仪，还极隆重地进行洗浴和供奉仪轨。将施主们献来的财物，毫不吝惜地用在塑造身语意之怙主像、敬献三宝之事、为怙主做衣物等事上。将经典册子用丝绸妥善包好，尤其是宗喀巴大师的教言经典，一律使用最上等的丝绸，包好后敬放于诸书之上。他也经常教导我们说，敬重圣教之经典，尤其是宗喀巴大师的教言和菩提道次第论等是能够把我们从劫难中救出的万法之宗，所以让我们对这些经典进行敬奉和洁净之仪。

上文中所说的腾格里神是蒙古族萨满教中所说九十九个腾格里的统称，未指某个天神。翁古特是由木材、羊皮、毛毡、铜等材料制作的先祖的模拟像。但普通的蒙古人把翁古特视为自己的保护神。翁古特也是萨满法师们举行宗教活动的道具，在祭祀或驱鬼等活动中将翁古特作为保护神。也有萨满法师死后其灵魂附体于翁古特的传说，所以萨满法师举行宗教活动时携带翁古特，认为，在翁古特身上有先世萨满法师灵魂的力量。看来当时的蒙古地区信奉萨满教者也有不少，但传主作为格鲁派的高僧，极力反对信奉萨满教。从而推知，藏传佛教与萨满教的融合也是有选择的，萨满巫师们的杀生、欺骗等行为是藏传佛教所不能接受的。

2. 敖包信仰

敖包信仰的产生也与蒙古人的万物有灵论的思想有关，他们认为所有土地都有灵魂，可以给人们带来吉祥与灾难。所以祭祀敖包成为“蒙古民间最普遍的一种祭祀活动。鄂博(敖包)是草原上所习见的供人祭祀的石堆,‘垒石成山’,‘视之为神’。它是山神、地神及游牧民族保护神的化身”[1]。还有在“固定的地点堆起的土堆(即鄂博),一般都在高地、山口、交叉路口等处。它们作为当地的守护神和地神的神祠,享受到了特别的崇拜”[2]。后来藏传佛教二度传入蒙古地区后改造和融合了这些完全属于蒙古族的民间宗教,祭祀的形式和仪轨文中都掺杂了藏传佛教的诸多因素。本《传》中记载:

basa ene somun–u olan sir–a qar–a neite–ber urida–eče baiγulǰu ǰil büri takiǰu baidaγ qaγučin obuγ–a tegüni ǰiči sinedgen selbiǰü luus–un erketü qaγan–nu sang qomq–a–yi yosučilan bütügeǰü daruqu terigüten–e qotala tegüs masi ariγun ǰang üile kiged motor–un abulγ–a–yi ǰokiyaγsan büged.tere obuγan–dur küsel–i qangγaγči tegüs ǰirγalang–tu obuγ–a kemekü ner–e–yi–ču ergügsen ba bančin erdeni–yin gegen–tan–u ǰokiyaγsan delgerenggüi basing–un čüke erdeni erige terigüten–ü egüden–eče degedü dooradu ǰočid nuγud–i ariγulqui basing kiged tekil baling terigüten–iyer qangγan ǰokiyaǰu tere obuγan–i ǰil büri–yin yosuγar takiku–yin ǰirum–i baiγulbai.obuγ–a bosqaqu yosun terigüten kiged loos–un erketü qaγan–u sang qomq–a–yin čüke–yi–ču ene üy–e–dur ǰokiyaγsan bolultai.[3]

汉译文为:

火羊年(1787,上师四十八岁)将此苏木的僧俗众人所供奉的敖包予以重修,并进行了自在龙王宝瓶水成就仪式,将此敖包命名为福乐敖包。举行了班禅额尔德尼所作《广演煨香仪轨宝鬘之法门净上下客之煨香》和供奉朵马等,规定每年都举行供奉。随后上师还撰写了《立敖包之论》和《自在龙王宝瓶水之仪轨》等文。

ene ǰil–dur ǰegün γar taipusa–yin kübegetü čaγan taipusa neite–ber ǰalbarin ailadqaγsan yosuγar ǰalaraǰu teden–ü qarsi nügüčel čiqula künügel bügüde amorliqu ba sain–u čiγulγan bügüde degegsi delgerekü–yin tulada gürim terigüten–i ailaduγsan büged.tegüber ülü baran taipusa–yin olan süsügten

〔1〕义都合西格主编《蒙古民族通史》(第三卷),内蒙古大学出版社,2002年,第486页。
〔2〕[意]图齐、[德]海西希著,耿昇译,王尧校订《西藏和蒙古的宗教》,第498页。
〔3〕《察哈尔格西·罗桑楚臣传》,第320页。

nügüd–ber urida–yin neliyed keduin–eče boγda blam–a tan–a üneker süsüg bisirel–iyer ǰalal ailadqaγsan–u yosuγar kedün udaγ–a kiritai ǰalaraǰu gürim kiged küsegsen nom–i qairalaqu terigüten–iyer egerel–i qangγan ǰokiyaγsan boi.basa ene kiri–yin nigen üy–e–dur siluγun čaγan–u qoničin sürug–eče ǰalal ailadqaγsan yosuγar ǰalaraǰu yeke doyun kemen aldarsiγsan yeke aγula–yin orγil deger–e γaǰar–i sinǰilekü γuyuqu ariγudqaqu terigüten urida yabuqu–yin egüden–eče obuγ–a bosqaǰu tere ǰüg deki arad kümün kiged kümün bosud nutuγ orun salta–dur ülǰi–yin buyan–tu belges čaγ ürküljide arbidqu–yin ači–yi qairalabai.[1]

汉译文为：

木鼠年（1804，上师六十五岁）今年，上师应邀到东太仆寺举行了几次法事活动和为他们宣讲了久所欲闻之教法。随后还应邀到镶白旗的辖区，在当地闻名的大多颜山（yehe doyon aγula）顶，举行了祈地净地仪轨后立了敖包。为此处及附近地区的百姓们赐予了能加功德的吉祥之法相。

lamučering–un somun–u sir–a qar–a neite–ber ǰalbarin ailadqaγsan yosuγar altan γadasu kemen aldarsiγsan aγula–yin üǰügür–e γaǰar sinǰilekü γuyuqu ariγudqaqu ba ilaǰu tegüs nügčiγsen loos–un erketü qaγan–u sang qomq–a daruqu terigüten–i onisuγ–a bolbasuratala ailadun obuγ–a bosqaγad degedü dooradu ǰočid–i basing kiged takil baling terigüten–iyer bayasqan ǰokiyaǰu bürün.[2]

汉译文为：

木牛年（1805，上师六十六岁）应邀到拉木策仁苏木的阿拉腾嘎达苏（altan γadaγasu）山顶，为此处的僧俗百姓举行了堪地祈地净地和薄伽梵自在龙王埋宝瓶等仪式后立了敖包。进行煨香和朵马供奉，神人共欢，功德圆满。

basa boγda blam–a–ber toin blam–a–tan–nu nutuγ deki ülǰi buyan–i arbidqaγči rasi γimbal aγula kemegdekü aγula–yin degereki obuγan–i takiqu–yin tulada ǰalaraγsan nigen üy–e–dur ene aγula–yin eǰen yeru–yin nigen delekei–yin eǰen bosu.yeke külgen–ü mür–tur oruγsan nigen tengri boi–

〔1〕《察哈尔格西·罗桑楚臣传》，第468页。
〔2〕《察哈尔格西·罗桑楚臣传》，第474页。

y−a kemen ailadǰuqui.tegünče mün tere aγula−yin qormoi−dur surči bolaγ kemegdekü nigen bolaγ baidaγ anu tegünče uruγsi nigen keseg usun anu qumsa boluγsan−u tula tegünü učir siltaγan−i boγda blam−a−dur ailadqaǰu tegüni takiqu−yin tula ǰalaraγsan−iyer masi yeke küčütü salkin küdelǰü bariγsan maiqan toγtaqu ügei metü baiqui−dur edüge degen salkin masi yeke tula takilγ−a ailadču bolusi ügei bolultai keseg ǰaγur−a salkin amaraqu−yi küliyey−e kemen ailadqaγsan−dur γaiγui salken amaraqu boi−y−a kemen ailadču nidun−nu gegen−iyen üčüken anin ailadču baraγun motor−un alaγ−a−yi salkin−u ǰüg qantuγilun ailaduγsan darui slakin amaraǰu takilγ−a−yi ailadbai.tere takilγ−a ailaduγsan−eče qoisi tere bulaγ−un usun masi arbin elbeg bolǰuqui.[1]

汉译文为：

喇嘛罗桑莫伦邀请上师前去他的故乡祭祀敖包。其敖包位于增吉善之拉西格木比拉(rasi ginbil)山顶。上师来到山上观察后说："此山神不是地方之神，而是位列大乘之道的一位天神。"山麓有一眼泉水名为苏日齐布拉克(surči bulaγ)，不久干枯。上师听闻后便使他们前往祭祀。刚好刮起了大风，帐篷都被吹得摇摇晃晃，所以他们禀告上师说："无法进行祭祀，是否停一会儿等风力减弱再进行呢？"上师云："不用，风会停的。"他微闭双眼，伸出右手掌对风向，口念咒语，风力立即减弱了。于是顺利进行了祭祀。完毕，泉水泛涌而出。

从上文看出，当时蒙古族的敖包信仰与藏传佛教相融合。祭祀的仪轨中已经掺杂了诸多藏传佛教的因素，如祭祀敖包时诵读藏传佛教的祭祀仪轨文，还供奉朵玛，立敖包时首先进行祈地净地仪轨，祭祀时主要是喇嘛们操作等。这些资料充分说明了蒙古族原有的民间宗教与藏传佛教的融合情况，为研究清代蒙古族宗教提供了珍贵的依据。

3. 龙神信仰

蒙古族对龙神的崇拜也是由来已久。"蒙古族自古就有祭拜天地之神和龙神的习俗。无论何地方之人都有同样的习俗。一年两次大型、两次小型祭祀天地之神。"[2]蒙古族自古就有祭拜湖、泉、河之主的习俗，认为某个神灵主宰着此地，因此产生敬畏之心，举行祭祀活动希望那些神灵们护佑

〔1〕《察哈尔格西·罗桑楚臣传》，第769页。
〔2〕罗卜桑悫丹《蒙古风俗鉴》(蒙文)，第122页。

他们,别带来灾难等。"(蒙古族)将山、湖、泉、敖包、高地等视为神主们的居住之所而供奉。元朝时期,产生、流行于印度和藏地的佛教传入蒙古地区,从此蒙古地区的人们越来越信而奉之,将原祭祀之地进奉给喇嘛们,请求他们福祐,喇嘛们便在那原来祭祀之地建起了寺院。"[1]看来藏传佛教传入蒙古后与蒙古族原有的诸多民间信仰相结合,使蒙古族极快地接受并极力信奉。藏传佛教中也有龙神的崇拜,"藏族地区与龙相近的神灵有佛教的那伽和苯教的鲁二种,随佛教的传播,佛教的那伽与苯教的鲁神很难在史诗、传说故事中分辨清楚"[2]。说明他们的功能与形象都很相似。"这些龙最初的住所是河和湖,甚至是一些井;它们在水底有家,守卫着秘密的财富。"[3]早期的龙神形象是一种可以随时附身或者变身为蛇、蛙、鱼、蟹的精灵,且无处不在。它在威胁着人类的生命,因此,它是人间四百二十四种疾病之源,瘟疫、梅毒、伤寒、天花、麻风病,无不与之有关,它是一种人类需时时谨慎敬奉、却随时还可能给人类带来疾病灾难的精怪[4]。这与蒙古族原有的龙神也有其相同之处,都是既能给人类带来福祐,又能给人类带来灾难的神灵。该《传》中也反映了祭祀龙神的情况,如:

tendeče qorin yisun següder ǰoγuγlaγsan sir–a quluγan–a ǰil–un dürben sar–a–dur begeǰing–eče öber–un orun–dur ǰalaraqu–yin tula inaγsi ǰam–dur garču ulam–iyer ögede bolǰu irekü–yin ǰam–dur türügsen orun–eče nigen edür ilegüü kiri–yin γaǰar–a baidaγ alta–tu kemekü γaǰar–a qonuγ boluγsan–u süni–yin ǰegüden–dur.nigen imaγan daquu emüsügsen ebügen ireged bi čimagi uγtuǰu irebei kemen urida–yin tanidaγ metü–yin aγali üǰegülün büküi–dur. ene boγda–tan–iyer či ken bülüge kemen ǰarliγ boluγsan–a.bide qoyar nigen nutuγ–un kümün bügetel–e namagi taniqu ügei boyu–yu kemeged. ǰegün γar–un sigiǰi quruγun anu iruγar–ečegenoγtalaγdaγsan–i üǰegülǰü či minu ene γar–i–yi edegekü keregtei kemegsen–e.ene boγda tagalal–dur ene ebügen–ü ene γar–turyar–a sirq–a gruγsan metü nigen bolbasu em–iyeranaγan čidaqu nigen bolqu bolbaču egünü ene sigiǰi quruγun anu iruγar–eče bür oγtalǰu orkiγsan baiqu tula ǰiči yaγakin urγuqu boi kemen sedkigseger–un agar–a noirasuγsan–

〔1〕 罗卜桑悫丹著《蒙古风俗鉴》,第 123 页。
〔2〕 才让《藏传佛教民俗与信仰》,民族出版社,1999 年,第 113—115 页。
〔3〕 霍夫曼著,李有义译《西藏的宗教》,中国社会科学院民族出版社,1965 年,第 5 页。
〔4〕 丹珠昂奔《藏族神灵论》,中国社会科学出版社,1990 年,第 5 页。

ečegen sariged.tere ebügen namaluγ–a nigen nutuγ–tai kemen ügülegsen–iyer bodubasu man–u quγulatu γool–un nigen delekei–yin eǰen mün bolbau.nutuγ–un kümün nügüd üile yabudal sain ügei–ber tegünü γar–tur qoor boluγsan bolbanu–yu kemen ailadču sedkiküi bolǰuqui.[1]

汉译文为：

土鼠年(1768),上师二十九岁。此年四月,从北京出发返回故乡。途中曾在离故乡有一天路程的阿勒塔图住宿。当晚,上师梦见一位穿羊皮袄的长者走过来,像老相识般地说:“我是来迎接你的。”上师问道:“你是何人?”长者回答说:“我们俩是同乡,你怎么不认识我呢?”说罢将截断的左手小指伸出来让上师看,说:“你要相信我这手指。”上师心想:“如果这长者的手指长了疮疤等,应该用药物等可以医好,但这手指是从根处截断的,怎样才能重新长起来呢?”就这样思量着上师从梦中醒来。上师心想,那位长者说和自己是同乡,所以有可能是我们呼古拉图河之主,定是故乡的人们做恶,伤了他的手指。

tegün–eče urida ǰalaraǰu irekü–yin ǰam–dur boluγsan ǰegüdün–nu učir–i ailadču quγulatu γool oir–a orčim–i üčüken bolaγ–ud salta–yin kübege–dur ögede bolǰu luus–un baling kiged sang olanta talbin ailaduγsan büged sabtaγ dungrul kemekü γaǰar usun–u ǰasal–un ǰang üile–yi–ču üiledǰüküi.[2]

汉译文为：

上师回想起从北京回来的路途中所做的梦,于是便到呼古拉图河附近的小泉边举行了龙王朵玛供奉和焚香供奉等,还在萨必多格东若格等地进行了水供奉。

γučin nigen següder–un qabur–un segül kiri–dur doluγan naγur–eče ǰiči öber–un orun–a ǰalaraqu–yin ǰam–dur ǰirgalang–tu kemekü γaǰar–a qonuγ boluγsan–u süni–yin ǰegüden–dur. ürida begeǰing–eče ǰalaraǰu ireküi čaγ–tur ǰegüdün–dur iregsen tere ebügen basa ireged bi čimagi uγtuǰu irebei kemen yekel–e bayartai bain aǰuγu.tegüne ene boγda–yin sedkil–dur.ene ebügen basa ireǰüküi.edüge basa γar–iyen üǰegülkü boi–ya.egüni yagakiqu bülüge kemen sedkiǰü baitala.tere ebügen ǰegün γar–iyen üǰegülǰü minu ene γar blam–a–tan–

〔1〕《察哈尔格西·罗桑楚臣传》,第122—123页。
〔2〕《察哈尔格西·罗桑楚臣传》,第126页。

nu ači–ber saitur edegelüge kemebei.tegün–e üǰebesü tere sigiǰi quruɣun iruɣar–iyer oɣtulaɣdaɣsan anu ǰiči urɣuǰu tabun quruɣu güičed bolun aɣsan–i ailadču üǰegsen nigen bolǰuqui.[1]

汉译文为：

金虎年(1770)，上师三十岁。此年春，上师从多伦诺尔寺返回故乡。途中夜宿吉尔嘎朗图，梦见了前年从北京回故乡途中梦见的那位长者。那长者又对上师说："我是来迎接你的。"并表现出很高兴的样子。上师想："这位长者又来了，是否还会伸出手指给我看呢？如果真那样，我该怎么办？"此时，那位长者果然伸出左手说："托您的福我的手痊愈了。"上师仔细看时，他那从根部截断的小手指已长出，五指俱全。

mün–kü ene boɣda blam–a–ber–ču öber–iyen yambar metü aman abuɣsan šaɣšabad nuɣud–iyen nidun–nu čečekei metü enggüreilen sakiɣsan–u küčüber tengri luus terigüten nügüd–ber öber–un erke ügeküy–e sedkil anu bayasqulang kiged süsüg türüǰü inaɣsi činaɣsi ǰalaraqu–yin čaɣ–tur uɣtuqu üdekü terigüten ergül kündülel–i ončalan abqu–yin temdeg–tur türügsen orun–nu delekei–yin eǰen mün–kü tere basa basa uɣtuɣul üiledügsen–nu temdeg kiged.ene boɣda anu bosud–tur tusalaqu–yin bodi sadkil–dur erkesiyel–i oluɣsan–u čidal uüčün–iyer türügsen orun–nu delekei–yin eǰen–dur bosud–un üile yabudal mergen ügei–ber tusiyaldun učaralduqui boluɣsan–u gem–i saitur arilɣan ǰokiyaǰu kümün kiged kümün bosud bügüde–yi tusa ǰirɣalang–un čoɣ–tur kürgen ǰokiyaɣsan–u ɣaiqamsiɣ–tu temdeg belken mün kemen sadkimoi.[2]

汉译文为：

上师向来所受戒律视为眼珠，百般爱惜，极力信守。这样虔诚也感化了地方神天龙等不由自主地心生喜悦，一心向佛。为上师往来之途中做迎送和敬奉等事，一如故乡的小神们来迎送他等。上师因为获得了利他之菩提心，所以才能够消除故乡愚昧之人的粗暴行为给地方神祇所造成的伤害。这也是他普渡众生的奇妙征兆。

basa ene luu ǰil–dur ebedčin–iyer nerbegdegsen enelgetü olan amitan–i ürüsiyen nigüleskü i–ber erdeni tusi–yin süm–e–yin umar–a ǰüg–dur ɣurban–u

〔1〕《察哈尔格西·罗桑楚臣传》，第163—164页。
〔2〕《察哈尔格西·罗桑楚臣传》，第165—166页。

γaǰar kiri–dur baiqu nigen qudduγ–un usun–i em–tu rasiyan usun kemen taniǰu ailaduγad.tungγalaγ ülǰi–tu rasiyan kemen ner–e qairalaǰu tere rasiyan–i sitübesü yambar ebedčin–dur tusalaqu ba tegüni yaγakin sitükü–yin yosun kiged tegün–e ariγun čeberlel üiledkü yosun terigüten–i bičig bolγan ǰokiyaǰu qairalaγsan büged.[1]

汉译文为：

是年，慈悲为怀关爱百姓的上师在额尔德尼吐希庙北面三里发现了一眼有药疗作用的水井，取名为"吉祥甘露（tungγalaγ ulǰitu rasiyan）"。他将供奉此甘露水可以治愈何种疾病，供奉之方法以及洁净之仪轨等书写成文广为分发，泽及乡里。

ene ǰil ˇdur masi yeke γang boluγsan–u tula ene üy–e–dur ene qusiγun–u terigülügči noyad–ber boγda blam–a–tan–a qur–a osuγulqui–i ǰalbari ailadqaγsan–a.nom qairalaqu qobi–yin nigen ǰabsar–a geid–un doruna deki rasiyan bolaγ kemegdekü öčüken naγur–un kübege–dur ǰalaraǰu basing kiged luus–un baling talbin ailaduγsan–iyer tegünu darui genedte yeke egülen quraγad nigen čai činaqu–yin kiri boltala yeke qur–a küčütey–e baγubai.tendeče ene qusiγun–u nutuγ–un dumda kiri–yin γaǰar–a baiqu qada čegen kemedeg naγur–un kübege–dur ǰalaraǰu kedun qonuγ boltala γučiγad kiri čüke ongsiǰu qural luγ–a salta boγda–yin öber–un ǰokiyaγsan qur–a oruγulqu čüke–yin egüden–ečequr–a oruγulqu–yin ǰang üile–i ailaduγsan–iyer qur–a–yin ürkülǰilel saitur baγuǰu γang–un qalaγun enelge–ber enelün doruitaγsan siruγuiǰin qoruqai–eče degegsi toγulasi ügei olan türülkiten amitan–i amuγulun amisqul γarγaγulǰu ayul ügei–yin üglige–ber qangγan ǰokiyaγad boγda öber–un orun daγan ǰalarabai.[2]

汉译文为：

今年遭遇旱灾，旗衙门请求上师祈雨。上师编写教法期间，到寺院前方的温泉和小湖边进行煨香和龙王朵马仪轨。之后，突然大块乌云汇集天空，煮锅茶的功夫就降下了大雨。他又到本旗中部地区的哈达策根（qada čegen）湖边，几天之内就进行了三十来次的祭祀仪式。还念诵了上师自己所写的《祈雨仪轨》。后来终于天降甘露，旱情得以消除。上师帮那些被旱

〔1〕《察哈尔格西·罗桑楚臣传》，第 505 页。
〔2〕《察哈尔格西·罗桑楚臣传》，第 411 页。

灾折磨、多如蚂蚁的众生们消除了灾难,带来了安乐幸福。

aγula-yin qormoi-dur surči bolaγ kemegdekü nigen bolaγ baidaγ anu tegünče uruγsi nigen keseg usun anu qumsa boluγsan-u tula tegünü učir siltaγan-i boγda blam-a-dur ailadqaǰu tegüni takiqu-yin tula ǰalaraγsan-iyer masi yeke küčütü salkin küdelǰü bariγsan maiqan toγtaqu ügei metü baiqui-dur edüge degen salkin masi yeke tula takilγ-a ailadču bolusi ügei bolultai keseg ǰaγur-a salkin amaraqu-yi küliyey-e kemen ailadqaγsan-dur γaiγui salken amaraqu boi-y-a kemen ailadču nidun-nu gegen-iyen üčüken anin ailadču baraγun motor-un alaγ-a-yi salkin-u ǰüg qantuγilun ailaduγsan darui slakin amaraǰu takilγ-a-yi ailadbai.tere takilγ-a ailaduγsan-eče qoisi tere bulaγ-un usun masi arbin elbeg bolǰuqui.[1]

汉译文为:

山麓有一眼泉水名为苏日齐布拉克(surči bulaγ),不久干枯。上师听闻后便使他们前往祭祀。刚好刮起了大风,帐篷都被吹得摇摇晃晃,所以他们禀告上师说:"无法进行祭祀,是否停一会儿等风力减弱再进行呢?"上师云:"不用,风会停的。"他微闭双眼,伸出右手掌对风向,口念咒语,风力立即减弱了。于是顺利进行了祭祀。完毕,泉水泛涌而出。

前文中说,传主在呼古拉图河附近的小泉岸边举行了龙王朵玛供奉仪轨和焚香供奉仪轨,还为了祈雨在自己寺院前方的温泉和小湖边进行煨桑和龙王朵马仪轨等诸多供奉龙神之事。看来,蒙古族原有的民间宗教与藏传佛教相结合,祭祀仪式也按照藏传佛教中的祭祀护法神的仪式来完成。藏传佛教中"与护法神崇拜相关的大多数仪式中,都要奉献三种供品,即内供、外供、密供。在供奉善相护法神时,内供是用白面掺和'三白'和'三甜'做成的朵玛(食子),尤其是要供养一件内盛圣水的供器。据说这种圣水被认作甘露。外供是由愉悦善相护法神的供品组成:有净身的香水、洗脚水、功德水、花、熏香、酥油灯、最上等纯白丝的哈达和美食。供奉上述供品时,还应演奏柔美的音乐。密供纯粹是一种象征性的供品:其目的就是通过明妃来提供一位女性的护法者以便进入双修。"[2]从而得知,该《传》中

---

〔1〕《察哈尔格西·罗桑楚臣传》,第769页。

〔2〕勒内·德·内贝斯基·沃杰科维茨著,谢继胜译《西藏的神与鬼怪》,西藏人民出版社,1993年,第475页。

所提及的龙王朵玛供奉仪轨和焚香供奉仪轨是藏传佛教护法神祭祀中的内外供奉。这是藏传佛教再度传入蒙古后的普遍现象,为了使藏传佛教得到更好更快地传播,蒙古喇嘛们也做了不少努力,如“出身于18世纪中叶漠南蒙古乌拉特部的,贤禅师睿智洛桑丹贝坚赞喇嘛在这方面表现得特别突出,因为他完成了以综合的形式把萨满教中的观念和神与喇嘛教(藏传佛教)仪轨形式结合起来的祈祷经文。他还为崇拜高地、举行火祭和为房舍祝圣而创作了许多祈祷文,赋予了民间宗教古老祈祷经文一些喇嘛教(藏传佛教)的咒语,改造了他们的神并将这些神祇纳入了喇嘛教(藏传佛教)仪礼结构的整体中”〔1〕。可见,蒙古族原有的萨满教祭祀神灵的仪轨文中不断加入了许多藏传佛教的咒语等,说明藏传佛教传入蒙古后,已慢慢地方化。

4. 关公信仰

关羽自宋代始封公,历经元明两代封王,到清朝时期达到顶峰。满清统治者一向推崇汉文化,早在入关前就已开始接触和接受汉文化。入关后,他们在强迫汉人接受满族风俗习惯的同时也不断接受汉文化。对于尚武的满清人来说,勇武忠义的蜀汉大将关羽成为他们极端推崇的英雄,清廷也用关公的“忠义”来笼络蒙古各部的酋长〔2〕。满清沿用明朝时期民间的“关帝”称号,首次由朝廷封赐关羽帝号,《清史稿·礼志三·关圣帝君》载:“清初都盛京,建庙地载门外,赐额‘义高千古’。世祖入关,复建庙地门外,岁以五月十三日致祭。顺治九年,敕封忠义神武关圣大帝。雍正三年,追封三代公爵。”“乾隆三十三年,以壮缪原谥,未孚定论,更命神勇,加号灵佑。”〔3〕后来的嘉庆、道光、同治、光绪朝等都有不同的封号。就这样,关公成为了清朝的护国神,走进了清朝的最高神祇系统,受到前所未有的祭拜。当时的驻京喇嘛国师三世章嘉若必多吉的文集中就有一篇《关老爷之祈供法》祭祀仪轨文。《章嘉国师若必多吉传》中还进一步说明章嘉国师写此文的原因:当时章嘉国师久病不愈,巴桑曲杰举行天女圆光占卜,幻景中见章嘉国师身边有很多大蜘蛛正要侵犯他。一个威风凛凛的红脸大汉手持宝剑,将那些蜘蛛赶走。那天晚上章嘉国师梦见一个红脸人对他说:“伤害您身体的那些小鬼已被我驱逐。”国师问他何方神圣,现住何处。答曰:“我住在皇宫前面大

〔1〕[意]图齐、[德]海西希著,耿昇译,王尧校订《西藏和蒙古的宗教》,第408—409页。
〔2〕梁志俊主编《人·神·圣关公》,山西人民出版社,1993年,第199页。
〔3〕赵尔巽《清史稿》卷八四,中华书局,1976年,第2541页。

门外右方。”次日，打发侍从前去探查，结果找到一座关帝庙，内供关老爷塑像，经历各代，香火不断。章嘉国师认为是关帝保护了自己，于是举行了大祭。后来在达扎济仲活佛的建议下，章嘉国师撰写了此仪轨文[1]。说明驻京喇嘛们将朝廷所推崇的关公纳入藏传佛教神灵体系中了。另外，驻京喇嘛土观活佛洛桑曲吉尼玛的文集中也有《三界伏魔大帝关云长之历史和祈供法·激励事业雨流之雷声》等祭祀仪轨文[2]。三世章嘉国师是土观活佛洛桑曲吉尼玛的上师，察哈尔格西·罗桑楚臣与章嘉活佛有很深的师徒之宜，因此受他们的影响极深。也受他们的影响崇拜关公，并在蒙区大力弘扬关公信仰。海西希著《西藏和蒙古的宗教》中云："关帝作为一种国家的守护神和战神而受到清朝兵卒和官吏的崇拜。仅仅在甘肃、蒙古、新疆和西藏等地，就为此目的而建立了六十六座关帝庙，并由国库补贴，同时也终于实现了由喇嘛教把国家保护神、中国古老的战神关帝纳入了喇嘛教万神殿的计划。”[3]就这样关公逐渐进入了藏传佛教神灵体系，成为蒙藏区藏传佛教万神殿中的一位护法神。该《传》中也多次提及关于关公的崇拜，如：

γučin qoyar següder-un čaγaγčin taolai ǰil-un büküli ǰil-dur mün-kü urideki tere cam-un ǰabsarlal-un ǰalγamǰi-yi ǰalγaǰu tugtam bisilγal gün narin yüge-yin ǰerge-dur urida-yin ürkülǰilel metü nigen üǰügürtey-e čuluidun ǰokiyabai.ene üy-e-yin nigen keseg üy-e-dur ülmei neliyad udaγan siγ čilegeregsen-e doluγan naγur-tur ongniγud güüši blam-a-yin gegen-tan-a abural ailadqaγsan-u qariγu-dur geser-un sang talbi kemen ǰarliγ bolǰu ireǰüküi. tegün-e ene boγda-yin taγalal-dur nadur tübed-un geser-i takiqu kereg ülü baiqu.edüge manager olangki γaǰar-a aldarsiγsan yosuγar güwan lo ǰi-yi geser kemekü ner-e-ber ǰarliγ boluγsan mün bolqu kemen sedkiǰü güwan lo ǰi-yin sang talbiǰu ailaduγsan-iyer tere ülmei-yin čilege darui tongγalaγ boluγsan büged.tere čaγ-eče ekilen keǰiy-e nirwan düri üǰegültele edür büri tere sang-yi tasural ügeküy-e olangki daγan talbiǰu ailaduγsan aǰuγu.[4]

汉译文为：

〔1〕 土观·洛桑却吉尼玛著，陈庆英、马连龙译《章嘉国师若必多吉传》，中国藏学出版社，2007年，第100页。

〔2〕 才让《藏传佛教中的关公信仰》，《中国藏学研究》，1996年第1期。

〔3〕［意］图齐、［西德］海西希著，耿昇译，王尧校订，《西藏和蒙古的宗教》，第492页。

〔4〕《察哈尔格西·罗桑楚臣传》，第186—187页。

金兔年（1771），上师三十二岁。他一整年继续了之前的禅坐，修深奥之瑜伽次第等。那时有一段时间，上师的脚踱骨疼痛，极感不适。上师将此事禀告多伦诺尔寺的翁牛特固实。固实云："熏香供奉一下格萨尔吧！"于是上师心想："我为何供奉藏族的格萨尔呢？他一定把闻名于诸多地区的关老爷误为格萨尔了。"这样，上师做了关老爷熏香供奉仪式。之后不久果然痊愈。上师从此时起直到圆寂，一直继续关老爷的熏香供奉。

ene ǰarliγ-un bičig dotur-a nom-un sakiγulsud-tur üiles ǰakiraqu-yi tasural ügei üiledkü keregtei kemen ǰarliγ bayuγsan-u yosuγar degedü bančin boγda-yin ǰokiyal olan nom-un sakiγulsud-un quriyangγui kengšu saišungm-a-dur tabun qaγan damčaγ dorliγ erketü-yin ǰüg-un šašin-nu sakiγulsun güwan lo ǰi nuγud-i nemeged bosu basa üy-e lüge barilduγuluγsan üiles-un ǰakirulγ-a terigüten-i-ču oruγulǰu degüü blam-a-tan kiged sitar aγči gelüng aγnigüngge terigüten-iyer sakiγulsud-dur qangγal ǰalbaril-i basa basa talbiγulun ailadǰuqui.[1]

汉译文为：

此教言中嘱咐过，向护法神不断祈祷事业。所以嘱咐弟弟喇嘛和亲信格隆阿格尼贡嘎等，班禅大师所作《诸护法神之集》提到的护法大将军骑狮护法、东方法神关老爷等的酬补仪轨要不断进行，向这些护法神祈祷，祈求满足。

ǰilun ečüs-un γurban edür maqaγala erlig nom-un qan ukin tangri namsarai güwan lo ǰi-yin kengsü kiged neite-yin kengsü saršungm-a nuγud-yiongsiǰu nom-un sakiγulsud-tur baling ergükü üiles ǰakirqu ba.ǰiran baling ǰalaqu kiged neite sakiγulsud-un sigtur ergükü nügüd-i keǰiy-e-ču baγuraγulul ügei üiledkü-yin ürkülǰilel-i baiγulun ǰokiyabai.[2]

汉译文为：

红羊年（1787），年末的三天，举行大黑天、阎罗法王、吉祥天女、毗沙门、关老爷等的酬补仪轨和共同的酬补仪轨等，向护法神供献食子朵马。还进行请六十食子朵马和向诸护法神供希格图里（sigtur）等，并规定为以后永远不间断地进行供奉。

〔1〕《察哈尔格西·罗桑楚臣传》，第266—267页。

〔2〕《察哈尔格西·罗桑楚臣传》，第331页。

tabin nigen següder ǰoγuγlaγsan čaγan noqai ǰil-dur čagan aγula-yin süm-e-yin qural-un yeke dükang-i yekedkeǰü sine baribai.γool sitügen boγda cungkaba-yin gegen-e arslan-tu sirege tüsilge günggerüwa salta uralalγ-a baidal qotala tegüsügsen-yisine egüdčü ergügsen büged. arslan-tu sirege-ü dotur-a migzim-a-yin egüden-eče bütügegsen sang qomq-a kiged er-e em-e ǰaγγ-a-yin kürdun terigüten-yiyosučilan bütügeǰü orusiγuluγsan boi. basa geid-un sitügen-dur belge bilig-tu yeke nom-un sakiγulsun türgen-e ǰokiyaγči ǰirγuγan motor-tu belge bilig-un maqaγala ükin tengri kiged dürben ǰagγ-a terigüten nügüd salta ba.tegüs čoγtu ükin tengri matar qangsiyar-tu arslan qangsiyar-tu qoyar kiged dürben čaγ-un ükin tengri čoγtu ükin tengri urtunasutu egeči degüü tabun tengri arban qoyar danm-a terigüten nügüd salta ba. yeke qaγan-u sardani naiman ǰagγ-a daγulta nüküd salta kiged erketü-yin ǰüg-un šašin-nu sakiγulsun yeke qaγan urtu egüle güwan lo ǰi kübegün tüsimed nüküd salta lüge dürben yake kürüg-yi urida-yin bütügegsen yamandage erlig qaγan qoyar-un kürüg lüge adali kemǰiy-e baidal-iyer sine bütügeǰü rabni saitur ailaduγad bodadu belge bilig-tan lüge ilγal ügei ilangγui-tu sitügen bolγan adisdidlan ǰokiyabai.[1]

汉译文为：

白狗年(1790),上师五十一岁。他扩建了察干乌拉庙大经堂。还新添了主要怙主宗喀巴大师的狮子座靠背和佛龛等。狮子座上新置了弥遮玛之法门成就之宝瓶和男女姊妹护法之法轮等。还为寺院怙主请了智慧大护法神六臂大黑天、吉祥天女和四姊妹护法、吉祥天女鳄鱼嘴、狮子嘴二者、四时天女、吉祥天女、长寿姊妹五天、十二地母、净饭王八姊妹和眷属等。还新塑了东方护法大帝云长关老爷之子臣及眷属四大像,像的大小与之前所塑的阎曼德迦和阎罗王二者之像相同,并进行了开光仪式。还将其视为与真智者无区别的怙主来加持。

basa uruγsi olan ǰilun emune-eče boγda blam-a-tan-iyer.ene qusiγun-nu tüsimed čerig neite-dur γadaγadu dotuγadu-yin qarsi nügüčel čiqula künügel bügüde amurliγad nasun buyan čoγ učaral terigüten sain-nu kiγulγan degegsi arbidqui bolqu-yin tulada boγda zungkaba-yin gegen kiged ilaǰu tegüs

〔1〕《察哈尔格西·罗桑楚臣传》,第352—353页。

nügčigsen luus-un erketü qaɣan.ǰirɣuɣan motor-tu türgen-e ǰokiyaɣči belge bilig maqaɣala.yeke qaɣan güwan lo ǰi qoyar-tur ǰil büri niǰiged delgerenggüi takil baling ergüǰü takiku ǰirum-i toɣtaɣaɣsan anu tasural ügei aɣsan.[1]

汉译文为：

多年前，上师就为此旗的官员和将士们的内外障碍和灾祸的消除、福寿吉祥、善业增长而塑造了宗喀巴大师、薄伽梵自在龙王、六臂速成智慧大黑天、大帝关老爷及眷属之像。还规定了每年为大黑天和关老爷举行若干次朵马供奉仪轨。此仪式延续至今。

tegünče yisun sar-a-yin arban tabun-nu kiri-dur erketü-yin ǰüg cina-yinorun-nu sülte tengri ilɣuɣsan-nu šašin bügüde-yin sakiɣulsun yeke qaɣan güwan lo ǰi kemen aldarsiɣsan tegün-e qangɣal-dur ergükü-yin čüge-i sine ǰokiyaɣsan büged. tere süni-yin ǰegüden-dur eserün tengri boi kemekü nigen ireged tan-i ende-eče ese ǰalaraɣ-a inaru sakiqu-yin tula bi ber tabun ǰaɣun kürdü-tü čereg ilegegsen boi kemekü nigen boibai.tegünče noir seriged nigen keseg boluɣsan-u qoin-a ǰiči basa noirasuɣsan-nu ǰegüden-dur qormusta tengri boi kemekü nigen ireged tan-i ende-eče ese ǰalaraɣ-a inaru sakiqu-yin tulada bi ber ǰida-tu tabun ǰagun čerig ilegegsen boi kemekü nigen bolbai kemen ǰarliɣ boluɣad sine ǰokiǰaɣsan qangɣal-un dui egüber bosud-tur tusa bolqu-yin temdeg bolbau yaɣun bülüge kemen ǰarliɣ boluluɣ-a.tendeče mün tere sar-a-yin qorin ǰirɣuɣan-u edür-e erdeni tusi-yin süm-e deger-e ǰalaran tende kedun konuɣ saɣuǰu kedun ǰüil ǰingsering kiged tegüs čoɣtu ukin tengri-yin qangɣal-un dui yeke qaɣan güean lo ǰi-yin qangɣal-un dui terigüten üčüken bide nuɣud-tur darui-ba asida bükün-e tusatu gürim-i bütügen ailaduɣad nigen kedun ǰüil nom-ču qairalabai.[2]

汉译文为：

土蛇年（1809年，上师七十岁）九月十五日左右，上师撰写了《东方支那战神关老爷大帝前供神饮法》。那天夜晚，上师梦见了一位叫帝释天的人对他说：“您离开此处之前我将保护您，所以派来五百名轮兵。”梦醒后过一阵又睡熟。此时，又梦见了一位叫梵天的人对他说：“您离开此处之前我将

〔1〕《察哈尔格西·罗桑楚臣传》，第506页。
〔2〕《察哈尔格西·罗桑楚臣传》，第547—548页。

保护您,所以派来五百名长矛兵。您新作的酬愿仪轨是利他之事的征兆。”本月二十六日,前往额尔德尼吐希庙小住几日,举行了姊妹护法、吉祥天女的酬愿仪轨和大帝关老爷的酬愿仪轨等。之后进行了对我们的现在和将来有利的法事活动,宣讲了几种法。

basa toin blam-a lobsang molam tan angq-a boγda blam-a-yin ölmei-dur tulǰu sitügsen-eče üni boluγ-a edüi nigen üy-e-dur bayan kündü kemegdekü nigen-yier güwan lo ǰi-yin kürüg-dur rabni ailadqaγsan-a.toin blam-a-yin sanaγan-dur. ene anu kitad-un sitüdeg geser-un kürüg bainam.egündür blam-a erdeni yambar rabni ailadqu bolba kemen sedkiǰü baikui-dur boγda blam-a-yin ǰarliγ-eče.ene güwan lo ǰi-yi yüng ke güng-un qural-dur sakiγulsun bolγan sitüdeg boi. bi-ču tende saγuqu-yin üy-e-dur egünü bey-e-yin sitügen-ü dergete takil-i olanta ergügsen boi.tere čaγ-tur sitügen-nu süm-e-dur oruqu büri-dur minu sadkil-dur bayasun kögerekü metü nigen baidal iredeg.bi nutuγ-tur iregsen qoina ǰegüden-dur masi olan kümün daγaγuluγsan dotur-a γaǰar-un noyad-un düri baidal-tai noyan ireǰü bide urid begeǰing-dur tanilčaγsan bisiu kemen inaγ dasuγsan nükür-un baidal-iyer masi bayasun ǰanglaǰu baiqu-yi ǰegüdelebei.tere anu güwan lo ǰi temdeg bolultai kemen ǰarliγ boluγsan amoi.[1]

汉译文为:

喇嘛罗桑莫伦将上师的足之莲花作为顶饰。随侍其左右时,一位称之为巴颜坤都的人带来一尊关老爷像,请求上师开光。罗桑莫伦心想:这不是汉人(kitad)供奉的格萨尔像吗?上师怎么能为异族的神祇开光,又如何进行呢?这时上师云:“雍和宫的大法会上将此关老爷作为护法神供奉。我在那里时,也将他和眷属作为神祇来供奉。每次走进护法神殿,我心头充满喜悦。回故乡后,我曾梦过随从众多的内地官员模样的人。他对我说:‘我们不是早在北京相识了吗?’态度极为和蔼亲切。那人肯定是关老爷。”

从上文看,关公信仰刚刚传入蒙古地区,但有些僧俗界的人们把关公误作藏族的格萨尔汗来崇拜信奉。这是因为蒙古地区“过去早就有人把喇嘛教(藏传佛教)中的格萨尔汗当成了战神。同为战神,关公与格萨尔汗两者在肖像方面的相似性是不言而喻。因此,在边陲地区的关帝庙中便把‘伟

〔1〕《察哈尔格西·罗桑楚臣传》,第768—769页。

大的关圣帝' 当成 '关氏家族神圣的格萨尔汗'"[1]。还有"蒙古人崇拜一系列的以武装和骑马之英雄的面目而出现的守护神。它们的任务是保护人类不受灾难并增加财富。这些守护神中包括苏勒得腾格里神、达伊德苏勒德腾格里、战神和格萨尔汗"[2]。所以,随着藏传佛教传入蒙古地区,藏传佛教护法神格萨尔汗也成为了蒙古族的一位护法战神了。尤其是藏区人们将关公与格萨尔汗混为一谈的习惯也传入了蒙古地区。所以蒙古地区的人们将关公与格萨尔汗视为同样功能的护法战神,甚至看成同一神祇了。"占卜中所用的唐卡通常把格萨尔画成穿着白胸甲、水晶盔甲、披白披风的白人,脚蹬高筒皮靴;腰缠弓箭袋并佩有宝剑,一手握藤枝,一手持饰有白边的战旗。"[3]所以此战神的形象与关公的形象略有相似之处。察哈尔格西·罗桑楚臣用藏文撰写的文集(松本)中的《护教大帝关老爷之祈供法·心愿普赐》一文中将关公描述为:"眼前之珍贵黄金宝座上,铺设多层上品锦缎坐垫,上坐守支那之三界伏魔帝,赤面微带笑显端庄,长眉红须显威严,手置两侧显神韵,身穿耀眼黄金甲,身披丝缎长披风,腰勒黄金带,头戴鸟羽宝冠。"[4]从而看出,关公是以战神形象出现在蒙古地区。据该《传》记载,传主在自己的根本寺察干乌拉庙塑造了关帝及眷属像,但此庙毁于文革时期,所以无法看到当时的塑像了。不过,辽宁省阜新蒙古族自治县海棠山普安寺的摩崖造像中有关帝造像 3 尊。"其中组像 2 尊,关羽位于中间,右周昌左关平两位战将。另一尊是关羽单像,身穿战袍,骑在赤兔马上,手持青龙偃月刀,满面红光,五绺美髯下垂,庄严肃穆,威风凛凛,形象逼真。"[5]从而看出,关公的形象也是典型的战神形象,因此很容易被蒙藏民族所接纳并供奉。

二、婚丧嫁娶娱乐习俗

本《传》中还反映了一些当时察哈尔地区的民间婚丧嫁娶娱乐习俗,如赛马、摔跤、歌舞、嫁娶、丧葬等。如《传》中载:

tendeče toin blam-a ekilen tere geid-un blam-a nar qural öglige-yin eǰed neite-ber-ču rabni-yin qorim-i elbeg sain-iyer üiledün.dayun kügǰim

〔1〕[意]图齐、[西德]海西希著,耿昇译,王尧校订,《西藏和蒙古的宗教》,第 493 页。
〔2〕[意]图齐、[西德]海西希著,耿昇译,王尧校订,《西藏和蒙古的宗教》,第 467 页。
〔3〕勒内·德·内贝斯基·沃杰科维茨著,谢继胜译《西藏的神与鬼怪》,第 547 页。
〔4〕译自《察哈尔格西罗桑楚臣藏文文集》,现藏于西北民族大学图书馆古籍室。
〔5〕嘉木扬·凯朝《中国蒙古族地区佛教文化》,民族出版社,2009 年,第 248 页。

kiged mori urulduqu büke barilduqu terigüten üǰemüri nügüd–i ailadqan ergüǰü bayasqaqu–yin takil–un egülen–i sačuraγulun üiledügsen–iyer arban yüg–un oγtarγui–yin orud–dur–ču ülü baγtaqu–yin yeke qabilγ–a–tu buyan–i egüddün üiledbei.[1]

汉译文为：

喇嘛们和法会之布施者们一同进行了隆重的开光仪式，献上音乐、赛马、摔跤等项目，气氛和谐喜悦，散发出了喜悦之气息，成就十方世界都无法容纳之大广之福德。

basa tere čaγ–tur ene ǰüg deki sir–a qar–a arad olangkin nuγud ariki tamaq–a–yi seremǰi ügei edelküi–dur nigülesküi–ber ariki tamaq–a–yi idqaqu–yin üge terigüten–i sine ǰokiyaǰu mongγul–un kelen–dur orčiγuluγad keb–tur bütügegsen büged.[2]

汉译文为：

此处的僧俗和百姓大多毫无戒备地吸烟喝酒，为此，上师以慈悲之心撰写了劝戒烟酒等文，又译成蒙文并刻版。

basa ene ǰüg–un olan arad nuγud–iyer ükin ügkü beri abqu–yin üy–e kiged nügčigsed–un nom ba nügčigsed–un qorim üiledkü terigüten–dur üker qoni alaqu terigüten olan amin–i nidülekü üile–i üiledčü imaγta miq–a–ber teǰigel nairaγulqu ba qorim üiledkü–yin nigen maγu yosu ǰirum angqan–eče baidaγ büged.egünče uruγsi tegündür idqal üiledügčin ken–ču ese γaruγsan tula tere maγu yosu ǰirum anu masi yeke delgeregsen boluγad batu toγtaǰu baidaγ[3]

汉译文为：

此处诸多百姓，嫁女娶妻和为亡者做法事都有大宴席、多杀牛羊，以肉食做席的恶习。此前无人劝说，因此这个恶习非常盛行。

basa tere üy–e–dur nigen edür sitar aγči šabi danbarinčin balǰur rabdan qoyar dergete baiγsan–dur yerü ene ǰüg–un arad nuγud–un yosu ǰang–dur ükügsed–un kegür–i γarγaqu–yin čaγ–tur emüne anu emegel qaǰaγar–tu mori kütelkü ba blam–a nar–tur irüger ailadqu–yin ergülge–dur–ču emegel–tai

〔1〕《察哈尔格西·罗桑楚臣传》，第 450 页。
〔2〕《察哈尔格西·罗桑楚臣传》，第 491 页。
〔3〕《察哈尔格西·罗桑楚臣传》，第 508 页。

mori ergüdeg ǰang terigüteneldeb ǰüil delgeregsen baiqu bolbaču minu qoina ta teimü buu üiled ilangγuy-a mongγul-un urun-a ükügsed-un qonuγ-un nom ongsiγulmoi kemeged tegündür umdaγan-u tulada olan qoni imaγan terigüten-i alaqu-yin maγu ǰirum yosu baidaγ amoi-y-a ta nuγud minu qoina teimu-i oγta buu üiled.adalabasu-ču qorin nigen qonuγ boltala amitan-u amin tasulaqu-yi čekerleǰü üǰe kemen ǰarliγ boluγsan aǰuγu.[1]

汉译文为：

有一天，上师对身边的近侍弟子丹巴仁钦和巴拉朱尔拉布丹说："此处亡者出殡，有给念诵愿文的喇嘛们献鞍马等，希望你们别做那样的事。尤其是蒙古地区流行为亡者念诵整夜的经而杀许多山羊、绵羊等，作为肉食的坏习惯，你们不要这样做。最起码在二十一天之内不能杀生。"

上文中描述了察哈尔地区寺院举行法会之后，僧俗界一同进行音乐、赛马、摔跤等娱乐活动的场面。"察哈尔蒙古族地区一向被誉为歌的海洋、舞的故乡。由于察哈尔部历史的形成与发展，有它的特殊性，从而蕴藏着许许多多风格独特、内容丰富、形式多样的文化艺术遗产。察哈尔蒙古族的民间音乐，更是别具一格，绚丽多彩。"[2]藏传佛教传入此地后，将当地的文化娱乐活动也吸纳到寺院法会中的诸多活动中去了。"蒙古族的娱乐活动项目，诸如马术、摔跤、射箭等，更多的体现的是游牧文化特色，不过这些娱乐活动项目往往是和宗教活动联系在一起的，是一些宗教祭祀活动中不可缺少的节目，因而也使这些娱乐活动带上了宗教色彩，成为蒙古族宗教文化的一个重要组成部分。"[3]这样，出现了僧俗一同娱乐的场面。《传》中反映了一些当地的民俗中存在的有些与藏传佛教的戒律相违背的习俗等。为此，传主撰写了劝诫吸烟喝酒的诗文，试图努力阻止此习惯的延续。此处还存有嫁女娶妻和为亡者做法事举行宴会时多宰牛羊、以肉食作席的习惯。这也说明了此处虽然已开始信奉藏传佛教，但原有的那些古老的习俗仍是根深蒂固，如想阻止也要需很长时间。为此，传主作为藏传佛教虔诚的传播者，采取了很多有力的措施来阻止此习俗之延续，并试图改变此习俗。传主不只

〔1〕《察哈尔格西·罗桑楚臣传》，第 824 页。

〔2〕乌兰察布盟政协文史资料工作委员会，锡林郭勒盟政协文史资料工作委员会合编《察哈尔蒙古族史话》，内蒙古丰镇县印刷厂印，1989 年，第 306 页。

〔3〕孙懿《从萨满教到喇嘛教—蒙古文化的演变》，中央民族大学出版社，2002 年，第 113—114 页。

是努力改进当地原有的与藏传佛教戒律相违背的习俗,还对当地法事法动中存在的一些不正当的习惯进行批判,如亡者出殡时念诵愿文的喇嘛们接受鞍马等习俗。从这些事情能够窥见当时察哈尔地区的多种文化习俗并存的复杂情况。

第四节 政治史方面的价值

一、蒙古地区宗教事务与清廷之关系

16世纪末至17世纪初,蒙古族阿拉坦汗(俺答汗)等将藏传佛教再度传入蒙古地区,使格鲁派快速风靡于整个蒙古地区,成为蒙古民族全民宗教。这对清朝将藏传佛教继续在蒙古地区普及和发展提供了极有利的条件。皇太极即位后,为了笼络和控制蒙古各部,继续在这些部落和地区大力推行了藏传佛教。入关后,清朝统治者们继续奉行了尊崇藏传佛教的政策。经顺治、康熙、雍正、乾隆等朝,清廷已有了一套统治蒙古的政策,即大力扶持藏传佛教在蒙古地区传播,而且此政策更加制度化与法制化。实行了诸多僧侣等级制度、封赏名号、敕印,设立喇嘛旗、广建寺院、经济上扶持、强化喇嘛的管理等制度。从此"蒙古社会中掀起兴建寺庙热潮的同时,又掀起出家当喇嘛的高潮,蒙古地区每一座寺庙中,喇嘛人数少则数十人,多则数百人、上千人,甚至数千人"[1]。清廷这样扶持和保护藏传佛教,试图稳定蒙古局势和统治蒙古族,所以经常直接干涉蒙古地区的一切佛教事务。此情况在该《传》中也有所反映,如:

木蛇年(1785),上师打算建立自己的根本寺察干乌拉庙,拟命名为特古斯巴雅斯胡朗图寺(tegüs bayasqulangtu süm-e)。寺内预建三个怙主法会。他派人在自己坐禅期间将此计划向旗衙门禀报,并通过旗衙门向皇帝禀报。同时申请到了寺院僧侣的"札付"和"度牒"[2]。

我父亲章京又邀请上师,上师应邀驾临后被请到弥遮玛(无缘大悲颂)法会之首席位置。上师对我父亲说:"章京你如此努力建造寺庙,为供奉而塑造宗喀巴大师之像,而且举行法会次数也超过其他寺院,也极完美地举

〔1〕 德勒格《内蒙古佛教史》,第153页。
〔2〕《察哈尔格西·罗桑楚臣传》,第303页。

行敬献茶点膳食，念诵数万次弥遮玛（无缘大悲颂）。如此等等都是极好之事。如能以此为中心再建造一座寺庙，就功德圆满了。如有此想法，最好将此事禀报皇帝。”于是我父亲非常高兴地顶礼受教，并通过旗衙门禀告文殊师利皇帝，并得了许可。于是，额尔德尼吐希庙经堂开始动工。上师为新建寺庙的地方取名为“额尔德尼吐希”后就回自己的寺院了。[1]

上文中反映了当时清政府对蒙古地区采取的藏传教的诸政策之一种。清朝政府虽大力扶持藏传佛教在蒙古地区的发展，但清朝政府还担心藏传佛教的势力过于强大后威胁其对边境地区的统治，所以对藏传佛教又采取了许多控制和限制政策。清朝政府设置理藩院来管理蒙藏事务和宗教事务，行使立法、监督和颁发行政命令的权利。而且还陆续制定了大呼图克图及葛根的转世选定权、创立“金本巴瓶”掣签转世制度、降低呼图克图及葛根的朝觐规格、整顿寺庙和建立监督检查制度、惩治反叛分子等一系列政策[2]。据该《传》记载，蒙古地区建立新寺庙，必须向清朝皇帝禀报，得到允许、申请到寺院僧侣的“札付”和“度牒”后才能建造寺庙。这是清朝政府为了限制藏传佛教而制定的诸多政策之一，即整顿寺庙和建立监督检查制度。此制度“规定喇嘛度牒制度，限制寺庙喇嘛人数，即：凡是当喇嘛者，必须持有度牒，否则依法治罪。规定寺庙不准增设徒众，私收徒弟”。“规定修建喇嘛寺庙批准手续制度，规定申请寺额、碑额审批制度。”[3]“清廷规定：凡牧民未经本旗王公准许，各寺庙不得招收为喇嘛，当喇嘛必须领得理藩院的度牒，方称‘度牒丁’，否则是‘黑徒’，不予承认。”[4]上文中所说度牒是指喇嘛的出家身份证明；札付是指喇嘛低级管理职务委任书。

当时喇嘛僧众分为九等，分别是扎萨克大喇嘛、副扎萨克大喇嘛、扎萨克喇嘛、大喇嘛、副喇嘛、闲散喇嘛、德木齐、格斯贵、格隆、班第等。扎萨克喇嘛以上由理藩院给予印册，以下给予札付。清朝政府按这个喇嘛等级来每月支给喇嘛们钱粮，这也是清政府控制低级职务喇嘛人数的最有效的办法。当时蒙古地区建立寺庙也必须得到清政府的批准，“建立喇嘛庙，超过五十间者，可请清朝皇帝赐给寺庙名称。各地喇嘛呈请札付、度牒，由理藩

〔1〕《察哈尔格西·罗桑楚臣传》，第 374 页。
〔2〕德勒格《内蒙古佛教史》，第 163—169 页。
〔3〕德勒格《内蒙古佛教史》，第 168 页。
〔4〕樊保良《蒙藏关系史研究》，青海人民出版社，1992 年，第 224 页。

院给予,年终汇奏"[1]。从而看出,清朝政府在蒙古地区大力推行藏传佛教的同时也制定了诸多控制和管理的政策规则。

二、蒙古地区宗教事务与地方政府之关系

清朝政府为了对蒙古地区施行有效的统治和控制,建立了以盟旗制度为核心的政治模式。旗分扎萨克旗、总管旗、喇嘛旗等三种。崇德元年(1636),内宏院大学士希福、蒙古衙门承政尼堪、塔布囊达雅齐等奉命前往察哈尔部稽查户口,编制牛录,建立旗制。康熙年间废止察哈尔部的王公扎萨克旗制,改为总管旗,将察哈尔编为左、右翼各四旗。乾隆年间设都统驻张家口管辖察哈尔八旗。旗总管不世袭,由清朝政府直接委任。当时的"总管旗为清廷的直辖领地,不设扎萨克,不实行会盟,由清廷委派总管进行管理。这些旗包括察哈尔八旗、伊犁察哈尔八旗、札哈沁二旗、热河额鲁特一旗、伊犁额鲁特下五旗、伊犁额鲁特上三旗、塔尔马巴哈台额鲁特一旗、科布多额鲁特一旗、明阿特一旗、归化城土默特二旗(由都统管辖)、达木蒙古八旗(佐领旗)"[2]。察哈尔八旗编制、组织形式均仿照满洲八旗制军队组织形式,每旗有一面旗,旗名以军旗颜色命名。察哈尔八旗设总管(安本,amban)负责处理重大事务,设正参领(ǰalan)、副参领协助总管处理政务,当然也包括宗教方面的事情。如本《传》中载:

木蛇年(1785),上师打算建立自己的根本寺察干乌拉庙,拟命名为特古斯巴雅斯胡朗图寺(tegüs bayasqulangtu süm-e)。寺内预建三个怙主法会。他派人在自己坐禅期间将此计划向旗衙门禀报,并通过旗衙门向皇帝禀报。同时申请到了寺院僧侣的"札付"和"度牒"[3]。

我父亲章京又邀请上师,上师应邀驾临后被请到弥遮玛(无缘大悲颂)法会之首席位置。上师对我父亲说:"章京你如此努力建造寺庙,为供奉而塑造宗喀巴大师之像,而且举行法会次数也超过其他寺院,也极完美地举行敬献茶点膳食,念诵数万次弥遮玛(无缘大悲颂)。如此等等都是极好之事。如能以此为中心再建造一座寺庙,就功德圆满了。如有此想法,最好将此事禀报皇帝。"于是我父亲非常高兴地顶礼受教,并通过旗衙门禀告文殊

〔1〕 杨强《清代蒙古族盟旗制度》,民族出版社,2004年,第109页。
〔2〕 义都合西格主编《蒙古民族通史》(第四卷),内蒙古大学出版社,2002年,第245页。
〔3〕《察哈尔格西·罗桑楚臣传》,第303页。

师利皇帝,并得了许可。于是,额尔德尼吐希庙经堂之建开始动工。上师为新建寺庙的地方取名为"额尔德尼吐希"后就回自己的寺院了[1]。

basa tere üy–e–dur ene qusiγun–u noyad bügüdeger ǰübleldün boγda blam–a–tan–i ene qusiγun–u qariy–a–tu bükün geid–un blam–a nar qural bügüde–yin neite–yin terigün blam–a ögeri da blam–a–yin tusiyal ǰerge tamaγ–a salta–yi olγaqu–yin tulada.boγda eǰen–e ailadqaqu–yin sanaγ–a toγtaǰu boγda blam–a–tan–a ailadqaγsan–dur. degedü boγda blam–a ene anu sansar–un qotala tegüs bügüde kiged ilengγuy–a ene nasun–u yirtinču–yin aimaγ nom–un sačuralγ–a bügüde–dur sedkil–un uγ–eče bayasudaγ ügei–yin tula tegüni ǰübsiyen soyurqaγsan ügei büged tedeger noyad yeke simdal–iyer ailadqaγsan–a oγta qariγulǰu ülü bolqu qurča ǰarliγ–iyer ničuγulun ǰokiyabai.[2]

汉译文为:

那时,旗官员们商议,想推举上师出任本旗辖区内所有寺院法会之首——大喇嘛之位,并向皇帝禀告赐于印章。将此事告诉上师征求意见时,上师无心世间之诸事和世间之八法,故极力推脱拒绝。

tegünče baraγun sunid–un dügüreng wang ečige kübegün nügüd–ber ǰalbarin ailadqaγsan–u yosuγar wang–un ordun deger–e ǰalarabai.wang ečige kübegün nügüd–ber ölmei–yin lingquw–a–yi orui daγan abču ergül kündülel–i yosun luγ–a ǰokilduγulun üiledügsen büged.boγda blam–a–tan–ber wang–un ölmei batudqu–yin gürim terigüten ali tusatu üiles nuγud–i ǰokiyan ailaduγsan ǰiči ǰalaraǰu irebei.[3]

汉译文为:

(上师)应西苏尼特王都古楞(dugüreng)父子之邀请来到王宫。大王父子等顶礼上师足莲。上师也为大王举行了足坚固之诸多法事活动。

bogda gegen–tan–a baraγalan mörgüged sin–e bičigülügsen süngbüm–un tere debter iyen motor tur ergügsen–iyer boγda gegen–tan yekede bayasbai.ene üy–e–dur tusiri boγda eǰen–nu dotuγadu yeke tüsimel kümün–ü erketü cI efü wang–tan–ber degedü boγda blam–a–yin dergete toqailan kiy–a ǰaruǰu wang

---

〔1〕《察哈尔格西·罗桑楚臣传》,第 374 页。
〔2〕《察哈尔格西·罗桑楚臣传》,第 308 页。
〔3〕《察哈尔格西·罗桑楚臣传》,第 430 页。

öberun degüü zaγ–a bandida–yin qobilγan čilegeregsen tungγalaγ bolqu arγ–a–yin gürim–un tugtam sinǰilel–i ailadqaγsan–a üy–e–dur kürügsen sinǰilel–un qariγu–yi qairalabai.egünü urid qoǰid–un üy–e efü wang–tan–ber kedün udaγ–a toqailan elči ǰaruǰu abural ailadqaγsan–dur–ču üy–e–dur kürügsen toqai–tu qariγu–yi qairalaγad imaγta qoisi asuru dasulčan tanilčaqui ülü bolqu–yin arγ–a–yi tagalan ǰoqiyabai.nigen üy–e–dur ǰarim nigen kümün–ber.tere efü wang–tan boγda blam–a tan–a beyeber učaralduqu–yin tagalal baiqu yosun–i sonusqan ailadqaγsan–a.bi üküküi–dur siqaγsan nigen ebügen quwaraγ eǰen qaγan–u yeke tüsimel–dur niγur tala üiledkü ba ǰokildun oruqu–i üiledkü–yin kereg ügei kemen ǰarliγ boluγad bey–e–ber aγulǰaqu–yin taγalal–i oγta ese ailadbai.tere metü wang–tan öber–iyen ene boγda blam–a–tan–a učaralduqu–yin taγalal baiqu bolbaču botatai ǰalal ailadqaqu terigüten–i anu üiledügsen ügei büged.čoqum sanaγan–u uγ–tur wang öber–iyen toqailan elči ǰaruγsan–iyer ene blam–a–tan–ču wang–tan–nu amuγulang–i ailadqar–a ögede bolǰu irekü bolbau kemen sanaγsan metü baiqu bolbaču.yeke činer–tu boγda blam–a ene anu öberün blam–a eče bosu sain maγu ken–dur–ču niγur tala qaraqu–yi ailaduda γ ǰang ügei tula tere kereg anu sanaγan–dur kürkü ese boluγsan aǰuγu.[1]

汉译文为：

（上师）他见活佛后行跪拜之礼，然后献上刚整理成册的文集，活佛大喜。当时的权贵、内大臣、齐额驸派侍卫邀请上师，为其弟扎雅班智达的疾病痊愈而进行法事敬行（tuγtam sinǰilel）。上师满足了他们的要求。之前，额驸曾几次派使者向上师请求护佑，所以互相有些往来。有一个人对上师说："额驸想亲自与您见面。"上师回答说："老衲年事已高，行将就木，无需迎合权贵，行勉强之事。"就这样上师拒绝了齐额驸。那额驸虽有面见之想法，但未发出邀请。其实额驸内心暗想，既然我派使者去问候了他，那他应该前来请安问好。但上师除自己的上师以外不给任何人情面，所以未使额驸如愿。

tegünče ebül–un segül kiri–dur čaγan aγula–yin süm–e–yin blam–a nar üile üiledügčin terigüten–iyer küsel–un erke ba küčürgekü–yinerkeber geid–un ǰisa–yin ed mal terigüten süsügten–ü ed–i qoor qomsa bolγaǰu öber bosud

〔1〕《察哈尔格西·罗桑楚臣传》，第458—459页。

bügüde–yi γutumsiγ–tur barilduγulǰu aγsan yosun–i ailaduγsan–dur sedkil tesül ügeküy–e qusiγun–nu noyad–tur učar siltaγan nuγud–i narin–a ǰarliγ bolǰu gem–tai–ber yabuγsad nuγud–i ǰalqaγaqu ba bota–yin torγulta terigüten kiri–i üǰeǰü sigidgekü–yin eteged–eče qoinaγsi tere metü–yin ǰüil–i üiledčü oγta ülü bolqu büged üile kereg tus tus–un üiledbüri–yin egüden endegürel ügei bolqu–yin toγtaγamal–tu temdeg daruγsan bičig–i abqu bükün–dur uqaγulun ǰokiyabai. tegün–e onisun–u učir–i onuǰu ese medegsed nügüd–ber.toin boluγsad kiged bodisadaw–a kemegči tere anu imaγta keb keǰiyede ǰüb ǰögelen–iyer yabudaγ yosutu mün bügetele.ene boγda blam–a–ber gem–tai qarsilal–tai–ber yabuγčin tere nügüd–i noyad–tur ǰiγan ügüleǰü čaγaǰa–yin üiles–tur barilduγuluγsan ene anu ǰokis ügei bosu boyu–yu yaγun bülüge kemen sedkibesü.terečü ene boγda blam–a–ber noyad–tur ǰarliγ boiqui čaγ taγan bota–yin torγulta terigüten kiri ǰüi–yi üǰeǰü nom luγ–a ǰokiduγulun üiledkü keregtei yosun–i todurqay–a ailadču imaγta nom luγ–a ǰokilduqu–yin čaγaǰa–yin yosu–yi üiledgegülügsen büged.[1]

汉译文为：

到当年冬季时，察干乌拉庙中一些贪婪的暴徒们，将寺庙仓的财物和牲畜以及布施物等贪为己有，使自己和他人都蒙受耻辱。上师得知此事后极愤怒无比，亲自到旗衙门详细上告。上师随后带回了旗衙门盖章的条款规定，告诫大家有罪者将受到惩罚，而且后不得重犯。有些不知情的人还认为："所谓僧侣菩萨们应永远以温和行事，但此圣者喇嘛为何将那些有罪之人们告到衙门处，将他们定罪呢？这有些不合适吧？"上师将他们控告到衙门并制定惩罚条款，是想让他们知道与法相合之重要。

namur siluγun sir–a–yin qusiγun–eče ǰalan–u ǰangγi odqan ekilen tüsimed čerig neite–ber ǰalal ailadqaγsan yosuγar ǰalaraǰu aγuu yeke gürim–i bütügegsen büged.[2]

汉译文为：

今秋，上师应镶黄旗章京敖特根及官吏将士们的邀请，前往并为他们进行了法事活动。

---

〔1〕《察哈尔格西·罗桑楚臣传》，第463页。

〔2〕《察哈尔格西·罗桑楚臣传》，第479页。

从上文得知，当时如想建立寺院，首先向旗衙门禀告此事，旗衙门再向皇帝禀告。如得到皇帝的准许，就能得到“札付”和“度牒”以及银两等。当时“察哈尔境内，有国库拨银修建的阿勒坦锡里寺，寺内有第五世大佛王（五世达赖喇嘛）和班禅·罗桑贝丹意希的拉丈（大活佛居室），三所依及各种供物齐全。还有瑜伽师扎日·罗桑图丹坚赞掌管的藏寺，及做为先皇的马群牧地的噜雅哲瓦大寺等寺庙。其东北，有诸木齐喇嘛掌管的边寺。其北有格西喇嘛·罗桑楚赤建立的白山神庙等许多寺庙。其北有至尊章嘉先师建立的多伦诺尔法相僧院和国师楚赤坚赞的寺庙”〔1〕。这里所说的“格西喇嘛·罗桑楚赤建立的白山神庙”就是指本《传》传主察哈尔格西·罗桑楚臣通过旗衙门向皇帝禀报后得到批准而建立的察干乌拉庙。另外《传》中载：“旗官员们商议，想推举上师出任本旗辖区内所有寺院法会之首——大喇嘛之位，并向皇帝禀告赐于印章。”说明喇嘛职位也要报皇帝，由旗衙门来任免。而其他文献和学者观点认为大喇嘛的委任不用禀告清廷皇帝，“达（大）喇嘛是寺庙总管，全权管理寺庙的行政、宗教、财务、外事等各项事务。该职务的任免，一般由各寺庙的管委会推举，本寺庙呼图克图、葛根或锡勒图喇嘛任命。任期3—5年，退职后，有的可晋升为‘锡勒图’喇嘛”〔2〕。《传》中还反映了旗衙门管理所属寺院内部的一些事务。如《传》中所说“察干乌拉庙中一些贪婪的暴徒们，将寺庙仓的财物和牲畜以及布施物等贪为己有，使自己和他人都蒙受耻辱。上师得知此事后极愤怒无比，亲自到旗衙门详细上告。上师随后带回了旗衙门盖章的条款规定，告诫大家有罪者将受到惩罚，而且后不得重犯”。说明旗衙门直接管理该旗寺院事务。清廷对藏传佛教寺院的喇嘛事宜制定了一系列的管理制度，这是清朝民族立法的一个重要特点。清朝统治者们征服蒙古后针对蒙古族制定了诸多刑法，如《蒙古律例》等。从清太宗时期始经过顺治、康熙、乾隆、嘉庆、道光朝，《蒙古律例》基本修订完成。《蒙古律例》中对于喇嘛事宜专设《喇嘛例》，专门规定喇嘛服饰、喇嘛班第、喇嘛庙管理和喇嘛犯罪等的处理条款。从《传》中所记载内容看，这些法律由旗衙门来执行。

---

〔1〕［清］耶喜巴勒登著，苏鲁格译注《蒙古政教史》，民族出版社，1989年，第67页。

〔2〕德勒格《内蒙古佛教史》，第265页。

第五节　对整理研究传主作品方面的价值

一、藏文文献

语种方面，察哈尔格西·罗桑楚臣的作品有藏文、蒙文、蒙译等作品。他有个人文集（松本）留存于世，文集有 10 函，包括 200 多篇，属藏文作品。没收入文集蒙文作品及蒙译作品散见各处，在本传中也有反映。该《传》中也多处提及了收入文集中的一些作品，而且还交代了撰写缘起和撰写时间等，这对研究这些作品有较大的帮助。例如：

tendeče sine ǰokiyal ači tusa egüni keb–tur bütüge kemen ǰarliγ boluγsan metü tegünü darui keb–tur bütügeged kebleǰü daruγsan–i boγda öber–iyen–ču tegüs qobitu nigen kedün nomudqaγdaqun–dur qairalabai.basa ǰarliγ–eče egüni minu šabinar kiged öglige–yin eǰed süsügten–dur niǰiged niǰiged ügbesü sain tula ta tegünčilen ügtegüi kemen ǰarliγ bolbai.tegünče sine–yin tabun–nu edür–e bi dergete baiγsan–a aman–eče.minu ǰokiyal arbaγad bodi kiritai baiγsan tedeger–eče naiman bodi–yin lüng–yi urida ügčü tegüsügsen amoiy–a.edüge basa qoyar bodi kiritai–yin lüng–yi üggügsen ügei ene–ču lüng–un ürkülǰilel ese tasurabasu sain aǰuγu. boγda degedü ǰangγiy–a gegen–tan–nu süngbüm doluγan bodi baiγsan tere bügüde–yin lüng–un ündüsülel güičed boi bülüge tere boγda–yin šabinar sain aǰuγu.edüge minu šabi büdügün büdügün kümün nigen kedün baiqu bolbaču ein ülü kereglekü amoi.činu ečige ebügen ǰalan tere sedkil–un uγ–eče medeǰü süsüg oluγsan nigen yaγum–a ügei bolbaču erten–ü nigen sain abiyas boi amoi.tereber minu ǰokiyaγsan nom nuγud–i keb–tur selgegülkü–yin siltaγan tabiγ–i barilduγulqu–yin eki–yi ekileged olan kümün tegünü qoinača daγaǰu süsüg–iyer ergülge ergügčin γaruγsan–iyer edüge minu süngbüm kemekü boluγsan ene boi.tegün–eče–ču süngbüm–un lüng keregtei kemegsen metü lüng ongsiǰu üggügsen–iyer edüge edüi činegen bodi kiged lüng–un ürkülǰilel–ču γaruγsan–eče bosu edüge ene kiri–dur eimü yaγum–a bolqui–ču ügei kemen ǰarliγ boluγad mün tere sar–a–yin sin–e–yin ǰirγuγan–eče ekileǰü dergete baiγsan bi kiged sitar aγči gelüng dambarinčin balǰur rabdan darmarasi bičigeči ǰurmad danzin nuγud–tur süngbüm–un yisudüger arbaduγar qoyar bodi oγuγada tegüs–un lüng–yi bayasuγsaγar saitur qairalabai.[1]

汉译文为:

依上师之命令,将此新作立刻刻板。上师将先印好的几份亲自赐给几位被应化者们。还下令:"将此送给我的弟子们和施主们为好,所以分给他们吧。"初五那天对我说:"我的作品有十函,其中前八函的宣讲传授已完成,还有两函教言未能传授,这些经文教言要如日月流水般传承不断。圣者章嘉活佛有七函松本(文集),现在他那些教言齐全,他的弟子们传承教习得很好。我的弟子中也有几位很出色,但从未用过他们。你父亲章京老人,他虽未从根处得其信仰,但也是一位具足善习气者。他首先将我的松本(文集)进行刻板印刷,之后又出现了诸多跟随他献供信仰者。从而我才有了今天能称之为松本(文集)的东西;也是应他们的'松本之教言有用'等要求宣讲松本教言才有了这么多教言。"这样从该月初六始,上师为在身边的近侍格隆丹巴仁钦、巴拉朱尔拉布丹、达日玛拉希文书、朱日玛德丹增等宣讲了松本中的第九、十函。

edüge anu imaγta šašin amitan–nu tusa–yin tula tagalaǰu ailaduγsan sine ǰokiyal sain nomlal–un erke–dur üiledbesü.degedü boγda blam–a–yin süngbüm keb–tur γaruγsan arban yeke bodi orusiγsan–u narin todurqai γarčaγ anu mün–kü süngbüm–un bodi bodi–yin dotur–a aγsan tere metü büged.[2]

汉译文为:

上师为弘扬佛法和众生之利乐而新撰之善教言,收入松本(文集)的有十函。细目录在文集的各函中。

从上文得知,收入传主的藏文文集(松本)的作品有十函,目前存留下来的文集正是十函,说明现在存留的文集是完整的。另外还交代了传主的文集在当时已刻版,对传主所撰文集的版本研究也提供了重要依据。下面看《传》中关于文集中作品的撰写缘起和撰写时间的相关记载:

火马年(1786),上师四十七岁。此年正月初一,作为寺院最重要的怙主,大师想在新建的寺院中塑造宗喀巴大师等身像。他向上级禀告了此想法。因为此处的百姓们虽口头上说自己是圣者宗喀巴大师的跟随者,但别说真正通晓领悟大师大海般浩瀚的文集而产生信仰,连大师是印度人还是

〔1〕《察哈尔格西·罗桑楚臣传》,第 806—808 页。
〔2〕《察哈尔格西·罗桑楚臣传》,第 856 页。

藏区人都不清楚。所以使他们知晓点大师的圣言懿行,从而使他们产生一点信仰,以此无比之力,使大家解脱和成就遍知一切。为此处慈悲之地的众生之利,大师用通俗的蒙古语开始改写了宗喀巴大师的略传《圣者宗喀巴大师传·善安乐之源》。[1]

上文中叙述了传主撰写《圣者宗喀巴大师传·善安乐之源》的缘起。因为传主故乡的百姓们对宗喀巴大师的了解太少,大多人虽在口头上说自己是圣者宗喀巴大师的跟随者,但别说真正了解大师如大海般深广知识而产生信仰,就连宗喀巴是印度人还是藏区人都不清楚。所以传主用蒙古文撰写了《圣者宗喀巴大师传·善安乐之源》,对大师的生平事迹予以评述。

"是年秋(金猪年,1791),上师为新撰之《至尊宗喀巴大师传》的刻版和诸法事圆满而去了北京。"[2]"(1794)那时上师派人去北京请来几位刻版匠人,继续刻宗喀巴大师的传。这是因为大性之圣上师的发愿之力和此处的具足福分的被应化之众生的善业之果已到成熟之时的二者之力合为一体而无障碍地完成了刻版之事。"[3]"(1802),上师因阿嘉活佛建议,将《宗喀巴大师传》译成藏文。"[4]从而得知,《圣者宗喀巴大师传·善安乐之源》的刻版完成于木虎年(1794),作者于水狗年(1802)将此传译成藏文。

这对研究《圣者宗喀巴大师传·善安乐之源》提供了珍贵的资料。传主的藏文文集中也收了此传的藏文版,但未交待成书时间,因此该《传》中的信息极为重要。笔者推测,藏文版是由蒙古文版译出,晚于1794年。

γučin tabun següder ǰoγuγlaγsan küke morin ǰilun qabur ……basa ene üy-e-yin baruγ-tur maniči gendün gelüng kemegdekü-ber duradqaγsan-dur situǰu sukawardai-yin orun-u ǰokiyal-un nomlal masi medeküy-e amur nigen-i mongγul-un keleber sine ǰokiyal ailadǰuqui.[5]

汉译文为:

木马年(1774),上师三十五岁。此年春……上师应玛尼齐根东格隆之提议,用蒙文撰写了《极乐世界之论·极易解》。

现内蒙古图书馆藏有题为《极乐世界之作》的作品。此作品的手抄本

〔1〕《察哈尔格西·罗桑楚臣传》,第305—306页。

〔2〕《察哈尔格西·罗桑楚臣传》,第358页。

〔3〕《察哈尔格西·罗桑楚臣传》,第369页。

〔4〕《察哈尔格西·罗桑楚臣传》,第444页。

〔5〕《察哈尔格西·罗桑楚臣传》,第199—219页。

有十多种,其中跋语中交代为察哈尔格西·罗桑楚臣撰写,在察干乌拉庙刻版的也有四种。这些不同抄本的标题并不完全一致,抄写者也不是同一人,字体也不相同,而且将察哈尔格西·罗桑楚臣的名字都书写不一致。据研究,此四种不同版的抄本虽有些差异,但都是察哈尔格西·罗桑楚臣所撰写的《极乐世界庄严说净土功德彰明慧鉴》的手抄版[1]。但现存抄本的跋语未交代此作的撰写时间等,本《传》中记载了察哈尔格西·罗桑楚臣在木马年(1774)用蒙古文撰写了《极乐世界之论·极易解》,如果此作与现存的手抄本《极乐世界庄严说净土功德彰明慧鉴》是同一作品,那对于研究《极乐世界庄严说净土功德彰明慧鉴》的写作背景及时间等问题都有重要价值。

basa ene namur dooradu uyutu angq–a üileten biden nuγud–tur masi abquy–a amur šarid bütügelün bičig sidi bükün–i γarγagči kemegdekü–yi sine ǰokiyabai.[2]

汉译文为:

今秋(1783)上师还为我等愚钝之辈新撰写了通俗易懂之《闭关成就法之书—出悉地》。

tabin dürben següder ǰoγuγlaγsan čaγaγčin üker ǰil–dur čaγan sar–a–yin sine–yin nigen–eče ekileǰü nadur boγda–yin baγ–a lamrim–un nomlal–i oγuγada tegüs–iyer qairalaγsan büged.bodi mür–un ǰerge–yin dürben yeke tein aγulal onisun–u odq–a–yi geigülügči kemegdekü–yi kine ǰokiyabai.[3]

汉译文为:

水牛年(1793),上师五十四岁。从此年正月初一始,上师传授予我《菩提道次第略论》,还撰写了《菩提道次第四胜德建立释·显明要义》。

今年(1798)遭遇旱灾,旗衙门请求上师祈雨。上师编写教法期间,到寺院前方的温泉和小湖边进行煨香和龙王朵马仪轨。之后,突然大块乌云汇集天空,煮锅茶的功夫就降下了大雨。他又到本旗中部地区的哈达策根(qada čegen)湖边,几天之内就进行了三十来次的祭祀仪式。还念诵了上师自己所写的《祈雨仪轨》。后来终于天降甘露,旱情得以消除。上师帮那些被旱灾折磨、多如蚂蚁的众生们消除了灾难,带来了安乐幸福。之后上师

〔1〕 敖其著《察哈尔格什罗桑楚勒图木》(蒙文版),内蒙古文化出版社,1996年,第126—129页。

〔2〕《察哈尔格西·罗桑楚臣传》,第293页。

〔3〕《察哈尔格西·罗桑楚臣传》,第362页。

回到自己的寺院。还因为宝地梯布寺的喇嘛们的请求而撰写了《嘛呢丸修法仪轨·悉地普生》。[1]

ǰiran següder ǰoγuγlaγsan siraγčin qonin ǰil-un qabur.mür-un onul türügülküi-dur oruqu-yin gesigün-i üǰegülügsen qarangγui-yi arilγaγči ǰula kemegdekü-yi sine ǰokiyaγsan büged.[2]

汉译文为：

土羊年(1799),上师六十岁。此年他新写了《生起道证趣入支分论·除暗明灯》。

ǰiran qoyar següder ǰoγuγlaγsan čaγaγčin takiy-a ǰil-un qabur mün-kü cam-un aγar-a ǰalaraǰu gün narin tugtam-un ǰerge-yi nigen üǰügürtey-a ailadbai.ǰon boγda öber-un sine ǰokiyaγsan lamrim-un obidas sides bükün γarqu sain nomlal-un ǰirüken-u motor-un sudur kiged sigülge ailaduγsan ǰiruqai-yin sudur terigüten-i ailadqal-un bičig lüge salta boγda gegen-tan-u motor-tur ergübei.[3]

汉译文为：

金鸡年(1801),上师六十二岁。此年春,上师于坐禅期间宣讲了甚深密法。夏季,上师写信给阿嘉活佛(三世阿嘉)禀告并敬献自己所撰《菩提道次第密诀出悉地善言之藏》和《历法经典之评议》。

此外,《传》中还提及了一些传主所写的关于工艺学、医学、书法、语言修辞等方面的作品情况。如：

uralalγ-a-yin uqaγan-dur bey-e-yin uralalγ-a borqan-nu bey-e-yin kemǰiy-e kiged qota mandal-un tig soburγ-a-yin tig terigüten-i saitur ailadudaγ buged.motur-iyer bičigsen sab siyar üsüg terigüten-ču üsüg-un baidal masi saiqan büged masi bolbasun ariγun baidaγ boi.kelen-ü uralalγ-a-yin degedü boluγsan nomlaqu esergüčekü ǰokiyaqu γurban anu ügülekü kereg ügei büged.[4]

汉译文为：

在工艺学方面,上师对佛像定量、坛城线条、佛塔式样等技艺娴熟；手

〔1〕《察哈尔格西·罗桑楚臣传》,第411页。

〔2〕《察哈尔格西·罗桑楚臣传》,第418页。

〔3〕《察哈尔格西·罗桑楚臣传》,第432页。

〔4〕《察哈尔格西·罗桑楚臣传》,第754页。

写的藏文楷书与行书也极优美雅观。在语言修辞方面有极高的讲、辩、撰等能力。如此等等,毋庸多言。

aliba teǰigel–un uqaγan–dur soduluγsan anu yüng ke güng–dur saγuqu–yin üy–e–dur tübed–eče iregsen nigen mergen emči–eče em–un ündüsün terigüten–nu olan berke onisun–i sonusun ailaduγsan büged.bičig sudur terigüten–i ailadču üǰegsen–iyer sudal usun–nu sinǰilel kiged em–un ǰüil tus tus–un tanilγ–a ba amta čidal singgegsen–nu segül kiged.ebedčin–u temdeg ilγal. tus tus–un idegen em yabudal ǰasal–un aimaγ luγ–a salta–yi saitur ailaduγsan bolbaču motor–un abolγ–a–dur ǰokiyadaγ ügei.em–un aimaγ–un ǰokiyal ǰarliγ olan–i ailaduγsan anu süngbüm–dur boi büged em–un dürben ündüsün oγuγada tegüs güičed–tur medeküy–e masi amur kütelbüri sabaγčiγ bičig–i motor–iyer bičiǰu qadaγsan–ču baidaγ.kereglen küsegsen nüküd–tur em–un aimaγ–un nomlal kiged kütelbüri terigüten–i qairalaγsan–ču čöken bosu–yin tedüi boi bolai.[1]

汉译文为:

(上师)对医学营养学方面的研习是从雍和宫时期开始的。当时师从一位来自藏区的良医,上师学习了《医学续》等诸多难解之要诀。闻习医学经典之后,上师擅长号脉、知晓各种药之味性,辩证各种病症形象分类并对症药等。也善知治疗方法,但不做手册。医药方面的教言作品也收入了文集中,并为《医学四续》撰写了通俗注释。此外还为满足所需者撰写了不少药类之论和引导文等[2]。

上文中明确记载了《闭关成就法之书—出悉地》、《生起道证趣入支分论·除暗明灯》、《菩提道次第四胜德建立释·显明要义》、《菩提道次第密诀出悉地善言之藏》、《历法经典之评议》、《嘛呢丸修法仪轨·悉地普生》等作品的撰写时间,还叙说了撰写《祈雨仪轨》的时间和原因。此外,传主所撰写的关于工艺和医学方面的作品大多收入文集中,修辞学方面的作品也收入文集中,如关于阐释《诗镜》的作品《声庄严论》收入传主文集的第五函中。这些信息对研究这些作品有其重要的作用,通过这些信息能够准确地了解这些作品的写作背景和撰写缘起等。

---

〔1〕《察哈尔格西·罗桑楚臣传》,第757页。

〔2〕 民族图书馆编《藏文典籍目录》,第7页。

二、蒙文及蒙译作品

察哈尔格西·罗桑楚臣的蒙文作品和藏译蒙作品也有几函,但到目前为止还未全部整理完,有些已佚失,有些还处于搜集整理过程中。当时这些作品没有整理成集,具体数量不得而知。在此情况下,该《传》所载关于传主蒙文和蒙译作品方面的零星记载颇显珍贵。

tegünčilen ene ǰüg deki dooradu uyutu biden nuγud–un uyun luγ–a kiritai sine ǰokiyal–i arban yake bodi ilegüü ailaduγsan büged.boγda zungkaba–yin gegen–ü namtar kiged sukawardai–yin orun–u ǰokiyal ba sain uyutu blam–a–yin namtar terigüten mongγul–un keleber ǰokiyaγsan kiged orčiγuluγsan–ču olan boi.tegündür nigen ǰabsar–a boγda–yin öberün ǰarliγ–eče.bi–ber minu blam–a ačitu boγda qamuγ–i ailaduγči abural itegel degedü aγiy–a gegen–tan–u dergete–eče öber–un ündüsün deger–e leilegülkü γaiqamsiγ gün narin olan obidas–i olǰu kürtegsen nügüd–iyen üni udaγan boltala aman daγan oγtu γarγaγsan ügei büged ken–dur–ču teimü ǰüil–un ügen–ü tdüiken–i–ču üiledül ügeküy–e bisilγan abuγsan boi.tegünče tedeger gün narin obidas nuγud–i nomlaǰu ügkü kümün oldaγsan ügei bolbaču sünübesü qairan kemen sadkiǰü angqan–dur onisun–u tülkigür kemegdekü tere obidas–i bičigsen boi.tegenče qoisi olan baγ–a saγ–a bičig–ud–i bičigsen anu edüge baiγči edeger boi.kemen ǰarliγ bolbai.basa ǰarim nigen blam–a nar–un ǰalbaril dangšuγ kiged ǰarim nigen orud–un delekei–yin eǰed–un sang üčüg takilγ–a metü edeger anu tusqai tusqai–yin niǰiged qusiyad arad–un uyun–un ildar–a keregtei bolqu–eče bosu neite tügemel šašin amitan–dur tusa bolqu bosu tula kereg anu üčüken kemen ǰarliγ bolǰu teimü ǰerge–yin ǰokiyal nigen bodi kürkü kiritai baiγsan nuγud–i süngbüm–un dotur–a ese talbibai.yerüdegen boγda blam–a anu sine ǰokiyal ǰarliγ yaγun–i ailadbaču sadkil–dur tusa bolqu–i erkilen ailadču medeküy–e amur siluγun ǰokiyal–i ailadqu–eče bosu öber–i mergen kemegdekü–yin aldar ner–e–i kereglen küseküi–ber iraγu ayalγu kemen nereidügsen ǰokiyal.merged–tur kereg ügei boluγad teneg–ud–tur tusa ügei teimü–yi demei olan ailadudaγ ügei anu boγda blam–a–yin süngbüm–dur üǰebesü todurqai bolai.[1]

---

〔1〕《察哈尔格西·罗桑楚臣传》,第667—669页。

汉译文为：

（上师）为此处的我等愚驽之辈撰写了十大函作品。还用蒙古文撰写或从藏文译成蒙文的作品有《圣者宗喀巴大师传》和《极乐世界之作品》以及其他高僧大德的传记等。上师曾说："我将从我的恩上师遍知一切信救主圣者阿嘉活佛（二世阿嘉）处所惠受的铭感于心的甚深密法等，很长时间以来都未曾提及，独自修于心。我想，虽未找到合适的传法之人，但使其失传消失极为可惜。所以首先撰写了《要诀之钥匙》。此后又写了一些作品，就是现在的这些。"还有一些为某位喇嘛而写的祈祷文或供奉某世界之主的焚香供奉之词等。这些作品对某些百姓有用，但没有普遍的教法与众生之利益。所以他认为，这些作品用处不大，为此将这类一函左右的作品剔除于松本（文集）之外。上师宣讲新作品时极注重有益和易懂，从不想将自己那些字体华丽、节律优美，并因此而广受赞誉，却对贤者无用和对愚者无益的作品来宣讲。这从上师的文集中可以看得极清楚。

blam–a öber–iyen čaγ ürkülǰide čingγ–a sula ügeküy–e imaγta tein čaγan ǰokiyal–dur kečiyen ǰokiyaγsan–u γar–un orun metü–dur sine ǰokiyaγsan nom–ču arban qoyar yeke bodi kiritai kiged olan bom toγatan mürgül ba olan kültei toγatan urilγ–a ügülel–i ǰokiyaγsan kiged naiman mingγatu–yin ǰarliγ–i daγurisqan ailaduγsan–ču γurban ǰaγun ǰiran ilegüü boluγsan büged bom silügtü delgerenggüi ǰarim–i güičed terigüten ǰarliγ–i daγurisqan ailaduγsan bosud nuγud–ču masi olan amoi.motur–iyer bičigsen sudur edüge ende baiqu–ču arban ilegüü yake bodi boi büged.mongγul kelen–dur orčiγulun ailaduγsan–ču tabu ǰirγuγan yeke bodi kiri boi.tere metü čaγ nasuda buyan–u üiles–dur durasiyaγsaγar–kü kečiyen ǰokiyadaγ tula ǰaliqai–yin gem bügüde–eče qolada ǰokiyaγsan bolai.[1]

汉译文为：

上师持续撰写纯洁之作，所撰作品已达十二函之多。此外，还撰有诸多礼拜和延请文。上师宣讲了般若八千颂三百六十多次，般若十万颂三足次，以及其他很多经典。他亲手撰写的作品现有十多函，蒙译作品也有五六函。他终生致力于积善之业，从而远离了那些奸诈之事。

上文中记述了传主十函文集（松本）之外还有未收入文集的蒙藏文作

[1] 《察哈尔格西·罗桑楚臣传》，第 737 页。

品等，共加起来有十二函之多。传主认为他的一些作品“对某些百姓有用，但没有普遍的教法与众生之利益”，故未将这样的作品收入文集中；另外还撰有许多礼拜和延请文。上文还揭示传主的蒙译作品也有五六函。这样我们大概知晓了传主全部作品情况。这对整理传主作品提供了极有力的依据。另外《传》中还提及了传主与其他高僧之间的往来信件，如：

basa γučin doluγ-a naiman següder-yin kiri-eče toin blam-a lobsungmulam-tan-dur urid qoǰid ker ǰokistay-a qairalaγsan ǰarliγ-un bičig bisilγal-un onisun-dur yeke keregtü olan baiγsan nuγud-yidarumlan ǰokiyaqu anu ene metü.[1]

汉译文为：

上师从三十七八岁起先后赐予喇嘛罗布桑莫伦等许多教言信件。这对修行者们极有用处，我们已先把能找到的手稿汇总刻印了。

说明当时传主所写的一些书信也被刻印出版，这对搜集整理传主的作品提供了极好的信息。《传》中还收入了传主亲笔所写的几封信件，都是语言优美的文学作品。《传》中还收了一些文集中未收的作品，例如《传》中云：

basa toin blam-a-ber ailadqaγsan-u yosuγar ǰokiyaγsan yeke getülgegči zungkaba-ber daγan ečilekü-yin irüger küsegsen kereg bükün bütükü kemegdekü egüni erte sine sine ǰokiyan ailaduγsan baiqu büged.boγda blam-a-yin qoina-ača daγan oruγčin nuγud-tur masi čiqula keregtü nigen baiqu bolbaču keb-dur γaruγsan ügei tula ene namtar keb-tur garbasu bosud-tur tusa bolqu bolbau kemen γoridaǰu ǰokiyaqu anu ene metü.[2]

汉译文为：

依弟子喇嘛们的要求，上师新撰了《大救度者宗喀巴大师随行之愿·欲想之事普成》。此文对跟随圣上师学法者极重要，但未能刻板收入文集。所以笔者特将此文收入传中，定会有益他人。

《传》中还载：

木鼠年(1804)，上师六十五岁。此年春，上师坐禅期间为罗布桑札米扬丹增和我传授了《菩提道次第广论》。还将密集金刚、胜乐、阎曼德迦三

〔1〕《察哈尔格西·罗桑楚臣传》，第677页。
〔2〕《察哈尔格西·罗桑楚臣传》，第701—702页。

者的画坛城之度量等按照圣者先贤们的手持经传授予我们。之后,清点了察干乌拉庙三怙主的供品,并开列了详细的清单;同时还撰写了《此处佛教被传播之因》和《建立此庙之事》等;还将喇嘛等主事者们和管家喇嘛(尼日巴,nirba)以及大法会上各自应守和应做之事都详细定规成文,并在法会上念诵宣讲;最后还修改或制定了法会上应遵守的规章制度。[1]

ǰiran següder ǰoγuγlaγsan sir–a luu ǰil–un quyar sar–a–dur boγda–yin öber–un ariγun üǰegdel–dur üǰegdegsen byu–yu yambar metü bolbaču duradqaγči–yin ildar–a terigüten–ü ukir siltaγan ǰaγuqan–iyer ügeküy–e nasun–u γurban borqan–u maγtaγal nasun–u degedü–yi ürüsiyegči kemekü–yi sine ǰokiyabai.γurban sar–a–yin sin–e–yin nigen–eče dalaγad kiritai qural šabinar čiγulǰu yeke geid nügüd–un canid–un rasang–un ǰirum metü gürim ongsiqu ba duir–a–yi–yin kelelčege üiledküi–dur kečiyen üiledbei.[2]

汉译文为:

土龙年(1808),上师六十九岁。此年二月,上师撰写了《长寿三尊之赞·赐长寿之最》。是年三月初一起,招录七十余弟子,如大寺院那样建立了察尼特扎仓,经常进行法事活动和举行摄类学辩论会。

basa tere čaγ–tur ene ǰüg deki sir–a qar–a arad olangkin nuγud ariki tamaq–a–yi seremǰi ügei edelküi–dur nigülesküi–ber ariki tamaq–a–yi idqaqu–yin üge terigüten–i sine ǰokiyaǰu mongγul–un kelen–dur orčiγuluγad keb–tur bütügegsen büged.[3]

汉译文为:

那时,此处无论百姓还是僧侣大多毫无戒备地吸烟喝酒,为此,上师以慈悲之心新撰了劝戒烟酒等文,又译成蒙文并刻版。

上文记述了传主撰写了《此处佛教被传播之因》、《建立寺庙之事》、《长寿三尊之赞·赐长寿之最》等文。这些作品都是传主文集中未见到的,尤其是《此处佛教被传播之因》、《建立寺庙之事》等文对于研究作者的蒙文寺院志《额尔德尼吐希庙青史》有其重要的价值。《传》中提到,传主撰写了劝戒烟酒等文并蒙译刻印。传主的文集中收入了一篇关于此内容的藏文作

〔1〕《察哈尔格西·罗桑楚臣传》,第467—468页。
〔2〕《察哈尔格西·罗桑楚臣传》,第492页。
〔3〕《察哈尔格西·罗桑楚臣传》,第491页。

品,题为《必需戒烟等之讨论小品·开具缘慧眼》,《传》中所说的关于戒烟酒等文极可能就是文集中这篇的蒙译作品。可惜到目前为止,还未发现此文的蒙古文版,不过此信息对整理传主蒙古文作品还是有一定的帮助。此外《传》中还记载了不少传主蒙译作品情况,如:

tegünče ulam−iyer šabinar qural−dur qural−un ongsilγ−a−yin ay−a egesig ǰang čaγaǰa kügǰim üliyekü deledkü terigüten−i ǰil büri surγaǰu saitur sodulγan üiledbei.basa ene üy−e−yin baruγ−tur ǰarim−ud−ber duradqaγsan−nu yosuγar saskiy−a−yin sain nomlal subasidi tailburi salta−yi güičed−iyer mongγul−un kelen−dur orčiγulbai.[1]

汉译文为:

(1778)从此上师督促徒弟们在法会上努力念经,而且每年都教他们念经文之音调、规则、音乐、曲子、敲击等事。应别人的请求提议,上师将萨迦班知达的善言《苏布悉地》及其注释等译成蒙文。译文的语句优美易懂,上中下智者全能理解。

düčin següder ǰoγuγlaγsan siraγčin γaqai ǰil−dur……basa ene üy−e−dur itegel nakazuna−yin gegen−tan−nu ǰokiyaγsan arad−i teǰigekü rasiyan dusul talburi salta−yi mongγul−un kelen−dur orčiγulǰuqui.[2]

汉译文为:

土猪年(1779)……上师将龙树菩萨所著《育民甘露》及其注释译成蒙文。

tereču qonin ǰilun namur ǰarim nigen kereglegčin−ber duradqaγsan−u yosuγar boγda tabuduγar dalai blam−a−yin gegen−tan−nu ǰokiyaγsan qoyar yosun−u surγal sobud erige kemegdekü−yi mongγul−un kelen−dur orčiγulbai.[3]

汉译文为:

羊年(1787)秋,上师应需要者的提议,蒙译了五世达赖喇嘛所著《两理训谕珍珠宝鬘》。

basa uridu ǰil doluγan naγur−tur ǰalaraγsan üy−e−dur šašin−i geigülügči abaγ−a ǰanglung bandida−ber tügüwan gegen tan−u ǰokiyaγsan boγda

[1]《察哈尔格西·罗桑楚臣传》,第277页。
[2]《察哈尔格西·罗桑楚臣传》,第281页。
[3]《察哈尔格西·罗桑楚臣传》,第344页。

ǰangγiy–a lalida bszar–un gegen–ü namtar–i mongγol–un keleber orčiγulqu–yin duradγalaγ–a ailadqaγsan büged. tegünčilen basa abural boγda aγiy–a gegen tan–ču mün tere namtar–un sudur–i qairalaγad namtar teün–i mongγol–un keleber orčiγulbasu sain kemen ǰarliγ boluγsan tula ene ǰil–dur boγda lalida bazaar–un gegen–ü namtar–i mongγol–un keleber orčiγulbai……ene üy–e–dur minu ečige ǰalan ekilen uduridču süsügten sira qara yeke baγa olan ard–ber keb–un tabiγlal ergüče ergügsen–iyer.ene üy–e–eče uruγsi ene boγda–yin ǰokiyaγsan nom nuγuud–i nigen ǰüg–dur čuγlaγuluγsan anu doluγan bodi kiritai boluγsan nuγuud–i keb–tur bütügeǰü baraγdasi ügei nom–un öglige–yin egüden–i negegegsen iyer.[1]

去年到多伦诺尔寺时，一心皈依、虔诚弘法的叔父章隆班智达请上师蒙译土观活佛所著《圣者章嘉活佛传记》，而且不久前，圣者阿嘉活佛也将此传送给了上师，并特别希望上师能将此传译成蒙文。因此，上师今年（1801）将《圣者章嘉活佛传记》译成了蒙文。此时，以我父亲为首的诸多僧俗界的信奉者们，敬献了刻版所需之布施。同时也将上师之前的著作总为七函，开始刻版，开启了无穷之法施之门。

dalan següder ǰoγuγlaγsan siraγčin moγai ǰil–dur. uridu ǰilun ebül abural boγda gegen–tan yaγun kemen ǰarliγ boluγsan–nu yosuγar boγda blam–a–tan čaγan sar–a–yin sin–e–yin naiman–nu edür–e doluγan nγur–tur kürčü boγda gegen tan–a baraγalan mörgübei.tere üy–e–dur boγda gegen–tan cam–dur ǰalaraǰu baiqu tula boγda blam–a–tan qoyar sar–a–yin sine kürtele küliyen saγuγad. qoyar sar–a–yin sine–yin nigen–ü edür–e–eče abural boγda gegen–tan–a boγda blam–a öber–un süngbüm–eče boγda zungkaba–yin yeke namtar–un lüng–i ergükü–yin eki–yi ekilegsen büged tegün lüge qamtuda boγda gegen–tan–u taγalal–iyer wačir–i bariγči γongčuγ ǰalsan erdeni–yin ǰokiyaγsansilüglel lamrim–un ǰarliγ üges–i mongγul–un kele–ber orčiγulqu yosun–u nomlal–i ergükü–yin eki–yi–ču ekileged.[2]

汉译文为：

土蛇年（1809），上师七十岁。依去年冬阿嘉活佛之嘱望，正月初八便

〔1〕《察哈尔格西·罗桑楚臣传》，第443—444页。

〔2〕《察哈尔格西·罗桑楚臣传》，第520页。

起身前往多伦诺尔寺。正月十一到达该寺拜见了阿嘉活佛。二月初一，上师向阿嘉活佛敬献了自己所撰《至尊宗喀巴大师传》、《菩提道次第念诵消除习气法·所愿普成》。同时依阿嘉活佛之愿将金刚持贡却坚赞额尔德尼所作诗歌体《菩提道次第论》开始译成蒙文。

上文中记载了传主的部分藏译蒙作品的撰写时间及缘起、汇总及刻版等情况。这对传主译作的研究及整理也有一定的价值。

小 结

《察哈尔格西·罗桑楚臣传》作为清代蒙古族历史文献，对于清代蒙古族宗教史、文化艺术史、社会生活史、政治史、传主作品整理研究等方面都有极其重要的价值。《传》中记载许多有关寺院建立、寺院教育、寺院经济与管理、寺院为中心的佛教传播活动、蒙古族高僧们对弘扬藏传佛教所做的贡献等事迹。这些史料都是蒙古族珍贵的宗教史资料。藏传佛教文化传入蒙古地区后给蒙古族文化艺术带来了新的血液，使蒙古族文化艺术面临新的选择和重构。从而使当时的蒙古族文化和艺术都拓上很深的藏传佛教文化烙印。这在该《传》中也有诸多方面的反映，对于研究当时的文化艺术史提供了有力的依据。该《传》虽是高僧传记，主要撰写了传主一生的宗教活动，但叙述传主的事迹过程中也反映了不少相关地区的社会生活状况。如当时遇旱灾时大家聚在一起祈雨、立敖包祭祀、祭龙王、祭关公、祭苏勒德腾格里和战神等，同时也反映了当时的赛马、摔跤、歌舞、嫁娶、丧葬等民俗活动和风俗习惯，是珍贵的社会生活史资料，对于研究清代蒙古族社会生活史提供了第一手资料。清朝政府当时虽大力扶持和发展藏传佛教在蒙古地区的发展，同时也担心藏传佛教的势力过于强大而威胁其对边境地区的统治，所以对藏传佛教又采取了许多控制和限制政策。从此清朝政府设置理藩院来管理蒙藏事务和宗教事务，行使立法、监督和颁发行政命令的权利。清朝政府为了较有效地统治和控制蒙古地区，逐步引导建立了盟旗制度。这样蒙古地区的宗教事务从理藩院到旗衙门的管理，加上会盟制度，在相当长的一段时期实现了有效的管理。该《传》中也反映了蒙古地区寺院的诸多事宜与清政府或与旗衙门之间发生的关系。这对研究当时的政治史具有参考价值。最后是对传主作品的研究与整理方面的价值也值得注意。该《传》中多处提及的传主作品，包括藏文文集作品和未收入文集中的藏文、蒙文、蒙译作品,也交代了部分作品的撰译时间以及撰写缘起等问题,这对传主作品的研究提供了有力的依据,而且对传主散佚作品的搜集整理提供了重要的线索。

第五章 《察哈尔格西·罗桑楚臣传》的文学文献价值

《察哈尔格西·罗桑楚臣传》既是历史文献，又是文学文献。在历史学的范围内可称为历史文献，在文学领域可称为文学作品。它是出自清代蒙古族高僧之手的典型的传记文学作品，具备明清时期的蒙古族高僧传记的特点。该《传》同时也是一部语言优美、内容丰富、韵散相结合的文学作品。作为清代中期的蒙古族文学作品，它有多方面的研究价值。下面就清代蒙古族传记文学研究、清代蒙古族韵散相结合的文体与训喻诗的研究以及清代蒙古族佛教故事的研究等方面来探讨该传的价值。

第一节 关于蒙古族传记文学研究方面的价值

一、蒙古族传记文学的产生

从远古到蒙元时期，蒙古族历史文学和传记文学不分。蒙古族最早的书面传记文学的产生可以追溯到成书于 13 世纪的《蒙古秘史》。《蒙古秘史》的内容可分为三大部分：第 1 节到第 68 节记述了成吉思汗二十二代祖先的事迹；从第 69 节到 268 节记述了成吉思汗一生的业绩；从 269 节到 282 节记述了窝阔台汗的业绩。其中成吉思汗的传记占主要部分。从某种意义上看，《蒙古秘史》是历史人物传记。之后成书于 17 世纪的蒙古族诸多历史文学著作，如罗卜桑丹津的《黄金史纲》中的成吉思汗祖先传说和成吉思汗的传记等都与《蒙古秘史》相似，似乎取材于《蒙古秘史》。除此之外，萨囊彻辰《蒙古源流》，巴彦巴的《阿萨拉格齐史》、《大黄册》，津巴道尔吉的《水晶鉴》，答里麻的《金轮千辐》，拉希彭斯克的《水晶珠》等诸多著作都将成吉思汗的一生传记作为主要内容叙述。到元代，蒙古族统治者们尊崇佛教，蒙古族也深受印藏佛教文学的影响，佛教文学家搠思吉斡节儿曾用藏文撰写了释迦牟尼传记《佛祖释迦牟尼十二行》，但是除这一模仿性的作品外，元代再没有发现其他高僧传记，可见当时蒙古族还不具备产生独立的传记和传记文学的社会历史条件[1]。

从14世纪初至16世纪末的300年间没有出现蒙古族佛教名人的传记。迄至17、18世纪,蒙古族文学史上才出现高僧大德的传记。当时知识渊博的蒙古族高僧们将印藏著名高僧大德的传记译成蒙古文,而且还以此为范本,开始为那些对佛教的传播做出贡献的高僧们撰写传记[2]。发生这一变化的主要原因是藏传佛教的再次传入。明代后期,蒙古族俺答汗将藏传佛教再度引入蒙古地区后,"藏传佛教格鲁派很快风靡全蒙古地区,无论广度和深度均远远超过了元代,它不仅代替了蒙古人的精神灵魂——对萨满教'翁衮'之神的崇拜,而且成为大部分蒙古人信奉的民族宗教"[3]。随着藏传佛教在蒙古地区的大量传播,藏传佛教文化也很快渗透到蒙古文化的各领域。其中藏传佛教文学也深深影响了蒙古族传统文学,内容和体裁都发生了变化。此时藏族佛教文学中撰写高僧大德传记已很盛行,因为"吐蕃王朝崩溃以后,藏族地区陷于分裂割据的状态。随着各地方统治集团势力在经济、政治和文化上的发展,及宗教教义传承、仪轨、修习次第及某些教理上的差异,藏传佛教也相应地产生了各种派别。这些派别为了扩大影响,伸张势力,便极力宣扬本派的观点。在宣传过程中,为了吸引群众,令人信仰,便常常将自己教派中比较有成就、有名望的喇嘛的生平,加以渲染神化,撰写成书,作为范例进行宣扬。于是就出现了大批'高僧大德'的传记"[4]。"随着印藏佛教史学、文学对蒙古族史学、文学的深入影响,在传统的史传不分的史学和历史文学继续发展的同时,单一的传记和传记文学开始出现"[5]。最早出现的单一的传记文学属《阿拉坦汗传》和《名为黄金史之成吉思汗传记》,这也足以说明蒙古族独立的传记文学体裁开始出现并逐渐成熟。

到18世纪至19世纪,蒙古族佛教文学高僧传的创作达到顶峰,出现了察哈尔格西·罗桑楚臣著《遍智圣者宗喀巴传·吉祥之源》,帕日吉纳萨嘎拉著《圣者乃吉托音达赖曼室利传·开光显扬如意珍鬘》,拉德那巴达拉著《热津巴札雅班第达传·月光》和历辈哲布尊丹巴呼图克图传等。还有

[1] 荣苏赫等编《蒙古族文学史》(第二卷),第599页。
[2] 策·贺希格陶克陶《蒙古古典文学研究新论》,内蒙古人民出版社,1998年,第182页。
[3] 胡日查《清代内蒙古地区寺院经济研究》,第14页。
[4] 中央民族学院《藏族文学史》编写组编写《藏族文学史》,四川民族出版社,1985年,第322页。
[5] 荣苏赫等编《蒙古族文学史》(第二卷),第599页。

一部分从藏文译成蒙文的高僧传记，如：北京松竹寺首席喇嘛嘎布楚锡喇布达日扎著《章嘉阿旺罗桑却丹传·珍珠璎珞》，达日罕堪布罗桑帕日米那木吉拉著《文殊怙主佛灯持大金刚益希丹白坚赞前世传·三界唯一庄严妙法如意宝鬘》，七世达赖喇嘛著《法统宝座甘丹赤巴罗桑丹毕尼玛传·生成明辩意根之源》，土观活佛著《普渡众生上师章嘉活佛若必多吉传·如意珍宝》等。

二、对蒙古族传记文学发展与完善方面的研究价值

藏传佛教再度传入蒙古后，蒙古族文学也深受印藏文学的影响，出现了单一的传记文学。17 世纪初期出现了传记文学《阿拉坦汗传》和《名为黄金史之成吉思汗传记》，17 世纪末出现了《乃吉托音传》和《热津巴札雅班第达传·月光》等传记。这时期的蒙古族传记记述的人物既有历史人物，也有宗教人物。《蒙古族文学史》中将此时期的传记文学从内容特征概括出三个特点：1. 传记的主人公全部是统治阶级的上层人物，其中可以分为世俗和宗教两部分。2. 所记主人公的生平事迹基本属于历史事实，但某些史实被神化夸张了，具有了神话传说的色彩，或者干脆把虚构的传说故事写入了传记。3. 除少数作品外，如《名为黄金史之成吉思汗传记》，大部分作品都有佛教色彩〔1〕。这是明清之际的蒙古族传记文学的普遍特点，是受印藏佛教文学高僧传的影响后开始撰写本民族的历史名人传记和高僧传记，虽有了佛教色彩，但写实性还是比较强。例如成书于 17 世纪的《热津巴札雅班第达传·月光》是以时间顺序来记述札雅班第达生平事迹的。传记通过札雅班第达一生的活动，揭示出 17 世纪前半叶和后半叶初期卫拉特蒙古各部社会政治的历史侧面，因此它是一部重要的蒙古族历史文献，又是一部极好的文学作品。此传撰写时并未分章，主要内容有“第一部分，主要记述了札雅班第达出家为僧的缘起及赴藏学佛的经过。第二部分，记述了札雅班第达在卫拉特蒙古的政治、宗教、文化活动。第三部分，记述了札雅班第达死后卫拉特蒙古发生的动乱。这一部分更多地反映出 17 世纪后半叶初期，卫拉特各部封建主的政治与军事活动。第四部分是作者对全书的简单结束语——跋”〔2〕。从而看出，此传的主要内容都是传主的政治与宗教、文

〔1〕荣苏赫等编《蒙古族文学史》（第二卷），第 600—601 页。

〔2〕中国社会科学院中国边疆史地研究中心编《清代蒙古高僧传译辑》，第 285—288 页。

化活动及卫拉特蒙古的政治军事情况,很像是一部卫拉特蒙古族历史。此传中也未记述传主幼年时期的事情,从传主十七岁以后开始记述,所以没有传主幼时与众不同的渲染。开篇赞词极简短,写作过程也未按印藏高僧传的典型模式"开篇赞词、传主的不平凡的降生、出家闻法、精通五明和修持三宝的过程、如何利益教法与教化众生的事迹、晚年的功行与示寂情况、跋语等"来写。从而推知,此时期的传记文学只处于发展阶段,尚未进入成熟期。从形式方面看,也是属于本民族传统传记形式和印藏佛教高僧传记形式的结合运用期。《察哈尔格西·罗桑楚臣传》的成书时间晚于《热津巴札雅班第达传·月光》一个多世纪,因此,无论从内容还是形式两者都有诸多不同之处。《察哈尔格西·罗桑楚臣传》与印藏高僧传极相似,主要内容有"第一章:开篇赞词及在法圆满时代诞生之事;第二章:从儿时起出家为僧踏入佛法之门闻思佛法之事;第三章:闻法修行之事;第四章:修行圆满后进行利他之事;第五章:时间不确定的事迹和一生之著述以及与菩提道怎样相合之事;第六章:一生之应化众生之事结束;第七章:从四摄事之法门传授弟子弘扬佛法以及为众生的利益所著之作品及跋语等七章"。这与《热津巴札雅班第达传·月光》的内容相比,对传主生平事迹的描述更加详细,渲染的成分更加突出,而且作者对开篇赞词浓墨重彩,赞颂了从释迦牟尼佛到圣者宗喀巴大师时期的佛、菩萨、圣贤以及自己的恩师察哈尔格西·罗桑楚臣等对佛法的伟大功绩。如:

getülgegči degedü blam-a ǰoriqui ügei yeke nigüleskü̈i lüge tegülder mün-kü tegünü ülmei-yin lingqu-a-dur γurban egüden-ü yeke bisireküi-ber mürgüged itegemoi.yeke nigüleskü̈i-ber čaγ kiged aqui üyes bügüde-dur daγan barin soyorq-a.abural ilγuγsan nuγud anu tebčil onul-un erdem masi sačaγu bolbaču.asuru ürigüü doγsin čüb-un čaγ-un amitan-i getülgeküi-dur. angqan-ača sedkil egüsgegsen čing ǰoriγ tangγariγ anu neng ülemǰi boluγsan. abural degedü uduriduγči šaγiy-a-yin oki tegün-e bisireküi-ber mürgümü. erketü ilγuγsan-u gegen oeu getülgegči itegel maidari kiged egnegde ilγuγsan bükün-nu γaγqa ečige getülgegčimacusiri kituraγ-a. erketü ilγuγsan-u šašin-i geigülün ǰokiyaγči ǰirγuγan čimeg qoyar degedü terigüten.enedgeg tübed-un šašin-i bariγčin nuγud-tur bisireküI-ber sügüdmoi.masi ketürkei arban ǰüg-un ilγuγsan bükün-ü ailadqui uyun nigen-e quraγsan sedkil-i boliγči sür gerel badaraγsan ulabir sir-a laγšan airaγ-un ider tere anu. masi olan sodur dandarisun dalai-yin ǰirüken qočurli ügei nigen-e quraγsan kir ügei γaiqamsiγ sain yosun-nu ǰirum-i qaraγad ǰaγun ǰüg-tur arbidqu-yin tulada ……ene orun čaγ-un kiǰaγar-a mancuširi itegel boγda congkaba-yin gegen-nu kir ügei šašin mün-kü tegüni saitür arbidqui-dur tengčeküi nükür-eče qaγačaγsan minu blam-a tegüs čoγtu degedü boγda ilγuγsad kübegüd salta bükün-eče ülemǰi yeke nigülesküi kiged ači-yin sang boluγsan ner-e-yi ügüleküi berke.〔1〕

汉译文为：

向慈悲为怀的至尊上师，
谨以三门之礼顶礼膜拜！
您以悲悯之心降福众生，
虽殊胜之戒律无比高深，
但普度浊世之芸芸众生，
也需要发之内心的誓言。
谨向尊胜释迦顶礼膜拜！
向无比殊胜弥勒佛膜拜！
向殊胜文殊菩萨顶礼膜拜！
向印藏创造殊胜佛教之
六庄严二胜虔诚顶礼膜拜！
将十方殊胜们所言之地的
光芒万丈的红色甘露之力，
经海之无垢法传遍百方。
……
文殊室利圣者之此时劫化身，
宗喀巴之洁净佛法被弘扬。
我上师广受诸圣贤之恩惠，
不能一一称道鸣谢其名号。

这显然是为了烘托传主在佛学方面的造诣和功德，以及其非凡的经历等，也表现出了作者对传主的敬仰之心，从而使读者立即对传主产生敬奉之心。

另外，该《传》还对传主不平凡的诞生和与众不同的童年也大加渲染：

〔1〕《察哈尔格西·罗桑楚臣传》，第1—13页。

tere metü–yin čaγan bečin ǰil–un naiman sar–a–yin kin–e–yin γurban–nu sain edür–e eke–yin bey–e masi mamurqan–u aγar–ača mendülegsen bülüge kemen mün–kü böγda blam–a–yin öber–un aman–ača sonusuluγ–a.boγda blam–aerdeni mün–kü ene angq–a mendüleǰü türügsen tere čaγ–tur–ču bey–e–yin Mendel anu üǰebesü saiqan büged manglai–yin iralγ–a anu aγudam yeke. qabar–un baidal anu öndür.čirai–yin γool anu tegsi saiqan.terigün anu sigür metü delger terigüten qotala tegüs sain dürsü luγ–a tegülder mün aǰuγu.angq–a umai–dur uruqu–ba bey–e mendülekü–yin čaγ–tur ilangγui–tu γaiqamsiγ temdeg belgen olan nigen boluγsan–dur maγad bülüge.tere–ču yeke činar–tu boγda blam–a ene inu čaγ bükün–e ǰarliγ obidasun–u namtar–i ončalan abču qamuγ erdem–iyen niγuγad imaγta degerüngkei–yi baγadqaqu–yi erkilen ǰokiyadaγ tula botatai aman–iyer ailadqu baituγai tasiram–iyer toduraqu–yin teduiken–i–ču ailadudaγ ügei büged yerü borqan bodisadu–a nar–un ǰokiyal anu egel türülki–ten nügüd–un uyun–nu kemǰiyen–eče ünggeregsen mün–nu tula ene bogda blam–a anu čoqum ünen degeneimü borqan bodisadu–a luγ–a nigen ündüsü–tü bülüge.egün lüge tusaγar bülüge kemekü terigüten–i sikidgen qamiγ–a–eče čidamui.teimü bolbaču sudur–ača. utaγan–iyer γal–yi medekü–ba.usun–nu čaquli–ber usun–i medekü metü.uyun tegülder bodisadu–a nar–un uγ iǰaγur–i anu belgen–iyer medeyü.[1]

汉译文为：

从上师的口述中得知，他出生于藏历第十二绕迥金猴年（1740）……佛祖成佛后；转动法轮之日起经过两千六百一十八年后的第十九年，即圣者宗喀巴大师诞生的火母鸡年起三百八十三年后的第八十四年，乾隆五年的金猴年（1740）八月初三的这一吉日，极轻松地从母亲怀抱来到人世间。上师刚出生之时，体形均匀，额头宽阔，鼻梁高挺，面容端庄，头部像伞一样宽阔，可谓相貌过人。从怀胎到出生有过许多奇妙吉兆。那是因为上师时刻将密法大师们的事迹牢记于心，将所有知识藏于心中暗暗调伏众生，从未大声说起，甚至未提及；那是因为诸佛和菩萨们的学说已超出俗众们的智慧。其实上师与诸佛和菩萨们是相同的。如果有人说与他们不同，我也没办法阻止。但经中有云："从烟雾知其有火，从水鸥知其有水，如想得知智圆满的

〔1〕《察哈尔格西·罗桑楚臣传》，第24—25页。

菩萨们的根源,要看瑞兆。”

tere metü bey–e mendülegsen–nu darui–eče ečige eke terigüten anu enggüreilen qairalaǰu üsgegsen büged. tegün–u čaγ–tur. qamuγ–i ailaduγči boγda aγiy–a erdeni–yin gegen–ten–nu ǰokiyaγsan mün–kü ene boγda blam–a–yin čedeg namtar–un ǰalbaril–eče.üčüken ider ǰalaγu–yi–yin orγulal čaγan lingqu–a masi ariγun bolbaču.ütele nilqas–un maγu yabudal–un sibar–iyer ese aldaγsan büged.kemen nomlaγsan metü mün–kü tere ǰalaγu kübegün anu ukilaqu kiged aγurlaqu ba silusun nisun terigüten yerü–yin ütele nilqas–un doruital–un ǰüil oγtu ügei ariγun boluγad čeberken.üčügüken boiǰiγsan–ača qoisi seremǰi ügei naγadqu–yin ǰüil anu ügei.nigül kilinče–yin üiles–i ǰariγ–taγan tebčigsen.yambar metü nigen arad–tur–ču iraγu boluγad ǰokistai–ber ügülegči.aγurlaqu–yi tebčigsen.nükürlen qanilaqui–dur amurqan. nasuda qudal qaγurmaγ ügei büged ünen–i ügülegči. uqaγan medel anu ketürkei boluγsan. γurban erdeni–dur süsüg bisirel batudduγsan.degedü nom–i eriküi–dur sindaral ügeküy–e durasil kiged kečiyenggüi–tai terigüten bodisadu–a nar–un yeke qabilγ–a–tu yabudal nuγud–tur ǰariγ–taγan oruγsan anu yerü–yin ütele nilq–a kübegüged eke yuγan küken–i kükekü–i surγaqu kereg ügei lüge adali boluγsan büged. ilangγuy–a erte keduin–eče degedü nom–dur tedui daduγsan–u abiyas masi yeke ǰuǰaγan–u tula nasun següder masi üčügüken–u čaγ–eče ečige eke kiged sadun aq–a degüü terigüten–degen yirtinču–yin yosun luγ–a ǰokilduqu–yin tedüiken–u tula bayasqu–yin ǰarliγ kiged aγali düri–yi üǰegülün ǰokiyaqu–yin tedüi–eče bosu.tedeger–tur sedkil tačiyaqu–ba dasču inaγlaqu–yin sanaγ–a oγtu ügei–yin tula.qoyar següder kürtele mün–kü tere ečige eke yügen gerte saγuγsan–eče. qoyar següder–tai–yin üy–e–dur nigen süni eke anu öber–un ger–iyen qaγalγ–a–yi qaγal ügeküy–e untaǰu orkiγsan–nu tere ǰabsar–a mün–kü ene boγda öber–un eke yügen ebür–tur noirasuγsan–ača bosuγad γaγčaγar öber–un emege eke yügen ger–un egüden–dur kürčü uqilaγsan–a tere emege eke anu noir–ečegen seriged bosču üǰebesu üčügen kübegün γaγčaγar qaγalγ–a–yin dergete ireǰü baiqu–yi üǰeged öber–un ebür tegen abuγsan–dur. üčüken kübegun tere–ču öber–un ečige eke terigüten degen üčüken–ču qorγudal ügeküy–e mün–kü tere emege eke yugen gerte noirasabai.tegun–eče qoisi öber–un ečige eke yugen gerte ǰiči ǰalaral ügeküy–e mün tere emege eke yugen gerte saγuγsan bülüge kemen qoǰim boγda öber–iyen ǰarliγ bolqu–yi sonusuluγ–a.[1]

汉译文为：

上师从未被儿时的哭闹、恼怒、口水、鼻涕等幼儿之事所困扰，极其洁净。玩耍时从不麻痹大意，也不去做罪孽之事，无论对何人都态度温和，不愤怒，秉性正直，乐于交友。上师从懂事之时起就敬信三宝，对佛法经典和供奉佛菩萨之事颇有兴趣，如同婴儿哺乳之事不用他人教一般。因上师幼时起即对佛法有浓厚的兴趣，故与父母兄弟亲戚毫无人世间之世俗亲情，对亲人毫无依恋。从出生到两岁时住于父母家中。两岁时的一个夜晚，母亲睡觉时未关房门，于是上师从母亲被窝中爬起走来到祖母家门口哭喊，祖母听到哭声后起身将他抱入怀中。此时上师毫不依恋父母，在祖母家酣然入梦。从此上师未回父母家，一直住于祖母家中。此事是听上师亲口述说。

yosun ene anu qamuγ–i ailaduγči lobsang γalsang ǰamsu dalai blam–a–yin gegen–ü namtar qamuγ–i ailaduγči boγda ǰangγiy–a lalida bazaar–un gegen–tan–u ǰokiyagsan–eče.tere metu bey–e mendulegsen–ü darui–eče–ču olan türül degen ger–eče ger ügeküy–e saitur γarqu–yin ǰim–e yosun–dur bayasudaγ–iyen toduraγulun üiledkü–yin tulada yerü–yin nilqas–un yabudal yosun–eče neng ilangγuy–a keturkei–ber eke yügen ebür–tur noirasqui–dur masi taγalal ügei büged.deren–ü deger–e ǰalabasu sedkil anu amuraγsan metü bolun ǰokiyadaγ.[2]

汉译文为：

这如同遍知一切大师章嘉·若必多杰《遍知一切大师罗桑噶桑加措传》中云："喇嘛降生不久，即显出喜好出家的相状。与一般凡夫孩童迥异，不喜在母亲怀中入睡。倘置首于枕上，则显出十分快活安适状。"这世上最亲之人莫过于生母，但上师自幼时起便毫不依恋母亲，住于他处。此事足以说明他极易断除世间一切欲念，不易被欲念之绳索所捆绑束缚。

tende–eče dürbe tabun següder–tai–yin kiri–yin čaγ–tur.nigen edur emege eke–ber.ene edur boγda ǰalaraǰu irekü tula mörgükü kereg–tai bülüge kemeǰü ger deki kümün nügüd tegen baraγ–a qaraǰu baiγtun kemen ǰakiγsan–a keseg boluγsan–u qoin–a ger–un nigen kümün ireged boγda ǰalaraǰu aisui kemebei. tegün–e emege eǰi–ber nigen küǰi–yi sitaγaǰu abuγad ene boγda–i–ču uγtuǰu

〔1〕《察哈尔格西·罗桑楚臣传》，第30—33页。

〔2〕《察哈尔格西·罗桑楚臣传》，第33—34页。

oddun nigen ǰam–un ǰaq–a–dur kürüged tere küǰi–ban γaǰar–tud qadquǰu ene boγda–ginigen qaǰaγu daγan talbiγad emegen öber–iyen dorun–a ǰüg–tur qantuǰu mörgübei.ene boγda–yi–ču mörgü kemen mörgügülbei. tegün–e ene boγda–yin taγalal–dur boγda kemegči tere yambar nigen yaγum–e irekü bolba kemen sanaǰu baitala dorun–a ǰüg–un tere ǰam–iyer inaγsi nigen maγuqan kümün nigen ačiy–a–tai temegen–i küteljü iren aǰuγu. tegün–e ene boγda–yin taγalal–dur. ene maγu kümün–yi boγda kemeǰü mörgükü yaγm–a bolbau–yu yaγun bülüge kemen sedkiǰü baitala tere kümün kürčü iregsen–e.emege eke anu tere küǰi–ban abču odduγad tere temegen–nu niruγun deki ačiy–a–yi sinǰilebesü nigen dürbelǰin yaγum–a–yi čaγan esgei–ber bagalaγsan nigen yaγum–a aǰuγu. tegün–dur emegen öber–iyen toluγai–ban tulγaǰu adis kürteged segül–dur. ene boγda–yi–ču degegsi ürgüǰü terigün–iyer anu adis abquγuiqui–dur ene boγda–ber terigün–iyen degegsi tulγan tulγan ailadču egün–u dotur–a yaγun baidaγ bolba.kemen sinǰileǰü üǰebesü tere dürbelǰin yaγum–a anu nigen qataγu yaγum–a aǰuγu teimü bolbaču čoqum yaγun bükü–i anu medegsen ügei bülüge. qoin–a sanabasu nigen kümün–nu takiǰu aγsan telgerenggüi yüm–un debter–i öber–e nigen kümün ongsiγulun ailadqaqu–yin tula ǰalaγsan mün aǰuγu kemen ǰarliγ boluluγ–a.ene anu dürbe tabun següder–tai nigen–nu kiri–yi bodubasu ebugen kümun–ü bodulγ–a metü–yi ailaduγsan baiqu tula–da ǰalaγu kübegün ene anu yeke aγudam uqagatai nigen mün aǰuγu.[1]

汉译文为：

上师四五岁时，有一天对祖母说："今天大师来此地，我们必须去拜见。"说完立即派家人关注四方的来往之人。过一会儿，出去探望的家人回来说："大师已朝这边过来了。"于是祖母点了香，迎大师而去。她来到一处路旁，将香插于地上，向东跪拜。也让上师跪地磕头，这正合上师之意。他还心想，不知来一个什么样的大师。此时从东方走来一位牵着载货骆驼的丑陋之人。上师心想："怎能将此丑陋之人视为大师跪拜呢？"此人到近前时，祖母持香将骆驼身上载的货包熏起来。这时上师细看货包时发现，包中有一包用白毡裹起的方形物。祖母将头部靠近此货包顶礼膜拜。也把上师抱起来顶礼此货包。上师将头部高高抬起，想细看此包中之物，但还是未能

〔1〕《察哈尔格西·罗桑楚臣传》，第38—40页。

如愿。后来上师对我们说:“后来我细想,那包中之物有可能是被某人供奉的苎麻纸广博之经典,有人因借请此经念诵而路经此处。”上师当时年仅四岁,但说起话来简直像个通达的老者,真可谓是智慧过人,睿智之极。

《热津巴札雅班第达传·月光》中的开篇赞词为:

南无嘛尼雅祖·固卡阿雅师。

祝圣洁色究竟天宫阙长存,愿最胜七方便位欢乐,向生灵的主宰者瓦齐尔达喇顶礼膜拜。犹如虚空,豁虚离碍,普遍通晓,传示圣谕,一切大圆满小胜洲顶礼膜拜。功德无量,仁慈之名在十方传颂,将妙慧甘霖施于众生之嘎鲁汗拉让巴咱雅班第达顶礼膜拜。[1]

此开篇赞词与《察哈尔格西·罗桑楚臣传》相比,较简略,也没有引经据典地将释迦牟尼佛到圣者宗喀巴大师时期的佛、菩萨、圣贤等一一赞颂,而只是很笼统地概括提及了一些圣者们。对传主的出生与家世也未过于渲染,如:

关于圣者拉让巴呼图克图咱雅班第达的一生活动,仅就我所闻所见简述如下。(圣者咱雅班第达)属和硕特家系古勒青鄂托克桑哈斯家族的人。其祖父是都尔本卫拉特颇有名望的洪果·扎雅齐。在洪果的众多子女中,咱雅班第达排行第五。[2]

这与《察哈尔格西·罗桑楚臣传》中对传主的出生不平凡与幼时与众不同等的大肆渲染相比,更像是一部普通的文学作品或历史著作中对某个人物的生平的介绍。

《察哈尔格西·罗桑楚臣传》的内容和形式与印藏高僧传极相似。从形式来看,与藏族高僧传《至尊上师宗喀巴大师最胜稀有传记·信仰津梁》很相似,主要表现在章节的安排,如《至尊上师宗喀巴大师最胜稀有传记·信仰津梁》章节为“开篇颂词;第一章:于圆满家族如愿降生及孩童时代;第二章:依出离与皈依因果根出家入大乘与密乘之门;第三章:跟从经师以般若乘广闻求法;第四章:以密宗为主求法、供养三宝及首创教法心要,修清净教规等;第五章:成为法王后利益佛法和众生,在闻、思、修、讲、辩、著等方面的修持和成就;第六章:完成化度事业,示现圆寂;跋语和赞辞等。”《察哈尔格西·罗桑楚臣传》的章节为,第一章:开篇颂词、

〔1〕中国社会科学院中国边疆史地研究中心编《清代蒙古高僧传译辑》,第3页。

〔2〕中国社会科学院中国边疆史地研究中心编《清代蒙古高僧传译辑》,第3页。

诞生于法圆满时代；第二章：从幼年儿时起出家为僧踏入佛法之门闻思佛法之事；第三章：闻法修行之事；第四章：修行圆满后进行利他之事；第五章：时间不确定的事迹和一生之著述以及与菩提道怎样相合之事；第六章：一生之应化众生之事结束；第七章：从四摄事[1]之法门传授弟子弘扬佛法以及为众生的利益所著之作品。

从内容来看，与《章嘉国师若必多杰传》相近，《察哈尔格西·罗桑楚臣传》第一章开篇部分作者引经据典，阐述了从释迦牟尼佛到圣者宗喀巴大师时期的佛、菩萨、圣贤以及自己的恩师察哈尔格西·罗桑楚臣等的对佛法的伟大功绩，并描写了对他们的诸多敬奉崇信之赞词。其中该《传》的第一章开篇部分与《章嘉中国师若必多杰传》的第一章“前言”相似，如：

eyke bagsi baγatur–un ǰokiyagsan ilaǰu tegüs nügčigsen borqan–u türül–un üyes–un namtar–ača. sain aldar–un belgen boluγsan sain ǰokiyal–i ügülegsen edeger–iyer saibar oduγsan bolqor mür nügüd ali mün–i üǰegülkü bluyu.sača sedkil degen süsüg ügei nügüd–ču süsüglekü̈i boluyu.saiqan nom luγ–a tegulder üges–iyer asida ǰasaqu boluyu.[2]

汉译文为：

《薄伽梵佛本生传》中载：“那些以各种善行而具有声望的人，向众生显示出各种善解脱的道路，甚至能使没有信仰的人产生信仰，进而高兴地接受教法的教诲。”

erdeni ǰula–yin toγtaγal–eče. üneker süsüg anu urida yabuqu eke metü türügülügči büged ürkülǰi erdem bügüde–yi sakiγad arbidqan üiledqu kemekü.[3]

汉译文为：

《宝明灯陀罗尼》云：“信仰如同生身之母，将大海般知识注入心田。”

sambuda–yin dander–eče. alin–nu–tula kemebesü arban ǰüg–un borqad kiged.aγu ele bodisaduw–a nar–i takiγsan buyan–ača. ačitu baγsi yuγan γaγča sir–a üsün–nu nüke–i takiγsan anu degedü.asida teimü–yin tula baγsi yuγan takin uileduγči tegün–i abural borqan kiged bodisadu–a nar ailadqu boi.[4]

---

〔1〕四摄事：佛教术语。指菩萨为使众生的摄佛说而应做的四件事。即布施摄、受语摄、利行摄、同事摄。

〔2〕《察哈尔格西·罗桑楚臣传》，第13—14页。

〔3〕《察哈尔格西·罗桑楚臣传》，第14页。

〔4〕《察哈尔格西·罗桑楚臣传》，第15页。

汉译文为：

《三摩地本续》中云："故此，由十方佛陀和菩萨之福德，使上师的每一根汗毛都变得尊贵，因此，人若供奉其上师，佛陀菩萨必护佑之。"

tegün−e boγda car−un čorǰi−yin gegen−ber.ken alimad yeke γaǰar delekei−yin toγusun−u činegen.keturkei dalai metü ilaγuγsad−un masi γaiqamsiγ−un üges−i.keǰiy−e sansar−un ečüs kürtele egesiglen daγurisqaγsan−eče. ken ende erdem tegülder wačir−tu baγsi yuγan.ketürkei erdem onul−i ügülekü−yin üčüken qobi−yin tediken−i.keleǰü ügülegsen−ču buyan anu tengsel ügei bülüge kemekü. keǰiy−e−ču umtaγ−a ügei degedüs−un üges−iyer sedkil tataγdan kerkibečü minu sedkil ene yosun−dur orukui boluluγ−a.[1]

汉译文为：

圣者察哇却杰云："曾有诚挚伟人说过，与赞颂数量犹如大海水面的微尘之诸佛的奇异功德，并使之遍及三界相比，颂扬自己的金刚上师的若干功德，更有无上的福分。我自己也赞同此说。"

上述歌颂上师功德部分，如同是《章嘉国师若必多杰传》"前言" 的照搬照抄。说明《察哈尔格西·罗桑楚臣传》的作者对《章嘉国师若必多杰传》极熟悉。还有，《察哈尔格西·罗桑楚臣传》的第二章 "从儿时起出家为僧踏入佛法之门闻思佛法之事" 与《章嘉国师若必多杰传》的第四章 "闻思佛法经论" 写法上极相似。正如《章嘉国师若必多杰传》中所说："章嘉活佛由此年到十八岁之间，主要学习 '二圣六庄严' 所著经典，附带也听受各种佛法。"[2]《察哈尔格西·罗桑楚臣传》中的传主也主要闻思了 "二圣六庄严" 之著作和其他高僧大德之作品等。说明本《传》作者极熟悉《章嘉中国师若必多杰传》的内容，撰写该《传》时有可能以此作为范本。《察哈尔格西·罗桑楚臣传》中载：

去年到多伦诺尔寺时，一心皈依、虔诚弘法的叔父章隆班智达请上师蒙译土观活佛所著《圣者章嘉活佛传记》，而且不久前，圣者阿嘉活佛也将此传送给了上师，并特别希望上师能将此传译成蒙文。因此，上师今年(1801)将《圣者章嘉活佛传记》译成了蒙文。此时，以我父亲为首的诸多僧俗界的信奉者们，敬献了刻版所需之布施。同时也将上师之前的著作总

〔1〕《察哈尔格西·罗桑楚臣传》，第 15—16 页。

〔2〕 土观·洛桑却吉尼玛著，陈庆英、马连龙译《章嘉国师若必多杰传》，第 29 页。

为于七函,开始刻版,开启了无穷之法施之门。[1]

从而看出,当时察哈尔格西·罗桑楚臣将《章嘉国师若必多杰传》译成蒙古文并刻版印刷,而且是作者的父亲出资出版的,所以作者对此传极熟习也是很可能的。从而推知,《察哈尔格西·罗桑楚臣传》与藏族传记体作品的成熟期,即清代中期的传记极相似。也可以说是蒙古族传记文学达到成熟期的作品。无论从形式和内容等方面都与印藏高僧传的成熟期的作品相媲美。保加利亚的学者亚力山大·费多代夫将藏族文学对蒙古文学传统的影响分了四个时期,如"第一时期是佛经翻译时期;第二个时期是为了在蒙古地区传播佛教而对原始蒙古文学的删削修改时期;第三个时期是对藏文著作的意译与诠注时期;最后一个时期是蒙古作家用藏文创作蒙古文学作品时期……毫无疑问,我们可以把用藏文创作的蒙古文学作品的出现看作是藏族文学对蒙古文学传统影响的全盛时期。这一时期(从17世纪初到20世纪初)持续三百年……"[2]所以说《察哈尔格西·罗桑楚臣传》是藏族文学对蒙古文学传统影响的全盛时期之作品,也是清代蒙古族传记文学的典范之作。

第二节　关于蒙古族诗歌研究方面的价值

一、对蒙古族训谕诗研究方面的价值

蒙古族传统的训谕诗最早是以家训式的谚语格言形式流传的。到蒙元时期,"通过黄金家族的代表人物成吉思汗的权威以及大臣书记官的书面加工,提高到训谕诗的阶段,以《成吉思汗的箴言》、《智慧的钥匙》的手抄本和口碑形式流传下来"[3]。到明代,蒙古族统治阶级退居漠北。为了政治的需要大力宣扬成吉思汗的训谕箴言,而且还搜集整理成吉思汗训谕箴言,如罗布桑丹津的《黄金史》中汇集整理出了不少成吉思汗的箴言。20世纪初新疆出土的"吐鲁番蒙古文献"揭示,蒙古族在蒙元时期已受藏传佛教的影响,出现了带有佛教内容的训谕诗,如柏林藏号为《TI д 155》的 15×18 厘

〔1〕《察哈尔格西·罗桑楚臣传》,第443—444页。

〔2〕[保加利亚]亚力山大·费多代夫著,谢继胜译《藏族文学对蒙古族文学传统的影响》,《民族文学研究》,1990年第4期。

〔3〕荣苏赫等编《蒙古族文学史》(第二卷),第632页。

米的17页手抄本,其中第14至15页抄有带藏传佛教内容的训谕诗[1]。还有一些成吉思汗的训谕诗在流传的过程中也受了藏传佛教训谕诗的某些影响。"但从当时蒙古族高僧创作的佛教训谕诗和成吉思汗训谕箴言原貌比较看,佛教训谕诗并不占主导地位,印藏佛教训谕诗对传统训谕诗的影响也不大。"[2]阿拉坦汗再度引入藏传佛教后,藏传佛教在蒙古族地区迅速得到发展,蒙古族中也出现了许多高僧作家,他们深受藏传佛教文学的影响,将印藏文学理论传入蒙古地区,开始影响蒙古族传统文学写作模式。从此以后,蒙古地区开始出现了佛教色彩浓厚的训谕诗。

(1)印藏诗歌理论传入蒙古

对蒙古族训谕诗的发展产生巨大影响的印藏诗歌理论著作是古印度帕那瓦国王的宫廷诗人檀丁所著《诗镜》。这也是作者檀丁广泛阅读了前人的同类作品后,总结分析出的以讨论文学技巧为主的文学及修辞学理论著作。"到13世纪初,贡噶坚赞即在他所写的《学者入门》一书中,把《诗镜》的内容大体作了介绍和解释。到了13世纪的后期,在八思巴的大力支持与赞助下,又由雄敦·多吉坚赞于1277年全部译成藏文。"[3]从此,许多藏族学者们开始对这部诗歌著作详加注释并研究运用。在研究与运用过程中还发现了不少不符合藏族诗歌发展的因素,如"书中对内容(意义)、形式(形体)和修辞(修饰)三者,只是如此分散地简略提及,并没有把三者有机地联系起来,对它们之间密不可分的关系,特别是'内容'对于形式和修辞的决定性的作用没有加以阐明。相反,却突出了修辞的重要性。这样,一开头便从理论上走上了形式主义、唯美主义的道路"[4]。所以藏族学者们对《诗镜》的内容与形式的关系问题展开了热烈的讨论,都认识到了《诗镜》理论的一些缺陷。到16世纪初期,素喀瓦·洛卓杰布在探讨《诗镜》的著述中,便率先明确地提出了内容、体裁与修饰三者之间的关系问题。他首先将《诗镜》中所述"内容"从"形体"的框架中分离出来,作为一个独立的命题提出,又将此三者之关系用形象的比喻来说明。这对《诗镜》原作者在这个问题上

[1] [蒙古]达·策仁苏德纳木著,曾格、萨日娜转写《蒙古佛教文学》(蒙文版),内蒙古人民出版社,2000年,479页。
[2] 荣苏赫等编《蒙古族文学史》(第二卷),第633页。
[3] 中央民族学院《藏族文学史》编写组编写《藏族文学史》,四川民族出版社,1985年,第386页。
[4] 中央民族学院《藏族文学史》编写组编写《藏族文学史》,第389页。

的偏颇,做出了根本性的纠正,推进了藏族文艺理论的发展[1]。在修辞方面,藏族学者也对《诗境》作了若干补充[2]。原《诗镜》中提出了诗的几种基本结构形式:自解、同类、库藏、集结等,但未作任何解释。后来藏族学者们结合本民族的实际情况,除了“自解”外,对其他三者作了补充说明。这样《诗镜》传入藏族社会后,逐渐被吸收和消化,按照藏族的语言特点和写作实际,进行了补充、改造和创新,从而使《诗镜》成为藏民族自己的文学修辞著作[3]。

随着藏传佛教的传入,印藏诗学理论著作《诗镜》也开始被蒙古族高僧们运用到自己的创作中。18世纪时,哲布尊丹巴呼图克图的徒弟格勒格坚赞将《诗镜》译成蒙古文后并收入蒙古文《丹珠尔》的第205函中印刷出版[4]。从此,蒙古族高僧们也开始对《诗镜》进行阐释,如察哈尔格西·罗桑楚臣的《意义修饰论》和《字音修饰论》等两篇都是对《诗镜》的第二章和第三章所做的阐释。这是“作者在仔细研读原文的诗体理论和例诗、把二者结合起来准确把握原作精髓的基础上,将掩蔽在原文连续不断的诗体阐述中的理论框架抽取出来,并把古老的名词概念翻译为当时通行的名词概念,重新加以阐述”[5]。该《传》中云:上师在雍和宫阿嘉活佛身边习法之时,曾从他处听闻了《字音修饰论》和《意义修饰论》等要诀,并牢记于心[6]。看来,察哈尔格西·罗桑楚臣在他根本上师阿嘉活佛身边时研习了印藏诗学理论,再结合本民族的文学特点,将此晦涩难解的印藏诗体理论用简明易懂的方式进行了阐释。“察哈尔格西·罗桑楚臣关于《诗镜》的论著以及其他类似的作品,不但是蒙古族译介阐释印藏文学理论最早的著述之一,而且理论阐述比较充分,为蒙古族纯理论形态文学理论的产生铺下了最早的几块基石。”[7]从此,《诗镜》的诗体理论也开始影响蒙古族文学,首先是一批蒙古族喇嘛作家们运用此理论来创作藏文或蒙古文诗歌作品。其中一些高僧们撰写训谕诗、镶嵌诗、跋诗、尾诗等。当时出现了诸多训谕诗,如札雅班

〔1〕 中央民族学院《藏族文学史》编写组编写《藏族文学史》,第400—401页。
〔2〕 中央民族学院《藏族文学史》编写组编写《藏族文学史》,第402页。
〔3〕 中央民族学院《藏族文学史》编写组编写《藏族文学史》,第404页。
〔4〕 德斯来扎布《佛教与蒙古文学》(蒙文版),辽宁民族出版社,2002年,第232页。
〔5〕 荣苏赫等编《蒙古族文学史》(第二卷),第591页。
〔6〕《察哈尔格西·罗桑楚臣传》,第753页。
〔7〕 荣苏赫等编《蒙古族文学史》(第二卷),第595页。

第达·罗桑赤烈的《两理训谕》、《金钗》,松巴堪布·耶喜班觉的《妙语杜鹃道情歌》,莫日根格根·罗桑丹毕坚赞的《道德箴言》、《游戏箴言》,察哈尔格西·罗桑楚臣的《训谕心宝》、《禁绝烟酒的训谕指路记》,阿拉善·阿旺丹达的《学处篇·人道喜宴》等[1]。此时期的蒙古族高僧们的训谕诗在形式方面也极力模仿印藏佛教训谕诗的诗法韵律,主要表现在诗句的语言表述方面学习和借鉴了《诗镜》所提出的多种修辞方法,使意象更加鲜明丰富。诗段的结构上向印藏的四行体看齐,更多地趋向于固定整齐。音韵格律方面也借鉴吸收了印藏诗律的一些方式方法,更加多变精巧[2]。

(2)《察哈尔格西·罗桑楚臣传》中的训谕诗

该《传》虽属传记体历史文学作品,但其中收入不少传主所写的优美的训谕诗。这些训谕诗在清代蒙古族高僧作家的诗歌创作以及传主作品的研究等方面提供了珍贵的资料。这些诗大多都是传主"继承了蒙古族智慧文学的古老传统,吸收了印藏的佛教哲学思想和诗歌表现手法,抒发了作者在学习传布经教中的心得感悟和理想愿望"[3]。传主的训谕诗的主要内容有劝诫僧俗众们信奉佛法,遵守戒律和努力闻思传法,不要欲想身居高位,少杀生和禁绝烟酒、铺张浪费等,都有很好的积极意义。其中《喜宴上的歌》,《传》中交待了写作缘起:"那时上师的兄弟亲戚和故乡的人们都来为上师从北京学满归来接风洗尘。他们各自在家设宴以故乡之习俗迎接上师一并庆祝。上师也接受他们的敬奉,也满足了他们的愿望。那时上师深知此生不能为世间之有情众生之事动情,所以想起自己想要学的知识和喧闹之危害等事后心中产生悲痛而写了这首诗。"此诗内容为:

ay-a tayalamǰitai iniyemsüglen ǰangnayči üǰesgüleng-tu čirai/alimad ǰöb ǰögelen ügülegči irayu ügen/asuru toytayun ayali-tai ǰokilčaqu yabudal/alin-ču bolba üküküi-dur urbaqu tula γoniramoi.üǰemǰitai γow-a saiqan eldeb üngge-yin čiγulγan/üneker nidun-iyer üǰeküi-dur sonin saiqan baibaču/ ütele kirayun-dur dayariγdaγsan čečeg yambar metü.üdtür türgen-e qobiran ebderekü-yin tula γoniramoi/uyangγ-a-tai büged irayu olan čibaγdas-tu-yin dayun-yi/uyaran čikin-iyer činglaqui čaγ-tur saiqan baibaču/udaγan daγan namur-un

[1] 荣苏赫等编《蒙古族文学史》(第二卷),第634页。
[2] 荣苏赫等编《蒙古族文学史》(第二卷),第636页。
[3] 荣苏赫等编《蒙古族文学史》(第二卷),第578页。

segül–un ǰügei–yin daγun metü/udal ügei suidču ügei bolqu tula γoniramoi/sonin sedkil–dur ǰokistu ǰalaγus–un čiγulγan/sonusqui–dur iraγu saiqan daγun–i daγulbasu–ber/soniqan ǰuitai büged ǰirγaltai metü baibasu/sonirqan saγutala qordun–a salqu–yi sanabasu γoniramoi/serigün boluγad isgüleng airaγ–i anu/sergüǰü naγadun uuγuqu ene üy–e–dur.sedkil aγuǰim büged ǰirγaltai metü baibaču/segegereǰü qoitu–yin ǰobalang–i sanabasu γoniramoi/amtatai büged tarγun qonin–nu miq–a–yi/aman daγan ideküi–dur sonin saiqan baibaču/alus daγan üile tegüs–iyer barid bolun ürüged/asuru ürkülǰi ülbereǰü ǰobaqu–yin tula γoniramoi/eyeldeg ǰögelen saiqan torγ–a mangnuγ qobčad–i/edüge beyendegen emüsküi–dur saiqan baibaču/elčim–e čül–dur degeremčin–dur tonuγdaγsan metü/ende–eče ükükü–yin čaγ–tur ničügün odqu tula γoniramoi/sanaγan–dur ǰokistai inaγ amaraγ laγaban/saitur qanilan bayasun naγadun ǰirγaqui–dur saiqan baibaču/sarbaganatala qarčaγai–dur adquγdaγsan bolǰumur bilčuuqai metü/saiǰu γaγčaγar üküǰü odqu–yi sanabasu γoniramoi/qar–a kümün nuγud luγ–a ilγal ügeküy–e/qa qa kemen iniyen naγadču bürün/qamduta saγuqui–dur saiqan baibaču/qairan sakil sanwar ečegen alγasqu–yi sanabasu γoniramoi/ülemǰide süsüglen kündülegči šabinar nuγud ba/ürkülǰide qanilan tusalaγči aq–a degüü kiged/üǰebesü bayasultai amaraγ inaγ nuγud/üdtergen–e tus tus–tur salqu tula γoniramoi/ab amarqan saγudaγ orun debisger ba/ali amur–iyer edeledeg ed mal kiged/asaran qairalaǰu teǰigegsen ene bey–e nuγud/arγ–a ügei qaγačaǰu türgen–e ebderekü tula γoniramoi/edüge tobčilabasu ene nasun–nu amur ǰirγal bükün/eldeb yambar metü büridbečü türgen–e ebderemüi/egün–eče qoitu–dur udaγan ǰobaqu tula/erγičegülün bodubasu bükün–dur γoniral turumoi/aliba yirtinču–yin sain saiqan bügüde anu/ači tusa ügei büged kereg–ču oγta ügei/asida tusatai anu degedü–yin nom/aγ–a edüge türgen–e bütügekü–yi küsemoi.[1]

汉译文为：

和颜悦色的美丽容颜，

悦耳之声音和优美细语，

沉着稳定之和谐的性情，

无论哪个都不会永恒不变，

---

〔1〕《察哈尔格西·罗桑楚臣传》,第123—126页。

各种颜色鲜艳的花朵们，
观赏目睹时虽娇艳可人，
但被无情之冬霜袭击后，
被迅速破坏变化而悲伤。
韵味具足之悦耳的琴声，
聆听时牵动内心之感伤，
像秋尾之蜜蜂的声音般，
极快地消失殆尽而悲伤。
奇妙和谐之青年的聚会，
虽歌唱悦耳动听之歌谣，
虽处于妙欢乐和幸福中，
但想起宴席会散而悲伤。
玩耍时喝凉爽的酸奶汁，
心中产生无比幸福宽畅，
但想起未来之苦而悲伤。
将味鲜美而肉肥之羊肉，
虽放入口中时无比幸福，
因业力而成饿鬼而悲伤。
无论身穿华丽绸缎衣服，
在荒野中被强盗抢夺而，
死时身上仍无衣而悲伤。
与恋人相伴时美好无比，
想起被鹰袭击的麻雀般，
分散流离独自死去而悲。
与俗众欢乐时惬意美好，
但想起违背圣戒而悲伤。
与敬奉自己的爱徒与兄弟，
相见之时无比亲切而难分，
想起不久各奔东西而悲伤。
舒适的坐具与合意之器物，
和无比爱惜的自己这身体，
无法阻止地速毁损而悲伤。

概括说这辈子的所有享乐，
无论多具足圆满都会消失，
享乐之后的痛苦极其长久，
回想起来后对此产生悲伤。
所有世间之美好的诸事物，
看来都是没有丝毫的帮助，
永远给你利乐的只有圣法，
如今只有希望快成就圣法。

这首诗是传主以"缘起"、"无常"等佛教的观点评议了诸多世俗生活现象。说明人世间的所有享乐都不是永恒的，而是无常的，只有圣法才永恒，才能真正给人带来利乐。所以此诗也是劝诫世俗大众信奉佛法的训谕诗。1768年，传主向朝尔吉阿旺仁钦传受了《菩提道次第广论》和其他诸法之后写给他的一首训谕诗：

amuya gürü ehri/abural blam−a nuγud−tur mörgümü/asida ǰarliγčilan bütügekü bolγan adisla/asuru siluγun−iyer ügülekü−yin ügen ene bükün−i/angqarču uyun daγan toγtaγaqu kereg−tai boi/üneker idegen umdaγan alin−i−ču kiǰu ülü boiqu saba−yi/üǰemǰitei saiqan bolbaču saba−dur toγalaqu kereg ügei/üneker erdem alin−i−ču surču ülü boiqu toid−i/ üǰemǰitei saiqan bolbaču toid−dur toγačaqu kereg ügei/ keǰiyede üile ür−e−i boduǰu toγalaqu keregtei boi−y−a/kereg ügei mengke saγudal−i toγalaqu yaγun−u kereg/keǰiyede tusa−tu üile−i üiledkü keregtei boi−y−a/ken−ču bolba qoor−tu üile−yi üiledkü kereg yaγun boi/tegünčilen sinǰilekü ǰokistu yaγum−a−i sinǰilekü ba tein−kü qariγulqu keregtei yaγum−a−yi qariγulqu keregtei boi−y−a/teimü sinǰilekü ǰokistu bosu−yi sinǰilekü ba/tedeger qariγuiqu keregtei bosu−i qariγulbaču yaγun−u tusa/naγiyad sir−a sibaγun he he kemekü anu maγu iruw−a bosu/aliba gelüng gečül eres emes gerten salta čiγulǰu/aliyalan eldeb ǰüil nigül−tu üges−i ügüleldün/asuru he he he he kemen iniyeldükü anu čoqum maγu iruw−a boi/ür čaiqui−dur egüden deki noqai oliqu anu maγu iruw−a bosu/ ür čaiqui−dur toin kümün soγtaγad ukilaqu anu čoqum maγu iruw−a boi/üdesi er−e takiy−a qasγiraqu anu maγu iruw−a bosu/üdesi toin kümün soγtaγad qasγiraqu anu čoqum maγu iruw−a boi/qarangγui süni dumda aγda mori inčaγaqu anu maγu iruw−a bosu/qarangγui süni dumda toin kümün qoričal−i edelekü anu čoqum maγu iruw−a boi/qatuγdai yaγun emes ungγaril metü čooγilduqu anu qariγulal-tai yaγum-a bosu/qaraγsaγar toin kümün ungγaril metü alγasaqu anu čoqum qariγulaltai yaγum-a boi/qariyaǰu yaγun eren somu-ban erγigülkü anu qariγulaltai yaγum-a bosu/qaγurmalaǰu toin kümün erγikü kürbikü anu čoqum qariγulaltai yaγum-a boi/ürküljide öber-un kelen-iyen sinǰilekü keregtei kemen nomlaǰuqui/üd ügei keriy-e šaγaǰaγai-yin daγun γaruγsan kelen-i/üneker sain maγu-i sinǰile kemen nomlaγsan ǰarliγ/ünen degen γangzur dangzuur alin-dur-ču čoqaγ boi/balairaǰu süni degen yambar ǰegüden-i ǰegüdelebečü/bayarlaqu ba ayuqu-i üiledkü-yin kereg ügei boi/bariγsaγar edür tegen yambar üile üiledbečü/basa basa sinǰileged bayasqui gemsikü-i üiled kemen nomlaǰuqui/maγu ebesü modun-u utaγ-a γasiγun/maγu činar-tu arad-un üge gasiγun/maγu toid bandi nar-un yabudal γasiγun/maγu γang-tai ǰun-nu naran γasiγun/edeger üges-i öber-iyen öber tegen ügülebei-y-a/egenegde ülü martaqu-yin arγ-a-dur bičigsen boi/egün-e yeke baγ-a ken-ber-ču bayarlaqu aγurlaqu ba/eldeb naγadum toγuqu-i buu ailaduγtun/qorusču onduγučiqu ataγaraqu-i buu ǰokiyaγtun/qonaγsi ene tögerukei orčin-a buu iregtün/qoǰimdal ügei edeger ǰakiγsan üiles-i bütügen soyorq-a/qotala-dur sarin sariy-a manghalam.[1]

汉译文为：

顶礼上师！
请永远敕成就而加持吧！
将我等的直抒胸臆之语，
须牢固记于心不要轻视，
如不能装进食物的器皿，
无论多美也不能称器皿，
不能致力于佛法的僧人，
无论多俊也不能称僧人，
业果之事永记心中为好，
不要总是数那无用的痣，
永远致力于利他之事吧！
无论对谁都不要做坏事，

〔1〕《察哈尔格西·罗桑楚臣传》，第133—136页。

分析研究适合自己之事，
回答应该回答之事为好，
辩明事情的是与非为好，
回答不该答之事有何用，
猫头鹰之叫声不是恶兆，
格隆沙弥和俗从聚一处，
谈论各种罪恶深重之事，
呵呵大笑才是恶兆之事。
黎明时的狗叫不是恶兆，
天亮时僧人醉哭是恶兆，
夜晚公鸡鸣叫不是恶兆，
夜晚僧人醉喊才是恶兆。
黑夜骏马嘶鸣不是恶兆，
黑夜僧人淫荡才是恶兆。
絮一样喧嚣的妇女不遭报应，
絮一样浮躁的僧人才遭报应。
愤怒的男人转弓箭不遭报应，
说谎之僧人的反悔才遭报应。
经常分析自己的言语和行为，
从乌鸦和喜鹊的鸣叫之声音，
能够分辨出善恶之兆的教言，
《甘珠尔》与《丹珠尔》中也不多见。
无论在夜晚做了什么样的梦，
也不必太高兴或过于害怕等，
无论整天做了何等的事情等，
反复分析后才去欢喜或忏悔。
坏朽木头和烂草之烟极苦辣，
毒恶之众的话语也极其苦辣，
毒恶之僧和班的之所作苦辣，
干旱之年的夏日阳光极苦辣，
这些话语都是僧人我所说的，
为了永远不忘记而书写成文。

别敌视老少的欢喜愤怒嬉戏，
别做愤恨愤懑忌妒之事诸事，
以后别再来到这迷乱之境地，
把嘱托之业按时完成不要误！
祝愿所有芸芸众生吉祥安乐！

此训谕诗主要批评那些不遵守戒律的僧人们，没有学到真正的教法知识，却装扮成学识渊博的虚假姿态欺骗他人，希望这些人改邪归正，洁身自律，闻思佛法。猫头鹰之叫声并不是恶兆，格隆沙弥和男女俗从聚一处，肆意谈论各种罪恶深重之事，不时发出哈哈大笑才是恶兆；黎明时狗叫于门外不是恶兆，而天亮时僧人醉酒哭泣才是恶兆；夜晚公鸡鸣叫不是恶兆，而夜晚僧人醉酒大喊才是恶兆；黑夜骏马嘶鸣不是恶兆，而黑夜僧人淫荡才是恶兆；妇女们像柳絮一样喧嚣也不会遭报应，而僧人像柳絮一样心浮气躁才会遭报应；男人们愤怒而旋转弓箭不会遭报应，而满口谎言之僧人反复撒谎才会遭报应。传主以生动形象的比喻揭露讽刺了当时不务正业的僧人们的不遵守戒律的行为，还告诉这些人这些行为的恶果。

该《传》中还收入传主撰写的训谕诗《劝诫欲想高位之歌》，关于撰写此诗的情况《传》中云：黄牛年（1769）夏，上师于三十岁。一些善相合之友不断到来，看他手头的经典。上师有时也为他们讲法。那时宝地梯布寺的最高喇嘛荣升高位，想将原来的位子想传给上师。但上师对“大喇嘛”[1]之职位和财物等毫无兴趣。对别人来说，一定会处心积虑地想得到大喇嘛之位，但上师认为，这是个空名誉，除此之外没有什么长远之利，禁忌多而实事少。像羊尾般短暂的一生中，如不致力于菩提道次第的研习，那是最恶劣之事。因此，他谢绝了宝地梯布寺大喇嘛的好意。那时上师写了一篇《劝诫欲想高位之歌》[2]：

顶礼上师！
上师三宝女神护法神们，
请您将我引向佛法之门！

---

〔1〕 大喇嘛：即达喇嘛，是寺院总管，全权管理寺庙的行政、宗教、财务，外事等各项事物。

〔2〕《察哈尔格西·罗桑楚臣传》，第 142—143 页。

将这坚硬的铁钉打入那，
只想得到高位者的头中，
如果你只想得到那高位，
纠正和断除那欺骗行为，
每日闻思佛法诵经为好，
尽自己的努力去做吧！
如自己的善积越来越多，
果真能得此上师之福禄。
目睹者也知其真才实学，
自然成为被供奉之对象，
诸神祇和僧侣及俗众们，
将他视为忠诚的援助者，
劝其快速接受那此官位，
成猫头鹰之笑般的恶兆，
愚钝之徒看来是极美丽，
有华丽的桌椅和软座垫，
不久超出权限怠慢佛法，
这样会极快地堕落于地。
洁净守法之诸多僧人们，
用咒语戒律来禁止取缔，
靠高官保全自己的名誉，
做夜晚偷杀山羊等恶事，
偶尔想坐禅而不能如愿，
像他乡遭遇不如意之事。
与诸俗众未能相识之时，
不能顺利进行利众之事，
如想与诸俗众努力相合，
又不怠慢佛法成了难事。
所以自己在现在和未来，
将苦与乐仔细分辨之后，
靠近无比贤者之善教言，

必须敬奉极妙之善教言。[1]

那时,为了不忘记阿嘉活佛的教言,察哈尔格西·罗桑楚臣也曾写诗铭志,曰:

kereg ügei ündür yeke ǰerge ba ner–e čula–yi buu küsegtün/keǰiy–e–ču učir ügei demei qar–a ǰoriγ–i buu üiledügtün/ker tusiyaγsaγar demei eldeb üge–yi buu ügülegtün/ken–dur–ču mergen–ü temdeg ba medegsen–ü temdeg–iyen buu kügergegtün/talaγar mergen–ü iraγu aldar baγuraqu boluγuǰai/talagar olǰa kiged kündülel tasuraqu boluγuǰai/talaγar olan–dur künggeren maγusiyaγdaqu boluγuǰai/talagar yabuqu γaǰar saγuqu tayaγdaqu boluγuǰai/asuru neng nomlaqu–yi buu ǰokiyaγtun/asuru nengesergüčel–i buu ǰokiyaγtun/asuru neng eyetükü–yi–ču buu ǰokiyaγtun/asuru neng aγurlaqu mekelekü–yi buu ǰokiyaγtun/učir ügei–ber yeke blam–a bolqu anu qamiγ–a boi/oγuγada nasuda ilγuqu anu qamiγ–a boi/udaqui daγan ülü salqu amaraγ nüqur qamiγ–a boi/oγuγada ene ba qoitu–dur tusa bolqu anu qamiγ–a boi.[2]

汉译文为:

别欲得无用之高位与名誉,
永远别做无用之黑心事情,
接到任务后别言论牢骚话,
别向他人夸耀自己的贤智,
枉然的贤能之美誉会衰败,
枉然的利益与尊崇会消失,
枉然地被众人轻视和贬低,
枉然地无处走和无处居住,
别过于宣说佛陀之教法,
别过于做辩论驳斥之事,
别过于做殷勤亲密之事,
别过于忿怒和做欺骗事,
那有无作为而成大喇嘛的?
那有永生永世成为圣者的?

[1]《察哈尔格西·罗桑楚臣传》,第143—145页。
[2]《察哈尔格西·罗桑楚臣传》,第89页。

那有永远不分离之好友呢?
那有今生来世都不变的利?

传主在诗中极深刻地揭露了当时僧俗界的官场之黑暗与不作为,正如诗中所说"将洁净守法之僧众们,用愤怒咒骂之律来禁止取缔,看高官们的脸色而保全自己的名誉,做夜晚偷杀山羊等牲畜的诸多恶事,偶尔想入禅定修行而不能如愿以偿,正如在他乡遭遇不如意之事一样。与诸俗众未能相识相知时,不能顺利进行利众之事,如想与诸俗众相合而努力,不怠慢教法之事又成极难之事"。喇嘛一旦担任僧官之后便身不由己,不得不违背自己的诸多想法与意愿去做一些与教法不相合之事。所以,传主劝诫僧人们不要为了升职而花费心思,而应努力闻思佛法,那才是最终的出路。

该《传》中还收入一首传主撰写的《教法之咏》,此诗之作是因为"那时上师所住之寺庙的管事者们经常做一些伤害和欺压上师之事。为此上师心中产生悲痛,撰写一篇教法之咏"。此诗内容如下:

egeren küsegsen kereg bükün–i ürüsiyegči ačitu blam–a/edüge–eče ǰirgaqu ǰobaqu–yin aqui üyes bügüde–dur/enerikü̈i–ber ǰirüken–nu dumda qaγačal ügei saγuγad/egenegde sanaγ–a yabudal–i minu nom luγ–a ǰokildun odqu bolγan adisdidla/sačalal ugei sudur tarni bükün–i ailaduγči olan oγuγada bariγčin–iyer/saitur ürüsiyen nigüleskü̈i–ber üni udaγan–a daγan ečilen ǰokiyaγsan–iyer/sain maγu sildagan ür–e–yin baidal ilγal–i üǰegülügsen/sain nomlal–i üǰekü–yin nidun–i üčüken oluγsan amuiy–a/teimü bolbaču maγü dadulγ–a–yin abiyas masi küčütei boluγad / tegünčilen basa olan qarsi nügüčel–iyer–ču saγadlan ǰedgeridkü–yin tula/temdegtey–e sanabasu üneker sanaγ–a amuraltai nigen nom–i/tein–kü γaγčaqan edur–un teduiken–ču bütügekü ese bolbai ni/öber–un sitar barilduγsan kiged bosu ǰarim arad–ud/ükükü ebedkü terigüten–iyer nerbegdegsen–i üǰegsen čaγ–tur/üčüken qorumqan–a ayun γonirqaqu–yin sedkil türükü bolbaču/ödtur darui–dur orum ügei bolun arilǰu odqu aǰuγu/üd ügei olan–u üimegen–ü dotur–a odbasu/öber–un surtal sanwar terigüten–iyen oγta martaǰu orkiγad/üimeldükü̈i eldeb ǰüil sanaγ–a yabudal kiged tačiyangγui uris–u alγasal–iyer/öber–un ene ba qoitu–yin kereg bükün–iyen bürilgen dobaraγ bolγaqu aǰuγu/amaragγ inaγ kiged aq–a degüü nüküd–iyen tedkükü–yin tula kečiyebesü/aq–a degüü tedeger–un küsegsen kereg bükün bütültey–e ay–a ügei amoi/adal mal ed aγursun bükün büridkü–yin tula kečiyebesü/aliba kereg–ten bügüde tegülder kiri ügei amoi/ay–a uruγsida sitar barilduγsad kiged öber–un ene ba qoitü yuγan/aliba sanaγsan kereg–iyen bütügen daγusuγad qoitu yirtinču–dur/amor–iyer oduγsan anu ken–ču ügei bügetele/ay–a edüge bi–ber tedeger bükün–i bütügeǰü yaγakin čidaqu boi/ öneker kečiyebesü daγusqu ügei boluγad bütübesü orkiqu keregtei/ürqulǰi qoitu türül–dur üni udaγan–a nerbegdekü–yin üile–dur/ürküljilen oruqu egüni masi saitur tasulǰu/üneker ümčilen yabuqu–yin nigen čaγ keǰiy–e bolqu bolba–e/ deger–e ündür bolbasu ataγaraqu büged door–a baγ–a bolbasu dorumǰilan maγusiyaqu/dergete adali bolbasu temčeldükü terigüten olan üile üiledbüri–ber/degedü nom–eče alγasaγulqu–ba maγu sedkil türügülügči/degǰigüldeg ügei maγu nükür–i tebčiküi nigen čaγ keǰiy–e bolqu bolba–e/deger–e–ban noyan ügei büged door–a–ban boγul ügei/dergete–ban daisun ügei tula algasal bükün–eče angγiǰiran/degedü nom–un üilc–yi ürkülǰi öber–un dur–a–ber üiledkü–yin/ degedü teimü nigen sain čaγ keǰiy–e büridkü boba–e/öber–un yabuqu saγuqui nuγud–iyen bosud–tur ailadqaqu keregtei/öber–e bosud–un eldeb uile–i ober–iyen üiledkü keregtei/üneker ümčilen orusiqu–yin erke ügei–yin ǰobalang–tu alba/ülemǰi yeke tübeg ene nügüd–eče keǰiy–e nigen qagačaqu bolba–e/ali orun–a saγubaču ǰobalang garqu–yin orun/ali yagun–i edlebečü ǰobalang–un ed aγursun/ali ken lüg–e qanilabaču ǰobalang–un nükür kemen medeǰü/asida sinul ügei–ber keǰiy–e nigen orusiqu bolba–e/egenegde bey–e–dur ebedčin ügei boluγad sedkil–dur alγasal ügei/eldeb γadaγadu dotuγadu–yin qarsilal ügei boluγad ǰokilduqu–yin nügüčel bükün büriddün/erkin nom luγ–a ǰokilduku–yin sain sanaγ–a barilduly–a–ber/edur süni–yin čaγ–i nügčiyegči keǰiy–e nigen čaγ bolqu bolba–e/üǰesgüleng–tu amaraγ sadun nuγud tagan tačiyaqu ügei boluγad/üǰesi ügei daisun nuγud–tur urilaqui–ču ügei/üneker ene nasun–u olǰa aldar terigüten–i durasin küsekü̈i ügeküy–e/ünen maγad ariγun yabudal yosun–iyer keǰiy–e nigen saγuqu bolba–e/γaγčaγar aγlaγ–a–yin orun–a oidqarlal ügei saγuǰu/γaiqamsiγ–tu γurban qabsurγ–a–tu bisilγal–dur edur büri kečiyen/ γaγča ǰoriγ–iyer ülegsen nasun–iyen kereg tegülder bolγaqu–yin sain qobi/ γadaγadu dotuγa–du–yin saγad ugei nigen keǰiy–e irekü bolba–e/qalaγ qoqui ene orčilang–du ǰirgalang yerü ügei tula/qaγurmaγ ügei degedü nirwan–u mür–tur orusuγai kemen duralabaču/qarsilaγči γadaγadu dotuγa–du–yin nügüčel–

iyer erke ügei boluγsan egüni/qamuγ-i ailaduγči blam-a γurban erdeni minu nigüleskü̈i-ber-iyen ailad.[1]

汉译文为：

上师您护佑我心想事成吧！
我将痛苦之时与欢乐之时，
以慈悲为怀永住于我心吧，
请您将心想之事与法相合，
将所有密法的总持者们，
永远跟随慈悲护佑之故，
开示了善恶因果之区别，
稍许获得了看善法之眼，
但因为恶业之力极强而，
被许多障碍所阻挡之故，
想起那使人安心之教法，
那怕成就一天都不行吗？
自己的亲信和其他人们，
看到他们染疾死亡之时，
短时间内产生恐惧悲痛，
但很快消失得无影无踪。
进入诸俗众之中喧闹时，
完全忘记自己所守戒律，
以嬉戏之态和淫乱之心，
将那佛法之事挥霍殆尽。
无论多用心于亲朋好友之事，
他们的心想之事也不能完成，
无论多尽力去积聚财富牲畜，
一切事情也不能够具足圆满。
将亲信和自己现在和未来的，
所有心想之事成就完成之后，
轻松地想去来世者少之又少。

〔1〕《察哈尔格西·罗桑楚臣传》,第145—150页。

为此我们怎能顺利成就呢?
如未完成或完成了也要放弃,
那来世定长久受此恶业之罪,
因此快断除入此恶业之路吧。
真正致力于佛法之时何时到来?
忌强欺弱或与自己相等者相比,
怠慢圣洁之法而心中产生恶意,
清除这样恶人之时何时到来呢?
上无官员下无仆役旁无敌人的,
远离一切怠慢之事的好时候和,
舒畅地研习圣法之时何时到来?
自己的行为也总让他人来控制,
他人之一切事情由自己来完成,
没有了致力于佛法之事的权力,
从这样的烦恼痛苦何时离开呢?
无论住于何处都是痛苦之场所,
无论享受什么都是像痛苦之友,
何时能够永远无贪心地居住呢?
永远身体无病恙而心无怠惰地,
内心无障而具足相合之诸条件,
具足与诸圣教法相合之善因缘,
度过每一天的时候何时到来?
对美丽的恋人亲朋不产生欲念,
对丑陋无比之敌人不产生愤怒,
也不欲想今生之诸多名利之事,
这样致力于圣法之事何时到来?
独自毫无寂寞地居住于荒野中,
每日力求于神奇的三辅助修行,
全心全意成就余生之佛法善缘,
这样无内心之障之时何时到来?
哎呀! 这世界无幸福安乐之故,
虽欲想处于无瑕之圣者之道中,

但因为被内外之障碍阻挡之故，
遍知一切上师三宝赐予慈悲吧！

传主在诗中讽刺批评了当时社会上层阶级勾心斗角的丑恶行为，如“妒忌强者欺侮弱者排挤同等者”等丑恶行为；同时，也将自己对社会美好憧憬表达于诗中：“真正致力于佛法之时何时到来？”“如愿以偿地研习圣法之时何时到来？”“以圣教法相合之善因缘，度过每一天的时候何时到来？”“致力于圣洁之事的时候何时到来？”几个“何时到来”强烈地表达传主对美好和谐平等社会的渴望。传主不仅对僧人们的不良行为和怠慢教法之事进行劝诫，还对世俗界的诸多不良习俗与不当行为也试图阻止劝导。因此，传主还撰写了一些《禁绝烟酒的训谕指路记》等。该《传》中提及这首《禁绝烟酒的训谕指路记》被收入传主的藏文文集中。

训谕诗皆表明传主的思想和认识，他一生对不守戒律、不努力闻思佛法之僧人深恶痛绝，也对当时世俗界的一些不良习俗提出批评，以诗歌为武器，揭示当时社会的种种丑恶面貌。同时也极力唤醒人们走向正路，致力于佛法。总之，该《传》传主察哈尔格西·罗桑楚臣的训谕诗有其针对性强、号召力大、艺术和思想性影响力极深等特点[1]。在当时撰有训谕诗的诸多高僧中，传主的影响力较突出。该《传》所收入的训谕诗，在传主所有训谕诗中占有重要地位。因此，该《传》所收的训谕诗对研究传主的训谕诗，以及研究当时的高僧们的训谕诗都有重要价值。

二、对研究镶嵌诗方面的价值

作为典型的清代蒙古族高僧传记，《察哈尔格西·罗桑楚臣传》具备了传记文学的基本特点。写作方式为散韵结合，叙述中镶嵌了许多优美的诗文。蒙古族的传统也有散韵相结合的文体传统，如《蒙古秘史》的叙述中就夹入了许多诗文。印藏高僧传记也有散韵结合的文体传统，藏族许多高僧传的文体都是散韵结合，藏族传记文学传入蒙古地区后，与蒙古族原来的散韵结合的文体融为一体，形成了散韵结合的高僧传记这一新文体。“这种新文体的特征一般是本民族简洁朴素的叙事方式和印藏高僧传记镶嵌诗的结

〔1〕 敖其《察哈尔格什罗桑楚勒图木》(蒙文版)，第169—170页。

合统一。”[1]这种文体使整部作品的行文错落有致,感情起伏跌宕[2]。该《传》的篇幅较大,语言优美,叙述中镶嵌了许多长短不等的诗文,例如:

tere metü–yin čaγan bečin ǰil–un naiman sar–a–yin kin–e–yin γurban–u sain edür–e eke–yin bey–e masi mamurqan–u aγar–eče mendülegsen bülüge kemen mün–kü böγda blam–a–yin öber–un aman–eče sonusuluγ–a.boγda blam–aerdeni mün–kü ene angq–a mendüleǰü türügsen tere čaγ–tur–ču bey–e–yin mendel anu üǰebesü saiqan büged manglai–yin iralγ–a anu aγudam yeke. qabar–un baidal anu öndür.čirai–yin γool anu tegsi saiqan.terigün anu sigür metü delger terigüten qotala tegüs sain dürsü luγ–a tegülder mün aǰuγu.angq–a umai–dur uruqu–ba bey–e mendülekü–yin čaγ–tur ilangγui–tu γaiqamsiγ temdeg belgen olan nigen boluγsan–dur maγad bülüge.tere–ču yeke činar–tu boγda blam–a ene inu čaγ bükün–e ǰarliγ obidasun–u namtar–i ončalan abču qamuγ erdem–iyen niγuγad imaγta degerüngkei–yi baγadqaqu–yi erkilen ǰokiyadaγ tula botatai aman–iyer ailadqu baituγai tasiram–iyer toduraqu–yin teduiken–i–ču ailadudaγ ügei büged yerü borqan bodisaduw–a nar–un ǰokiyal anu egel türülki–ten nügüd–un uyun–u kemǰiyen–eče ünggeregsen mün–nu tula ene bogda blam–a anu čoqum ünen degeneimü borqan bodisaduw–a luγ–a nigen ündüsü–tü bülüge.egün lüge tusaγar bülüge kemekü terigüten–i sikidgen qamiγ–a–eče čidamui.teimü bolbaču sudur–eče. utaγan–iyer γal–i medekü–ba.usun–u čaquli–ber usun–i medekü metü.uyun tegülder bodisaduw–a nar–un uγ iǰaγur–i anu belgen–iyer medeyü. Ilete teimü–yin tula ǰüg kiged čaγ–un kiǰaγar–a tögerigsen/itegel ügei enelge–tu amitan bide nuγud–i/imaγta tusa kiged ǰirγalang–un mür–tur kütelkü–yin tulada/itegel či sanaγsagar türügsen ene anu ay–a γaiqamsiγ/erten–ü ögede boluγsan degedüs bügüde–ber oitan orkiγsan/erigüü doγsin nomuqudqaquy–a berke bolusi ügei bide nuγud–i/erkin baγatur či–kü γaγčaγar nomuqudqaqu boi–y–a/egün–eče öber–e bodisaduw–a nar yagakin nomuqadqaqu boi/üneker teimü–yin tula itegel ügei enelgetü biden–yi/ülemǰide eneregči čing ǰoriγ–tu či ber/ürüsiyeǰü edüge basa qoitu–yin

〔1〕 荣苏赫等编《蒙古族文学史》(第二卷),第 601 页。
〔2〕 荣苏赫等编《蒙古族文学史》(第二卷),第 612 页。

kiǰaγar–tur kürtele–ču/ürkülǰi dagan bariγad ülemǰide tedkün soyorq–a.[1]

汉译文为：

从上师的口述中得知，他出生于藏历第十二绕迥金猴年（1740）……佛祖成佛后，转动法轮之日起经过两千六百一十八年后的第十九年，即圣者宗喀巴大师诞生的火母鸡年起三百八十三年后的第八十四年，乾隆五年的金猴年（1740）八月初三的这一吉日，极轻松地从母亲怀抱来到人世间。上师刚出生之时，体形均匀，额头宽阔，鼻梁高挺，面容端庄，头部像伞一样宽阔，可谓相貌过人。从怀胎到出生有过许多奇妙吉兆。那是因为上师时刻将密法大师们的事迹牢记于心，将所有知识藏于心中暗暗调伏众生，从未大声说起，甚至未提及；那是因为诸佛和菩萨们的学说已超出俗众们的智慧。其实上师与诸佛和菩萨们是相同的。如果有人说与他们不同，我也没办法阻止。但经中有云："从烟雾知其有火，从水鸥知其有水，如想得知智圆满的菩萨们的根源，要看瑞兆。

芸芸众生堕入苦海之时，
您将萌生大慈大悲之心，
将他们救出苦海中之故，
把佛与佛子们集于此处，
将迷失于世界之彼岸者，
无信仰而被悲苦笼罩者，
引入具福乐之人间善道。
上师的此功德奇妙无比，
您将那弃于诸先贤们的，
愚昧暴虐难以应化者们，
只有您才能够应化调伏，
除了您佛菩萨怎能调伏，
对于可怜无信仰的我们，
只有您才能够慈悲护佑。
请您永远都以慈悲之心，
护佑我们直到来世吧！

〔1〕《察哈尔格西·罗桑楚臣传》，第24—27页。

上述散体文中赞颂和渲染了传主出生时的种种与众不同与不平凡,叙述后便赋诗一首。此诗赞颂了传主的功德奇妙无比,将传主与佛菩萨相提并论,并请求他的护佑等。这样散体叙述内容与镶嵌诗内容紧密相结合,使读者们在为传主的神奇出生所震惊的同时,又在韵律优美的语言赞颂中悠然升起敬慕的感情。

tereču γabču siraba–ber……boditib süm–e–yin qural–dur minu ner–e–i ügülejü basa basa suγdam talbiγsan kiged noyan čorǰi–yin gegen–tan–ču kiling bariǰu qataγu doγsin üile–yin obidas–iyer namaγi orun ügei boltal–a bürilgekü boi kemen olan arad–tur basa basa ǰarliγ boluγsan ba. siruγun ǰarliγ–tai bičig kedün–ta ilegegsen kiged. amdu γabču aγwanglobsang kemegdekü–ber nadur ile dalda qoyaγula–dur aγusiyaqu dorumǰilaqu –yin ügen–i olan–ta ügülegsen ba ǰarim–ud–ber kedun ǰil boltal–a tabun qaγan–u üčig takilγ–a luγ–a qabsuruγsan qariγulγ–a–yi ürkülǰide üiledügsen kiged. urida ende–eče olan nom sonusuγsan šabinar olangkin–ber–ču namagi masi doruitaγsan–u tula oidan orkiγad.tedeger bosud–un ǰüg anu olǰa kündülel iraγu aldar–iyer ündur boluγad kučün yeke–yin tula bosud–un ǰüg–tur odču namagi maγusiyan dorumǰilaqu ba ulam doruitaγulqu–yin sitaγan–dur simdaqu terigüten sir–a qar–a qoyaγula–yin eteged–eče künügen qarsilaγčin ǰaγun toγatan kiritai olan boluluγ–a.tedeger–un üy–e–dur anu öber–e üiledkü arγ–a ügei tula blam–a γurban erdeni–dur ǰirüken–eče ǰalbaril talbin üiledügsen büged.ilangγuy–a minu ačitu iyaγur–un blam–a getulgegči qamuγ–i ailaduγči boγda aγiy–a gegen–tan kiged ongniγud güüsi čorǰi–yin gegen–tan qoyar–ber iregedüi bošuγ–un ǰüil–i eǰelen qairalaγsan ba darui kiged asida bükün–dur tusalaqu γaiqamsiγ keturkei boluγsan obidas–i olan qairalaγsan nuγud–i–ču ürkülǰide duraddun üni udaγan boltal–a bisilγan abumar bolun üiledügsen büged.basa tere čaγ–tur toqai–tai ǰoriγsan ǰalbaril metü nigen–i üiledbesü sain bolbau kemen sanaǰu nigen kedün silüg–i sine bičigsen anu ene metü. aliba yirtinču kiged yirtinču–eče nügčigsen/amuγulang sain bügüde–yin γarqu–yin orun/ačitu blam–a nar–un čiγulγan nuγud–tur/aγ–a ǰiruken ečegen bisiren ǰalbarimoi/ene čüb–un čaγ–un kerčegei arad–un/eldeb ǰüil yabudal yosun–i ilete üǰebeču/el daisun tačiyaqu urilaqu qola oir–a–yin sedkil türül ügeküy–e/egenegde nom–un yosuγar yabuqu bolγan adisdidla/ǰarim–ud–iyer oγta učir siltaγan ügei bügetele/ǰai čilüge erin eldeb ǰüil qoorlal qarsilal üiledbesü–ču ǰailalta ügei erten–nu quriyaγsan üile kemen itegeǰü bürün/ǰalbarin ǰalbarin sedkil ülü kimuraku bolγan adisdidla/ile dallda eldeb ǰüil olan yabudal kiged/imaγta qaγuraqu mekelekü–yin sanaγ–a yabudal yaγun–i üiledbečü/isla gem–dur adγalaqu–yin sanaγ–a bodulγ–a türül ügeküy–e/imaγta nom–un yosuγar orusiqu bolγan adisdila/ütele maγu nügüčel yaγun nigen bolbasu–ču/ülemǰi degedü mür–un nükür bolγan urbaγulqu ba/ ürküljide γurban egüden nom luγ–a ǰokilduqu–yin/ülemǰi adisdin sedkil–dur minu oruqu boltuγai. kemegsen bolai.deger–e ügülegsen metü üile–yin ür–e bolbasuraγsan čaγ–tur yerü blam–a γurban erdeni kiged ilangγuy–a degedü nom–eče öber–e γorilaqu γaǰar nigeken–ču ügei kemen sedkil siγidču baiqu tula ǰobalang edelekü–yin čaγ–tur nom–i sanaγad amur–iyer orisiqui–yin čaγ–tur martaqu metü–yi üiledül ügeküy–e keb keǰiyede sedkil degen duradqu keregtei bolai.kemen maγu nügüčel–i mür bolγan abqu–yin silug tasiram–un sačuraγsan üge luγ–a salta egüni ču šila–ber ügülegsen bolai.mangqalam.[1]

汉译文为：

嘎布楚希拉巴……在宝地梯布寺的法会上点名批评我。诺颜朝尔吉愤怒地对百姓说，他要以极强的咒语将我消除毁灭。之后，还寄来几次激烈的教言。安多嘎布楚也对我明攻暗击，说了许多贬低丑化我的坏话，而且还让他人进行了几年的五明王回遮法。这时，在我这里听法的弟子们大多认为我已落魄潦倒，所以离我而去。他们攀上高枝之后，又反过来贬低丑化我，而且还积极参与一些事情，意在使我更加颓丧窘困。僧俗两界加害于我者越来越多。那时我无法做事，只是从心底向上师三宝祈祷。根本上师遍知一切圣者阿嘉活佛和翁牛特固实朝尔吉赐予我许多未来的预兆，并经常念诵他们赐予我的有助于现在和未来的许多神奇之优婆提舍。那时上师心想："进行有目的的修行，好处良多。"于是，他新写了几首诗：

所有在世者和离世者，
所有安乐和定出之所，
是恩师们的聚集之处，
从内心底信奉和祈祷！

---

〔1〕《察哈尔格西·罗桑楚臣传》，第238—241页。

虽亲眼看到此浊世中，
蛮横残暴之事的存在，
但不产生贪婪之恶念，
永远随圣法而加持吧！

某众无故寻机做恶事，
从前所积的业力之故，
祈祷再祈祷使我的心，
不再恐慌而加持吧！

做诸种明暗之坏事，
做诸多欺骗狡诈之事，
但别生怀疑嫉恨心，
永随佛法而加持吧！

虽某一恶缘已到来，
将其变为圣道之友，
永与三门之法相合，
请诸摄授永住我心！

如上所述，业果成熟之时除上师三宝，尤其是圣法以外无期望之地，这样我心中下定决心，受苦时想起佛法，安逸之时不忘佛法，永铭于心中。这样，将恶缘转变成佛理的这些诗是希拉（作者的梵文名）我所写。祝愿吉祥！

上文的散体叙述中主要阐述了察哈尔格西·罗桑楚臣与诺颜朝尔吉之间的矛盾，产生矛盾的原因为察哈尔格西·罗桑楚臣未去拜见他。这正如《传》中所说："我未能去拜见，是因为听说圣者章嘉活佛有令，要停止对您礼拜。因此，我怕违背誓言而造成罪孽，所以未能前去礼拜。并不是因为坚持自己的观点或自以为是而产生恶念之故。"说明察哈尔格西·罗桑楚臣他自己与诺颜朝尔吉之间没有什么矛盾冲突，而是与章嘉国师有关。但诺颜朝尔吉与嘎布楚希拉巴等将传主看成与章嘉国师同一门派来进行攻击，这时传主非常无奈之下写下这首诗。《序》与诗的内容都紧密地结合，生动地描述了传主当时的内心世界，烘托出传主的性格特征。

当时传主故乡的宝地梯布寺的几位僧人互相不和而发生矛盾，传主想调节他们之间的矛盾，传在梦中撰写了一首诗：

nigen süni-yin ǰegüden-dur.üile ür-e-yi umtaγ-a ügei bolγan üiledkü arγ-a ügei öberün tangγariγ-iyen duraddun üiled.üneker usun-nu aturiyas-i qoriqu-yin tula üǰetel-e uyun tegülder ken nigen alǰiyal-i üiledkü boi.kemekü nigen silüg-i ǰegüdelegsen-iyer čaγ taγan kürügedüi büged alǰiyal üiledbesü talaγaṛ bolqu-yi ailadču eblegülkü-yi sagarabai.ene silug süngbüm dotur-a orusin aγsan tegünü segül-dur üile kereg medegčin ǰarim-ud doturaban ey-e ügei boluγsan-i eblegülbesü kemen sedkiküi-yin üy-e-dur sedkil-dur urγuγsan bolai kemen nomlaγsan baiqu bolbaču. tere čaγ-tur ǰegüden-dur iregsen kemen boγda blam-a öber-iyen ǰarliγ bolqu-yi sonusuγsan büged.yeru ene boγda blam-a anu degedü ǰarlig obidas-čin-u namtar metü qamuγ erdem-iyen imaγta niγun ǰokiyadaγ tula tedüi činegen-eče ilegüü botatai ǰarliγboluγsan ügei bolbaču ariγun üǰegdel-dur blam-a borqan-ber botatai bošuγ üǰegülügsen-dur damǰiγ ügei büged egüber ǰisiǰu bodubasu bosu bosu čaγ-ud-tur abču orkiqu alin-i ǰokiyaγsan bügüde-dur blam-a borqan botatai bošuγ üǰegüldeg büged gün niγuča degedü nom-un kiǰaγalasi ügei obidas-i ürkülǰi tasural ügeküy-e qairaladaγ anu.[1]

汉译文为：

如没有阻止业果停止之办法，
那么以自己的誓言来进行吧！
哪一个具足智慧的圣贤者们，
为了阻挡水之波纹而疲惫呢？

为此，上师知道时机未到而勉强行事是徒劳的，所以放弃了调节的想法。此诗被选入他的松本（文集）中。诗尾交待写作缘起：“有些知事者擅自想强行调节他人之矛盾，因此有感而作。”那时，我亲耳听说上师梦中之诗。上师也像那些圣者们一样秘密写作之故，未具体讲明此事。也许是洁净之上师佛祖们开示预兆的原因吧！如这样设想，其他时候，他不知撰写何作品之时，上师佛祖们就开示预兆，将甚深密法之无比的密诀不断赐予他。

上文中将传主梦中出现的一首诗作为镶嵌诗夹入散体叙述文中，使散

〔1〕《察哈尔格西·罗桑楚臣传》，第424页。

体叙述文更加有说服力,为传主不急于调节僧人们的矛盾冲突找出了充分的理由。这样散体叙述中夹入的镶嵌诗的作用也是不能忽略的,用韵律优美的诗文来突出主题思想,将读者们引入诗的世界的同时产生深深的感悟。所以该《传》中所收入许多优美的镶嵌诗的写作风格,对清代蒙古族诗学的发展研究及对传主作品的研究等有其重要的参考价值。

第三节 对佛教故事研究方面的价值

佛教故事主要是"佛本生故事",是佛祖释迦牟尼向弟子们讲述他前生行善、积德、修行的故事,后由弟子们整理成集。这类故事可分为两种,"一种是为了宣传因果报应的观点而编造的。这类故事一般较短,内容格式大都雷同。另一种是将民间故事、神话按照宗教观点改编而成,大都保留了民间故事的完整情节"[1]。随着藏传佛教的传入,印藏佛教文学也传入了蒙古地区,对蒙古族文学的创作产生了极大的影响。当时涌现出一批知识渊博的蒙古族作家高僧,他们首先将印藏文学理论运用到自己的创作中,给蒙古族文学增添了新的血液。这些蒙古族喇嘛高僧们在自己的创作中夹入许多印藏佛教本生故事;或将本民族的故事中融入佛教色彩。如活跃于18、19世纪的蒙古族高僧固什噶居巴·罗桑泽培撰写了一部故事集《释迦王佛本生事纪一百五十一事》,此故事集中"首先论述了黄教缘起性空、止观双修的基本教义,即从最初的善福皆由心造之理、中间的无法计数的三劫中行善积德之理、最终在世界边处积福成佛之理,归结到从生死迷界的此岸到达涅槃解脱的彼岸的'六度'途经——施度、戒度、忍度、精进度、禅度、慧度。但是作者对'六度'义理并不做抽象说教,而是继承印藏佛教设譬取喻、形象宣教的传统,依'六度'之义理顺序编排敷衍出151个长短不一的故事,用生动的形象说明抽象的道理。"[2]该《传》中也收入了许多佛教故事,如《商人的故事》、《鸽子听经故事》、《蝙蝠的故事》等。

erte čaγ-tur ǰarnas neretü balγasun-a amaraγ neretü nigen sartawaki bayaliγ büged ed aγursun yaketü nigen aγsan tere-ber adali iǰaγur-tu-eče gergei abuγad bayasun ǰirgalduγsan-iyerkübegün γarbaču γaruγsan ele bükün

[1] 中央民族学院《藏族文学史》编写组编写《藏族文学史》,第247页。

[2] 荣苏赫等编《蒙古族文学史》(第二卷),第525页。

ükügsen–e tere–ber kübegün–i küseǰü tengri–dur ǰalbaribaču kübegün ese toγtabai tegün–e öber–e nigen kümün–ber kerbe edüge čimadur kübegün türübesü tere kübegün–dur ükin kemen ner–e üggügdeküi tein üiledbesü tere kübegün ünide amiduraqu boluyu kemen ǰakibai.tegünče nigen keseg boluγsan–u qoina tegünü gergei–eče sain dürsü–tu nigen kübegün nirailaγad nirailaγsan–u bayar qorim–i üiledčü ner–e ügkü čaγ–tur amaraγ neretü–yin kübegün mün büged ükin kemen ner–e ügkü keregtü–yin tula amaraγ–un ükin kemen neredbai.tere kübegün–u ečige anu yeke dalai–dur erdeni abur–a odduγad mün–kü tendeban ükübei.tegünče qoina amaraγ–un ükin–ber eke ečegen minu ečige urida yambar üile–ber amiduraγči boi.bi–ču tegünčilen üiledsuγai kemeküi–dur eke anu ein sedkirun ečige činu yeke dalai–dur oruγči qudalduči bülüge kemen ügülebesü ene kübegün minu basa dalai–dur oduγad ükükü boluγuǰai kemen sadkiǰü bürün činu ečige ür–e qudalduγči bülüge či–ču durasiqu bolbasu ür–e qudalduγtun kemebei.tegün–e tere kübegün–ber ür–e–yin qudalduγan–u baising bariγad ür–e–yin qudalduγ–a üiledügsen–iyer angqan–u edür tegen dürben altan ǰoγusu oluγad tegün–iyen eke degen ügbei. tegünče edüi tedüi boluγsan–a bosu nigen kümün–ber činu ečige ünürten qudalduγči bülüge kemen ügülegsen–dur tere kübegün ür–e qudalduqui–ban orkiǰu ünürten–ü qudalduγ–a üiledüged angqan–u edür–e naiman altan ǰoγusun–i olǰu tegün–iyen–ču mün eke degen ügbei.basa öber–e nigen kümün–ber činu ečige altan qudalduγči bülüge kemen ügülegsen–e tere kübegün ünürten qudalduqui–ban orkiǰu altan–i qudalduγsan–u angq–a edür–e arban ǰirγuγan altan ǰoγusu oluγad eke degen ügbei.tegünü qoitu edür–e γučin qoyar aitan ǰoγusu oluγad mün basa eke degen ügbei.tegünče altan–i qudalduγči aidangγui sedkil tan bosud–ber ene balgasun deki qamuγ altan–i ene γaγčaγar quriyaqu aǰuγu kemen sedkiged amaraγ–yin kübegün–dur ein ügülerün.urida ečige činu yeke dalai–dur orudaγ qudalduγči mün bügetele čimagi eimü maγu amin–u teǰigel–dur ken oruγulbai kemen ügülegsen–e.tere kübegün eke degen ügülerün minu ečige yeke dalai–dur orudaγ qudalduγči bülüge kemen sonusuluγ–a bi–ču yeke dalai–dur odsuγai kemegsen–e eke anu ügülerün. kübegün e tere anu ünen bülüge teimü bolbaču činu nasun baγ–a büged γaγčaqan kübegün mün–ü tula namagi orkiǰu yeke dalai–dur buu oduγtun kemebei.tere kübegü eke yugen üge–yi sonusul ügeküy–e yeke dalai–dur odqu–yi duralaγčin boi bolbasu namaluγ–a qamtu yabutuγai kemen ǰarlaγad tabun ǰaγun qudaldučin luγ–a qamtu nigen–e yabuqu–yi ǰabdun büküi–dur eke anu yekede ukilan nilbusun–iyer–iyen qaqaǰu bürün tere kübegün–iyen qoyar kül–eče bariγad namagi orkiǰu buu yabu kemen ügülegsen–e tere kübegün kilenglen eke yuγan toluγai–yi kül–iyer–iyen tülkiǰü orkiγad odbai.tegün–e eke anu ügülerün ai kübegün čimadur minu ene nigül–tü üile činu ülü bolbasuraqu boltuγai kemen ügülebei.tere kübegün odču ulam–iyer dalai–yin kübege–dur kürüged qaγučin baiγsan tabun ǰaγun ǰoγusu–ber nigen yeke ongγuča–yi qudalduǰu abuγad yeke dalai dotur–a oruǰu yabun atal–a ǰiγasun–nu iǰaγur–tu matar–ber ongγuča–yi ebdebei.tere amaraγ–un kübegün neretü sartawaki ongγuča–yin modun–u nigen keseg–i γar taγan bariγad singquγsaγar dalai–yin ǰaq–a–dur kürčü qaγurai γaǰar–a γarbasu bayasqulang kemekü balγasun–i üǰeged tende oduγsan–a sain dürsü–tu büged üǰebesü γow–a üǰesgüleng–tu dürben ükin tengri ireged.amur–iyer irebekü–yu biden–ü idegen omdaγan kiged qobčad ba erdeni–yin baising edeger–i ǰoγuγlaγad biden luγ–a qamtu nigen–e ögede bolǰu saγuγtun kemebei.tere kübegün–ber tedeger luγ–a qamtu nigen–e saγuǰu olan ǰaγun mingγan ǰil boltal–a ǰirγalang–i edelebei.tedeger ükin tengri nar–ber emüne ǰüg–un ǰam–dur buu oduγtun kemen ǰakibaču sonusul ügeküy–e emüne ǰüg–tur oduγsan–аča tere sartawaki–ber nasuda suγda quraγči kemekü balgasun–i üǰeged tegünü qaγalγ–a–dur kürbesü uridaki tegün–eče ilegüü γow–a üǰesgüleng–tu naiman ükin tengri γarču ireged inagsi ögede bolǰu iredkün amur–iyer irebekü–yu biden–ü idegen omdaγan kiged qobčad ba erdeni–yin baising edeger–i ǰoγuγlaγad biden luγ–a qamtu nigen–e ögede bolǰu saγuγtun kemebei. tere sartawaki–ber tedeger luγ–a qamtu nigen–e saγuǰu olan ǰaγun mingγan ǰil boltal–a ǰirγalang–i edelebei.tedege–ber–ču endeče emune ǰüg–tur buu od kemen ǰakibasu odqu–yi duralaγad emune ǰüg–tur odbasu bayasqulang–tu kemekü balγasun–i üǰeged tegünü qaγalγ–a–dur kürbesü uridaki tegün–eče ilegüü γow–a üǰesgüleng–tu arban ǰirguγan ükin tengri γarču ireged inagsi ögede bolǰu iredkün amur–iyer irebekü–yu biden–ü idegen omdaγan kiged qobčad ba erdeni–yin baising edeger–i ǰoγuγlaγad biden luγ–a qamtu nigen–e ögede bolǰu saγuγtun kemebei.tere–ber tedeger luγ–a qamtu nigen–e saγuǰu olan ǰaγun mingγan ǰil boltal–a ǰirγalang–i edelebei.tedeger–ber–ču emüne ǰüg buu od kemen ǰakibaču odqu–yi duralaγad oduγsan–eče degedü eserw–a kemekü sain baising–yiüǰeged tegünü qaγalγ–a–dur kürbesü uridaki tegün–eče ilegüü γow–a üǰesgüleng–tu γučin qoyar ükin tengri γarču ireged inagsi ögede bolǰu iredkün amur–iyer irebekü–yu biden–ü idegen omdaγan kiged qobčad ba erdeni–yin baising edeger–i ǰoγuγlaγad biden luγ–a qamtu nigen–e ögede bolǰu saγuγtun kemebei. tere–ber tedeger luγ–a qamtu nigen–e saγuǰu olan ǰaγun mingγan ǰil boltal–a ǰirγalang–i edelebei.tedeger–ber–ču emüne ǰüg buu od kemen ǰakibaču odqu–yi duralaγad oduγsan nigen temür baising–i üǰeged tegünü dotur–a oruγsan–a oruγad sača darui qaγalγ–a anu öber–iyen čagaγdabai.tegünčilen γurban dabqur qaγalγ–a–yin dtur–a ulam–iyer orubasu tedeger qaγalγ–a bükün öber–iyen qaγaγdabai.tende nigen masi yeke bey–e–tu kümün–ü terigün–dur γal badaraγsan temür kürdü nigen keseg situγamal γal metü nigen erγiǰü baiqu büged toluγai–eče ögeri čisun γaruγsan–i üǰeged či yaγun–u tula ene metü bolbai kemen asaγuγsan–a bi eke degen qnu üile–yin ür–e–ču ilete bolbasuran bi–ber–ču eke degen qoor üiledügsen–ü üile–ber kütülügdeǰü ende iregsen aǰuγu kemen sedkimegče darui oγtarγui–eče. ali küligdegsen tere anu toniltuγai.ali ese küligdegsen tere anu küligdetügei kemen daγun γaruγad sača amaraγ–un ükin–u orui deger–e tere kürdü degden ireǰü dusbai tendeče tere kümün–ber amarag–un ükin–nu ǰobalang–tu boluγsan–i üǰeged.ürkülǰi nasuda bayasun degerünggüileged.ülemǰide ǰirγan saγuqui yuγan orkiǰu bürün.üǰesgüleng–tu degedü eserw–a neretü baising–eče. üneker či yaγun–nu tula ende irebei.kemen ügülegsen–e qariγu ügülerün. ürkülǰi nasuda bayasun degerünggüileged.ülemǰide ǰirγan saγuqui yuγan orkiǰu bürün. üǰesgüleng–tu degedü eserw–a neretü baising–eče.üneker ende iresugei kemen duralaǰu bürün.üni gedüin–eče quriyaγsan üile–ber kütülügden üile–yin erkeber qola–eče kütülügdeǰü bürün.üneker qamiγasi üile–ber kütülügsen mün–kü tegün–e üǰegseber üile–ču masida bolbasurqui boluγu.üile alin masida bolbasurqui bolǰu bürün.üneker γal badaraγad masida badaraγsan temür kürdün. üǰetele minu amin–dur qoorlan üiledügči ene.üneker minu tarikin–nu deger–e γal badaran erγikü boi.tere kümün ügülerün.üǰetele či–ber maγu sedkil–i türügülǰü.ülemǰide berkečel–i üiledügsen eke yuγan toluγai–yi.üneker či–ber kül–iyer–iyen isgüčigsen–ü tula.üile tegünü ür–e anu ene boi.qariγu ügülerün. ülemǰide γal badaraγsan büged masida badaraγsan kürdün.üneker minu amin–dur qoorlan üiledügči ene üǰetele kedüi toγatan mingγan ǰil boltal–a üneker minu gerekin–ü deger–e erγikü boi.tere kümün ügülerün.üni udaγan ǰiran mingγan toγatan ǰil kiged.ülemǰi basa ǰaγun toγatan ǰil boltal–a.ürkülǰide γal badaraγsan temür kürdü egüber üneker činu terigün–i qalaγun üiledkü boi kemegsen–e.tere–ber tere kümün–eče ein kemen bosu basa ende irekü boi buyu–yu kemen asuγubasu tere kümün ügülerün.ken ene metü–yin üile–yi üiledügsen bükün ende irekü boluyu kemebei.tende amaraγ–un ükin ǰobalang–iyer nerbegdeküi lüge amitan nuγud–tur nigüleskүi türügülün.bi–ber qamuγ amitan–u tulada ene kürdün–ü ǰobalang–i küličen üiledsügei.bosud ken alimad ene metü–yin üile–yi üiledügsen tedeger ada buu iretügei kemen ügülemegče darui tegüni toluγai–eče tere kürdün anu doluγan tala modun–u kiritai oγtarγui–dur degden oduγad tere sartawaki–ču ükün ǰegüdgeged tüsid–un tengri–dur türübei.tere čaγ–un amaraγ–un ükin kemegdekü tere anu bi bülüge eke degen altan ǰoγusu–yi üggügsen–iyer dürben yeke balγasun–dur ǰirγalang–i edelbei. eke degen üčüken nigen qoor üiledügsen–iyer tere metü–yin ǰobalang–yi edelegsen boi tegüber bügesü ečige eke degen tusalan üiledkü boi–y–a.qoorlan buu üileddeküi.teimü–yin tulada tabun ǰüil–dur anu šaγšabad masida baγuraγsan bolbaču ergül kündülel–i üiledkü bülüge tabun anu ali boi kemebesü.ečege kiged eke ba obidini kiged baγsi ba ebčiten bolai kemen ilaǰu tegüs nügčigsen borqan–ber wini–yin esi–dur nomlaγsan tetü boi.[1]

汉译文为:

1. 古时候扎日那斯城居住着一位名叫阿玛拉格(amaraγ)的商人。他家财万贯,娶了门户相当之家的女儿为妻,过着幸福的生活。但所生子女皆前后夭折,因此商人向天祈祷,仍然无济于事。后来有人告诉他,如生男孩儿起女名,这样男孩儿就能够成长。过一段时间,他妻子生下一相貌极好之男孩。庆生后起名的时候,他们就为这男孩儿取名为阿玛拉格之女。之后,那商人为寻宝物而入海,死在那里未能归来。后来阿玛拉格之女问其母:“我父从前以什么谋生? 我也与他做同样的事。”此时母亲心想:“他父

[1]《察哈尔格西·罗桑楚臣传》,第210—218页。

亲是出入大海的商人,如告诉真相,我儿也会入大海之后回不来怎么办?”于是母亲对他说:“你父亲是卖种子的。”于是,商人的儿子建起了房子,从事种子生意。开业第一天就赚到了四个金币,交予母亲。后来有一人对他说:“你父亲是卖香料的。”于是他放弃种子生意,开始经营香料。第一天赚了八个金币,又交给了母亲。后来又有一人对他说:“你父亲是卖金子的。”于是他又放弃了贩卖香料,转而经销黄金。第一天赚了十个金币,又交给了母亲。之后又赚了三十二个金币,都交给了母亲。有些心怀忌妒者怕他将此城的全部金子赚到手。所以对他说:“你父亲以前是出入大海挣大钱的商人,而你却只能做此糊口之事业?”于是他对母亲说:“听说我父亲是出入大海的商人,我要闯荡大海。”母亲曰:“儿子阿! 那是真的,但是你年岁小,再加上你是我的独子。所以你不能弃我不顾而入大海。”但他不听母亲的劝说,一心只想到海上闯荡。于是,他开始寻找一同下海的伙伴。之后与五百位商人一同出发,母亲闻讯赶来,大声哭喊着抓住儿子的双腿说:“别弃我而去。”可是儿子生气地用脚推开母亲的头,扭头而去。母亲说:“这罪孽别降临到你身上。”那男孩儿走近大海,用五百金币买了艘大船进入了大海。航行时遭遇鳄鱼,船被破坏。阿玛拉格之女抓住一块船板游到海边,上岸后来到名为巴雅斯胡朗(bayasqulang)的城市。这时来了四位貌美天女对他说:“是否平安到来? 享用我们的食物、衣服、宝房等,与我们一同生活吧!”于是他与天女们一同生活享受了千百年的福乐。天女们告诫他别往南去,但他未听从她们的话而朝南边走去,来到了名叫那苏达苏古达胡拉格齐(nasuda suγda quraγči)的城市。走到城门时,来了比之前的天女还漂亮的八位天女对他说:“是否平安到来? 享用我们的食物、衣服、宝房等,与我们一同生活吧!”于是那商人与她们一同享受了千百年的幸福生活。那些天女们告诫他别往南去,但他极好奇,因而未听劝阻又往南方走去。他看到名为巴雅斯胡郎图(bayasqulngtu)的城市,到城门时来了比之前还要美丽的十六位天女对他说:“是否平安到来? 享用我们的食物、衣服、宝房等,与我们一同生活吧!”于是他与天女们一同享受了千百年的幸福生活。她们也同样告诫他别往南面去,但他仍然不听劝阻地往南面走去了。他看见一座美丽的名叫上梵天(degedu eserw-a)的房子。走近时,来了比之前更美丽的三十二位天女对他说:“是否平安到来? 享用我们的食物、衣服、宝房等,与我们一同生活吧!”于是他与天女们一同享受了千百年的幸福生活。天女们同样告诫他别往南面走去,但他未听劝阻而往南面走去。他看见一座铁房子,走进去后门便自然关闭。他看见一位巨人,头顶转动着燃烧着火焰的轮子,而且他看到那人正吃着流淌浓血的头颅。商人问他:“你为何成为如此样子?”那人答曰:“我因为伤害自己的母亲而成为这个样子。”阿玛拉格之女心想:“我也伤害过自己的母亲,正因为如此,业力将我牵引到此处的。”刚想到这,天上传来声音:“被捆绑者解开枷锁吧,未被捆绑者加上枷锁吧!”那巨人头顶上的火轮马上转到阿玛拉格之女的头顶上。巨人看到阿玛拉格之女极端痛苦,便问他说:“为何抛弃欢乐与幸福,离开华丽的上梵天到此处来?”阿玛拉格之女回答:“抛弃永恒的享受与欢乐,离开美丽的上梵天到此处来,是被从前的业力牵引。真是有什么样的业,就有什么样的业果,看来业已成熟。燃烧之火轮要伤害于我,转动在我头顶上。”那人曰:“你怀有恶意,用脚推开母亲之头的业力如此。”商人又问:“这要命的燃烧火轮要在我头顶转动千百年吗?”那人说:“也许是六万年,或者是百年,真是要炸开你的头颅。”他又问那巨人:“还有其他人来此处吗?”那人说:“有此业力者皆到此处来。”阿玛拉格之女对那些遭受苦难之人们产生慈悲之心,决定替那些应而受此火轮之苦的众生受折磨,于是他说:“其他有此业力者别到此处来。”说毕头顶之火轮转向天空,那商人死后投生于天界。那时的阿玛拉格之女是我,因为交给母亲金币而能够在四个城中享受了幸福;也因为给母亲造成伤害而受尽折磨。所以要孝敬父母,而不要伤害他们。

tereču erte čaγ–tur nigen ayaγ–a takimliγ–un saγudaγ baising–un niruγun–u deger–e nigen kegürǰegen–e sibsγun qonuǰu baidaγ büged. tere ayaγ–a takimliγ örlüge büri erte qutuγ–tu sangǰay–a kata–yi aman–nu ongsilγ–a bolγan ailadču ongsiqu–yin daγun anu tere kegürǰegen–e–yin čikin–dur sonustun aγsan–eče ǰarim daγan sangǰiy–a kita–yi qaγaslaqu–yin kiri–dur ür čaiqui.ǰarim daγan γurban qobi–yin qoyar qobi–yi ongsiqu kiri–dur ür čaimoi ür čaiqui luγ–a kegürǰegen–e nisču oddudaγ aǰuγu tein–ber sangǰiy–a kita–yin nom–un daγun–i čikin–dur sonusuγsan–u tedüiken–dur tere kegürǰegen–e sibaγun–u tuidger anu nimgereged tere sibaγun ükügsen–ü darui kümün–nu bey–e–yi olǰu türüged γurban erdeni–dur süsüglegči nigen boluγsan–eče toin boluγad uridaki sangǰiy–a kita–eče čikin–dur sonusuγsan ele bükün–iyen čegeǰilekü kereg ügeküy–e üǰegsen–ü tedüi ken–iyer medekü nigen boluluγ–a kemen nomlaγsankiged.[1]

汉译文为：

2. 从前有位比丘僧，他所住的房梁上栖息一只鸽子。那比丘每天早晨都诵读呼图克图桑扎雅卡塔（qutuγtu sangǰ-a kata），那只鸽子也听着诵经之音，有时诵经一半时天亮，有时念诵三分之二时天亮，天一亮，鸽子便飞走了。那只鸽子因听了桑扎雅卡塔之法的念诵之音而业障减弱，死后立刻投生人身，成为敬信三宝之僧人。他将前世所听之桑扎雅卡塔不用诵习，一看就知晓。

bosu basa erte caγ-tur nigen oi dotur-a modun-nu kündei-dur tabun ǰaγun paγbaqai egüür ǰasaǰu orusin aγsan-a olan qudaldučin tere modun-u dergete ireged γal talbiǰu tegünü dergete saγun nigen kedün ilete-yin aimaγ-un nom-i ongsiγsan-a tedeger paγbaqai γal kiged utaγan-iyer alabaču nom-un daγun-dur sedkil anu tačiyaγad bosul ügeküy-e saγuγsaγar tendeben bütüǰü üküged ǰiči bügüdeger γaǰi-yin orun-a kümün bolun turuǰu toin boluγad yeke mergen bolǰu daini daruγsan-u qutuγ-i oluγsan anu .kanige qaγan kiged qabirγ-a neretü daini daruγsan qoyar-ber olan merged-i quriyaǰu ülemǰi üǰekü-yin šastir-yiǰočiyaqu-yin üy-e-dur kači-yin orun-eče ögede bolǰu iregsen tabun ǰaγun merged anu tedeger mün kemen nomlaγsan tetü boi.[2]

汉译文为：

3. 从前，一处树林中，五百只蝙蝠在树洞中筑巢居住。有一次，来了许多商人坐在此树旁生火，还念诵几部显宗经典，那些蝙蝠虽然无法忍受烟火，但被商人们诵经之音吸引，未离开，为此它们全部窒息而死。蝙蝠死后全部投生到迦湿弥罗地区为人，后全部出家为僧，成为贤圣阿罗汉。后来迦腻迦王和哈必勒嘎（qabiraγa）阿罗汉迎请诸贤者来集经之时，从迦湿弥罗地区来的五百位贤者就是那五百阿罗汉。

第一个《商人的故事》，该《传》中说此故事是摘自《毗奈耶根本论》中佛祖释迦牟尼所讲述的一则故事，宣传因果报应，宣扬“善有善报”、“恶有恶报”、“行必有报”的因果报应的宿命论观点。《鸽子听经故事》、《蝙蝠的故事》则是宣扬众生投身于佛法的故事，主要宣扬了佛法的威力，说明只有

〔1〕《察哈尔格西·罗桑楚臣传》，第659页。
〔2〕《察哈尔格西·罗桑楚臣传》，第660—661页。

佛法才能使芸芸众生脱离苦海,自我解脱。

小 结

该《传》即是一部历史著作,又是一部语言优美、内容丰富、韵散相结合的文学作品。作为清代中期的蒙古族文学文献,它有其诸多文学文献价值。首先表现在蒙古族传记文学研究方面。据上文分析,该《传》与藏族传记体作品的成熟期——清代中期的传记极相似,也可以说是蒙古族传记文学达到成熟期的作品。无论形式,还是内容,都可与成熟期的印藏高僧传记相媲美。所以说该《传》是清代蒙古族传记文学从发展阶段走向成熟期的作品,也是清代蒙古族传记文学的典范之作。因此该《传》对蒙古族传记文学的研究有其重要的参考价值。

其次是对蒙古族诗歌理论研究具有参考价值,该《传》收入不少传主所写的优美的训谕诗、镶嵌诗等。这些诗对清代蒙古族高僧作家诗歌创作及传主作品的研究都提供了珍贵的资料。传主的训谕诗,其内容主要是劝诫僧俗众们信奉佛法,遵守戒律和努力闻思佛法,不要贪图高位要职,少杀生和禁绝烟酒、铺张浪费等,都有很积极的意义。《传》中的镶嵌诗与散体叙述内容紧密结合,使整部作品的行文错落有致,起伏跌宕。

再次是对蒙古族佛教故事研究方面的价值也不能忽略。该《传》中收入不少佛教故事,也有很高的文学价值、思想价值和艺术价值,这些故事以优美的文学语言讲述了很多人生哲理,宣扬真善美,歌颂顽强的意志等,具有很强的感染力,这类故事也有很高的文学研究价值,尤其在蒙古族传统故事与佛教故事的对比研究方面。

结　语

《察哈尔格西·罗桑楚臣传》在蒙藏文高僧传记中属篇幅较长、内容丰富、语言优美、历史与文学相结合的一部著作。此《传》真实地反映了清代雍正、乾隆时期蒙古社会的方方面面，有极高的历史与文学价值。本选题试图探讨该《传》作者生平、撰写背景与材料来源、版本编纂等问题，详细分析了该《传》的历史与文学价值，以期能较全面地认识该《传》，以致可以较深刻挖掘其文献价值。

该《传》作者罗布桑桑若布尼玛出生于黑阳龙年（即1772年之后）、察哈尔镶白旗第八苏木札兰章京兼苏木章京策仁东若布家中。策仁东若布是一位极虔诚的佛教信徒。在父亲的影响下，《传》作者作为察哈尔格西·罗桑楚臣的关门弟子随其左右，受其佛法甘露，成为一名博学多才的僧人。所以《传》中充分反映了作者渊博的知识和独到的见解等。该《传》与作者的身份、学识及其与传主之关系等因素是分不开的，所以，本文首先探讨了《传》作者的家世、撰写此传的缘起、作者的学识等方面，以期能更全面地探讨该《传》。

该《传》成书于1817年。此时，藏传佛教再度传入蒙古，以极快的速度风靡全蒙古地区，无论广度和深度均远远超过了元代，代替了蒙古族原有的萨满教。后来，清朝统治者们采取了扶植和利用藏传佛教的政策和措施，使藏传佛教在蒙古地区得以更广泛更深入地传播。藏传佛教也因此对蒙古社会产生了深远的影响，出现了大量翻译佛经、编纂佛教历史、编写高僧传记以及研究佛陀学说等活动。这样，蒙古史学进入空前的繁荣时期，同时出现了许多新的体裁。该《传》正是在这种背景下产生的，所以该《传》也深深受其时代背景的影响。该《传》的材料来源大概分为佛教经典、高僧大德传记和教言、亲身见闻、传主的备忘录、著作以及书信等，真实可靠。

该《传》是清代察哈尔镶白旗著名的察干乌拉庙印刻中心所印刷出版的木刻版长条书。从该《传》的版式和页码的特点看，都与清代北京地区藏传佛教寺院蒙古文木刻中心的印刻特点相似。从版式设计方面看，该《传》有梵夹装经书版式的典型特点，所用纸张呈灰白色，像是棉麻纸，保存完好，产自中原地区,与北京木刻版印刷所用纸张极像,也以多层粘贴而成。该《传》的体例是传记体裁,此体裁产生于藏传佛教再度传入蒙古之后。随着藏传佛教的再次传入,蒙古族史学家和文学家们深受藏传佛教的影响,同时也开创了蒙古史学的新的体例和风格。到了清代,蒙古族高僧传记的创作逐步达到高潮,出现了诸多蒙古高僧大德们的蒙藏文创作和藏译蒙高僧传记。该《传》正是此时期的优秀典范之作。从该《传》的编纂特色看,与藏族的传统传记很相似,都将传主从诞生到圆寂的一生中的重要事迹来贯穿全文,编年史特色极鲜明,可称之为典型的简略传记体作品。从内容来看,继承了蒙古族传统史学的写实性,同时吸收了印藏佛教高僧传记的写作形式,即夹杂授记、梦幻、传说故事等。从该《传》结构来看,以标题、章节、开篇赞词与跋语等部分组成。标题按照印藏作品的习惯由正标题和副标题组成,分章方式也遵循了藏族高僧传的分章方式。开篇赞词和跋语也与清代藏族高僧传的写作特色相似。从而推知,该《传》的撰写深受印藏文化的影响,也是印藏文化在蒙古地区渗透的表现。

作为清代蒙古族历史文献,《察哈尔格西·罗桑楚臣传》对于研究清代蒙古族宗教史、文化艺术史、社会生活史、政治史以及整理与研究传主作品等方面都有其重要的参考价值。该《传》记载许多有关寺院建立、寺院教育、寺院财产与管理、格鲁派高僧在北京和蒙古地区的佛事活动等事迹,这些都是蒙古族珍贵的宗教史资料。藏传佛教文化传入蒙古地区后,给蒙古族文化艺术带来了新鲜血液,使蒙古族文化艺术面临新的选择和重构,蒙古族文化和艺术也因此而拓上很深的藏传佛教文化烙印。这对于研究当时的文化艺术史提供了有力的依据。该《传》虽是高僧传记,主要撰写了传主一生的宗教活动,但叙述传主的事迹过程中也反映了不少相关地区的社会生活状况,如遭遇旱灾时大家聚在一起祈雨、立敖包祭祀、祭龙王、祭关公、祭苏勒德腾格里和战神等;还反映了当时人们的赛马、摔跤、歌舞、嫁娶、丧葬等风俗习惯与民俗活动情况。这些资料都是反映当时社会生活史的珍贵资料,对于研究清代蒙古族社会生活史提供了极珍贵的第一手资料。清朝政府当时虽大力扶持藏传佛教在蒙古地区的发展,但清朝政府还担心藏传佛教的势力过于强大而威胁其对边境地区的统治,所以对藏传佛教又采取了许多控制和限制政策。清朝政府设置理藩院来管理全国少数民族事务,行使立法、监督和颁发行政命令的权利。清朝政府为了对蒙古地区施行有效的统治和控制,建立了以盟旗制度为核心的政治模式。就这样,蒙古地区的宗教事务通过由理藩院到地区旗衙门而得以掌控。该《传》中许多材料,正反映了蒙古地区寺院的许多事宜与清中央政府或与旗衙门之间发生的关系。这对研究当时的政治史具有参考价值。该《传》中多处提及传主藏文文集中作品和未收入文集中的藏文、蒙文、藏译蒙作品,还交代了部分作品的撰写和翻译的时间以及撰写的缘起等问题,这对传主作品的研究提供了有力的依据。而且对传主未收入文集的作品搜集整理提供了重要的线索。

该《传》既是一部历史著作,又是一部语言优美、内容丰富、韵散结合的文学作品。作为清代中期的蒙古族文学文献,它有其诸多文学文献价值。其文学价值首先表现在对蒙古族传记文学研究方面。该《传》与藏族传记体作品的成熟期——清代中期的传记极相似,无论形式还是内容,都可与印藏高僧传的成熟期的作品媲美,是清代蒙古族传记文学从发展阶段走向成熟期的代表作品,也是清代蒙古族传记文学的典范之作。其次,该《传》是蒙古族诗歌理论研究的重要资料,《传》中收入不少传主所写的优美的训谕诗、镶嵌诗等。这些诗有助于我们认识和研究清代蒙古族高僧作家的诗歌创作及传主的文学创作等方面的情况。传主训谕诗的内容主要有劝诫僧俗众们信奉佛法,遵守戒律和努力闻思佛法,不贪图高位要职,少杀生和禁绝烟酒、铺张浪费等,都有很积极的意义。《传》中的镶嵌诗与散体叙述内容紧密相结合,使整部作品的行文错落有致,起伏跌宕。所以《传》中所收入的优美诗文对清代蒙古族诗学的发展研究及对传主作品的研究等有其重要的参考价值。再次,《传》中收入不少佛教故事,以优美的文学语言讲述了很多人生哲理,宣扬真善美,歌颂顽强的意志等,有较强的感染力,在蒙古族传统故事与佛教故事的对比研究方面有其重要价值。

参考文献

一、蒙古文论著

1. 著作

Ц · ЩУГЭР, МОНГОЛЧУУДЫН НОМ ХЭВЛЭДЭГ АРГА, Улаанбаатар, 1976.p.43

（[蒙古国]舒格尔《蒙古人的印刷术》，乌兰巴托，1976年。）

saγang secen:《erdeni–yin tobči》，öbör mongγpl–un arad–un keblel–un qoriy–a,1980 on.

（萨囊彻辰《蒙古源流》，内蒙古人民出版社，1980年。）

lobsangčoidan《mongγol–un ǰang aγali–yin oilaburi》，öbör mongγol-un arad-un keblel-un qoriy-a,1981on

（罗卜桑悫丹《蒙古风俗鉴》，内蒙古人民出版社，1981年。）

ülǰitü–yin tailburilaγsan《yeke šira tuγuǰi》ündüsüten–ü keblel–un qoriy–a,1983on.

（乌力吉图校注本《大黄册》，民族出版社，1983年。）

lobsangdanǰin ǰokiyaǰu čoiǰi kinaγsan《altan tobči》，öbör mongγol-un arad-un keblel-un qoriy-a,1983on.

（罗布桑丹津著，乔吉校注《黄金史》，内蒙古人民出版社，1983年。）

da.čerengsudnam《mongγol silüg–un onul teuke–yin ǰarim asaγudal》，öbör mongγol-un surγan kümüǰil-un keblel-un qoriy-a,1983on.

（达·策仁曹德那木《蒙古族诗歌发展概要》，内蒙古教育出版社，1983年。）

altanorγil《mongγol teuke–yin sorbulǰi bičig yisun ǰüil》，küqeqota–yin mongγol kele teuxe–yin neigemlig–eča keblegülbe,1983on.

（金峰搜集整理《蒙古文献史料九种》，呼和浩特市蒙古语文历史学会编印,1983 年。)

bolạγ《arban doluduγar ǰaγun−nu mongγol teuken uran ǰokiyal》, öbör mongγol-un arad-un keblel-un qoriy-a,1986on.

(宝力高《十七世纪蒙古历文学》,内蒙古人民出版社,1986 年。)

dharm−a ǰokiyaǰu čoiǰi tailburilaγsan《altan kürdün mingγan kegesütü》, öbör mongγol-un arad-un keblel-un qoriy-a,1987on.

(答里麻著,乔吉校注《金轮千辐》,内蒙古人民出版社,1987 年。)

čenggel,m.bou ju-yin qarγuγulun tailburilaγsan《sumbu qambu isibalǰuur−un borqan šašin−nu teuke》, öbör mongγol-un arad-un keblel-un qoriy-a,1991on.

(松巴堪布·益希班觉《蒙古佛教史》,内蒙古人民出版社,1991 年。)

nata《altan erige》, öbör mongγol-un arad-un keblel-un qoriy-a,1991on.

(纳塔《金鬘》,内蒙古人民出版社,1991 年。)

ša bira《tübed−iyer bičigsen mongγolčud−un teuke−yin ǰokiyal》, öbör mongγol-un surγan xümüǰil-un keblel-un qoriy-a,1992on.

([蒙古]沙·比拉《蒙古人使用藏文写的历史著作》,内蒙古教育出版社,1992 年。)

damčoiǰamsu ǰokiyaǰu he čoimbal,se dorǰi orčiγulugsan《čaγan lingqu−a eriges》,ündüsüten−nu keblel−un qoriy−a.

(丹却扎木斯著,贺·全布拉译《白莲花传》,民族出版社,1996 年。)

oči《čaqar gebsi lobsangčültüm》, öbör mongγol-un soyol-un keblel-un qoriy-a,1996on.

(敖其《察哈尔格什罗桑楚勒图木》,内蒙古文化出版社,1996 年。)

m.si.ülǰi《mongγolčud−un tübed−iyer bičigsen uran ǰokiyal−un sodulal》, ündüsüten−nu keblel−un qoriy−a.1996on.

(孟·斯·乌力吉《蒙古族藏文文学研究》,民族出版社,1996 年。)

u.naranbatu,ǰalsan nar ǰokiyaγsan《mongγol büddha−yin soyol》,öbör mongγol-un soyol-un keblel-un qoriy-a,1997on.

(乌·那仁巴图,贾拉森等著《蒙古族佛教文化》,内蒙古文化出版社,1997 年。)

če.kesigtoγtaqu《mongγol sorbulǰi bičig−un sodulul》,ündüsüten−nu keblel−un qoriy−a,1998on.

（策·贺希格陶克陶《蒙古古典文学研究新论》，内蒙古人民出版社，1998 年。）

radnabahadra ǰokiyaǰu si norbu tulγan qaričaγulǰu taiburilaγsan《zay−a bandida》, öbör mongγol−un arad−un keblel−un qoriy−a,1999on.

（拉德那博哈得拉著，西诺尔布校注《札雅班第达传》，内蒙古人民出版社，1999 年。）

[mongγol] de.čeringsudnam ǰokiyaǰu,sengge,saran−a baγulγaγsan《mongγol−un borqan−nu šašin−nu uran ǰokiyal》, öbör mongγol−un arad−un keblel−un qoriy−a,2000on.

（[蒙古]达·策仁苏德纳木著，曾格、萨日娜转写《蒙古佛教文学》，内蒙古人民出版社，2000 年。）

deseraiǰab《borqan−nu šašin kiged mongγol−un uran ǰokiyal》, liaoning−un ündüsüten−nu keblel−un qoriy−a.2002on.

（德斯来扎布《佛教与蒙古文学》，辽宁民族出版社，2002 年。）

ünen nairaγuluγsan《mongγol−un šašin surtaqun−nu üǰel sanaγan−nu teuke》, öbör mongγol−un arad−un keblel−un qoriy−a

（乌恩主编《蒙古族宗教思想史》，内蒙古人民出版社，2002 年。）

ierda(erdemtü)《rabǰimba zay−a bandida namqaiǰamsu−yin sodulol》, tub−un ündüsüten−nu degedü surγaγuli,2005on.

（叶尔达《拉布占巴·咱雅班第达·那木海扎木苏之研究》，中央民族大学，2005 年。）

ǰigmid《čaqar−un teuke sinǰilel》, öbör mongγol−un arad−un keblel−un qoriy−a,2008on.

（吉格木德编著《察哈尔史略》，内蒙古人民出版社，2008 年。）

lobsangsangrubnim−a《getülgegči degedü blam−a adalidqal ügei ačitu boγda sumatai šila širi badara−yin gegn−ü yerüngkei−yin ǰokiyal namtar−i tobči−yin tedüi ügulegsen süsüg−ün lingqu−a−yi mösiyelgegči naran−u gerel degedü mör−i geyigülün üiledügči kemegdekü orušiba》, öbör mongγol−un surγan kömüǰil−un keblel−un qoriy−a,2008on.

（罗布桑桑若布尼玛《察哈尔格西·罗桑楚臣传》，内蒙古教育出版社影印版，2008 年。）

a.erdenibayar《〈naiman toin ǰambaldorǰi−yin namtar〉sodulal》,öbör mongγol−un arad−un keblel−un qoriy−a,2009on.

（阿·额尔敦白音《〈占布拉道尔吉传〉研究》，内蒙古人民出版社，2009年。）

qadakin.rašičirin emkidgegsen《〈čaqar gebsi lobsangčültüm sodulal〉un erdem sinǰilegen−nu ügülel−un tegübüri 》, öbör mongγol−un arad−un keblel−un qoriy−a,2009on.

（拉西策仁编《〈察哈尔格西·罗布曾楚勒特木研究〉学术论文集》，内蒙古人民出版社，2009 年。）

2. 论文

rasičirin《mongγol−un soyol−un ǰidkülten˙čaqar kebsi lobsangčültüm−un toqai angqan−nu sinǰilege》,《siluγun kübegetü čaγan qusiγun−nu soyol teuke》,nigedüger tobkimal,1983on.

（拉希其仁《蒙古学者察哈尔格布西罗布僧楚力特木的初考》，《正镶白旗文史资料蒙汉混编》第 1 辑，1983 年。）

qadakin rasičirin《čaqar gebsi lobsangčültüm−un geid˙čaqar čaγan aγula−yin süm−e−yin toqai ügülekü ni》,《siluγun kübegetü čaγan qusiγun−nu soyol teuke−yin mathriyal》,1986on.

（拉希其仁《镶白旗察汗乌拉庙简介》，《正镶白旗文史资料蒙汉混编》第 2 辑，1986 年。）

ba.gereltü《čaqar gebsi lobsangčültüm−un iraγu nairaγ−un uqaγan》,《öbör mongγol−un yeke surγaγuli−yin erden sinǰilegen−nu sedgül》,1984on-u nigedüger quγučaγ−a.

（巴·格日勒图《察哈尔格西·罗桑楚臣诗学探析》，《内蒙古大学学报（蒙文版）》，1984 年第 1 期。）

gendün《čaqar gebsi lobsangčültüm》,《siluγun küke qusiγun−u soyol teuke》,γurbaduγar emkidgel,1986on.

（根敦《察哈尔格西·罗桑楚臣》，《锡林郭勒盟正蓝旗文史资料》第 3 辑，1986 年。）

ǰalingǰab《čqar gebsi lobsangčültüm−un toqai dügüm tanilčaγulγ−a 》,《siluγun küke qusiγun−u soyol teuke》,γurbaduγar emkidgel,1986on.

（札林扎布《察哈尔格西·鲁桑楚勒特穆简介》，《锡林郭勒盟正蓝旗文史资料》第 3 辑,1986 年。)

oči《čqar gebsi lobsangčültüm–un uran ǰokiyal–un angqan–u sinǰilel》,öber mongγol–un baγsi–yin yeke surγaγuli,1988on.

(敖齐《察哈尔格西・罗桑楚臣文学作品初探》,《内蒙古师范大学》,1988 年。)

oči《aqar gebsi lobsangčültüm–un surγal–un činartai šilug ǰokiyal–ud–un aǰiγlalta》,《čolmun》,1989on.

(敖齐《察哈尔格西・罗桑楚臣训谕诗探析》,《朝鲁蒙》,1989 年。)

oči《〈süsüg–un lingqu–a–yi lüsiyelgegči naran–u gerel〉deki lobsangčültüm–un nige nasu》,《öbör mongγol–on neigem–un sinǰilekü uqagan》,1990on.

(敖齐《察哈格西的生平事迹——以〈察哈尔格西・罗桑楚臣传〉为中心》,《内蒙古社会科学》,1990 年第 1 期。)

oči《čqar gebsi lobsangčültüm–un ǰokiyal bütügel–deki ǰang üile–tai qolbuγdaγsan silüg–un sinǰilel》,《öbör mongγol–on baγsi–yin yeke surγaγuli–yin erdem sinǰilegen–u sedgül》,1990on–u nigedüger quγučaγ–a.

(敖齐《察哈尔格西・罗桑楚臣作品中的关于民俗方面的诗歌探析》,《内蒙古师范大学学报》,1990 年第 1 期。)

oči《čqar gebsi lobsangčültüm–un uran ǰokiyal–un öbermiče sinǰi》,《öber mongγol–un yeke surγaγuli–yin erdem sinǰilegen–nu sedgül》, 1990on–u nigedüger quγučaγ–a.

(敖齐《察哈尔格西・罗桑楚臣文学作品风格特征》,《内蒙古大学学报》,1990 年第 1 期。)

ülǰi《čqar gebsi lobsangčültüm–un ǰokiyal bütügel–ud–eče ügülekü–ni》,《öbör mongγol–on neigem–un sinǰilekü uqagan》,1990on–u nigedüger quγučaγ–a.

(乌力吉《察哈尔格西・罗桑楚臣作品探析》,《内蒙古社会科学》,1990 年第 1 期。)

qadakin rasičirin《čqar gebsi lobsangčültüm sodulul–un toimu》,《öbör mongγol–on neigem–un sinǰilekü uqagan》,2009on–u nigedüger quγučaγ–a.

(拉希其仁《察哈尔格西・罗桑楚臣研究概述》,《内蒙古社会科学》,2009 年第 1 期。)

se.sečenbilig《〈süsüg-un lingqu-a-yi müsiyelgegči naran-u gerel degedü mür-I geigülün üiledügči〉yin sinǰilel》,《öbör mongγol-on neigem-un sinǰilekü uqagan》,2009on-u nigedüger quγučaγ-a.

（色·斯琴必力格《〈察哈尔格西·罗桑楚臣传〉研究》,《内蒙古社会科学》,2009 年第 1 期。）

da.čerengsudnam《čqar gebsi lobsangčültüm-un keseg mongγol ǰokiyal bütügel-un toqai》,《öbör mongγol-on neigem-un sinǰilekü uqagan》,2011on-u dürbedüger quγučaγ-a.

（德·其仁苏德那木《关于察哈尔格西·罗桑楚臣部分蒙古文著作》,《内蒙古社会科学》,2011 年第 4 期。）

二、藏文著作

ཆ་ཧར་དགེ་བཤེས་བློ་བཟང་ཚུལ་ཁྲིམས་ཀྱི་གསུང་འབུམ།།

《察哈尔格西·罗桑楚臣文集》,西北民族大学图书馆古籍室藏本。

ལྕང་སྐྱ་རོལ་པའི་རྡོ་རྗེའི་གསུང་འབུམ།།

《章嘉活佛若必多杰文集》,西北民族大学图书馆古籍室藏本。

ཐུའུ་བཀྭན་ཆོས་ཀྱི་ཉི་མའི་གསུང་འབུམ།།

《土观·却吉尼玛文集》,西北民族大学图书馆古籍室藏本。

ཐུའུ་བཀྭན་ཆོས་ཀྱི་ཉི་མས་བརྩམས་ལྕང་སྐྱ་རོལ་པའི་རྡོ་རྗེའི་རྣམ་ཐར།།

图官·却吉尼玛《章嘉国师若白多杰传》,甘肃民族出版社,1989 年。

三、汉文论著

1. 著作

札其斯钦《蒙古与西藏历史关系之研究》,正中书局印行,1978 年。

赵尔巽《清史稿》,中华书局,1976 年。

吕澂《印度佛学源流略讲》,上海人民出版社,1979 年。

王辅仁编著《西藏佛教史略》,青海人民出版社,1982 年。

中央民族学院编《藏族文学史》编写组编写《藏族文学史》,四川民族出版社,1985 年。

张羽新《清政府与喇嘛教》,西藏人民出版社,1988 年。

丹珠昂奔《藏族神灵论》,中国社会科学出版社,1990 年。

丁汉儒、温华、唐景福、孙尔康《藏传佛教源流及社会影响》,民族出版社,1991 年。

樊保良《蒙藏关系史研究》,青海人民出版社,1992 年。

黄玉生等编著《西藏地方与中央政府关系史》,西藏人民出版社,1995 年。

德勒格著《内蒙古佛教史》,内蒙古人民出版社,1998 年。

荣苏赫等编《蒙古族文学史(第二卷)》,内蒙古人民出版社,2000 年。

丁守璞、杨恩洪《蒙藏关系史大系·文化卷》,西藏人民出版社、外语教学与研究出版社,2000 年。

乌力吉巴雅尔《蒙藏关系史大系·宗教卷》,外语教学与研究出版社、西藏人民出版社,2001 年。

蒙古社会科学院历史研究所编《蒙古族通史(中卷)》,民族出版社,2001 年。

史金波、黄润年《少数民族古籍版本——民族文字古籍》,江苏古籍出版社,2002 年。

义都合西格主编《蒙古民族通史(第三卷)》,内蒙古大学出版社,2002 年。

孙懿《从萨满教到喇嘛教——蒙古文化的演变》,中央民族大学出版社,2002 年。

史金波《西夏出版研究》,宁夏人民出版社,2004 年。

杨强《清代蒙古族盟旗制度》,民族出版社,2004 年。

乌力吉巴雅尔《蒙藏文化关系研究》,中国藏学出版社,2004 年。

任月海《多伦汇宗寺》,民族出版社,2005 年。

张亚莎《西藏美术史》,中央民族大学出版社,2006 年。

达力扎布编著《蒙古史纲要》,中央民族大学出版社,2006 年。

孙林《藏族史学发展史纲要》,中国藏学出版社,2006 年。

宝山《清代蒙古文出版史研究——以蒙古文木刻出版为中心》,内蒙古教育出版社,2007 年。

王璞《藏族史学思想论纲》,中国社会科学出版社,2008 年。

扎呷编《藏文〈大藏经〉概论》,青海人民出版社,2008 年。

乔吉《蒙古佛教史(北元时期,1368—1634)》,内蒙古人民出版社,2008 年。

释妙舟《蒙藏佛教史》，扬州广陵书社，2009年。

王森《西藏佛教发展史略》，中国藏学出版社，2010年。

赵国忠、卓玛吉、才让卓玛、李毛吉《藏文古籍图录》，甘肃人民美术出版社，2010年。

2. 论文

房建昌《苏联研究蒙古喇嘛教史的几本著作》，《蒙古学资料与情报》，1986年第1期。

罗文华《故宫藏蒙古铜佛造像研究——试论一世哲布尊丹巴时期佛造像艺术风格的来源》，《故宫博物院院刊》，1999年第2期。

才让《蒙元统治者选择藏传佛教信仰的历史背景及内在原因》，《西北民族大学学报》，2004年第1期。

陈晓敏《清代驻京喇嘛制度的形成与沿革》，《满族研究》，2007年第4期。

四、译著及译文

1. 著作

霍夫曼著、李有义译《西藏的宗教》，中国社会科学院民族出版社，1965年。

[苏]Б·Я·符拉基米尔佐夫《蒙古社会制度史》，中国社会科学出版社，1980年。

多罗那他著，王沂暖译《印度佛教史》，西北民族学院研究所印，1981年。

[俄]阿·马·波兹德涅耶夫著，刘汉明译《蒙古及蒙古人》，内蒙古人民出版社，1983年。

[德]瓦尔特·海西希著，阿必达、阿特横译《蒙古历史与文化》，内蒙古文化出版社，1986年。

萨囊彻辰著，道润梯步译校《蒙古源流》，内蒙古人民出版社，1987年。

[清]耶喜巴勒登著，苏鲁格译注《蒙古政教史》，民族出版社，1989年。

[蒙]沙·比拉著，陈弘译《蒙古史学史(十三世纪——十七世纪)》，内蒙古教育出版社，1988年。

［意］图齐、［西德］海西希《西藏和蒙古的宗教》，天津古籍出版社，1989年。

固始噶居巴·洛桑泽培著，陈庆英，乌力吉译注《蒙古佛教史》，天津古籍出版社，1990年。

中国社会科学院中国边疆史地研究中心编《清代蒙古高僧传译辑》，全国图书馆文献缩微复制中心出版，1990年。

杨贵明、马吉祥编译《藏传佛教高僧传略》，青海人民出版社，1992年。

勒内·德·内贝斯基·沃杰科维茨著，谢继胜译《西藏的神与鬼怪》，西藏人民出版社，1993年。

［日本］若松宽著，马大正等编译《清代蒙古的历史与宗教》，黑龙江教育出版社，1994年。

都松堪布·益希班觉著，浦文成、才让译《如意宝树史》，甘肃民族出版社，1994年。

［匈］Д·卡拉著，范丽君译，乔吉审订《蒙古人的文字与书籍》，内蒙古人民出版社，2004年。

周加巷著，郭和卿译《至尊宗喀巴大师传》，青海人民出版社，2006年。

土观·洛桑却吉尼玛著，陈庆英、马连龙译《章嘉国师若必多吉传》，中国藏学出版社，2007年。

［日］桥本光宝著，陶克敦巴雅尔译《蒙古喇嘛教》，内蒙古人民出版社，2009年。

2. 论文

［蒙古］Ц·达木丁苏荣《西藏文学及其蒙古文译本谈概》，《蒙古学资料与情报》，1987年第1期。

［保加利亚］亚力山大·费多代夫著，谢继胜译《藏族文学对蒙古族文学传统的影响》，《民族文学研究》，1990年第4期。

［俄］Н·Л.茹科夫斯卡娅《十七世纪蒙古喇嘛教寺院组织中哲布丹巴呼图克图的作用》，《蒙古学资料与情报》，1992年第2期。

五、工具书

丁福保编纂《佛学大词典》，文物出版社，1984年。

那木吉拉玛整理,仁钦戈瓦审校《二十八卷本辞典》,内蒙古人民出版社,1988 年。

斯钦朝克图编,仁钦戈瓦、苏跃拉图校订《蒙古语词根词典》,内蒙古人民出版社,1988 年。

民族图书馆编《藏文典籍目录》,民族出版社,1989 年。

张怡荪主编《藏汉大词典(上、下)》,民族出版社,1993 年。

格·拉西色楞编《明慧宝镜》,内蒙古大学出版社,1998 年。

格·拉西色楞编《明慧宝鬘》,内蒙古文化出版社,1998 年。

中国蒙古文古籍总目编委会编《中国蒙古文古籍总目(蒙文版)》,北京图书馆出版社,1999 年。

内蒙古大学蒙古学院蒙古语文研究所编《蒙汉词典》,内蒙古大学出版社,1999 年。

章嘉·益喜丹必若美《智慧之源》,民族出版社,2002 年。

任继愈主编《佛学大辞典》,江苏古籍出版社,2002 年。

苏达那木道尔吉编著,哈·丹碧扎拉僧审订《蒙汉对照蒙古历史纪年表》,内蒙古教育出版社,2006 年。

附 录

察哈尔格西·罗桑楚臣文集目录（藏、汉）

1. སྟོན་པ་མཉམ་མེད་ཐུབ་པའི་དབང་པོའི་བསྟོད་པ་བཞུགས་སོ།།（3 叶）

无等导师能仁王佛赞

2. རྗེ་བཙུན་ཙོང་ཁ་པ་ཆེན་པོའི་གསོལ་འདེབས་མཆོག་སྦྱིན་ནོར་བུ་ཞེས་བྱ་བ་བཞུགས་སོ།།（4 叶）

至尊宗喀巴大师祈愿文·摩尼殊胜施

3. སྐྱབས་མགོན་ཨ་ཀྱཱ་རིན་པོ་ཆེ་ལ་གསོལ་བ་འདེབས་པའི་ཚིགས་བཅད་བྱིན་རླབས་ཆར་འབེབས་ཞེས་བྱ་བ་བཞུགས་སོ།།（7 叶）

怙主阿嘉活佛祈愿颂·加持雨降

4. རྩ་བའི་བླ་མ་རྣམས་ཀྱི་བཀའ་དྲིན་པའི་གསོལ་འདེབས་དངོས་གྲུབ་བང་མཛོད་ཅེས་བྱ་བ་བཞུགས་སོ།།（8 叶）

忆念诸根本上师恩德祈愿文·悉地宝库

5. དམིགས་བརྩེ་མའི་ཁྲིད་ཡིག་ལེགས་ཚོགསཀུན་འགྲུབ་ཅེས་བྱ་བ་བཞུགས་སོ།།（3 叶）

弥遮玛引导·福善普成

6. དམིགས་བརྩེ་མའི་དམིགས་རིམ་ཚིག་དོན་དང་་བཅས་པའི་རྣམ་བཤད་དངོས་གྲུབ་ཀུན་འབྱུང་ཞེས་བྱ་བ་བཞུགས་སོ།།（20 叶）

弥遮玛所缘次第句义解说·悉地普生

7. རྗེ་རིན་པོ་ཆེའི་གསོལ་འདེབས་ས་གསུམ་མའི་ས་བཅད་མདོར་བསྡུས་བཞུགས།།（5 叶）

至尊宗喀巴大师祈愿文·三地篇章节略摄

8. བྱང་ཆུབ་ལམ་རིམ་གྱི་ཆེ་བ་བཞིའི་རྣམ་གཞག་བཤད་པ་གནད་དོན་གསལ་བྱེད་ཅེས་བྱ་བ་བཞུགས་སོ།།（17 叶）

菩提道次第四胜德建立释·显明要义

9. ལམ་གྱི་རྟོགས་པ་བསྐྱེད་པར་འཇུག་པའི་ཡན་ལག་བསྟན་པ་མུན་སེལ་སྒྲོན་ལེ་ཞེས་བྱ་བ་བཞུགས་སོ།།（26 叶）

生起道证趣入支分论·除暗明灯

10. ཉམས་ལེན་གནད་དུ་འགྲོ་བའི་མན་ངག་རིགས་པའི་འཕྲུལ་གྱི་ལྡེ་མིགཅེས་བྱ་བ་བཞུགས་སོ།།

（31 叶）

验证归要诀・正理幻化钥

11. རྒྱུན་གྱི་ཉམས་ལེན་བྱ་བའི་ཚུལ་བཞུགས་སོ།།（6 叶）

常时验修法

12. རྟེན་འབྲེལ་བསྟོད་པའི་ས་བཅད་ལྡེམ་དགོངས་ཀྱི་གསུང་འགའི་དོན་ཉམས་སུ་ལེན་ཚུལ་བཅས་མདོ་ཙམ་བསྟན་པ་བཞུགས་སོ།།（12 叶）

缘起赞科判密意说义证受相略说

13. རྗེ་བཙུན་འཇམ་པའི་དབྱངས་ཀྱིས་གནང་བའི་མདོ་ཕྱོགས་ཀྱི་མན་ངག་ལ་ས་གཅོད་ཀྱིས་ཅུང་ཟད་ཕྱེ་བ་བཞུགས་སོ།།（13 叶）

至尊文殊所授显宗要诀科判略开

14. ཚེ་གཅིག་ལ་འཚང་རྒྱ་བའི་མན་ངག་ས་གཅོད་ཀྱིས་ཅུང་ཟད་ཕྱེ་བ་བཞུགས་སོ།།（11 叶）

一生成佛要诀科判略开

15. རྟོགས་པ་སྐྱེ་བའི་གཞི་ཚུགས་ཐབས་བཞུགས་སོ།།（14 叶）

证悟之基建立法

16. སྐྱབས་ཡུལ་གྱི་ཁྱད་པར་ཤེས་པ་ལས་བརྩམས་པའི་བརྗེད་བྱང་བཞུགས་སོ།།（17 叶）

了知皈依境殊胜备忘录

17. སྐྱབས་འགྲོའི་བརྗེད་བྱང་ཕྲན་ཚེགས་བཞུགས་སོ།།（15 叶）

皈依备忘琐记

18. སྐྱོ་བས་ཡིད་བསྐུལ་ནས་ཆོས་སྒྲུབ་པར་འདོད་པའི་ཚེ་བྲིས་པའི་གླུ་ཚིག་ལགས།།（10 叶）

厌离动心欲修法时所写歌辞

19. བསླབ་བྱ་བཅུ་དགུའི་སྡོམ་ཚིག་བཞུགས།།（9 叶）

十九学处摄颂

20. མཎྜལ་གྱི་ཁྲིད་ཡིག་བཞུགས་སོ།།（4 叶）

曼荼罗导引

21. དངོས་གྲུབ་ཀུན་འབྱུང་བཞུགས་སོ།།（8 叶）

悉地普生篇

22. བྱང་ཆུབ་ལམ་གྱི་རིམ་པ་ངག་འདོན་དུ་བྱས་ཏེ་བག་ཆགས་འཇོག་ཚུལ་འདོད་དོན་ཀུན་འགྲུབ་བཞུགས་སོ།།（26 叶）

菩提道次第念诵消除习气法・所愿普成

23. སྐྱབས་ཡུལ་གསལ་འདེབས་ཚུལ་བཞུགས་སོ།།（12 叶）

明显皈依境法

24. ཨེ་ཧྨའི་འགྲེལ་པ་བཞུགས་སོ།།（3 叶）

缘起心咒注释

25. བསྙེན་ཡིག་མདོར་བསྡུས་དངོས་གྲུབ་འབྱུང་ཞེས་བྱ་བ་བཞུགས་སོ།།（12 叶）

闭关静修略法・悉地普生

26. ལས་དང་པོ་བས་ཞག་གཅིག་གི་ཉམས་ལེན་ཇི་ལྟར་བྱ་ཚུལ་དངོས་གྲུབ་ཀུན་འབྱུང་ཞེས་བྱ་བ་བཞུགས་སོ།།（14 叶）

初业有情一日间如何修法・悉地普生

27. དགེ་སློང་གི་དུས་དྲན་བྱ་ཚུལ་བཞུགས་སོ།།（10 叶）

比丘念时法

28. འདོད་དོན་འགྲུབ་པའི་བདེན་ཚིག་དངོས་གྲུབ་ཀུན་འབྱུང་ཞེས་བྱ་བ་བཞུགས་སོ།།（9 叶）

所欲成就之誓句・悉地普生

29. ལམ་རིམ་རིན་པོ་ཆེ་ཚོགས་འདོན་དུ་བྱེད་ཚུལ་བཞུགས་སོ།།（15 叶）

菩提道次第僧会中念诵法

30. བཤགས་པ་དང་སྨོན་ལམ་བཞུགས་སོ།།（4 叶）

忏悔与愿文

31. རྗེ་ཐམས་ཅད་མཁྱེན་པ་ཙོང་ཁ་པ་ཆེན་པོའི་རྣམ་ཐར་གོ་སླ་བར་བརྗོད་པ་བདེ་ལེགས་ཀུན་གྱི་འབྱུང་གནས་ཞེས་བྱ་བ་ལས་ལེའུ་དང་པོ་བཞུགས་སོ།།（19 叶）

至尊一切智宗喀巴大师传易知录・善乐之源第一品

32. རྗེ་ཐམས་ཅད་མཁྱེན་པ་ཙོང་ཁ་པ་ཆེན་པོའི་རྣམ་ཐར་ལས་ལེའུ་གཉིས་པ་བཞུགས་སོ།།（20 叶）

至尊一切智宗喀巴大师传第二品

33. རྗེ་ཐམས་ཅད་མཁྱེན་པ་ཙོང་ཁ་པ་ཆེན་པོའི་རྣམ་ཐར་ལས་ལེའུ་གསུམ་པ་བཞུགས་སོ།།（24 叶）

至尊一切智宗喀巴大师传第三品

34. རྗེ་ཐམས་ཅད་མཁྱེན་པ་ཙོང་ཁ་པ་ཆེན་པོའི་རྣམ་ཐར་ལས་ལེའུ་བཞི་པ་བཞུགས་སོ།།（32 叶）

至尊一切智宗喀巴大师传第四品

35. རྗེ་ཐམས་ཅད་མཁྱེན་པ་ཙོང་ཁ་པ་ཆེན་པོའི་རྣམ་ཐར་ལས་ལེའུ་ལྔ་པ་བཞུགས་སོ།།（80 叶）

至尊一切智宗喀巴大师传第五品

36. རྗེ་ཐམས་ཅད་མཁྱེན་པ་ཙོང་ཁ་པ་ཆེན་པོའི་རྣམ་ཐར་ལས་ལེའུ་དྲུག་པ་བཞུགས་སོ།།（66 叶）

至尊一切智宗喀巴大师传第六品

37. རྗེ་ཐམས་ཅད་མཁྱེན་པ་ཙོང་ཁ་པ་ཆེན་པོའི་རྣམ་ཐར་ལས་ལེའུ་བདུན་པ་བཞུགས་སོ།།（41

叶）

至尊一切智宗喀巴大师传第七品

38. རྗེ་ཐམས་ཅད་མཁྱེན་པ་ཙོང་ཁ་པ་ཆེན་པོའི་རྣམ་ཐར་ལས་ལེའུ་བརྒྱད་པ་བཞུགས་སོ།།（44 叶）

至尊一切智宗喀巴大师传第八品

39. རྗེ་ཐམས་ཅད་མཁྱེན་པ་ཙོང་ཁ་པ་ཆེན་པོའི་རྣམ་ཐར་ལས་ལེའུ་དགུ་པ་བཞུགས་སོ།།（48 叶）

至尊一切智宗喀巴大师传第九品

40. རྗེ་ཐམས་ཅད་མཁྱེན་པ་ཙོང་ཁ་པ་ཆེན་པོའི་རྣམ་ཐར་གྱི་བསྡུས་དོན་བཞུགས་སོ།།（15 叶）

至尊一切智宗喀巴大师传摄义

41. རྗེ་ཙོང་ཁ་པ་རྣམ་ཐར་གྱི་སྙིང་པོ་ཉམས་ལེན་དུ་འཁྱེར་བའི་མན་ངག་བཞུགས་སོ།།（4 叶）

至尊宗喀巴大师传心要·修验要诀

42. མངོན་པར་རྟོགས་པའི་རྒྱན་གྱི་མཆོད་བརྗོད་སོགས་ཀྱི་འགྲེལ་པ་དངོས་གྲུབ་ཀུན་འབྱུང་ཞེས་བྱ་བ་བཞུགས་སོ།།（35 叶）

现观庄严论中礼赞等之注释·悉地普生

43. མངོན་པར་རྟོགས་པའི་རྒྱན་གྱི་སྐབས་དང་པོའི་འགྲེལ་པ་དངོས་གྲུབ་ཀུན་འབྱུང་ཞེས་བྱ་བ་བཞུགས་སོ།།（83 叶）

现观庄严论第一品释·悉地普生

44. མངོན་པར་རྟོགས་པའི་རྒྱན་གྱི་སྐབས་གཉིས་པའི་འགྲེལ་པ་དངོས་གྲུབ་ཀུན་འབྱུང་ཞེས་བྱ་བ་བཞུགས་སོ།།（30 叶）

现观庄严论第二品释·悉地普生

45. མངོན་པར་རྟོགས་པའི་རྒྱན་གྱི་སྐབས་གསུམ་པའི་འགྲེལ་པ་དངོས་གྲུབ་ཀུན་འབྱུང་ཞེས་བྱ་བ་བཞུགས་སོ།།（13 叶）

现观庄严论第三品释·悉地普生

46. མངོན་པར་རྟོགས་པའི་རྒྱན་གྱི་སྐབས་བཞི་པའི་འགྲེལ་པ་དངོས་གྲུབ་ཀུན་འབྱུང་ཞེས་བྱ་བ་བཞུགས་སོ།།（64 叶）

现观庄严论第四品释·悉地普生

47. མངོན་པར་རྟོགས་པའི་རྒྱན་གྱི་སྐབས་ལྔ་པའི་འགྲེལ་པ་དངོས་གྲུབ་ཀུན་འབྱུང་ཞེས་བྱ་བ་བཞུགས་སོ།།（44 叶）

现观庄严论第五品释·悉地普生

48. མངོན་པར་རྟོགས་པའི་རྒྱན་གྱི་སྐབས་དྲུག་པའི་འགྲེལ་པ་དངོས་གྲུབ་ཀུན་འབྱུང་ཞེས་བྱ་བ་བཞུགས་སོ།།（5 叶）

现观庄严论第六品释・悉地普生

49. མངོན་པར་རྟོགས་པའི་རྒྱན་གྱི་སྐབས་བདུན་པའི་འགྲེལ་པ་དངོས་གྲུབ་ཀུན་འབྱུང་ཞེས་བྱ་བ་བཞུགས་སོ།།（7 叶）

现观庄严论第七品释・悉地普生

50. མངོན་པར་རྟོགས་པའི་རྒྱན་གྱི་སྐབས་བརྒྱད་པའི་འགྲེལ་པ་དངོས་གྲུབ་ཀུན་འབྱུང་ཞེས་བྱ་བ་བཞུགས་སོ།།（27 叶）

现观庄严论第八品释・悉地普生

51. མངོན་པར་རྟོགས་པའི་རྒྱན་གྱི་བསྡུས་དོན་གཞན་སོགས་མཇུག་རྫོགས་པའི་སྐོར་གྱི་འགྲེལ་པ་དངོས་གྲུབ་ཀུན་འབྱུང་ཞེས་བྱ་བ་བཞུགས་སོ།།（11 叶）

现观庄严论摄义及结尾法类释・悉地普生

52. འདོད་ལྷའི་སྡུག་བསྔལ་འགའ་བསམ་ཚུལ་མདོ་ལས་བཀོལ་བ་བཞུགས་སོ།།（12 叶）

经中所出欲天诸苦思维法

53. གསེར་ཕྲེང་གི་དབུའི་གསུང་འགའ་ཞིག་གི་ས་བཅད་བཞུགས་སོ།།（12 叶）

金鬘论篇首部分科判

54. ཡུམ་འབུམ་པའི་ས་བཅད་བསྡུས་པ་བཞུགས་སོ།།（23 叶）

般若十万颂科判略录

55. ཉི་ཁྲིའི་ས་བཅད་མདོ་ཙམ་བརྗོད་པ་བཞུགས་སོ།།（14 叶）

般若二万颂科判略说

56. བཀའ་བརྒྱད་སྟོང་པའི་ས་བཅད་བསྡུས་པ་བཞུགས་སོ།།（18 叶）

般若八万颂科判略录

57. མདོ་སྡེ་སྐལ་བཟང་ལས་གསུངས་པའི་དོན་འགའ་ཞིག་གི་བརྗེད་ཐོ་བཞུགས་སོ།།（6 叶）

贤劫经中所说部分教义备忘录

58. འཕགས་པ་མདོ་སྡེ་དཀོན་བརྩེགས་ཀྱི་དཀར་ཆག་བརྗེད་བྱང་བཞུགས་སོ།།（26 叶）

圣宝积经目录备忘录

59. བློ་སྦྱོང་ནོར་བུའི་འཕྲེང་བ་ཞེས་བྱ་བ་བཞུགས་སོ།།（13 叶）

修心・摩尼宝鬘

60. དགེ་བཤེས་ངག་དབང་རྒྱལ་མཚན་པའི་དྲིས་ལན་བཞུགས་སོ།།（9 叶）

善知识阿旺坚赞之问答篇

61. དགའ་ལྡན་སོགས་དག་ཞིང་དུ་སྐྱེ་བའི་སྨོན་ལམ་བཞུགས།།（19 叶）

兜率等净土往生愿文

62. རྗེ་བཙུན་བྱམས་པ་མགོན་པོ་གླིང་བསྐོར་ལ་སྤྱན་དྲངས་ནས་མཆོད་ཅིང་སྨོན་ལམ་གདབ་པའི་རིམ་པ་བཞིགས་སོ༔།（14 叶）

至尊弥勒环寺迎请供养发愿次第

63. བསླབ་ཚིག་སྙིང་གི་ནོར་བུ་ཞེས་བྱ་བ་བཞུགས་སོ།།（15 叶）

教训辞句·心要宝

64. སྐྱེ་བའི་སྡུག་བསྔལ་བསམ་ཚུལ་བཞུགས་སོ།།（10 叶）

思维生苦法

65. དཔལ་རྡོ་རྗེ་འཇིགས་བྱེད་དཔའ་བོ་གཅིག་པ་བདུད་ལས་རྣམ་པར་རྒྱལ་བའི་དབང་གི་ཉེ་བརྒྱུད་གསོལ་འདེབས་ཐུགས་རྗེའི་སྤྲིན་ཕུང་ཞེས་བྱ་བ་བཞུགས་སོ།།（3 叶）

独勇怖畏金刚伏魔灌顶近传启请文·大悲云层

66. དཔལ་རྡོ་རྗེ་འཇིགས་བྱེད་ཀྱི་མངོན་རྟོགས་བསྡུས་པའི་དམིགས་རིམ་དགེ་ལེགས་ཆར་འབེབས་ཞེས་བྱ་བ་བཞུགས་སོ།།（30 叶）

吉祥怖畏金刚现证略法所缘次第·福善雨降

67. དཔལ་རྡོ་རྗེ་འཇིགས་བྱེད་དཔའ་བོ་གཅིག་པའི་བསྙེན་པའི་མཇུག་ཏུ་ཁ་སྦྱིན་སྲེག་ཇི་ལྟར་བྱ་ཚུལ་དངོས་གྲུབ་ཀུན་འབྱུང་ཞེས་བྱ་བ་བཞུགས་སོ།།（25 叶）

独勇怖畏金刚闭关静修后补充护摩修法·悉地普生

68. དཔལ་རྡོ་རྗེ་འཇིགས་བྱེད་དཔའ་བོ་གཅིག་པའི་སྒོ་ནས་བཅུ་ཆའི་སྦྱིན་སྲེག་བྱ་ཚུལ་དངོས་གྲུབ་ཀུན་འབྱུང་ཞེས་བྱ་བ་བཞུགས་སོ།།（18 叶）

独勇怖畏金刚法门中十分护摩修法·悉地普生

69. དཔལ་རྡོ་རྗེ་འཇིགས་བྱེད་དཔའ་བོ་གཅིག་པའི་བསྙེན་ཡིག་མདོར་བསྡུས་བཞུགས།།（24 叶）

独勇怖畏金刚闭关静修略法

70. བུམ་སྒྲུབ་ཀྱི་རྫས་ཅུང་ཟད་བརྗོད་པ་བཞུགས།།（11 叶）

修净瓶之物品略说

71. རབ་གནས་ཀྱི་ཆོ་ག་དངོས་གྲུབ་ཀུན་འབྱུང་ཞེས་བྱ་བ་བཞུགས་སོ།།（4 叶）

开光仪轨·悉地普生

72. དཔལ་རྡོ་རྗེ་འཇིགས་བྱེད་ལྷ་བཅུ་གསུམ་མའི་བླ་བརྒྱུད་གསོལ་འདེབས་བཞུགས་སོ།།（19叶）

吉祥怖畏金刚十三尊师承启请文

73. ཀླུའི་བུམ་གཏེར་གྱི་ཆོ་ག་ལག་ཏུ་བླང་བདེར་བཀོད་པ་འདོད་དགུའི་ཆར་འབེབས་ཞེས་བྱ་བ་བཞུགས་སོ།།（18 叶）

龙藏瓶仪轨易行法·随愿雨降

74. རྣམ་འགྲེལ་མཆོད་བརྗོད་ཀྱི་འགྲེལ་པ་བཞུགས་སོ།།（34 叶）

释量论礼赞疏

75. བརྗེད་ཐོ་སྣ་ཚོགས་བཞུགས་སོ།།（15 叶）

各种备忘录

76. སྒྲ་རྒྱན་གྱི་རྣམ་གཞག་བཞུགས་སོ།།（16 叶）

声庄严论

77. ཀུན་རིག་གི་བླ་བརྒྱུད་གསོལ་འདེབས་བཞུགས་སོ།།（3 叶）

遍智师承启请文

78. བཅོམ་ལྡན་འདས་ཀུན་རིག་གི་བདག་བསྐྱེད་ཀྱི་ཆོ་ག་དངོས་གྲུབ་ཀུན་འབྱུང་ཞེས་བྱ་བ་བཞུགས་སོ།།（28 叶）

薄伽梵遍智自生仪轨 · 悉地普生

79. ཀུན་རིག་གི་མདུན་བསྐྱེད་ཀྱི་ཆོ་ག་དངོས་གྲུབ་ཀུན་སྩོལ་ཞེས་བྱ་བ་བཞུགས་སོ།།（10 叶）

遍智面前生起仪轨 · 悉地普施

80. གཏོར་མ་ཆ་གསུམ་གྱི་ཆོ་ག་དཀྱིལ་ཆོག་དངོས་གྲུབ་ཀུན་སྩོལ་གྱི་ཟུར་འདེབས་སུ་བཀོད་པ་བཞུགས་སོ།།（7 叶）

三分朵马仪轨 · 曼荼罗仪轨 · 悉地普施附篇

81. ཀུན་རིག་གི་ཆོ་གའི་གཏང་རག་བྱ་ཚུལ་སྨོན་ལམ་ཤིས་བརྗོད་བཅས་བཞུགས་སོ།།（6 叶）

遍智仪轨中酬供、发愿、吉祥颂

82. བཅོམ་ལྡན་འདས་ཀུན་རིག་གཙོ་རྐྱང་གི་བདག་བསྐྱེད་ཀྱི་ཆོ་ག་དངོས་གྲུབ་དཔལ་སྟེར་ཞེས་བྱ་བ་བཞུགས་སོ།།（4 叶）

薄伽梵遍智独尊自生仪轨 · 悉地吉祥施

83. བཅོམ་ལྡན་འདས་རྡོར་སེམས་ཀྱི་བདག་བསྐྱེད་བསྡུས་པ་བཞུགས་སོ།།（8 叶）

薄伽梵金刚萨埵自生略法

84. བཅོམ་ལྡན་འདས་ཀུན་རིག་གི་བུམ་བསྐྱེད་ཀྱི་ཆོ་ག་དངོས་གྲུབ་བདུད་རྩི་ཞེས་བྱ་བ་བཞུགས་སོ།།（7 叶）

薄伽梵遍智净瓶生起仪轨 · 悉地甘露

85. བཅོམ་ལྡན་འདས་ཀུན་རིག་གི་དབང་ཆོག་དངོས་གྲུབ་འབྱུང་གནས་ཞེས་བྱ་བ་བཞུགས་སོ།།（17 叶）

薄伽梵遍智灌顶仪轨 · 悉地之源

86. བཅོམ་ལྡན་འདས་ཀུན་རིག་གི་སྒོ་ནས་སྦྱོང་ཆོག་བྱ་ཚུལ་སྡིག་སྒྲིབ་རྣམ་སྦྱོང་ཞེས་བྱ་བ་བཞུགས་སོ།།（24 叶）

薄伽梵遍智法门中净治仪轨 · 净治罪障

87. བཅོམ་ལྡན་འདས་ཀུན་རིག་གི་བསྙེན་ཡིག་བཞུགས་སོ།།（10 叶）

薄伽梵遍智闭关净修法

88. བཅོམ་ལྡན་འདས་ཀུན་རིག་གི་ཞི་བའི་སྦྱིན་སྲེག་གི་ཆོ་ག་དངོས་གྲུབ་སྙེ་མ་ཞེས་བྱ་བ་བཞུགས་སོ།།（15 叶）

薄伽梵遍智息灾护摩仪轨・悉地穗

89. བཅོམ་ལྡན་འདས་མགོན་པོ་ཚེ་དཔག་མེད་ལྷ་དགུའི་དབང་གི་བརྒྱུད་རིམ་གསོལ་འདེབས་བཞུགས་སོ།།（3 叶）

薄伽梵怙主无量寿九尊灌顶传承次第启请文

90. ཚེ་དཔག་མེད་ཀྱི་བདག་བསྐྱེད་ཀྱི་ཆོ་ག་བདེ་ལེགས་ཀུན་འབྱུང་ཞེས་བྱ་བ་བཞུགས་སོ།།（10 叶）

无量寿佛自生仪轨・乐善普生

91. ཚེ་དཔག་མེད་ཀྱི་བུམ་ཆོག་བདེ་ལེགས་རབ་སྐྱིར་ཞེས་བྱ་བ་གཞིགས་སོ།།（3 叶）

无量寿佛净瓶仪轨・乐善广施

92. ཚེ་དཔག་མེད་ཀྱི་མདུན་བསྐྱེད་ཀྱི་ཆོ་ག་བདེ་ལེགས་ཀུན་སྩོལ་ཞེས་བྱ་བ་བཞུགས་སོ།།（6 叶）

无量寿佛面前生起仪轨・乐善普施

93. ཚེ་དཔག་མེད་ཀྱི་དབང་ཆོག་བདེ་ལེགས་མཆོག་སྩོལ་ཞེས་བྱ་བ་བཞུགས་སོ།།（10 叶）

无量寿佛灌顶仪轨・乐善胜施

94. ཚེ་དཔག་མེད་ཀྱི་གཏང་རག་ཆོ་ག་བདེ་ལེགས་རབ་ཏུ་རྒྱས་བྱེད་ཅེས་བྱ་བ་བཞུགས་སོ།།（6 叶）

无量寿佛酬供仪轨・乐善广宏

95. མ་ཎི་རིལ་སྒྲུབ་ཀྱི་ཆོ་ག་དངོས་གྲུབ་ཀུན་འབྱུང་ཞེས་བྱ་བ་བཞུགས་སོ།།（27 叶）

嘛呢丸修法仪轨・悉地普生

96. འཕགས་པ་ཐུགས་རྗེ་ཆེན་པོ་བཅུ་གཅིག་ཞལ་གྱི་མངོན་རྟོགས་ཤིན་ཏུ་བསྡུས་པ་བཞུགས་སོ།།（6 叶）

圣十一面大悲观音现证极略修法

97. ཡེ་ཤེས་མཁའ་འགྲོ་སེང་གདོང་མའི་སྒྲུབ་ཐབས་བཟློག་པ་དང་བཅས་པ་ལ་དག་ཏེར་ཅུང་ཟད་བྱས་པ་བཞུགས་སོ།།（9 叶）

智慧空行狮面母之修法及回遮法勘订本

98. དམིགས་བརྩེ་མའི་སྒོ་ནས་བྱབས་ཁྲུས་བྱ་ཚུལ་སྡུག་བསྔལ་ཀུན་སེལ་ཞེས་བྱ་བ་བཞུགས་སོ།།（20 叶）

弥遮玛法门中沐浴作法・苦厄全消

99. མེ་ལྷ་མཆོད་ཚུལ་བཞུགས་སོ།།（6 叶）

火神供奉

100. འབུལ་ཁང་བརྩིག་ཚུལ་བཞུགས་སོ།།（5 叶）

塔房建筑法

101. སྐུར་མཛད་མགོན་པོ་འཁོར་བཅས་ལ་གཤེགས་གཏོར་འབུལ་བའི་ཆོ་ག་བསམ་དོན་ལྷུན་གྲུབ་

ཅེས་བྱ་བ་བཞུགས་སོ།།（11 叶）

速成事业护法贡波及其眷属等供送行朵马仪轨·心愿任运成就

102. དམ་ཅན་ཆོས་ཀྱི་རྒྱལ་པོ་ལ་གཤེགས་གཏོར་འབུལ་བའི་ཆོ་ག་ལེགས་ཚོགས་ཀུན་འབྱུང་ཞེས་བྱ་བ་བཞུགས་སོ།།（7 叶）

荡金曲吉前供送行朵马仪轨

103. དཔལ་ལྡན་ལྷ་མོའི་ལོ་རྒྱུས་སྔགས་དོན་བསྐང་གསོའི་ལྷན་ཐབས་བཅས་བཞུགས་སོ།།（6 叶）

吉祥天母之史事、咒义、酬供等补遗

104. རྒྱལ་ཆེན་རྣམ་སྲས་འཁོར་བཅས་ལ་གཤེགས་གཏོར་འབུལ་ཚུལ་འདོད་རྒུའི་ཆར་འབེབས་ཞེས་བྱ་བ་བཞུགས་སོ།།（6 叶）

多闻大天王及其眷属等送行朵马供奉法·随愿雨降

105. ཆོས་སྐྱོང་རྣམས་ལ་གཤེགས་གཏོར་འབུལ་བའི་ཆོ་ག་བཞུགས་སོ།།（10 叶）

诸护法前供送行朵马仪轨

106. དམ་ཅན་ཆོས་རྒྱལ་ལ་བརྟེན་ནས་བཙོར་ཟོར་བྱ་བའི་རྣམ་གཞག་བཞུགས་སོ།།（16 叶）

依止荡金曲吉修赞颂法

107. དྲུག་ཅུ་པའི་ཆོ་ག་བར་ཆད་ཀུན་སེལ་ཞེས་བྱ་བ་བཞུགས་སོ།།（6 叶）

六十分仪轨·灾厄全消

108. དཔལ་རྟ་མགྲིན་གྱི་བསྐང་གསོའི་ཆོ་ག་བཞུགས་སོ།།（6 叶）

吉祥马头金刚酬供仪轨

109. ཆོས་སྐྱོང་ཆེན་པོ་གུར་མགོན་གྱི་བསྐང་གསོའི་ཆོ་ག་བསྟན་དགྲ་ཐལ་བར་རློག་བྱེད་ཅེས་བྱ་བ་བཞུགས་སོ།།（13 叶）

大护法宝帐怙主酬供仪轨·粉碎教敌

110. རྒྱལ་པོ་སྐུ་ལྔའི་བསྐང་གསོ་བསྡུས་པ་ཆོས་སྐྱོང་ཆེན་པོ་མཉེས་པར་བྱེད་པའི་གླུ་གར་ལས་བཞི་ལྷུན་གྱིས་གྲུབ་པའི་བདུད་རྩིའི་སྨན་མཆོག་ཅེས་བྱ་བ་བཞུགས་སོ།།（13 叶）

明王五尊酬供略法·大护法所喜之歌舞·四业任运成就甘露妙药

111. རྒྱལ་པོ་སྐུ་ལྔའི་བསྐང་གསོ་བསྡུས་པ་བཞུགས་སོ།།（11 叶）

明王五尊酬供略法

112. བསྟན་སྲུང་རྒྱལ་པོ་ཆེན་པོ་བཀྭན་ལོ་ཡེའི་གསོལ་མཆོད་འདོད་དོན་ཀུན་སྩོལ་བཞུགས།།（10 叶）

护教大帝关老爷祈供法·所愿普施

113. དབང་ཕྱོགས་ཙི་ནའི་ཡུལ་གྱི་དགྲ་ལྷའི་གཙོ་བོ་རྒྱལ་ཆེན་བཀྭན་ལོ་ཡེ་ལ་གསེར་སྐྱེམས་འབུལ་ཚུལ་འདོད་རྒུ་འགུགས་པའི་ལྕགས་ཀྱུ་ཞེས་བྱ་བ་བཞུགས།།（3 叶）

东方支那战神大帝关老爷前供神饮法·招随愿之钩

114. དགྲ་ལྷའི་གསོལ་མཆོད་འདོད་དགུའི་ཆར་འབེབས་ཞེས་བྱ་བ་བཞུགས་སོ།།（13 叶）

战神祈供法・随愿雨降

115. ཆོས་སྐྱོང་མང་པོ་ལ་གཏོར་མ་འབུལ་བའི་ཚུལ་མདོར་བསྡུས་བཞུགས་སོ།།（5 叶）

诸护法前供朵马略法

116. གཏོར་མ་བཟོ་ཚུལ་གྱི་རྣམ་གཞག་འདོད་དོན་ཀུན་འགྲུབ་ཅེས་བྱ་བ་བཞུགས་སོ།།（13 叶）

朵马制作法论・所愿普成

117. འབྲས་སྤུངས་ཆོས་སྐྱོང་ཆེན་པོའི་བསང་མཆོད་བསམ་དོན་ལྷུན་འགྲུབ་བཞུགས་སོ།།（7 叶）

哲蚌寺大护法煨香供法・心愿任运成就

118. མཆེར་ས་སོགས་ཀྱི་གཞི་བདག་མཆོད་པའི་ཚུལ་བཞུགས་སོ།།（5 叶）

设牧帐地等之地神供养法

119. ས་བརྟག་ཚུལ་བཞུགས་སོ།།（9 叶）

观地法

120. སྐོ་འཕྱེ་བརྟག་པ་དང་སའི་ཟུག་རྡུ་བསལ་བའི་ཚུལ་བཞུགས།།（19 叶）

观察腹行及除地之毒简等法

121. ས་བདག་ཆབ་གཏོར་གྱི་ཆོ་ག་འཕྲུལ་དུ་བྱེད་བདེ་བར་བཀོད་པ་བཞུགས་སོ།།（7 叶）

地神水食子供仪轨易行法

122. ལྷ་ཐོ་བརྩིག་ཚུལ་དངོས་གྲུབ་གཏེར་མཛོད་ཅེས་བྱ་བ་བཞུགས་སོ།།（9 叶）

神坛筑法・悉地宝藏

123. བླ་མ་ཡི་དམ་ཆོས་སྐྱོང་ཀླུ་རྒྱལ་དང་བཅས་པ་ལ་བརྟེན་པའི་ཆར་འབེབས་ཀྱི་ཆོ་ག་ཕན་བདེའི་རྒྱ་མཚོ་ཆེན་པོ་ཞེས་བྱ་བ་བཞུགས་སོ།།（11 叶）

依上师本尊护法龙王等修祈雨仪轨・利乐大海

124. ཆར་འབེབས་རྒྱས་པ་བྱ་ཚུལ་བསམ་དོན་ལྷུན་ཅེས་བྱ་བ་བཞུགས་སོ།།（12 叶）

祈雨广修法・心愿任运成就

125. རིན་པོ་ཆེ་དང་ས་རྡོའི་རིགས་ཀྱི་སྨན་ངོ་ཤེས་པར་བྱེད་པའི་ཡིག་ཆུང་བཞུགས་སོ།།（11叶）

珍宝与土石类药识别简注

126. ཤིང་ཐང་རྩི་གསུམ་གྱི་སྨན་ངོ་ཤེས་བྱེད་བཞུགས་སོ།།（18 叶）

木、汤、汁三类药识别法

127. རྩོ་ཡི་རིགས་ཀྱི་སྨན་ངོ་ཤེས་བྱེད་བཞུགས་སོ།།（37 叶）

草本药识别法

128. ཚྭ་དང་སྲོག་ཆགས་ལས་འབྱུང་བ་དང་ཐལ་བ་སོགས་ཀྱི་སྨན་ངོ་ཤེས་བྱེད་བཞུགས་སོ།།（8 叶）

盐、动物所出与粉末等药识别法（8 叶）

129. རྩ་བརྟག་ཚུལ་མདོར་བསྡུས་བཞུགས་སོ།།（13 叶）
察脉略法
130. འབའ་འམ་སྨན་མར་བྱ་ཚལ་བཞུགས།།（8 叶）
酥油和药法
131. གྲུབ་རྩིས་ལུགས་ཀྱི་ལྔ་བསྡུས་ཀྱི་རྣམ་བཤད་བཀྲ་ཤིས་ཆར་འབེབས་ཞེས་བྱ་བ་བཞུགས་སོ།།（48 叶）
体系派五摄解说·吉祥雨降
132. ལྔ་བསྡུས་ཀྱི་མྱུར་རྩིས་བྱ་ཚུལ་བཀྲ་ཤིས་རབ་རྒྱས་ཞེས་བྱ་བ་བཞུགས་སོ།།（25 叶）
五摄速算法·吉祥广宏
133. ལོ་ཟླ་སོགས་ལས་བརྩམས་པའི་རྩིས་སྐོར་འགའ་ཞིག་བཤད་པ་བཀྲ་ཤིས་དཔལ་སྟེར་ཞེས་བྱ་བ་བཞུགས་སོ།།（30 叶）
年月等之算法略解·吉祥胜施
134. ལོ་བདག་སྐར་མ་ངོས་འཛིན་ཚུལ་བཀྲ་ཤིས་སྙེ་མ་ཞེས་བྱ་བ་བཞུགས་སོ།།（16 叶）
年神星宿认取法·吉祥穗
135. དགེ་ལྡན་རྩིས་གསར་གྱི་ལྔ་བསྡུས་བྱ་ཚུལ་བཀྲ་ཤིས་མཆོག་སྟེར་ཞེས་བྱ་བ་བཞུགས་སོ།།（4 叶）
格登新历之五摄算法·吉祥殊胜施
136. བྱེད་རྩིས་ལྔ་བསྡུས་ཀྱི་རི་མོ་བྱ་ཚུལ་བཀྲ་ཤིས་ཉིན་བྱེད་ཅེས་བྱ་བ་བཞུགས་སོ།།（7 叶）
作用派五摄之数值运算法·吉祥日光
137. ལྔ་བསྡུས་ཀྱི་འབྲས་བཤད་བཀྲ་ཤིས་ཟླ་གསར་ཞེས་བྱ་བ་བཞུགས་སོ།།（26 叶）
五摄果相解说·吉祥新月
138. རྩིས་སྐོར་ཐོར་བུ་འགའ་ཞིག་བཤད་པ་བཀྲ་ཤིས་སྨན་ལྗོངས་ཞེས་བྱ་བ་བཞུགས་སོ།།（13 叶）
历算类部分零散解说·吉祥药域
139. འབྱུང་རྩིས་ལུགས་ཀྱི་ལོ་ཀེག་བརྟག་པ་མན་ངག་དོན་བསྡུས་ཞེས་བྱ་བ་བཞུགས་སོ།།（25 叶）
五行算规之年厄观察法要诀略义
140. ཐང་ཤིང་གི་བརྟག་པ་གསལ་བའི་མེ་ལོང་ཞེས་བྱ་བ་བཞུགས་སོ།།（12 叶）
筹算法明镜
141. ཁྱིམ་ཞག་ལྔ་བསྡུས་སོགས་དོན་ཚན་བདུན་ཉི་འོད་ལས་ཟུར་དུ་བཀོལ་པ་བཞུགས་སོ།།（9 叶）
宫日五摄等七项·摘自日光篇

142. རྩིས་སྐོར་ལས་བརྩམས་པའི་བརྗེད་བྱང་བཞུགས་སོ།།（10 叶）

算法类备忘录

143. བརྟགས་སྐྱོན་གྱི་ལོ་དྲུག་པ་ལྕགས་མོ་བྱ་ལོའི་ལོ་ཐོ་རྒྱས་པ་གྲུབ་རྩིས་ལུགས་ལྟར་བཀོད་པ་བཀྲ་ཤིས་དོན་གྲུབ་ཅེས་བྱ་བ་བཞུགས་སོ།།（29 叶）

依理论派算规而作嘉庆六年辛酉年历广本·吉祥义成

144. ཧྲག་ལོངས་སོགས་ཀྱི་རེ་མིག་བཀྲ་ཤིས་གསལ་བྱེད་ཅེས་བྱ་བ་བཞུགས་སོ།།（6 叶）

平均行度等之表格·吉祥日光

145. བཀྲ་ཤིས་ལེགས་ཚོགས་ཀུན་ཏུ་རྒྱས་བྱེད་གཏེར་སྟོན་སྒྲོན་མེ་ཞེས་བྱ་བ་བཞུགས་སོ།།（4 叶）

吉祥圆满普广作法·示秘藏明灯

146. རྗེ་རིན་པོ་ཆེའི་རྣམ་ཐར་གྱི་ཟུར་རྒྱན་བདེ་ལེགས་ཀུན་འབྱུང་ཞེས་བྱ་བ་བཞུགས་སོ།།（25 叶）

至尊宗喀巴大师传附篇·乐善普生

147. བླ་བརྒྱུད་གསོལ་འདེབས་གང་ལ་ཡང་སྦྱར་ཆོག་པའི་ཚིགས་བཅད་བཞུགས་སོ།།（3 叶）

师承启请随处可合颂

148. ཐོར་བུ་སྣ་ཚོགས་བཞུགས་སོ།།（38 叶）

各种散篇

149. རབ་ཉེར་ལྔའི་སྡོམ་ཚིག་བཞུགས་སོ།།（15 叶）

最上二十五摄颂

150. དགའ་ལྡན་རིལ་སྒྲུབ་བྱ་བའི་ཆོ་ག་དངོས་གྲུབ་ཀུན་འབྱུང་ཞེས་བྱ་བ་བཞུགས་སོ།།（12 叶）

甘丹丸药制修仪轨·悉地普生

151. བཅོམ་ལྡན་འདས་རྣམ་པར་རྒྱལ་མ་ལ་སྟོང་མཆོད་འབུལ་བའི་ཆོ་ག་ཚེ་བསོད་དཔལ་སྟེར་ཞེས་བྱ་བ་བཞུགས་སོ།།（31 叶）

薄伽梵尊胜佛母供献千供仪轨·福寿吉祥施

152. ཆོས་གོས་སོགས་ལ་དད་པའི་སྒོ་འབྱེད་ནོར་བུའི་ལྡེ་མིག་གཞི་གསུམ་ཉམས་ལེན་ཡིད་བཞིན་ནོར་བུ་བཞུགས་སོ།།（32 叶）

于法衣等启敬信门之宝钥·三事修行如意宝

153. སྐྱབས་མགོན་མཆོག་གི་ཕྱག་བཞེས་བཞིན་བྲིས་པའི་གཞི་གསུམ་ཉེར་མཁོ་བཞུགས་སོ།།（11 叶）

依至尊怙主之传统作法而编写之三事常用篇

154. འདུལ་བའི་ལས་ཆོག་གི་ཟུར་འདེབས་ཀྱི་ཡིག་ཆུང་བཞུགས་སོ།།（19 叶）

毗奈耶羯摩仪轨另篇小品

155. འགྲོ་བ་ཞིན་སྐྱེས་ཀྱི་གཏམ་རྒྱུད་ལས་འབྲས་ཀྱི་གཟུགས་བརྙན་གསལ་བར་སྟོན་པའི་དྲི་མེད་མེ་ལོང་ཞེས་བྱ་བ་བཞུགས་སོ།།（21 叶）

卓幸杰之故事・显示业果影像之无垢镜

156. བཅོམ་ལྡན་འདས་ཀུན་རིག་གཙོ་རྐྱང་གི་ཞི་བའི་སྦྱིན་སྲེག་གི་ཆོ་ག་དངོས་གྲུབ་ཡོངས་འདུ་ཞེས་བྱ་བ་བཞུགས་སོ།།（14 叶）

薄伽梵遍智独尊之息灾护摩仪轨・悉地全聚

157. བཅོམ་ལྡན་འདས་ཀུན་རིག་གི་ཆོ་གའི་ཕྱག་རྒྱ་བྱ་ཚུལ་དངོས་གྲུབ་དགའ་སྟོན་ཞེས་བྱ་བ་བཞུགས་སོ།།（17 叶）

薄伽梵遍智仪轨中手印作法・悉地喜宴

158. ཕུང་པོ་བསྲེག་སྦྱང་བྱ་བའི་ཆོ་ག་ཐར་པའི་སྒོ་འབྱེད་ཅེས་བྱ་བ་བཞུགས་སོ།།（7 叶）

火化净荐仪轨・开解脱门

159. ཡེ་ཤེས་ཀྱི་མགོན་པོའི་སྔགས་བཟླ་བའི་ཚེ་བདུད་རྩི་འབེབས་སྦྱོང་གི་དམིགས་པ་བྱ་ཚུལ་བཞུགས་སོ།།（10 叶）

耶喜贡波之密咒诵时缘想甘露降涤法

160. ཁྱིམ་པ་གྲོགས་སྡེབ་བག་རྩིས་བཀྲ་ཤིས་ལྗོན་བཟང་ཞེས་བྱ་བ་བཞུགས་སོ།།（8 叶）

合婚算法・吉祥宝树

161. བག་མ་གཏོང་ལེན་ལ་མཁོ་བའི་ཆོ་ག་བཀྲ་ཤིས་ཀུན་སྒྲུབ་ཅེས་བྱ་བ་བཞུགས་སོ།།（5 叶）

嫁娶常用仪轨・吉祥普成

162. གཏེར་བུམ་སྒྲུབ་ཚུལ་བཀྲ་ཤིས་ཀུན་འབྱུང་ཞེས་བྱ་བ་བཞུགས་སོ།།（3 叶）

大藏瓶修法・吉祥普生

163. ཀླུ་མཆོད་ཚུལ་ཕན་བདེ་ཀུན་འབྱུང་ཞེས་བྱ་བ་བཞུགས་སོ།།（5 叶）

供龙王法・利药普生

164. དམ་པའི་ཆོས་ལ་འཇུག་ཚུལ་དངོས་གྲུབ་ཀུན་འབྱུང་ཞེས་བྱ་བ་བཞུགས་སོ།།（65 叶）

入正法门经・悉地普生

165. ཉ་པོད་ཀྱི་པར་བྱང་སྨོན་ལམ་ལེགས་ཚོགས་ལྷུན་གྲུབ་ཅེས་བྱ་བ་བཞུགས་སོ།།（2 叶）

字函版本题词愿文・福善任运成就

166. ཞྭ་སེར་གྱི་ཚིགས་བཅད་བཞུགས་སོ།།（12 叶）

黄帽颂辞

167. ལམ་ཁྲིད་ཀྱི་བརྗེད་བྱང་སོགས་བཞུགས་སོ།།（7 叶）

道引备忘录等

168. བོད་དུ་ཐོག་མར་འདུལ་བ་བྱུང་ཚུལ་སོགས་བཞུགས་སོ།།（6 叶）

西藏戒律初传史

169. མཁར་སིལ་གྱི་མཚོན་དོན་བཀའ་གདམས་གླེགས་བམ་ལས་ཟུར་དུ་བཀོལ་བ་བཞུགས་སོ།།（4 叶）

铙钹之表义·噶当宝籍中附篇

170. ལྷ་ཁང་བཞེངས་པའི་ས་ལ་བྱིན་རླབས་དགོས་པ་སོགས་བཞུགས་སོ།།（8 叶）

修建佛殿加持地基等法

171. པཎ་ཆེན་རིན་པོ་ཆེའི་གསུང་འགའ་ལས་བརྩམས་པའི་དྲིས་ལན་བཞུགས་སོ།།（11 叶）

班禅大师部分语教问答篇

172. བོད་ཡིག་གི་འཇུག་ཚུལ་དང་རྣམ་དབྱེ་བཞུགས་སོ།།（7 叶）

藏文之加入法与位格

173. ཚོགས་འཁོར་གྱི་ཆོ་ག་སྐྱབས་མགོན་མཆོག་གི་ཕྱག་ལེན་བཞིན་བྲིས་པ་བཞུགས་སོ།།（10 叶）

会供轮仪轨·据怙主之实修撰写

174. བཅོམ་ལྡན་འདས་གདུགས་དཀར་མོ་ཅན་ལྷ་སོ་ལྔ་མ་ལ་བརྟེན་ནས་སྔགས་དང་གཟུངས་འདོན་པའི་ཆོ་ག་དངོས་གྲུབ་ཀུན་འབྱུང་ཞེས་བྱ་བ་བཞུགས་སོ།།（19 叶）

依止薄伽梵白伞盖佛母三十五尊修诵真言陀罗尼仪轨·悉地普生

175. གདུགས་དཀར་མོ་ཅན་གྱི་གཟུངས་མཆོག་གྲུབ་མ་འདོན་ཚུལ་བཞུགས་སོ།།（5 叶）

白伞盖陀罗尼殊胜成就篇念诵法

176. གདུགས་དཀར་ཟློག་ཆེན་གྱི་ཆོ་ག་འཕྲིན་ལས་ཀུན་སྒྲུབ་ཅེས་བྱ་བ་བཞུགས་སོ།།（16 叶）

白伞盖大回遮法仪轨·事业普成

177. ཟློག་ཆེན་གྱི་གཏོར་མ་བཟོ་ཚུལ་བཞུགས།།（6 叶）

大回遮法之朵马制作法

178. ཞི་བར་བྱེད་པའི་སྦྱིན་སྲེག་བྱ་ཚུལ་བདེ་ལེགས་ཀུན་སྩོལ་ཞེས་བྱ་བ་བཞུགས་སོ།།（6 叶）

息灾护摩修法·乐善普施

179. ནོར་ལྷ་གསུམ་གྱི་སྦྱིན་སྲེག་བྱ་ཚུལ་དགོས་འདོད་ཀུན་འབྱུང་ཞེས་བྱ་བ་བཞུགས་སོ།།（5 叶）

三财神护摩修法·随求普生

180. དགྲ་ལྷའི་རྟེན་དར་བཙུགས་ནས་མཆོད་པའི་ཆོ་ག་འདོད་དོན་ཀུན་འགྲུབ་ཅེས་བྱ་བ་བཞུགས་སོ།།（13 叶）

建立战神供旗供养仪轨·所愿普成

181. ས་བདག་གདོན་འགྲོལ་གྱི་ཆོ་ག་བདེ་ལེགས་དཔལ་སྟེར་ཞེས་བྱ་བ་བཞུགས་སོ།།（21 叶）

地神禳解仪轨·乐善吉祥施

182. བསྲུང་བ་ལྷའི་བྱབས་ཁྲུས་བྱ་ཚུལ་ཕན་བདེའི་འབྱུང་གནས་ཞེས་བྱ་བ་བཞུགས་སོ།།（10

叶）

五护法之沐浴法·利乐之源

183. རྗེའི་རྣམ་ཐར་ཉམས་ལེན་དུ་བྱ་ཚུལ་དངོས་གྲུབ་མཆོག་སྩོལ་ཞེས་བྱ་བ་བཞུགས་སོ།།（4叶）

宗喀巴大师传·作验修法·悉地殊胜施

184. རིན་པོ་ཆེ་ངོས་བཟུང་ནས་སྤྱོད་ཚུལ་གྱི་གཏམ་བཞུགས་སོ།།（4叶）

认识大宝贵修行法讲话

185. ཆོས་འབྱུང་ལས་བླངས་པའི་ཡིག་ཆུང་བཞུགས།།（6叶）

教法史中所出之小品

186. དཀར་ཆག་ལས་བླངས་པའི་ཡིག་ཆུང་བཞུགས།།（6叶）

目录中所取小品

187. རྗེ་རིན་པོ་ཆེས་འདུལ་བའི་བསྟན་པ་རྒྱས་པར་མཛད་ཚུལ་སོགས་བཞུགས་སོ།།（7叶）

宗喀巴大师宏扬戒律教法之情况

188. ཐ་མ་ག་སྤོང་དགོས་པ་སོགས་ཀྱི་མཐའ་ལ་དཔྱོད་པའི་ཡིག་ཆུང་སྐལ་ལྡན་བློ་གྲོས་མིག་འབྱེད་ཅེས་བྱ་བ་བཞུགས་སོ།།（6叶）

必需戒烟酒等之讨论小品·开具缘慧眼

189. སློབ་གཉེར་བྱེད་ཚུལ་སོགས་བཞུགས།།（8叶）

求学行相

190. གསར་དུ་བརྩམས་པའི་ཆོས་རྣམས་ཀྱི་དགོས་པ་དང་བསྡུས་དོན་བསྟན་པ་བཞུགས་སོ།།（10叶）

开示新撰诸法之用意与摄要

191. རྗེ་ཐམས་ཅད་མཁྱེན་པའི་བརྟན་བཞུགས་གསོལ་འདེབས་བསམ་དོན་ལྷུན་གྲུབ་ཅེས་བྱ་བ་བཞུགས་སོ།།（2叶）

至尊一切智长久住世祈愿文·心愿任运成就

192. ཚོགས་སུ་ལངས་ནས་བགྲོ་གླེང་བྱེད་ཚུལ་དགོས་འདོད་ཀུན་འབྱུང་ཞེས་བྱ་བ་བཞུགས་སོ།།（13叶）

于僧会中起立发表言论法·随愿普生

193. ཆོས་འཁོར་གྱི་མཐའ་དཔྱོད་བཞུགས་སོ།།（15叶）

法论之探讨

194. ཚོགས་ལས་བྱེད་པའི་དགོས་པ་བསྟན་པ་ཡིད་བཞིན་ནོར་བུ་ཞེས་བྱ་བ་བཞུགས་སོ།།（3叶）

示离席辩论之作用·如意摩尼

195. བྲམས་གཞུང་གི་ཚོགས་ལངས་བྱ་ཚུལ་ཕན་བདེའི་དགའ་སྟོན་ཞེས་བྱ་བ་བཞུགས་སོ།།（6

叶）

慈氏论著之离席辩论法·利乐庆宴

196. བྱམས་གཞུང་གི་མཐའ་དཔྱོད་བཞུགས་སོ།།（27 叶）

慈氏论著之探讨

197. ཉན་ཐོས་ཞི་ཚོལ་མའི་ཚོགས་ལངས་བྱ་ཚུལ་ལེགས་ཚོགས་ཀུན་འབྱུང་ཞེས་བྱ་བ་བཞུགས་སོ།།（6 叶）

现观庄严论声闻求寂篇之离席辩论法·福善普生

198. ཉན་ཐོས་ཞི་ཚོལ་མའི་མཐའ་དཔྱོད་བཞུགས་སོ།།（27 叶）

声闻求寂篇之探讨

199. སེམས་བསྐྱེད་ཀྱི་ཚོགས་ལངས་བྱ་ཚུལ་ཕན་བདེའི་འབྱུང་གནས་བཞུགས་སོ།།（6 叶）

发心之离席辩论法·利乐之源

200. སེམས་བསྐྱེད་ཀྱི་མཐའ་དཔྱོད་བཞུགས་སོ།།（12 叶）

发心之探讨

201. སྐྱབས་གསུམ་གྱི་ཚོགས་ལངས་ལ་བཤད་པ་བྱ་ཚུལ་བཞུགས་སོ།།（4 叶）

三皈之离席讲说法

202. སྐྱབས་གསུམ་གྱི་མཐའ་དཔྱོད་བཞུགས་སོ།།（14 叶）

三皈之探讨

203. བགྲོ་གླེང་གལ་ཆེ་བའི་གདམ་བཞུགས།།（4 叶）

讲说最要教语

204. རྗེས་ཁྱབ་ལྡོག་ཁྱབ་སོགས་ལས་བརྩམས་པའི་ཡི་གེ་བཞུགས།།（7 叶）

同品定有性、异品遍无性等中所撰文

205. བསྲེ་བསླད་སྤོང་བའི་གདམ་བཞུགས་སོ།།（4 叶）

离渗和杂染之语

206. དབང་རྣོན་དང་བ་སྐྱེ་ཚུལ་གྱི་སྐབས་ཀྱི་ཡིག་ཆུང་བཞུགས་སོ།།（14 叶）

利根生信念情况暂时小品

207. ཁྱབ་མཐའ་ཁ་དོག་གཞི་གྲུབ་སོགས་བཞུགས་སོ།།（21 叶）

周遍、显色、真际等

208. ཁ་དོག་དཀར་དམར་གྱི་རིགས་ལམ་གཏོང་ཚུལ་བཞུགས་སོ།།（9 叶）

显色白红之理路辩说法

209. འབྱུང་བ་དང་འབྱུང་གྱུར་སོགས་ཀྱི་ངོས་འཛིན་བཞུགས་སོ།།（20 叶）

大种与大种所造色等之识别

210. གཞི་གྲུབ་ཡིན་ལོག་སོགས་བསྲེས་པའི་ཁྱབ་སྐོར་བཞུགས་སོ།།（18 叶）

真际正反等混合周遍类

211. མཚན་མཚོན་གྱི་ཁྱབ་སྒོར་བཞུགས་སོ།།（18 叶）

相表示之周遍类

212. རྒྱུ་འབྲས་དང་གཞན་སེལ་གྱི་ཡིག་ཆུང་བཞུགས་སོ།།（6 叶）

因果与遮余小品

213. རྫས་ལྡོག་དང་འགལ་འབྲེལ་བཞུགས་སོ།།（15 叶）

变质及相反关系

后 记

本书是在我四年前的博士学位论文基础上修改完成。虽说其中仍存浅见谬识或疏误之处，但是敝帚自珍，心有所感，回忆起那三年的学习经历，感触良多。作为引玉之砖，期望本书对蒙藏佛教文献等相关学术研究提供一些参考资料，同时也更期望得到同行专家学者的批评指正。

读博之前，我的主要研究方向是敦煌壁画中的蒙古族物质生活资料，尤其对蒙古族供养人服饰着力甚多。藏传佛教文献对于我来说比较陌生。导师才让先生多年从事藏传佛教文献研究，熟悉藏文和蒙文佛典。鉴于我熟习蒙古语，才让先生鼓励我发挥这一优势，建设性地提议我选择蒙古族高僧传为研究对象；而且还嘱咐我学习藏语，同时广泛阅读蒙藏文佛教文献，期待我日后能够熟练自如地运用和研究数量巨大的蒙藏佛教文献。从此，我步履蹒跚地走上了藏传佛教文献研读之路。学习过程中，才让先生很少否定过我那些粗浅幼稚的见解，总是给予极大的鼓励与肯定。导师的肯定与鼓励也激起了我更大的学习兴趣。导师给我指明了一条宽阔的研究道路，拓宽了我的学术视野和研究领域，使我终生受益。在论文的题目确定及写作过程中，大到框架结构，小到遣词造句、标点、注脚等方面，导师都给予了细心的指导。如此种种，都让我深刻认识到治学所坚持的信念与遵守的规范。

翻译蒙古文高僧传记的同时学习藏语，并尝试着翻译藏文文献是我在读博期间快乐学习生活的重要内容之一。三年来，导师一直关注我的藏语学习，还让我尝试翻译了几篇藏文祭祀仪轨文。这对于提高我的藏语水平起了极大的作用。在学习藏语的过程中，藏语言文化学院的万马项欠、贡保杰教授，海外文献研究所的噶藏托美教授、扎西当知博士，西北民族大学图书馆古籍室的卓玛老师等诸位先生都给予了热情的帮助，在此诚挚致谢。

论文所探讨的传记，初版于 19 世纪初。初版木刻本只存几部，已成珍贵文献，很难一见。西北民族大学蒙古语言文化学院的齐玉花博士，内蒙古社会科学院的书包博士、包红梅博士，内蒙古社会科学院图书馆的巴苏金高娃老师等费心尽力，使我如愿以偿，终于看到了盼望已久的原版文献。还有我大学时的同窗好友、北京社会科学院的晓春博士，多次打来电话关心我的论文写作情况。这些都使我感到无比温暖。还要感谢给我提供资料的内蒙古师大附中的拉希策仁老师、西北民族大学海外文献研究所的张秀清教授、内蒙古大学的赵双龙博士。

我的好友、美国康奈尔大学的刘晓燕博士，非常关心我的论文写作，经常提供最前沿的学术信息和新式的学术理念与方法，并在百忙之中为我翻译了论文摘要；我的同门学妹徐长菊，热心地帮我处理了很多琐事；师弟尼玛、索南、根藏、米玛次仁、贡保吉等，或给我提供资料，或帮我处理杂事，在此一并感谢。

在背后支持我的还有我的先生盛朝晖和儿子盛豁然。先生的支持、帮助和儿子的理解是我蹒跚前行的最大动力。在我学习和论文写作过程中，先生默默地付出了很多劳动。

董晓荣

2017 年 2 月

图书在版编目(CIP)数据

蒙文版《察哈尔格西·罗桑楚臣传》研究：以作者、版本、文献价值为中心／董晓荣著.—上海：上海古籍出版社，2017.6
（西北民族文献与文化研究丛书）
ISBN 978-7-5325-8343-0

Ⅰ.①蒙… Ⅱ.①董… Ⅲ.①藏传佛教—僧侣—传记—研究 Ⅳ.①B949.92

中国版本图书馆 CIP 数据核字(2017)第 033779 号

西北民族文献与文化研究丛书

蒙文版《察哈尔格西·罗桑楚臣传》研究：

以作者、版本、文献价值为中心

董晓荣 著

上海世纪出版股份有限公司
上 海 古 籍 出 版 社 出版

（上海瑞金二路 272 号 邮政编码 200020）

(1)网址：www.guji.com.cn

(2)E-mail：guji1@guji.com.cn

(3)易文网网址：www.ewen.co

上海世纪出版股份有限公司发行中心发行经销

上海展强印刷有限公司印刷

开本 787×1092 1/16 印张 18 插页 2 字数 398,000

2017 年 6 月第 1 版 2017 年 6 月第 1 次印刷

ISBN 978-7-5325-8343-0

K·2282 定价：78.00 元